ISBN 978-0-666-15859-8
PIBN 10515488

This book is a reproduction of an important historical work. Forgotten Books uses
state-of-the-art technology to digitally reconstruct the work, preserving the original format
whilst repairing imperfections present in the aged copy. In rare cases, an imperfection in
the original, such as a blemish or missing page, may be replicated in our edition. We do,
however, repair the vast majority of imperfections successfully; any imperfections that
remain are intentionally left to preserve the state of such historical works.

Geschichte des Untergangs des griechisch-römischen Heidentums.

Zweiter Band.

Geschichte des Untergangs

des

griechisch-römischen Heidentums

II.
Die Ausgänge.

Von

D. Victor Schultze,
Professor an der Universität Greifswald.

———— ➤#◄ ————

Jena,

Hermann Costenoble.

1892.

Der hochwürdigen

theologischen Fakultät

der

Universität Dorpat

als

Zeichen des Dankes

für die dem Verfasser verliehene

theologische Doktorwürde

gewidmet.

Vorwort.

Dieser zweite Band bringt die Geschichte des Untergangs des griechisch-römischen Heidentums zum Abschluß. Der Versuchung, den Stoff weiter auszudehnen, glaubte ich widerstehen zu sollen. Ich habe mich bestrebt, die Darstellung selbst knapp zu halten, dagegen die Quellen möglichst vollständig anzuführen. Ich hielt letzteres um so mehr für geboten, da in großem Umfange monumentale Zeugnisse antiker wie christlicher Herkunft von mir verwertet sind, deren Kenntnis dem herkömmlichen kirchengeschichtlichen Wissen noch fern liegt.

Wenn dem mit bekanntern Verhältnissen rechnenden ersten Bande unter Kennern dieser Zeit — ich nenne dankbar Gaston Boissier und Gustav Hertzberg — eine wohlwollende Anerkennung zu Teil geworden ist, so darf ich für diese Fortsetzung desto größere Nachsicht erwarten, da hier fast überall die Wege erst zu bahnen waren, und ich in den seltensten Fällen und nur in Einzelheiten mich auf Vorarbeiten stellen konnte.

Das geistvolle Werk von Boissier über das Ende des abendländischen Paganismus im vierten Jahrhundert,*)

---

*) La fin du paganisme. Étude sur les dernières luttes religieuses en Occident au quatrième siècle. Paris 1891. 2 vol.

welches in farbenreichen Bildern einzelne Seiten dieser ent=
scheidungsvollen Geschichte vorführt, konnte ich nicht mehr
benutzen. Ich habe das insofern nicht zu bedauern, da An=
lage, Ziel und auch die Hauptsache des Inhaltes dort ganz
andere sind, so daß beide Werke als selbständige nebeneinander
stehen.

Die Beschleunigung des Druckes und noch mehr der
Umstand, daß ich persönlich nur einen Teil der Korrekturen
gelesen habe, haben im ersten Bande leider eine Anzahl von
Druckfehlern verursacht und Verschreibungen aus dem Manu=
skript hinübergezogen. Ich verweise dieserhalb auf den An=
hang dieses Schlußbandes.

Inhaltsverzeichnis.

Erste Abteilung.

Allgemeine Wandelungen.

Erstes Kapitel.

Die Lage.

Der Glaube an die ewige Dauer des römischen Reiches
hat die schweren innern und äußern Erschütterungen, denen
dieser große Staatenorganismus seit Marc Aurel in zuneh=
mendem Maße ausgesetzt war, überlebt. Die Idee behielt
den Sieg über die Erfahrung des Gegenteils. Noch im
vierten Jahrhundert gestand ein heidenfeindlicher Schrift=
steller, den Gedanken an einen einstigen Untergang des Welt=
reiches nur mit Schauder denken zu können.[1]) Die dunkeln
Seiten dieses mit politischer Genialität zusammengefügten
Völkerganzen hat zuerst der Bischof Cyprian von Karthago
nach seinem Übertritt zum Christentume mit der Einseitigkeit
eines Convertiten, aber nicht unwahr zu einem düstern Ge=
mälde gestaltet.[2]) Die von Krieg, Mißwachs und Hungersnot

---

[1]) Lactant. Div. Inst. VII, 15, 11: — quod Romanum
nomen, quo nunc regitur orbis (horret animus dicere, sed dicam, quia futurum est) tolletur de terra.

[2]) Cyprian. Ad Donatum.

begleitete verheerende Pest unter der Regierung Marc Aurels
war nicht nur der Vorbote der kommenden Zustände, sondern
zugleich der kräftigste Anstoß dazu. Seitdem sind Verödung
blühender Gebiete, Abnahme der Bevölkerung, Zunahme des
Proletariats stetige Erscheinungen. Die Wüsteneien in dem
fruchtbaren, von Kriegswirren nicht berührten Kampanien
sind die deutlichsten Zeugen der Lage. Der dauernde Kriegs-
zustand in den Grenzländern, Rebellionen im Innern und
das Räuberwesen zu Wasser und zu Lande lähmten den
Handel und hinderten größere Unternehmungen. Der Rück-
schlag war eine drückende Finanznot, und diese wiederum
erzeugte aus sich ein Steuersystem von beispielloser Härte.
Die städtische Nobilität, auf welcher dieser Druck sich zu-
sammenzog, wurde aus einem Ehrenstande zu einem Übel,
dem man sich durch mancherlei Praktiken zu entziehen suchte.
Schlimmer war die Wirkung auf die kleinen Grundbesitzer.
Aufgesogen von den Latifundien, verschwanden sie in halber
und ganzer Hörigkeit oder sie vermehrten das städtische
Proletariat. Von der äußersten Armut, in welcher der
Hungertod nichts Außergewöhnliches war, hob sich die Lebensweise der Reichen um so schroffer ab und verschärfte in
ihrer Entartung jene Empfindungen, welche nie da fehlen,
wo Besitz und Besitzlosigkeit in extremer Ausbildung einander
gegenüberstehen. Die Klagen über Beamtenschaft und Gericht
mehren sich im dritten Jahrhundert; bestimmte Vorkommnisse
erweisen ihre Berechtigung. In etwas späterer Zeit ist
öffentlich ausgesprochen worden, daß der Staat durch seine

In diesen schlimmen sozialen Verhältnissen mußte jede
Ungerechtigkeit des Staates, jede Ausschreitung oder Pflicht-
vergessenheit seiner Beamten die gedrückte Stimmung empfindlich treffen. Die Klagen über Beamtenschaft und Gericht
mehren sich im dritten Jahrhundert; bestimmte Vorkommnisse
erweisen ihre Berechtigung. In etwas späterer Zeit ist
öffentlich ausgesprochen worden, daß der Staat durch seine

eigenen Beamten an den Rand des Verderbens geführt
werbe.[1]) Das war Volksmeinung. Die große Zahl derjenigen, die nicht zu dem kleinen Kreise der Reichen und
Mächtigen gehörten, betrachtete den Staat als ihren Feind
oder wenigstens als einen Spekulanten, dem die Ausbeutung
der Unterthanen das letzte und vornehmste Ziel sei.

Aus diesen Zuständen und Stimmungen erwuchsen schon
seit dem zweiten Jahrhundert der Kirche Vorteile, welche im
ganzen Verlaufe ihrer Geschichte in diesem Umfange ihr sonst
auf keinem Boden zugefallen sind. Da sie nämlich sich in
die Lage setzte, den verarmten und sonstwie bedrängten und
in Verlegenheit geratenen Bevölkerungsklassen oder Einzelnen einen gewissen Ersatz des Verlorenen oder Entbehrten
bieten zu können, wurde sie ihnen das, was diesen in den
besten Zeiten der Staat gewesen war. Sie stellte sich zwischen
Staat und Volk, nicht als Vermittlerin, sondern in selb-
ständiger Rolle, so daß der Gewinn ihres Handelns ihr ausschließlich zufiel. Die religionspolitische Lage der vorkonstantinischen Zeit zog dieser Praxis noch bestimmte Schranken,
und erst, als diese wegfielen, trat die Aktion in großen
Formen in die Erscheinung. Aber die Tendenz ist dort wie
hier dieselbe.

Die Thätigkeit der Kirche gestaltete sich, entsprechend
den zu bewältigenden Übeln, als eine doppelte, nämlich als
materielle Unterstützung und als Rechtshilfe. In beiden
Fällen kam sie vorwiegend den Gemeindegliedern zu Gute,
aber zu keiner Zeit hat sie sich darauf beschränkt. Indeß
nicht dieser Umstand, sondern der imponierende Eindruck
einer geschlossenen Gemeinschaft, die mit großen und starken

---

[1]) Salvian. De gub. Dei IV, 6 vgl. auch IV, 4.

Mitteln für ihre Angehörigen eintrat und ihre leiblichen
und rechtlichen Calamitäten erfolgreich aufnahm, mußte von
einer fast unwiderstehlichen Wirkung sein in einer Volksmasse,
die den Glauben an die Gerechtigkeit des Staates und das
Gefühl einer sichern Existenz verloren hatte. Dort galt
Kirchengut als Armengut und die Bethätigung der Wohlthätigkeit als kostbarste Frucht der Religiosität. Dem entsprach der ungeheure Aufwand von Geldmitteln, den die
Kirche und Private, ohne daß irgend ein Nachlassen zu bemerken wäre, leisteten. Für die regelmäßigen wie für außergewöhnliche Ausgaben konnte das Erforderliche beschafft
werden. Die Summen, welche der Staat unvollkommen und
mühsam durch harte Steueroperationen im Reiche zusammen-
tragen mußte, flossen der Kirche ohne sonderliche Anstrengung
zu, nachdem sie einmal den religiösen Wert des Almosen-
gebens zum Besitzstück der christlichen Überzeugung gemacht
hatte. So vermochte sie nicht nur, tagtäglich Millionen
Unterhalt zu geben, Gefangene loszukaufen, Schuldner aus
den Händen der Wucherer zu befreien und sonstwie Bedrängten Erleichterung zu verschaffen, sondern sie ließ auch
Anstalten zur Pflege von Hilfsbedürftigen jeder Art entstehen. Durch das ganze Reich ging diese Übung des Wohl-
thuens; sie war etwas Notorisches, Christen und Nichtchristen
machten Gebrauch davon. Auch wenn nicht gelegentlich berichtet würde, daß diese trotz aller Mängel bewundernswerte
Aktion der Kirche Bekenner zugeführt habe, so wäre es von
vornherein anzunehmen. Ja, es kann gesagt werden, daß
diese Erweisung der Wohlthätigkeit bei der Überwindung der
heidnischen Volksmassen in hohem Grade wirksam gewesen
ist. Die Millionen, welche die Kirche verausgabte, haben
ihr Millionen Katechumenen eingetragen. So hat Julian

geurteilt und darum in seinem neuen Religionsstaate auch
die Liebesthätigkeit als Gesetz angeordnet.[1])

Weniger, aber immer noch genug wog die Intercession
der Kirche zu Gunsten der durch staatliche Organe Bedrückten
und Geschädigten. An kraftvollen Bischöfen fand die Be=
amtenwillkür einen fast immer erfolgreichen Widerstand. An
jene gegen diese zu appellieren, wurde eine gewöhnliche Praxis,
die freilich dem Staatsansehen nicht förderlich sein konnte.
Neben Männern wie Ambrosius, Basilius, Athanasius und
Synesius, deren entschlossenes Eingreifen in eine gewissenlose
Verwaltung die geschichtliche Überlieferung rühmend meldet,
ist die überwiegende Zahl der Bischöfe in Ausübung der=
selben Thätigkeit in irgend einer Form zu denken, da kano=
nische Verordnungen und eine feste Überlieferung dahin
wiesen. Der wechselvolle Kampf zwischen Staat und Kirche
über den Umfang des Asylrechts der gottesdienstlichen Stätten
beweist, welche Bedeutung die Kirche einem unmittelbaren
Eingreifen in die Machtsphäre des Staates zumaß. Es ist
ihr auch gelungen, neben die staatliche eine bischöfliche Ge=
richtsbarkeit zu setzen und über die staatliche Rechtspflege
eine gewisse Aufsicht zu gewinnen.[2]) So sehr auch der Staat
sein Rechtsgebiet als Ganzes fest in seinem Besitze hielt, so
erschien die Kirche doch dem allgemeinen Urteile als Trägerin
und Garant einer höhern, bessern Gerechtigkeit. Diese Rolle
bedeutete um so mehr, da die Verwaltung und die Rechts=
pflege damaliger Zeit in der That, wie schon bemerkt, an
schweren Schäden litten.

So entdeckte das Volk ohne Unterschied des Bekenntnisses

---

1) Ep. XLIX S. 89 f. (ed. Heyler).
2) S. darüber d. folg. Kapitel.

in der Kirche mehr und mehr diejenige Instanz, welche in
dem Niedergange der öffentlichen und privaten Verhältnisse
das materielle und das bürgerliche Dasein zu gewährleisten
verstand. Wie durch diese Erkenntnis in der kirchlichen Ge=
meinschaft selbst eine starke Einheitlichkeit gesichert wurde, so
mußte die Thatsächlichkeit dieser Machtstellung nach Außen
von tiefer Wirkung sein und den Zugang zu den niedern
und mittlern Schichten der heidnischen Gesellschaft weit auf=
thun. Eine Schrift, wie des gallischen Presbyters Buch
„Von der göttlichen Weltregierung“, welches aus der
Stimmung tiefster Verbitterung heraus und in dem leiden=
schaftlichen Tone eines Pamphlets die bürgerliche und die
Geldaristokratie ebenso wie die auf Unterdrückung des
Schwächern gerichtete staatliche Mißwirtschaft dem Wissen
eines großen Publikums und dem Gerichte Gottes schonungslos
preisgiebt, kann als eine allerdings einseitige Probe der kirch=
lichen Anwaltschaft gelten.

Auf dieser Grundlage als gegebener Voraussetzung be=
wegten sich die systematischen Bemühungen der Kirche um
Ausrottung des Hellenismus. Wie verschieden auch dieselben
im Einzelnen sich gestalteten und sich auswirkten, sie waren
überall da und suchten überall dasselbe Ziel. Der Charakter
einer angreifenden und erobernden Macht eignet der nach=
konstantischen Kirche durchgehends, und diese feste Richtung
auf ein festes Ziel verstärkte sich aus der natürlichen geschicht=
lichen Entwickelung heraus fortwährend. Denn seit der neuen
Ordnung im vierten Jahrhundert vollzog die Kirche in ver=
hältnismäßig raschem Handeln den weitern Ausbau ihrer im
Schema längst fertigen Verfassung. Die bischöfliche Gewalt
zog sich in ihren verschiedenen Abstufungen straffer zusammen.
Die größern und kleinern Verwaltungsbezirke wurden, wo

es noch nicht geschehen war, in deutlichere kirchenrechtliche
Beziehung gesetzt. Das Streben, das ganze Gebiet nach der
erprobten Vorlage des römischen Staatsorganismus zu ge=
stalten, beherrscht die immer mehr auf bestimmte Regierungs=
zentren hindrängende Bewegung. Auf die Zufälligkeiten der
frühen Entwickelung folgte jetzt ein bewußtes Handeln nach
festen Grundsätzen. Das Wichtigste darin war die bischöfliche
Gewalt. Der Begriff derselben stand längst fest; zur vollen
Auswirkung kam er erst jetzt. Wenn die Vervollständigung
und Verstärkung der kirchlichen Organisation überhaupt der
alten Religion nachteilig wurde, indem diese gleichsam als
zu eroberndes Gebiet den einzelnen Bezirken zufiel, so liegt
doch der Schwerpunkt im Episkopat. Von hier aus hat die
kirchliche Verfassung am kräftigsten und erfolgreichsten zur
Überwindung des Heidentums eingesetzt. Was nämlich in
vorkonstantinischer Zeit mehr als Folge der thatsächlichen
Verhältnisse erscheint, die Parallelisierung der politischen
Diözese mit der kirchlichen, wird jetzt System. Die selb=
ständige städtische Commune mit zugehörigem Territorium
bildete im spätern Römertum die Grundlage der Verwaltung.
Die Provinz war ein Komplex von Stadtbezirken. In den
Städten conzentrierte sich das geistige und politische Leben,
zu welchem sich das Land in Abhängigkeit verhielt. Darnach
ermißt sich die Tragweite der religiösen Eroberung eines
städtischen Gemeinwesens. Der Kirche ist diese Perspektive
völlig klar gewesen, denn, was später zu zeigen sein wird,
sie hat systematisch in den Städten Bistümer eingerichtet
und von diesen festen Punkten die Propaganda weiter wirken
lassen. Gewiß fand sich in den von verschiedenen Elementen
durchsetzten und von verschiedenen Interessen bewegten Städten
leichter eine Gemeinde, aber nicht diese Erwägung, sondern

jener weitere Gesichtspunkt gab den Ausschlag, wie die pro=
vinzielle Kirchengeschichte feststellt. So ist in Gallien an die
römischen Civitates, in Ägypten an die Nomenteilung ange=
knüpft. Wie eng sich damals die episkopale Gewalt an die
politische Diözese anlehnte, darüber belehrt nichts besser als
die Geschichte der Entstehung der Parochie.[1])

Gegen Ende etwa des fünften Jahrhunderts sind die
Städte des griechisch=römischen Reiches bis auf eine geringe
Anzahl mit Bischöfen besetzt. Diese Bistümer waren das
kirchliche Centrum des städtischen Territoriums. Ob die Zahl
der Christen in den einzelnen Fällen eine größere oder geringere
war, dieser Umstand trat durchaus zurück vor der Thatsache
der fertigen Organisation. Über das ganze Reich war die
bischöfliche Organisation geworfen, und sie umfaßte kirchen=
rechtlich die heidnische wie die christliche Bevölkerung der
Diözese, da sie als ihren räumlichen Umfang das städtische
Territorium hatte. Daher geht in der Geschichte des unter=
gehenden Heidentums neben den allgemeinen staatlichen und
kirchlichen Maaßnahmen und den dadurch hervorgerufenen
größern Bewegungen die städtische Geschichte als etwas Parti=
kulares.

Die staatliche Gesetzgebung, welche in zunehmendem
Maaße die alte Religion rechtlos machte, verstärkte diese
günstige Lage. Ihre wesentliche Bedeutung bestand darin,
daß sie dem Vorgehen der kirchlichen Organe gesetzliche Hand=
haben lieh. Aber auch der Eindruck der Feindseligkeit gegen
den Götterglauben, den die kaiserliche Regierung durch ihre

---

[1]) Hatsch, Die Grundlegung der Kirchenverfassung Westeuropas
im frühen Mittelalter, deutsch von A. Harnack. Gießen 1888 Ab=
schnitt 1—3 (mit manchem Unzureichendem).

gesetzgeberischen Akte und einzelne Verwaltungsmaßregeln her=
vorrief und erhielt, mußte die allgemeine Stimmung irgend=
wie berühren und beeinflussen. Dieses Ergebnis ist vielleicht
folgenschwerer gewesen als das direkte Eingreifen des Staates
in den Gang der Dinge.

Diese Bundesgenossenschaft, die im Laufe der Zeit sich
immer enger an die Kirche band, bildete eine Gegnerschaft,
die um so unwiderstehlicher war, da die Omnipotenz des
Staates damals alle freiheitlichen Bildungen aufgesogen
hatte; ihr sind z. B. auch die korporativen Verbände all=
mählich erlegen.[1])

Die Weise der Mitarbeit des Staates an der Lösung
der Heidenfrage genügte zwar nicht den Fanatikern, die mehr
wollten, befriedigte aber die Kirche. Nur ist auch hier ge=
legentlich über Nachlässigkeit der Beamten in Ausführung der
kaiserlichen Verordnungen geklagt worden. Der Staat war
aber gar nicht in der Lage, immer allseitig und energisch
durchzugreifen, da die große Korruption und die Fortdauer
des Götterglaubens in der Beamtenschaft selbst schwere oder
gar nicht zu überwindende Hindernisse boten.

Trotz dieser Zusammenhäufung von staatlichen und
kirchlichen Machtmitteln zu dem einen Zwecke würde die
religionspolitische Geschichte des vierten und fünften Jahr=
hunderts einen wesentlich andern Verlauf genommen haben,
wenn sie sich in einer lebenskräftigen Generation und nicht
in einer gealterten Menschheit abgespielt hätte. Schon das
Jahrhundert vor Konstantin zeigt in allen Äußerungen, in
denen es uns entgegentritt, ein Stadium der Entwickelung

---

[1]) Liebenam, Zur Geschichte u. Organisation d. röm. Vereins=
wesens, Lpz. 1890 S. 49 ff.

an, welches alle Anzeichen einer nahen völligen Auflösung
der antiken Kultur in sich trug.[1]) Zerfahrenheit und
Schwächlichkeit bezeichnen die öffentliche Geschichte, Hohlheit,
Geschmacklosigkeit und Ermüdung das Kulturleben. Die
geistigen Kräfte waren auf ein niedriges Maaß heruntergegangen, die Religiosität trotz der von den Severern versuchten Reformation in ein unbestimmbares Allerlei verwildert. Was konnte diese Menschheit einer zielbewußten,
von starken materiellen und idealen Machtmitteln getragenen
Organisation, wie die Kirche war, entgegenstellen? Noch, als
der Staat auf ihrer Seite stand, hat sie das rapide Anwachsen der neuen Religionsgemeinschaft geschehen lassen
müssen. Jetzt handelte dieser als Verbündeter der Kirche,
die Situation war also eine schlimmere geworden. Es gab
ferner für den von Kirche und Staat bedrängten Hellenismus
keinen einheitlichen Halt mehr. Die Massen klammerten sich
an die ererbten Religionsbräuche und setzten in ihre Behauptung das Kampfesziel. Die neuplatonische Philosophie,
erhoben über diese niedern Formen und Vorstellungen, stritt
für ihre religiös = philosophische Weltanschauung. Andere
wiederum, wie Symmachus, wurden vorwiegend von
patriotischen Stimmungen bewegt. Anders wiederum gestaltete sich das Interesse des Deismus. Es verband diese
Kreise wohl eine gemeinsame Empfindung, und gelegentlich,
wie in Alexandrien[2]), schloß die Philosophie mit dem Pöbel
enge Bundesgenossenschaft, doch lagen die Interessen zu
weit voneinander ab, als daß eine annähernd geschlossene

---

[1]) Burckhardt, Die Zeit Constantins d. Gr., 2. Aufl. Lpz.
1880. S. 249 ff. Abschnitt: „Alterung des antiken Lebens und seiner
Kultur.“

[2]) Bd. I S. 261.

Oppofition möglich gewefen wäre. Diefer Zerfplitterung
gegenüber ftand die Kirche mit einem Willen und einer
Macht.

Wie die römifche Gefchichte als allgemeine und als
provinzielle fich vollzieht und fo darzuftellen ift, fo hat auch
die Betrachtung der diefer Gefchichte angehörenden Ausgänge
des griechifch-römifchen Heidentums fowohl die allgemeinen
Wandelungen als die provinziellen Vorgänge ins Auge zu
faffen. Die allgemeinen Wandelungen würden fich an zahlreichen Einzelheiten, in denen fie kräftiger ober geringer
hervortreten, aufweifen laffen. Im Folgenden ift die Be-
fchränkung auf das Wichtigere und Bezeichnendere innegehalten. Religiöfe Motive treten darin nicht überall in
unmittelbarer Wirkung hervor, aber fie liegen in jedem
Falle in dem Prozeffe und bewegen ihn.

Zweites Kapitel.

Das römisch-griechische Recht.

Die weltgeschichtliche Bedeutung des römischen Volkes gipfelt in seiner Rechtsordnung. In der Eigenart des Römertums wurzelnd und lange mit der Härte und Unbiegsamkeit desselben belastet, entfaltete sie sich, wie die römische Kultur überhaupt, im Verlaufe der Geschichte unter der Rückwirkung des in dem Weltreiche mächtig waltenden hellenischen Geistes freier und reicher und gewann jenen internationalen Charakter, der sie dem Staate zu dem wertvollsten Mittel machte, das Nationalitätsprinzip in den Provinzen zu zertrümmern. Diese größte Schöpfung des römischen Volkes war zugleich seine festeste, welche den Untergang des Reiches überdauerte, um unter ganz andern Bedingungen, nämlich in der Welt des Mittelalters, noch einmal eine bedeutungsvolle Geschichte zu haben.

Das Recht gestaltet sich nach dem in der menschlichen Gemeinschaft lebendigen Ideal der Gerechtigkeit, dessen „letzte Quelle der Glaube an die göttliche Gerechtigkeit ist."[1]) Da nun das Rechtsideal, welches Voraussetzung und Inhalt der

---

[1]) Sohm, Institutionen d. röm. Rechts, Leipz. 1886 S. 14; vgl. auch Kuntze, Cursus d. röm. R. 2. Aufl. Leipz. 1879. §§. 15, 16, 21—23.

römisch=hellenischen Rechtsordnung bildet, in dem antiken
sittlich=religiösen Bewußtsein seinen Ausgang hat, so konnte
nicht ausbleiben, daß das anders bestimmte christliche Be=
wußtsein Mängel oder auch Gegensätzliches darin entdeckte.
In diesem Sinne ist in der Kirche von dem menschlichen
Gesetze, „welches je nach den Sitten wechselnd sich bestimmt",
auf das „eine Gesetz Gottes" und die „wahre Rechtsordnung
Gottes" verwiesen und sind den Institutionen des bürger=
lichen Rechts die „göttlichen Institutionen" zur Seite gestellt
worden.[1]) An einzelnen Punkten ließ sich der Unterschied
zwischen dem „Recht des Forum" und dem „Recht des
Himmels" scharf beleuchten.[2]) Doch daneben ging, vielleicht
nicht ganz vereinzelt, die Vorstellung, daß zwischen dem
römischen und dem mosaischen Rechte ein geschichtlicher
Zusammenhang bestehe, also auch jenes zum Teil auf gött=
licher Offenbarung ruhe.[3]) Es ist dieselbe Anschauung,
welche die großen Philosophen des Altertums, Sokrates und
Plato voran, eine Summe von Wahrheiten aus dem Alten
Testamente entnehmen ließ. Nur von hier aus auch wird
der von einem rechtskundigen Christen unternommene Versuch

---

[1]) Lactant. Divinae Institutiones VI, 8, 9; V, 8: I, 1.
Ebenso schon früher die Apologeten: Justin. M. Apol. I, 10;
Tatian, orat. ad Gr. c. 28. Die Belege lassen sich leicht mehren.
Auch der frühere Staatsmann Cassiodorius bekennt sich in seinen Variae
(VII, 46) zu dem Satze: Institutio divinarum legum humano
juri ministrat exordium.

[2]) August. Sermo 392,2 (Migne t. 39 p. 1710) über das
Thema Concubinas habere non licet. Hierselbst das Urteil: adul-
terina sunt ista conjugia, non jure fori, sed jure coeli. Ebenso
Sermo 355, 4 (t. 39 p. 1572) in einem andern Falle: jure fori,
non jure poli.

[3]) Ambros. In Epist. ad. Rom. c. VII, 1. Die Vermittler=
rolle bei diesem Vorgange spielten nach der Meinung des Bischofs die
Griechen.

verständlich, an einer Reihe von Beispielen die Concordanz zwischen römischer Rechtsauffassung und Rechtsentscheidung und dem mosaischen Gesetze zu erweisen. Diese kurzweg Lex Dei benannte Schrift, [1] beren Abfassung wahrscheinlich an das Ende des vierten Jahrhunderts fällt, besteht aus sechszehn, in der Folge der zehn Gebote georbneten Titeln, in denen jebesmal Worte Mosis voranstehen und parallele Aussagen unb Verordnungen der römischen Rechtsliteratur folgen. Der unbekannte Verfasser war unbefangen genug, nicht nur Ulpians Buch De officio Proconsulis, in welches auch die Rescripte gegen die Christen aufgenommen waren, [2] für seine Zwecke zu verwerten, sondern auch eine Constitution des Christenverfolgers Diokletian. [3] Die Harmonie des „göttlichen und des menschlichen Urteils" ist der Gesichts- punkt, welcher die Excerptensammlung normiert, ohne freilich zu hindern, daß gelegentlich dem weltlichen Gesetze eine Rüge erteilt wird. [4] Doch tritt diese Kritik so schüchtern auf, daß es nicht in ihrer Absicht gelegen haben kann, „die Auktorität der juristischen Orakel einer vermeintlich überlebten vor- christlichen Rechtsepoche zu brechen." [5] Aber auch, wenn die

---

[1] Lex Dei sive Mosaicarum et Romanarum legum colla- tio (im Folgenden in der Ausgabe von Huschke: Jurisprudentiae antejustin. quae supersunt, Lips. 1861 S. 528 ff. citiert.

[2] Lactant. Div. Inst. V. 11: Domitius de officio Pro- consulis libro septimo rescripta principum nefaria collegit, ut doceret, quibus poenis adfici oporteret eos, qui se cultores Dei confiterentur. Gerade aus diesem Teile des Buches citiert der Verfasser Tit. XV, 2 Anfang.

[3] Tit. XV, 3 (de maleficis et Manichaeis).

[4] Tit. V, 2 §. 2; VI, 7; vgl. auch Tit. XIV, 3 §. 6.

[5] Rudorff, Röm Rechtsgeschichte. Leipz. 1857, I. S. 284 und desselben Verfassers ausführlicher Aufsatz: „Über den Ursprung u. die Bestimmung der Lex Dei" (in b. Abh. b. Königl. Akad. b.

Tendenz eine solche gewesen wäre, so hat sich der Staat
weder damals noch nachher dafür gewinnen lassen. Sowohl
das von Theodosius II. wie das von Justinian codifizierte
Recht ist in seiner Hauptmasse römisches Recht.

Auch die beiden im vierten Jahrhundert angesehensten
Privatsammlungen, der Codex Gregorianus und der Codex
Hermogenianus, aus welchen das Rescriptenrecht der christlichen Kaiser fast ausschließlich schöpfte, waren Arbeiten
heidnischer Juristen. Die klassischen Repräsentanten des
römischen Rechts, Papinianus, Ulpianus, Paulus behaupteten
auch in dem christlichen Staate ihre hohe Auktorität.

Nichtsdestoweniger war eine Rechtsfestsetzung ohne Rücksicht auf das im Staate siegreiche und im Volksleben einflußreiche Christentum nicht mehr möglich. Denn das Recht
ist in seiner Bedeutung und Wirkung auf den Zusammenhang
mit den lebendigen Kräften und dem sittlich-religiösen Bewußtsein der Gesamtheit angewiesen.[1]) Jene wie dieses
aber, soweit sie ein Gewicht hatten, waren christlich. Mit
dem Christentum hatte ferner das Kaisertum, welches seit
Konstantin d. Gr. auch in der Form die Nomothesie fast in
ihrem ganzen Umfange an sich nahm, einen engen Bund
geschlossen. Erst wenige Tage bevor der Codex Theodosianus

Wissensch. zu Berlin 1868 S. 265—297), wo auch der Versuch gemacht
wird, Ambrosius als Autor festzustellen. Richtiger fassen Huschke
(Zeitschr. f. gesch. Rechtswissenschaft 13. B. 1846 S. 1—49) und
Karlowa (Röm. Rechtsgesch. 1. Bd. Leipz. 1885 S. 969) die Tendenz der Schrift.

[1]) Puchta, Vorlesungen über das heut. röm. Recht, herausg.
von Rudorff, 3. Aufl., Berlin 1853, 1. Bd. S. 48: „ein Recht, das
sich gegen Gebote der Sittlichkeit und Religion vollkommen gleichgültig
verhielte, würde ein totes, für das wirkliche Leben unbrauchbares, un-
vernünftiges Abstraktum werden."

der Öffentlichkeit übergeben wurde, erklärte der Kaiser in einem Erlaß die Förderung der wahren Religion für die vornehmste Aufgabe der Regierung.[1] Auch ruht es ohne Zweifel auf einer religiös begründeten Entschließung, daß dieses neue Rechtsbuch von den vorkonstantinischen Herrschern gänzlich absieht und von dem ersten christlichen Kaiser seinen Ausgang nimmt.[2]

Das Schlußbuch enthält in reicher Mannigfaltigkeit des Stoffes Kirchenrecht. Gleich der zweite Titel führt das berühmte Edikt des Theodosius auf, in welchem der heilige Glaube der Kirche und die strafwürdige „Infamie" der Häresie scharf geschieden werden,[3] und die letzte Konstitution der ganzen Sammlung ordnet die feierliche unwiderrufliche Sanktion aller auf das „katholische Gesetz" bezüglichen Verordnungen älterer und neuerer Zeit an.[4] Doch auch sonst zeigt oft genug dieser Codex, dessen Urheber ein streng kirchlicher Herrscher war, Christentum und Kirche als wirkungsvolle Faktoren. Die Novellensammlungen nach Theodosius II. — und seine eigenen — gewähren dasselbe Bild; ja verhältnismäßig sind in denselben die Beziehungen zur Kirche noch mehr in den Vordergrund getreten. Das steigert sich im Zeitalter Justinians. Der den Bischöfen und Mönchen ergebene Sinn dieses theologisierenden Kaisers ist bekannt.

---

[1] Novell. Const. II, 3.

[2] Pseudo-Prosper Chron. (Migne t. 51 p. 863): Theodosianus liber omnium legum legitimorum principum in unum collatarum hoc primum anno editus. Die legitimi principes sind aber nicht, wie man gemeint hat, die christlichen Kaiser, da auch Julian berücksichtigt ist, sondern die legitimen Augusti im Gegensatz zu den Tyrannen.

[3] Cod. Theod. XVI, 1, 2.

[4] Ebend. XVI, 11, 3.

Die in Byzanz als Ergebnis längerer Entwickelung zu
Stande gekommene Verflechtung kirchlicher und politischer
Verhältnisse erfaßte auch das Rechtsleben. Die Rechtsbücher
Justinians würden noch mehr davon an sich tragen, wenn
sie nicht in Eile abgefaßte Kommissionsarbeiten wären. Der
Codex Justinianus, welcher in der vorliegenden Frage voran
steht, führt sich ein mit dem Abschnitte De summa trini-
tate et de fide catholica et ut nemo de ea publice
contendere audeat und bringt als erstes Gesetz das oben
erwähnte Edikt Theodosius d. Gr. In den folgenden Konsti=
tutionen wird der orthodoxe Glaube feierlich betont und die
falsche Lehre verdammt. Die Erlasse des Kaisers erweitern
sich nicht selten zu dogmatischen Exkursen oder pastoralen
Ansprachen und stellen sich bereitwillig in den Dienst der
Kirche zur Durchführung der synodalen Festsetzungen. Die
ersten dreizehn Titel haben das Kirchenrecht als Inhalt, das
also, im Unterschiede von dem Codex Theodosianus, voran=
steht. Wie sehr der staatliche Gesetzgeber die Verpflichtung
gegen das göttliche Gebot empfand, tritt in zahlreichen
Fällen hervor.[1]) Ganz anderer Art sind die Digesten, die
nicht Konstitutionenrecht, sondern ältere juristische Quellen
heidnischer Herkunft enthalten. Dagegen lehnen sich die
Institutionen an den Codex an.[2])

Die neue Zeit spiegelt sich naturgemäß am deutlichsten

---

[1]) Hierher gehört auch die Definition der Rechtswissenschaft
Instit. I, 1: Jurisprudentia est divinarum atque humanarum rerum notitia, justi atque injusti scientia.

[2]) Über den angeblichen Hellenismus Tribonians und Spuren
desselben in den Rechtsbüchern vgl. die verständige Darlegung von
Joach. Andr. Helvigius: De paganismo Triboniani, Gry-
phiswald. 1728.

in den Religionsgesetzen wieder. Das römische Recht, obwohl in seinen Anfängen mit der heimischen Religion und
ihren Formen eng verbunden, verhielt sich zu dem religiösen
Bekenntnisse gleichgültig. Das Bürgerrecht war Personen,
Städten und Ländern fremder Religionen unterschiedslos zugänglich. Die Verwandtschaft der polytheistischen Religionen,
der Verfall des vaterländischen Glaubens und politische
Rücksichten ließen den Gedanken des Gegenteils nicht aufkommen. Erst die Kirche zwang den Staat, diesen Rechtssatz
aufzugeben und das Maaß des Rechts nach dem religiösen
Bekenntnisse zu verteilen. Bereits unter Konstantin tritt
das neue Prinzip in seinen Umrissen hervor. Die den
Christen bewilligten Privilegien dürfen nur der katholischen
Kirche zu Gute kommen;[1]) der Übertritt zum Judentum ist
verboten und andererseits jede Äußerung des Fanatismus
gegen die zum Christentum sich wendenden Juden unter
strenge Strafe gestellt; das Sklavenrecht unterliegt unter
Juden bestimmten Einschränkungen.[2]) Dagegen erlitt die
alte Religion wohl Abzüge ihres religiösen, aber noch nicht
ihres bürgerlichen Rechts. Auch in der Folgezeit ist sie in
diesem Zustande erhalten worden, bis Theodosius die Wendung
herbeiführte, indem er den Apostaten die Fähigkeit, zu testieren,
entzog.[3]) Im Abendlande führte Valentinian, mit unwesent-

---

[1]) Cod. Theod. XVI, 5, 1 (a. 326).

[2]) Cod. Theod. XVI, 8, 1 (a. 315; nach O. Seeck, Zeitschr.
f. Rechtsgesch. X Rom. Abt. S. 240 a. 329); 8, 5 (a. 335); 9, 1
(a. 336).

[3]) Cod. Theod. XVI, 7, 1: Eis, qui ex Christianis pagani facti sunt, eripiatur facultas jusque testandi et omne
defuncti si quod est testamentum summota conditione res-
cindatur (a. 381). Dazu XVI, 7, 2 (a. 383), woselbst die Äußerung:
ut sint absque jure Romano.

lichen Einschränkungen denselben Rechtssatz ein,[1]) verschärfte
ihn aber schon einige Jahre nachher in der Weise, daß er
Apostaten aktiv und passiv testamentsunfähig machte, der
Zeugenfähigkeit beraubte, sie ihrer Würde und ihres Standes
verlustig erklärte und mit dauernder Infamie belastete. Ja
sie wurden aus der Rechtsgemeinschaft überhaupt ausge=
sondert.[2]) Von hier aus war es nur ein Schritt, die bürger=
lichen Rechte des Heidentums in seiner Gesamterscheinung
einzuschränken und endlich aufzuheben. Denn das Prinzip
war schon vorher erfaßt und harrte nur der Durchführung.
Theodosius II leitete diese Weiterentwickelung ein, indem er
die Anhänger der alten Religion von der Armee sowie von
den Verwaltungs= und Regierungsämtern ausschloß, Justin I
und Justinian vollendeten sie.[3]) Die Gesetzgebung des Letztern
ruht auf der Voraussetzung, daß kirchliche Orthodoxie den
Vermögensbesitz bedingt und Abfall davon oder Gegensatz dazu
ihn auflöst. Den Heiden ist jetzt jeder Rechtsakt untersagt.[4])

Weit früher als der Hellenismus sind die Häretiker zu
diesem Punkte geführt worden, ohne Zweifel, weil der Staat
auf sie weniger Rücksicht zu nehmen hatte als auf die im
öffentlichen Leben noch nicht zu entbehrenden Altgläubigen.
Die kaiserlichen Verordnungen gegen Ketzer und Schismatiker

---

[1]) Cod. Theod. XVI, 7, 3 (a. 383).

[2]) Cod. Theod. XVI, 7, 4 u. 5 (a. 391). Es heißt hier
u. A.: a consortio omnium segregati sint — de loco suo sta-
tuque dejecti perpetua urantur infamia ac ne in extrema qui-
dem vulgi ignobilis parte numerentur. Vgl. ferner XVI, 7, 6
(a. 396) u. 7 (a. 426),

[3]) Bd. I S. 385—437 ff.

[4]) Cod. Just. I, 5, 21: (in Beziehung auf die Heiden und
mehrere namhaft gemachte Sekten) quibus pro reatus similitu-
dine omnis legitimus actus interdictus est.

begannen mit dem Jahre 326 und nahmen schnell an Um=
fang und Schärfe zu. Bereits Theodosius d. Gr. versagte
den Manichäern als mit Infamie behaftet den Genuß des
römischen Rechts; die Eunomianer gerieten bald darauf in
dieselbe Lage.[1]) Abschließend ist aber auch hier Justinian.
Die stattliche Reihe der auf die Ketzer bezüglichen Verord=
dnungen[2]) in den Rechtsbüchern ist ein untrügliches Zeugnis,
wie weit sich hier das römische Recht der Einwirkung der
Kirche ergeben hat.

Auch das Judentum wurde von dieser Gesetzgebung
betroffen, ohne indeß die äußersten Consequenzen derselben
an sich zu erfahren; es verlor nur einzelne Stücke des bürger=
lichen Rechts, darunter die Fähigkeit, Staatsämter zu be=
kleiden.[3])

So zeigt sich nach allen Seiten hin, daß das römische
Recht auf seine religiöse Indifferenz verzichtet hat. Der scharfen
Abneigung der Kirche gegen die Häresie und den Hellenis=
mus vermochte der Staat nicht, sich zu entziehen; unter
dem Drucke derselben hob er die althergebrachte Rechtsgleich=
heit auf. Er gab damit ein Stück Selbständigkeit hin. Denn
die Begriffe Häresie und Schisma unterliegen nicht seinem,
sondern der Kirche Urteil; die unterschiedliche Behandlung
der einzelnen akatholischen Gemeinschaften in den Gesetzes=
bestimmungen verrät deutlich genug Informationen seitens
kirchlicher Organe.

---

[1]) Cod. Theod. XVI, 5, 7 (a. 381); XVI, 5, 17 (a. 389):
nihil ad summum habeant commune cum reliquis.

[2]) In Cod. Theod. XVI, 5, 1—66 und Cod. Just. I, 5,
1—21 ist die Hauptmasse, dazu noch einzelnes Verstreute in beiden
Sammlungen und in den Novellae Constitutiones.

[3]) Nov. Theod. III, 1, vgl. sonst Cod. Theod. XVI, 8,
1—18; 20—29; XVI, 9, 1—5. Cod. Just. I, 9, 3—18; 10, 1—2.

Es versteht sich, daß eine Kirche, die den Staat auf diese Bahn zu drängen vermochte, über eine moralische und materielle Machtfülle verfügt haben muß, vor der noch andere und zum Teil noch wichtigere Stücke des alten Rechts hinfielen. Kaum war diese Kirche durch das Patent von Mailand in den Besitz staatlicher Duldung gelangt, so begann sie, die Rechtsvorzüge der antiken Religion und ihrer Diener auf sich herüberzuziehen. Bereits 313 erlangte sie die Gewährung der Immunität für ihre Kleriker und erhielt dafür aus kaiserlichem Munde eine religiöse Rechtfertigung.[1] Dieses Privilegium hat in der Folgezeit zwar einige Einschränkungen erfahren, ist aber aufrecht erhalten worden. Das Korporationen bis dahin nur ausnahmsweise verliehene Erbrecht gab Konstantin mit voller Hand der gesamten Kirche in ihren einzelnen Gemeindekörpern.[2] Jene Befreiung von kostspieligen Lasten und diese einträgliche Erbfähigkeit einer ansehnlichen geistlichen Genossenschaft erwiesen sich in ihrem Zusammenwirken als so bedeutend, daß die Kirche jetzt auch noch in anderem Sinne eine machtvolle Institution im politischen und sozialen Leben wurde. Ebenderselbe Kaiser verlieh den Bischöfen eine Gerichtsbarkeit, welche in ihrer letzten Ausbildung, allerdings nur auf privatrechtlichem

---

[1] Cod. Theod. XVI, 2, 1; XVI, 2, 2 (a. 319; Seeck: 313): — ne (scl. clerici) sacrilego livore quorundam a divinis obsequiis avocentur. Ebenso in dem Schreiben an den Prokonsul Annlinus (Euseb. H. E. 10, 6): Die Kleriker sollen von den öffentlichen Lasten frei sein, damit sie ungehindert den göttlichen Dienst verrichten können, worin eine Bürgschaft für das Wohlergehen des Staates liegt.

[2] Cod Theod. XVI, 2, 4: habeat unusquisque licentiam, sanctissimo catholicae venerabilique concilio decedens bonorum quod optavit relinquere. Non sint cassa judicia.

Gebiete, ein rechtskräftiges Urteil in der Weise der staat=
lichen Richter herstellen konnte.[1) „Damit hat er diese Ur=
teile über das Niveau der von geborenen Richtern erlassenen
Schiedssprüche erhoben und sie den gerichtlichen Urteilen
gleichgestellt; denn Schiedssprüche waren zu jener Zeit nicht
rechtsverbindlich und ergaben keine Klage auf Erfüllung,
geschweige denn einen Anspruch auf sofortige Vollstreckung;
die Urteile der Bischöfe aber begründen ebenso wie die der
Gerichte, die Einrede der abgeurteilten Sache und das Recht
auf Zwangsvollstreckung."[2) Auch das in seinem Umfange
wechselnde Asylrecht sowie die pflichtmäßige Intercession der
Bischöfe bei Criminalprozessen[3) wiesen den Einfluß der Kirche
auf das öffentliche Recht auf. Nimmt man dazu, daß den
Bischöfen gegenüber der Zeugniszwang wie auch die Ver=
pflichtung, im Criminalprozeß persönlich zu erscheinen, weg=
fiel, daß Presbyter nicht zur Tortur gebracht werden konnten
und Injurien gegen Geistliche während ihrer Amtshand=
lungen als crimen publicum geahndet wurden,[4) endlich die
ganze Summe dessen, was in Beziehung auf Mönche und
geweihte Jungfrauen und sonst in Rücksicht auf Organe,
Institutionen und Lehre der Kirche besonders durch Justinian

[1) Über die Stufen und die rechtliche Tragweite dieser Gerichts=
barkeit vgl. Löning, Gesch. d. deutschen Kirchenrechts I Straßb. 1878
S. 289 ff.

[2) Seuffert, Konstantins Gesetze und das Christentum. Würz=
burg 1891 S. 20 (Festrede).

[3) Cod. Theod. IX, 45, 1 ff. (De his qui ad ecclesias
confugiunt); Cod. Just. I, 12, 1 ff. Vgl. Conc. Sardic. c. 7;
Ambrosius, De off. II, 21 u. s. ö. Cod. Theod. IX, 40, 15;
XI, 36, 31 u. s.

[4) Cod. Theod. XI, 39, 8; Nov. Valentin. III, 34
§ 1; Cod. Theod. XI, 39, 10; Cod. Just. I, 3, 10; Nov.
Const. 155 c. 31. (Ausg. von Zachariä Lpz. 1881.)

gesetzgeberisch festgestellt worden ist, so ergiebt sich daraus das weite Vordringen der Kirche in das Gebiet des alten Rechts. Es handelte sich bei diesen Vorgängen weniger darum, die christliche Kirche und ihre Organe in den gleichen Besitzstand wie die überlieferte Religion und ihre Diener zu bringen, als vielmehr für jene eine neue, ansehnlichere Position zu schaffen. Jede Neuerung aber, die hier vollzogen wurde, bedeutete einen Verlust des antiken Rechts, das hier Rücksichten dienstbar gemacht wurde, die ihm seinem Ursprung und Wesen nach durchaus fremd waren.

Im Umfange des Criminalrechts äußerte sich die Rückwirkung des Christentums einerseits in Strafverschärfung wider solche Vergehen, die das christlich bestimmte religiöse und ethische Empfinden tiefer verletzten, andererseits in Strafminderungen, welche der Humanität der neuen Religion entsprachen. In der Beurteilung der Delikte jener Art haben die Gesetzgeber sich nicht selten an die volle Schärfe alttestamentlicher Verordnungen angelehnt; so wenn Justinian auf Gotteslästerung im engern und weitern Sinne den Tod setzt.[1]) Ebenso deutlich erscheint dieser Zusammenhang in der strafrechtlichen Beurteilung der unnatürlichen Wollust. Dieses in der Kaiserzeit weitverbreitete Laster war zwar schon frühzeitig unter Strafe gestellt, wucherte aber in halber Duldung weiter. Auf ihm ruhte der volle Abscheu der Christen; es galt als ein hervorragendes Beispiel der Greuel des Heidentums. Die Synode von Elvira beschloß, den mit dieser Sünde Befleckten nicht einmal im Sterben die Communion zu gewähren.[2]) Derselbe sittliche Abscheu redet aus einem

---

[1]) Nov. Const. 28; vgl. Lev. 24, 15 ff.
[2]) Syn. Illib. c. 71; vgl. 1. Kor. 6, 9; Röm, 1, 26 f.; 1. Tim. 1, 10; Barnabasbrief c. 19; Apostellehre c. 2, 2.

Gesetze der Konstantinssöhne Konstantius und Konstans, in
welchem sie, im Einklang mit dem Alten Testament (Lev.
20, 13), die dieses Verbrechens schuldigen „Infamen" mit
Hinrichtung durch das Schwert bedrohen.[1]) Theodosius
steigerte die Strafe zum Feuertode in öffentlicher Schau=
stellung.[2]) Justinian geht in seiner denselben Gegenstand
behandelnden Äußerung von der heiligen Schrift aus und
bemüht sich, das fragliche Vergehen als eine schwere Sünde
gegen Gott darzulegen und zur Buße aufzufordern.[3]) Die
Gesetzgebung bewegt sich hier genau auf der Bahn des
christlichen Urteils. Letzteres ist ebenso die treibende Kraft
in den seit Theodosius und Valentinian auftretenden Erlassen
gegen das öffentliche Lenocinium. Jene beiden Herrscher
erklärten das bis dahin straflose Gewerbe für eine Schande
ihres Jahrhunderts, wiesen den der Staatskasse daraus zu=
fließenden Gewinn als schimpflich ab und untersagten für
alle Zeiten die Ausübung desselben.[4]) Justinian hat das
hernach bekräftigt, indem er an die göttliche Verpflichtung
zu keuschem Leben erinnerte.[5]) Wenn er weiterhin anderswo[6])
in einer scharfen Verordnung gegen das Eunuchentum die
Verstümmelung eine „gottlose Sünde" nennt, welcher er von
dem Grundsatze aus Auge um Auge entgegentritt, so läßt
sich annehmen, daß auch Konstantin, als er jene furchtbare

---

[1]) Cod. Theod. IX, 7, 3. Nach einer deklamatorischen Ein=
leitung. jubemus insurgere leges, armari jura gladio ultore, ut
exquisitis poenis subdantur infames, qui sunt vel qui futuri
sunt rei.
[2]) Cod. Teod. IX, 7, 6.
[3]) Nov. Const. 171. 28.
[4]) Nov. Theod. II, 18.
[5]) Nov. Const. 39.
[6]) Nov. Const. 170.

Gepflogenheit unter Todesstrafe im ganzen Reiche unter=
sagte,[1]) von demselben sittlichen Unwillen geleitet war, den
die Kirche öffentlich äußerte.[2]) Auch wenn in den Straf=
verfügungen der christlichen Kaiser über Vergehen wie Ent=
führung, Menschenraub, Kindermord eine härtere Justiz
hervortritt, so sind die letzten Beweggründe allein in der
ernstern Beurteilung dieser Delikte durch die christliche Ethik
zu suchen. Die Äußerungen der kirchlichen Schriftsteller wie
der Synoden bestätigen diesen Schluß überall, wie anderer=
seits die Rücksicht auf christliche Empfindungen und christliche
Sitte gewisse Strafminderungen oder Strafaufhebungen er=
klärlich macht.

Das Osterfest gab Veranlassung, Verurteilten Amnestie
zu gewähren. An jedem Sonntage sollten die Richter die
Gefangenen sich vorführen lassen und inquirieren, ob ihnen
nicht etwa durch gewissenlose Kerkermeister humane Behand=
lung versagt werde. Zur Durchführung dieser „heilsamen
Maßregeln" wird unter Androhung von Geldstrafen ange=
halten. Die Bischöfe sollen dabei mitwirken. Später
wurden sie noch ausdrücklich ermächtigt und angewiesen, ein=
mal in der Woche die Gefängnisse zu besuchen und Ver=
gehen, Stand und Behandlung der Gefangenen festzustellen.[3])
Dieses Aufsichtsrecht der Bischöfe mußte naturgemäß zu

---

[1]) Cod. Just. IV, 42, 1; vgl. IV, 42, 2.

[2]) Es genügt, auf Can. Apost. c. 21—24 zu verweisen, wo
über dieses Vergehen geurteilt wird: αὐτοφονευτὴς γάρ ἐστιν
ἑαυτοῦ καὶ τῆς τοῦ θεοῦ δημιουργίας ἐχθρός (c. 22). —
ἐπίβολος γάρ ἐστι τῆς ἑαυτοῦ ζωῆς (c. 24). Vgl. auch Conc.
Nicaen. c. 1. Es handelt sich in diesen Fällen um Selbstverstümme=
lung, doch gilt selbstverständlich jenes Urteil der Handlung überhaupt.

[3]) Cod. Theod. IX. 38, 3 ff.; Cod. Just. I, 4, 9; I, 4, 22.

manchen Unzuträglichkeiten führen und hat nicht selten die
geordnete Rechtspflege aufgehalten; sie kommt aber nicht
nach dieser Seite ihrer Wirkung hier in Betracht, sondern
insofern, als dadurch die staatliche Justiz sich einer Kontrolle
durch geistliche Organe unterstellte. Eine solche Kontrolle
war bis dahin in der römischen Rechtsgeschichte unerhört.
Sie bedeutete ein Preisgeben der vollen Souveränetät des
Staates an eine außer ihm liegende und von ihm unab=
hängige Macht. Verständlicher ist, daß Konstantin schon
die Kreuzesstrafe beseitigte; ob aus Pietät gegen den einzig=
artigen Kreuzestod auf Golgatha oder in Rücksicht auf die
Grausamkeit dieses Strafmittels, bleibt unentschieden.[1] Ebenso
wenn die Verurteilung zu den blutigen Spielen durch einen
Erlaß des Jahres 325 aufgehoben wurde,[2] so ist das eine
begreifliche Konzession an das christliche Empfinden, welches
aus jüngster und älterer Vergangenheit von solchen Exe=
kutionen der Märtyrer wußte. Jener Brauch ist damals für
immer untergegangen, obwohl die Gladiatorenspiele sich bis
in das fünfte Jahrhundert hinein zu halten vermochten.
Bereits ein Jahrzehnt vorher hatte sich der Kaiser auch dazu
verstanden, die übliche Brandmarkung der zu den Spielen
und den Bergwerken Verurteilten auf der Stirn mit der
Begründung zu verbieten, „damit das Antlitz, welches ein
Abbild der himmlischen Schönheit ist, in keiner Weise geschändet

---

[1] Sozom. H. E. I, 8; Aur. Vict. c. 41.
[2] Cod. Theod. XV, 12, 1. In den Div. Instit. des Kon=
stantin nahe stehenden Lactantius steht VI, 22 über die blutigen Circus=
spiele das Urteil: ... non modo ad beatam vitam nihil con-
ferunt, sed etiam nocent plurimum. Nam qui hominem,
quamvis ob merita damnatum, in conspectu suo jugu-
lari pro voluptate computat, conscientiam suam polluit u. s. w.
Man möchte hier den unmittelbaren Anstoß zu jener Konstitution finden.

werde."[1] Die christliche Auffassung der göttlichen Ebenbildlichkeit im Menschen macht sich in Gemeinschaft mit der
„Besiegelung" in der Taufe hier in eigentümlicher Weise
geltend.[2]

Nicht in demselben Maße erfolgreich erwiesen sich die
Bemühungen der Kirche auf dem Gebiete des Privatrechts.
Denn dieses war fast in seinem ganzen Umfange durch die
ständische und soziale Gliederung der Bevölkerung bestimmt
und gebunden und hatte den Vorzug des Alters und der
Geschlossenheit. Schwerlich ist es auch je in seiner Gesamtheit von der in der Gewöhnung an diese Ordnungen auf-
gewachsenen Christenheit drückend empfunden worden, wohl
aber in manchen Einzelheiten. Nur in solchen liegen auch
die Erfolge der Kirche.

Sie treten uns entgegen im Familienrecht und hier
besonders im Eherecht. Das Eherecht der Kaiserzeit befaßte
sich ausschließlich mit der Feststellung der rechtlichen Seite
der ehelichen Gemeinschaft; es hielt sich genau in dem
Rahmen des Juristischen. Die altrömische strenge Form der
Ehe, die Manus, welche die entschiedene Unterordnung der
Frau unter die Potestas des Gatten in sich faßt, war in
Sitte und Gesetz einer freiern Gestaltung gewichen, welche
der christlichen Auffassung näher lag.[3] Indem damit die

---

[1] Cod. Theod. IX, 40, 2: — — quo facies, quae ad similitudinem pulchritudinis coelestis est figurata, minime maculetur.

[2] Vgl. die lat. Übersetzung der Worte Gen. 1, 26: faciamus
hominem ad imaginem et similitudinem nostram; wozu Cyprian
(de habitu virgg. c. 15) hinzufügt: et audet quisquam mutare
et convertere, quod deus fecit!

[3] Auf diese Form der Ehe bezieht sich die schöne Definition des
Juristen Modestinus (Mitte des 3. Jahrh.): Matrimonium est conjunctio maris et feminae, consortium omnis vitae, individua

Möglichkeit offen stand, innerhalb dieser Formen einen sittlich=religiösen Einfluß zur Geltung zu bringen, konnte die Kirche kein allzugroßes Interesse haben, das Gesamtbild des römischen Eherechts zu verändern. Es genügte ihr, einzelne Züge anders gestaltet zu sehen. Außerdem hatte sie von vornherein nur geringe Neigung, sich mit der rechtlichen Ordnung eines Instituts zu befassen, das in ihren Augen auf einer niedrigen Stufe des christlichen Lebens lag.[1]) Die gesetzgeberischen Maßregeln der christlichen Kaiser zur Ein=schränkung der zweiten Ehe und die Aufhebung der im frühern Recht auf Ehe= und Kinderlosigkeit gesetzten Strafen erledigten das wichtigste kirchliche Desideratum dieser Art. Was der Staat in der Weiterbildung des antiken Eherechts sonst noch gethan, darf nicht sowohl als Erfüllung bestimmter Wünsche, sondern als das Ergebnis der Wirkung des christlichen Geistes überhaupt im öffentlichen Leben des vierten und fünften

---

vitae consuetudo, divini et humani juris communicatio. (D. XXIII, 2, 1; Jnst. I, 9, 1). Dieselbe drückt so sehr die christliche Auffassung aus, daß man sie aus christlichem Einflusse hat herleiten wollen, und überragt im Allgemeinen die Auffassung der Kirchenschriftsteller, welche den Hauptzweck der Ehe in echt antit römischer Weise in der Kinder=erzeugung (liberorum quaerendorum causa) aufgehen lassen (z. B. Clem. Alex. Strom. II. 23: γάμος μὲν οὖν ἐστὶ σύνοδος ἀνδρὸς καὶ γυναικὸς ἡ πρώτη κατὰ νόμον ἐπὶ γνησίων τεκνῶν σπορᾷ).

[1]) Ich verweise nur auf Ambros. De viduis c. 11: licet ergo nubere, sed pulchrius est abstinere, sunt enim vin-cula nuptiarum; Hieron. Epist. 23 ad Eustoch. de cust. vir-ginitatis n. 20: laudo nuptias, laudo conjugium, sed quia mihi virgines generant; lego de spinis rosam u. s. w.; Adv. Jovin. I, 29: ejiciuntur de paradiso, et quod ibi non fecerunt, in terra faciunt, ut statim a principio conditionis humanae, virgini-tatem paradisus et terra nuptias dedicaverit.

Jahrhunderts beurteilt werden. Dahin gehört das Verhalten des Staates zum Konkubinat, der nicht standesgemäßen Ver= bindung eines freigeborenen Mannes, die zwar gewisser recht= licher Wirkungen nicht entbehrte, aber hinter dem Werte des Justum Matrimonium zurückblieb. Daher versagte das Recht in solcher Ehe der Frau die Bezeichnung uxor, sowie Rang und Würde des Mannes und enthob die „natürlichen" Kinder der Potestas des Vaters und damit aus der vollen Rechts= stellung der aus rechtmäßiger Ehe hervorgegangenen Kinder. Die schweren sittlichen Gefahren der Konkubinatsehe werden durch die rasche Zunahme und weite Verbreitung derselben deutlich gemacht. Daher konnte wohl die Thatsache, daß ein römischer Bischof im Kreise seiner Machtbefugnis dieselbe billigte und förderte, als ein Anklagepunkt gegen ihn auf= gegriffen werden.[1] In späterer Zeit indeß erwähnen kirch= liche Synoden diese Ehe, ohne ihr Recht in Frage zu stellen.[2] Der Kampf gegen dieselbe hat seinen Ausgang nicht in der Kirche, sondern im christlichen Staate. Konstantin b. Gr. versuchte zuerst, den Konkubinat dadurch einzuschränken, daß er ihn in eine schwierigere Rechtslage brachte. Er erneuerte das alte Verbot,[3] neben der rechtmäßigen Ehefrau eine Konkubine zu halten,[4] entzog den natürlichen Kindern das

---

[1] Hippol. Phil. IX, 12.

[2] Con. Tolet. (a. 400) c. 17; Syn. Rom. (a. 402) c. 9; Syn. Aurel. (a. 538) c. 9.

[3] Paulus, Sent. II tit. 20: Eo tempore, quo quis uxo- rem habet, concubinam habere non potest. Aber war dies ein allgemein gültiger Rechtssatz?

[4] Cod. Just. V, 26, 1 (a. 326). Die streng monogamische Auffassung der christlichen Kaiser tritt u. A. in einer Verordnung v. J. 393 hervor, welche den Juden die Polygamie verbietet (Cod. Just. I, 9, 7). Die fabelhafte Mitteilung des Sokrates (H. E. IV, 31),

Recht zu succedieren und wies, falls legitime Erben fehlten, das hinterlassene Vermögen dem Fiskus zu.[1]) Mit verächtlicher Äußerung über solche Ehen untersagte er den hohen Staatsbeamten und Würdenträgern jegliche Zuwendung an die Konkubine und deren Kinder unter dem Schein der Legitimität.[2]) Andererseits wurde die Legitimation der von einer Konkubine geborenen Kinder durch nachträgliche Umwandlung der Konkubinatsehe in eine vollberechtigte Ehe bewilligt.[3]) Doch blieb der Konkubinat in seiner Rechtsexistenz sowohl damals wie in den Erlassen späterer Kaiser, die sich hauptsächlich mit der Erbfolge innerhalb desselben beschäftigten, unangetastet;[4]) auch Justinian ist über diese Grenze nicht hinausgegangen; seine Gesetzgebung begnügte sich damit, einzelne Mißbräuche abzuschaffen.[5]) Erst die Ekloge Leo's des Isauriers verließ diesen Weg und bahnte eine neue Rechtsauffassung an, die endlich im neunten Jahrhundert zu

---

daß Valentinian I zwei Frauen zugleich zu haben gestattete, ist schon von Baronius (Ann. ad an. 370) hinreichend als unglaubwürdig erwiesen.

[1]) Cod. Theod. IV, 6, 2 (a. 336); IV, 6, 5.

[2]) Cod. Theod. IV, 6, 3 (336): Senatores seu perfectissimos vel quos in civitatibus duumviralitas vel quinquennalitas vel flaminis vel sacerdotii provinciae ornamenta condecorant, placet maculam subire infamiae et peregrinos a Romanis legibus fieri, si u. s. w.

[3]) Cod. Just. V, 27, 5. Die Konstitution selbst ist nicht erhalten, doch führt Zeno ihren Inhalt an und bestätigt ihn neu.

[4]) Eine Konstitution vor d. J. 428 nennt die Konkubinatsehe ausdrücklich legitima conjunctio (Cod. Theod. IV, 6, 7).

[5]) Nov. Const. 42, 5 (a. 536); 111, 12 (a. 539).

einem Verbote jedes „Mittelbinges zwischen Ehe und Ehelosigkeit" führte.[1]

Aus dem neuen Religionsrecht ergab sich unmittelbar,
daß in die Reihe der gesetzlichen Ehehindernisse auch das
abweichende religiöse Bekenntnis trat. Doch scheint nur
das Judentum ernstlich davon betroffen worden zu sein.
Konstantius setzte die Todesstrafe auf die Ehe eines Juden
mit einer Christin; Theodosius schloß überhaupt jede eheliche
Gemeinschaft zwischen Juden und Christen aus; sie soll als
Adulterium angesehen werden, ein Rechtssatz, zu welchem
auch die Gesetzgebung Justinians sich bekannte.[2] Dagegen
fehlen Bestimmungen über Ehen zwischen Häretikern und
Orthodoxen. Die Abneigung der Kirche gegen solche Ver-
bindungen ist bekannt,[3] aber gerade dieser Umstand macht
jenes Stillschweigen bedeutungsvoll. Ohne Zweifel wich der
Staat absichtlich einer bestimmten Äußerung aus angesichts
der Thatsache der großen Zahl solcher Mischehen in einer
von theologischen Kontroversen bewegten und an häretischen
Bildungen fruchtbaren Zeit. Dieselbe Rücksicht mußte ihn
längere Zeit dem Heidentum gegenüber leiten. Noch
Augustinus klagt über die heidnisch-christliche Mischehe als

----

[1] Vgl. Zachariä, Geschichte d. griechisch-röm. Rechts. 2. Aufl.
Berlin 1877 S. 38 f.

[2] Cod. Theod. XVI, 8, 6 (a. 339); darin der Satz: ne
Christianas mulieres suis jungant flagitiis; III, 7, 2 (a. 388);
ebenso IX, 7, 5; Cod. Just. I, 6, 9.

[3] Ambros. De Abrah. I, 9: Primum in conjugio religio
quaeritur. — Concil. Illib. c. 15; Chalced, c. 14; Aurel.
(a. 533) c. 19; (a. 538) c. 13 u. f. w. Äußerungen dieser Art sind
sehr zahlreich.

weit verbreitet; sie werde nicht mehr als Sünde angesehen.[1]
Wenn freilich auch das Justinianische Recht auf jede
Festsetzung dieser Art verzichtet hat, so ist dies in Beziehung
auf den Hellenismus, der damals nichts mehr bedeutete,
begreiflich; rücksichtlich der Häretiker aber dauerte jener Zu=
stand noch fort, und der Staat meinte, genug zu thun, wenn
er in der Verfolgung und Unterdrückung der Akatholiken
der Kirche seinen weltlichen Arm lieh. Andererseits endlich
verlieh Justinian, damit einen bestimmten Wunsch erfüllend,
der durch die Patenschaft hergestellten „geistlichen Verwandt=
schaft" den Wert eines Ehehindernisses.[2] Auch in den
scharfen Verfügungen gegen diejenigen, welche geweihte Jung=
frauen oder Wittwen mit oder ohne ihren Willen entführen
und ehelichen, tritt die Rücksicht auf die kirchliche An=
schauung hervor: der Verführer verfällt der Todesstrafe, die
Verbindung gilt als Contubernium und die daraus ent=
sprossenen Kinder ermangeln des Erbrechts[3]. In engem
Zusammenhange damit stehen die Bestimmungen über die
Ehen zwischen Entführer und Entführten überhaupt, die
zuerst Konstantin und zwar in schärfster Weise formulierte[4].

---

[1] August. De fide et oper. c. 19; ebenso Hieron. Adv.
Jov. I, 10. Auf ein freieres Urteil des Staates in dieser Frage weist
auch hin, was Leo und Anthemius in einem Erlasse de sponsalibus
v. J. 472 über Rückgabe der Arra bestimmen, im Falle die Braut die
Ehe zurückweist propter turpem vel impudicam conversationem
aut religionis vel sectae diversitatem.

[2] Cod. Just. V, 4, 26 (a. 530). Die Begründung: cum
nihil aliud sic inducere potest paternam adfectionem et justam
nuptiarum prohibitionem quam hujusmodi nexus, per quem
Deo mediante animae eorum copulatae sunt.

[3] Cod. Theod. IX, 25, 1—3 (a. 354; 364; 420); Cod.
Just. IX, 13, 1 (a. 533); I, 3, 53 (a. 533); Nov. 173 (a. 563).

[4] Cod. Theod. IX, 24, 1 (a. 320: Seeck: 318); IX, 24, 2
(a. 349) u. 3 (a. 374); vgl. auch vorhergehende Anm.

Die auf Verwandtschaft ruhenden Ehehindernisse haben unter den christlichen Kaisern mancherlei Veränderungen erfahren, denen aber nur in wenigen Fällen religiöse Erwägungen zu Grunde gelegen zu haben scheinen.[1] Dagegen behaupteten sich die auf Standesunterschied gegründeten Bestimmungen des römischen Eherechts fast in ihrem ganzen Umfange, da diese Standesunterschiede fortdauerten. Erst Justinian hat an einzelnen Punkten diese Schranken entschlossen durchbrochen, was vielleicht die kühnste christliche That seiner Gesetzgebung gewesen ist. Schon im Jahre 531 oder 532 wies er die Meinung ab, daß die Erhebung eines mit einer Freigelassenen verehelichten Mannes in den senatorischen Stand die Ehe auflöse. „Dem Willen Gottes folgend dulden wir nicht, daß in derselben Ehe das Glück des Mannes der Frau zum Unglück werde, dergestalt, daß in demselben Maaße der Mann erhöht und die Frau erniedrigt wird, ja zu Grunde geht!" Dasselbe soll Recht sein in der Ehe mit einem Freigelassenen, wenn der Vater der Freien die Senatorenwürde erlangt.[2] In Fortsetzung dieses Gedankens wurde wenige Jahre nachher der Ehe Jedwedes mit einer Freigelassenen die kaiserliche Sanktion erteilt und

---

[1] Die Lex Dei führt VI, 6 (De incestis nuptiis) nur Lev. 20, 11, 12 an. Vgl. über diesen Punkt: Eichborn, Das Ehehindernis d. Blutsverwandtschaft nach kan. Rechte, Breslau 1872; Heinrich Thiersch, Das Verbot der Ehe innerhalb der nahen Verwandtschaft, Nördl. 1869.

[2] Cod. Just. V, 4, 28 (a. 531 vel 532). In Beziehung auf die Lex Papia, welche die Ehen zwischen Senatoren und freigelassenen Frauen ausschloß, heißt es hier: Absit a nostro tempore hujusmodi asperitas et firmum maneat matrimonium et uxor marito concrescat et sentiat ejus fulgorem stabileque maneat matrimonium ex hujusmodi superventu minime deminutum.

endlich, mit leichtem Tadel gegen die anderslautenden Ver=
ordnungen Konstantins und Martians, die eheliche Ver=
bindung mit Frauen, „welche das Gesetz Konstantins ver=
worfene nennt", allen Personen ohne Unterschied der Würde
freigegeben, vorausgesetzt, daß jene Franen freie sind und
die gesetzlichen Ordnungen innegehalten werden.[1]　Rechts=
ungültig blieb dagegen auch jetzt noch die Ehe zwischen
Sklaven oder zwischen Sklaven und Freigelassenen.

　　Der Schwerpunkt des römischen Familienrechts lag in
der patria Potestas, welche die älteste Zeit als fast unein=
geschränkte kannte.　Sie gipfelte in der freien Verfügung
über Leben und Tod der Kinder.　Schon in der älteren
Kaiserzeit war diese letztere Machtvollkommenheit freilich so
gut wie geschwunden, aber zum erstenmal hat Konstantin die
auf Grund der väterlichen Gewalt vollzogene Tötung eines
Kindes für Parricidium erklärt und dementsprechend mit
Strafe belegt.[2]　Die christliche Gesetzgebung gestattete den
Vätern nur noch ein maaßvolles Züchtigungsrecht; handelte
es sich um ein schweres Vergehen, so mußte die Sache vor

---

[1] Nov. 97, 3 (a. 539). — Nov. 141, 6 (a. 542): . . .
ἄδειαν τοῖς βουλομένοις παρέχομεν, εἰ καὶ οἱοισδήποτε
μεγάλοις ἀξιώμασι κοσμοῖντο, τὰς τοιαύτας γυναῖκας μετὰ
προικῴων συμβολαίων ἑαυτοῖς συνάπτειν u. s. w.　Die an=
gezogene Konstitution Konstantins (Cod. Theod. IV. 6, 3) zählt
auf: ancilla vel ancillae filia, liberta vel libertae filia, sive
Romana facta seu Latina, scenica vel scenicae filia, tabernaria
vel tabernarii filia, humilis, abjecta, lenonis aut arenarii filia
vel quae mercemoniis publicis praefuit.　Dazu Nov. Martiani
IV (a. 454), in welcher der Begriff humilis abjectaque persona
näher bestimmt wird und zwar in dem Sinne, daß darunter uicht
pauperes, ingenuae feminae verstanden sind, sondern solche, denen
von Geburt oder durch ihr Gewerbe ein sittlicher Makel anhaftet.

[2] Cod. Theod. IX, 15, 1 (a. 319).

ben zuständigen Richter gebracht werden.[1]) Das Verkaufs=
recht des Kindes, das heißt die Übergabe desselben in das
Mancipium des Käufers, hatte sich aus dem geltenden Rechte
schon im dritten Jahrhundert verloren,[2]) wurde aber wie die
Aussetzung und Verpfändung der Kinder als Sitte geübt. Um
diesem von der Kirche bekämpften Übel zu steuern, gewährte
Konstantin bedürftigen Eltern zur Ernährung ihrer Kinder
Unterstützungen aus der Staatskasse. In dem betreffenden
Schreiben an den Präfekten Ablavius bezeichnet der Kaiser
als Zweck dieser Bestimmung, „die Hand der Eltern
von Kindermord zurückzuhalten“. · Es sollen schleunigst
in festgestelltem Falle Nahrungsmittel und Kleidungsstücke
dargereicht werden, „da die Erhaltung eines kleinen Kindes
kein Zögern gestattet“.[3]) Anfangs auf Italien beschränkt,
wurde dieses Gesetz einige Jahre nachher mit der Wendung
gegen Aussetzung und Verpfändung der Kinder auch auf
Afrika ausgedehnt mit der Äußerung des Kaisers: „Es
widerstrebt unserm Gefühle, daß wir zulassen könnten, daß
Jemand verhungert oder zu unseliger That sich verleiten
läßt“.[4]) Außerdem wurde die Aussetzung mit schwereren

---

[1]) Cod. Theod. IX, 13, 1 (a. 365); auch Cod. Just. IX,
15, 1. Vgl. Hieron. In Epist. ad Eph. III (zu c. 6, 4):
parentibus moderatum jubetur imperium, ut non quasi servis,
sed quasi filiis praeesse se noverint.

[2]) Cod. Just. IV, 43, 1 (Gesetz Diokletians v. J. 294).

[3]) Cod. Theod. XI, 27, 1 (a. 315); vgl. Lact. VI, 20:
At enim parricidae facultatum angustias conqueruntur nec se
pluribus liberis educandis sufficere posse praetendunt. Die
Schrift erschien gegen 310. Seeck datiert diese Konstitution auf 331.
Sie würde dann nach Cod. Theod. XI, 27, 2 fallen.

[4]) Cod. Theod. XI, 27, 2 (a. 322).

Rechtsfolgen belastet.[1]) Wenn andererseits der Kaiser den
Verkauf der Kinder wieder frei gab, so geschah es in der
Absicht, schlimmern Praktiken dadurch vorzubeugen; auch blieb
den Eltern der Weg der Rückerwerbung offen.[2]) Endlich
erfolgte ein direktes Verbot zuerst der Aussetzung, dann
der Verpfändung der Kinder; letztere wird bei dieser Gelegenheit als Gottlosigkeit gebrandmarkt.[3]) Daß diese von
Konstantin eingeleitete Entwickelung endlich bis zu diesem
Punkte kam, war das Ergebnis der andauernden Wirkung
des christlichen Geistes, der in der Stimme der Kirche sich
vernehmen ließ. Das harte Urteil der Kirche über diese
Sitte, welche das Kind in der That, wie Lucretius sich
einmal äußert, einem Schiffbrüchigen gleich machte, und die
Anstrengungen, die christliche Liebesthätigkeit an diesem Punkte

---

[1]) Cod. Theod. V, 7, 1 (a. 331): Quicunque puerum vel
puellam projectam . . . collegerit et suis alimentis ad robur
provexerit, eundem retineat sub eodem statu, quem apud se
collectum voluerit agitare, hoc est sive filium sive servum
eum esse maluerit u. s. w. Nach älterm Recht konnte nicht nur
das Kind seine Rechte geltend machen, sondern auch die Eltern waren
befugt, dasselbe gegen Erstattung der Erziehungskosten zurückzufordern
(vgl. Cod. Just. V, 4, 16).

[2]) Cod. Theod. V, 8, 1 (a. 329; Seeck: a. 320); in anderer
Form Cod. Just. IV, 43, 2.

[3]) Cod. Just. VIII, 51, 2 (a. 374). Gleich der Eingang:
Unusquisque subolem suam nutriat. — Daß aber die Aussetzung
trotzdem sich als Sitte erhielt, zeigt Cod. Just. VIII, 51, 3 (a. 529),
wo ihre schlimmen Folgen einzuschränken versucht wird. Nov. Const.
166, 7 (a. 556). Im Falle einer solchen Verpfändung soll der Gläubiger
nicht nur des Pfandes verlustig gehen und eine Geldsumme in der Höhe
der schwebenden Schuld dem Verpfändeten oder dessen Eltern auszahlen,
sondern auch körperlich bestraft werden.

zu organisieren,[1]) mußten die staatliche Gesetzgebung allmählich auf dieselbe Bahn ziehen.

In Beziehung auf Fortdauer oder Auflösung der Ehe begegneten sich christliche und antike Anschauung in noch größerer Schärfe. Nach dieser steht die Ehe in dem Belieben der Gatten, hört also auf, sobald ein Teil sie nicht mehr fortsetzen will. Die Scheidung war ein privater, nicht ein gerichtlicher Akt. Daher haben die in der Gesetzgebung auf bestimmte Ehescheidungsfälle gelegten Strafen die Scheidung wohl erschwert, aber nicht gehindert. Die freie Ehe ist ein Consensualakt; ihre Auflösung gleicherweise. Dieser Gedanke beherrschte die Ehegesetzgebung bis nahe an die Mitte des sechsten Jahrhunderts heran. Erst im Jahre 542 hob Justinian das auf gegenseitigem Willensentschluß beruhende Divortium auf, nachdem er es nicht lange vorher noch als selbstverständlich genommen hatte;[2]) nur in dem Falle, daß beide Gatten das Gelübde der Keuschheit, also das klösterliche Leben übernehmen, kann ihnen das alte Recht noch zu Gute kommen.[3]) Indeß mit solcher Gewalt beherrschte die frühere

---

[1]) Vgl. Becker, Behandlung verlassener Kinder im Altertume. Frankf. 1871; Uhlhorn, Die christliche Liebesthät. in d. alt. Kirche. Stuttg. 1882 S. 379 ff.; 180.

[2]) Nov. 48, 4 (a. 536): Διαλύονται δὲ ἐν ζωῇ τῶν συμβαλλόντων γάμοι οἱ μὲν συναινοῦντος ἑκατέρου μέρους — οἱ δὲ κατὰ πρόφασιν εὔλογον u. s. w. Auch eine Konstitution des Kaisers Anastasius v. J. 497 ruht auf dieser Anschauung (Cod. Just. V, 17, 9: Si constante matrimonio communi consensu tam mariti quam mulieris repudium sit missum u. s. w.). Besonders bezeichnend ist, daß der Justinianische Codex eine Verordnung Diokletians aufgenommen hat des Inhaltes: ... liberam facultatem contrahendi atque distrahendi matrimonii transferre ad necessitatem non oportere (V, 4, 14).

[3]) Nov. 141, 10 (a. 542); vgl. Nov. 166, 11 (a. 556).

Anschauung noch die Sitte und die Menschen, daß bereits
der Nachfolger Justinians, Justin, von stürmischen Bitten
bedrängt, zu ihr zurückkehrte und sich zu dem Satze bekannte,
daß, da die Liebe das eheliche Band knüpfe, das Aufhören
derselben es naturgemäß auflöse.[1]) Das Geständnis, daß
die Verordnung Justinians in den Familien zu unseligem
Streite, ja zu Anschlägen auf das Leben des einen Gatten
fortwährend Veranlassung gebe, erschließt uns einen Blick
in schlimme Zustände.

Über die aus einem gesetzlichen Grunde erfolgende ein=
seitige Scheidung traf zuerst Konstantin umfassende Be=
stimmungen, die den Zweck verfolgten, den üblichen Aus=
schreitungen zu begegnen.[2]) Julian indeß warf diese Ver=
ordnungen, offenbar weil er christliche Motive darin erkannte,
zu Gunsten des alten Rechts wieder um, und dieser Zustand
dauerte bis Honorius fort, der eine neue Ordnung schuf,
die aber in der Folgezeit manchen Schwankungen unterlag.[3])
Von Bedeutung ist hierin die Beurteilung des Ehebruchs.
Die Lex Julia de adulteriis bezeichnet den ersten Versuch,
das auf diesem Gebiete übliche Gewohnheitsrecht in feste
Formen zu fassen. Die spätere Kaiserzeit ist, auch seit
Konstantin, in der Hauptsache dabei verblieben. Zunächst

---

[1]) Nov. 2. Justini a. 566 (Jus Graeco-Romanum ed.
Zachariä. Leipz. 1857 p. 111).

[2]) Cod. Theod. III, 16, 1 (a. 331). Die Frau darf sich von
dem Manne nur scheiden si homicidam vel medicamentarium vel
sepulcrorum dissolutorem maritum suum esse probaverit, der
Mann von der Frau si moecham vel medicamentariam vel
conciliatricem repudiare voluerit. Abgewiesen wird die Scheidung
„aus weithergeholter Ursache.“

[3]) Wächter, Über Ehescheidungen bei den Römern, Stuttg. 1822
S. 213 ff.

trat in der Auffassung des Ehebruchs in christlicher Zeit insofern
ein Neues hervor, als der übliche rein staatlich=polizeiliche
Gesichtspunkt sich nach der ethischen Seite hin erweiterte.
Der Ehebruch gilt jetzt nicht nur als ein öffentliches Ver=
gehen, sondern auch als eine Versündigung gegen göttliches
Gebot; der Ehebrecher ist ein sacrilegischer Mensch und dem
Parriciden gleich zu achten. Dementsprechend werden die
auf dieses Vergehen gesetzten Strafen zu Hinrichtung mit
dem Schwert, ja sogar zum Tode durch Verbrennen oder
Säcken gesteigert, [1] wobei ohne Zweifel das alte Testament
die Weisung gegeben hat (Deut. 22, 22 ff.).

Justinian milderte wenigstens für die Ehebrecherin die
herkömmliche Strafe, indem er sie nach vorausgegangener
körperlicher Züchtigung in ein Kloster einsperren ließ, mit
dem weitern Zugeständnis, daß der Manu sie nach zwei
Jahren wieder zu sich nehmen könne. Erfolgte letzteres
nicht, so verblieb die Schuldige als Nonne lebenslänglich
im Gewahrsam des Klosters, welchem damit gewisse Ansprüche
auf ihr Vermögen zufielen. [2] Hier zeigt sich also in ganz
besonders charakteristischer Form das Eindringen des kirch=
lichen Interesses in das öffentliche Recht.

Das ältere Recht schloß von dem Begriff des Ehebruchs
die Untreue des Mannes als solchen aus. Er ist frei in
dieser Richtung und kann wohl gegen die gute Sitte, gegen
den gesellschaftlichen Anstand, nicht aber gegen das öffentliche
Recht verfehlen. Diese aus der übermächtigen, souveränen
Stellung des Mannes in der Ehe erwachsene Vorstellung

---

[1] Cod. Theod. XI, 36, 4 (a. 339). Derselbe Gedanke liegt
in dem Gesetze Konstantins IX, 7, 2 vor, (vgl. Benneke, Die
strafrechtl. Lehre vom Ehebruch. Marburg 1884 S. 16 f.).

[2] Nov. Const. 166, 10.

fand in der chriſtlichen Ethik, welche dieſe Doppelrechnung
verwarf, ſcharfen Widerſpruch; ſogar der Umgang Abrahams
mit Hagar iſt hier als Ehebruch, obwohl gelinder Art, be=
zeichnet worden.[1] Dieſen Zwieſpalt löſte Theodoſius II,
indem er, einer alten Beſchwerde der Kirche abhelfend, den
Ehebruch nicht nur dem Manne, ſondern auch der Frau als
Scheidungsgrund zuerkannte. Nunmehr begründen ſowohl
gewiſſe Vergehen gegen das allgemeine Recht die Scheidung
der Frau von dem Manne, als auch Unzucht des Mannes
und Zuſammenkünfte mit liederlichen Dirnen. Hierin, wie
in der Thatſache, daß der Beſuch des Theaters oder des
Cirkus ſeitens der Frau ohne Erlaubnis des Mannes eine
Scheidungsurſache abgiebt, prägt ſich deutlich der chriſtliche
Einfluß aus. Dennoch erklärt die kaiſerliche Konſtitution
allein die Rückſicht auf die Kinder als Grund dieſer Ver=
ſchärfung.[2] Die mannigfaltige Geſetzgebung Juſtinians[3]
zeigt in einigen Punkten ein weiteres Entgegenkommen der
Kirche gegenüber, in anderen dagegen eine Laxheit, die jenen
Zugeſtändniſſen ein gutes Teil der Bedeutung nimmt, die
man ihnen zuzuſchreiben geneigt ſein möchte. Es offenbart
ſich darin, daß in der Eheſcheidungsfrage antike und chriſt=
liche Gedanken mit einander rangen, ohne zum Austrag zu

---

[1] Ambros. De Abrah. I, 4; ebend. I, 9: eadem a viro,
quae ab uxore debetur castimonia; Lact. Div. Instit. VI, 23:
non enim, sicut juris publici ratio est, sola mulier
adultera est, quae habet alium u. ſ. w.; Hieron. Ep. 77: neque
enim adultera uxor dimittenda est et vir moechus tenen-
dus ... Aliae sunt leges Caesarum, aliae Christi. Aliud
Papinianus, aliud Paulus praecipit.

[2] Cod. Just. V, 17, 8 (a. 449).

[3] Cod. Just. V, 17, 10—12; Nov. 48; 141 u. ſonſt Ein=
zelnes. Vgl. Wächter a. a. O. S. 222 ff.

kommen. Aber so wie die Gesetzgebung unter Justinian schließlich sich gestaltete, trug sie mehr von antikem als von christlichem Geiste in sich. Die Macht des gesetzlichen Her= kommens und der Volkssitte waren noch von größerem Ge= wichte als der Wille der Kirche und der Einfluß des Christentums.

Die hohe Wertschätzung des Cölibats in der damaligen Kirche mußte es ärgerlich erscheinen lassen, daß schon seit Augustus die Ehelosigkeit einen empfindlichen Rechtsverlust, besonders im Erbrecht, nach sich zog, andererseits der Besitz von Kindern Rechtsvorteile verschaffte. Konstantin beseitigte diesen Anstoß, indem er die Ehelosen von dem „drohenden Schrecken der Gesetze" befreite. Dieselbe Wohlthat verschaffte er den Kinderlosen, die unter derselben Unbill des Rechts zu leiden hatten.[1]) In der Christenheit hat ihm dieses Vor= gehen warme Anerkennung eingetragen.[2]) Die spätere Gesetz= gebung hat den Zustand unverändert gelassen. Eine ähnliche Richtung und Stimmung in der Kirche erklärt es, daß seit Konstantin die zweite Ehe mit mancherlei Rechtsabzügen be= schwert wurde.[3])

Der römische Begriff der Familia umfaßte auch die dem Hausstande zugehörige Sklavenschaft. Die Sklaverei hatte sowohl in der Sitte wie in dem Recht ihre feste

---

[1]) Cod. Theod. VIII, 16, 1 (a. 320).

[2]) Euseb. V. C. IV, 26: καὶ ἦν οὗτος κατὰ τῶν ἀτέκ-νων ἀπηνὴς νόμος ὡσανεὶ πεπλημμεληκότας αὐτοὺς ζημίᾳ κολάζων. Τοῦτο ὁ βασιλεὺς ἐπὶ τὸ ὅσιον μεθήρμοζε u. s. w. Bei Sozom. H. E. I, 9 wird noch deutlicher gesagt, daß den Kaiser die Rücksicht auf die aus religiösem Grunde Ehelosen in der Christen= heit leitete.

[3]) Zimmern, Geschichte d. röm. Privatrechts Bd. I, 2 §. 177 (S. 645 ff.).

Grundlage. Sie bestand, allgemein ausgedrückt, in der Er=
manglung der Rechtspersönlichkeit und war entweder an=
geboren oder durch Verlust der Freiheit entstanden. In der
Anerkennung dieser Institution waltete zwischen dem ältern
und jüngern Recht vollkommene Übereinstimmung. Die
rechtliche Weiterbildung in der christlichen Periode berührte
ausschließlich die Formen der Sklaverei. Nur für diese
zeigte auch die Kirche ein gewisses Interesse. Während sie
von dem Gedanken einer Aufhebung der Sklaverei ebenso
weit entfernt war wie der Staat, betrachtete sie es doch als
eine ihrer Aufgaben, wie überhaupt die Lage der Notleidenden
und Bedrängten, so auch das Loos der Unfreien erträglicher
zu gestalten.[1]   Indeß eignete sich die Gesetzgebung in der
Sicherung eines gewissen persönlichen Schutzes des Sklaven
nicht diese Bestrebungen an, sondern folgte, soweit sie über=
haupt jene Richtung einschlug, in der Hauptsache dem Vor=
gange älterer humaner Bestimmungen, deren wichtigstes Stück
das Verbot absichtlicher Tötung des Sklaven war. Nicht
einmal die Verfügung Konstantins,[2] welche bei der Teilung
fiskalischer oder privater Ländereien und der daran haftenden
Unfreien Rücksicht auf die verwandtschaftlichen Verhältnisse
dieser letzteren forderte, scheint trotz ihrer Entschiedenheit
davon ausgenommen werden zu dürfen; wohl aber das Verbot
der Brandmarkung auf der Stirn, in welchem das christliche

---

[1] Innerhalb der neuern reichen Litteratur über die Stellung der
alten Kirche zur Sklavenfrage und der darin hervorgetretenen Meinungs=
verschiedenheiten verdient das Schriftchen von Theod. Zahn, Sklaverei
und Christentum in der alten Welt (Heidelb. 1879) als das meiner
Meinung nach zutreffendste besondere Beachtung.

[2] Cod. Theod. II, 25, 1. Die Begründung: quis enim
ferat, liberos a parentibus, a fratribus sorores, a viris con=
juges separari? Mit inhaltlicher Erweiterung Cod. Just. III, 38, 11.

Motiv deutlich zu Worte kommt.[1]) Dagegen hielt Konstantin im Jahre 319 es noch für angemessen, darauf aufmerksam zu machen, daß im Falle unbeabsichtigter Tötung des Sklaven in Ausübung des Züchtigungsrechtes keine Anklage erhoben werden könne.[2])

Auch die im geltenden Recht festgesetzten Möglichkeiten, die den Verlust der Freiheit herbeizuführen geeignet waren, behaupteten zum Teil mit geringen Abzügen zum Teil in Verschärfung ihre Wirkungsfähigkeit. Dagegen erfuhr das Manumissionsrecht eine durchgreifende Veränderung und zwar zu Gunsten des Sklavenstandes.

In der Kaiserzeit vollzog sich die feierliche Freilassung durch öffentliche Erklärung unter Mitwirkung eines Magistrats (manumissio vindicta) oder durch letztwillige Verfügung (manumissio testamento) Nur diese Akte verliehen das volle Bürgerrecht, während die verschiedenen Formen der unfeierlichen Manumissio allein die Latinität hervorriefen, ein unvollständiges Bürgerrecht in der Mitte zwischen dem Recht der Peregrinen und der Cives. Schon vor 316 — der genauere Zeitpunkt läßt sich nicht angeben — verschaffte sich die Kirche das Recht unmittelbarer Beteiligung an der Manumissio. Sie erlangte nämlich von Konstantin, daß eine im gottesdienstlichen Gebäude vor versammelter Gemeinde in Gegenwart des Klerus und unter Wahrung der Urkund-

---

[1]) Vgl. oben S. 26 f.

[2]) Cod. Theod. IX, 12, 2 (a. 319 nach der Datierung Seecks gegenüber der überlieferten a. 326). Diese Wohlthat kommt allerdings nur denjenigen Herru zu Gute qui, dum pessima corrigunt, meliora suis acquirere vernulis voluerunt. Eine identische Konstitution von demselben Jahre (Cod. Theod. IX, 12, 1) mahnt zu maaßvoller Ausübung des Züchtigungsrechts, geht aber sachlich über das ältere kaiserliche Recht nicht hinaus.

lichkeit vollzogene Freilassung die Rechtswirkung einer feier=
lichen Manumissio haben solle. Wenige Jahre später be=
fugte derselbe Kaiser die Kleriker sogar, ihren Sklaven auch
in unfeierlicher Form die Civität zu verleihen.[1] Dadurch
wurde nicht nur die moralische Auktorität der Kirche ge=
steigert, sondern ihre Repräsentanten auch mit einer Rechts=
eigenschaft bekleidet, die bis dahin in diesem Akte nur den
höhern Magistraten eignete. Sonst bestand die Latinität
als Wirkung der unfeierlichen Freilassung noch fort, bis
Justinian jene überhaupt beseitigte.. Damit hörte der
rechtliche Unterschied zwischen feierlicher und unfeierlicher
Manumissio auf, und die Freilassung konnte in einfachster
Weise, wenn auch nicht formlos, bewirkt werden.[2] Weiterhin
fielen unter Justinian die Schranken, welche die Lex Fufia
Canina der Freilassung setzte, indem sie die Zahl der testa=
mentarisch freizulassenden Sklaven begrenzte; die „humanen

---

[1] Auf die manumissio in ecclesia beziehen sich drei Verord=
nungen Konstantins, wie Sozomenos (H. E. I, 7) richtig angiebt;
denn diejenige v. J. 316 (Cod. Just. I, 13, 1) weist mit ihren An=
fangsworten jam dudum placuit, ut in ecclesia catholica u. s. w.
auf eine frühere verloren gegangene zurück. Dazu kommt eine dritte
v. J. 321 (Cod. Theod. IV, 7, 1; Cod. Just. I, 13, 2), welche
den Inhalt der vorhergehenden wiederholt und dann das spezielle Privi=
legium der Kleriker zur Kenntnis bringt; sie ist gerichtet an den
Bischof Hosius. Seeck (a. a. O. S. 230) datiert Cod. Just. I,
13, 1 auf 323, m. E. ohne genügende Ursache. Es sei noch bemerkt,
daß die kirchliche Manumissio am Sonntage stattfand, während Kon=
stantin das Prozessieren am Sonntage verbot (Seuffert a. a. O.
S. 21).

[2] Cod. Just. VII, 6, 1: De latina libertate tollenda et per
certos modos in civitatem Romanam transfusa (a. 531). Cod.
Just. VII, 15, 2 der Grundsatz: ampliandam magis civitatem
nostram quam minuendam esse censemus.

Verfügungen" der Erblasser sollen nicht gehindert werden.[1]) Ebenso verlor eine Bestimmung der Lex Älia Sentia, welche dem die Manumissio vollziehenden Herrn eine Altersgrenze zog, einen Teil ihres Inhalts zum Nachteil der Sklaverei.[2])

Die Richtung auf dasselbe Ziel, die Minderung des Sklavenstandes, äußerte sich in der Mehrung derjenigen Fälle, welche die Freiheit ipso jure herbeiführten. Schon Konstantin ging in dieser Beziehung über den Umkreis der früheren Rechtsordnung hinaus; noch mehr Leo und Justinian. Letzterer beseitigte außerdem die poenae servitus ganz[3]) und hob das Claudianische Senatsconsult auf, wonach eine Freie, die sich wissentlich mit einem fremden Sklaven einläßt, samt ihren Kindern der Knechtschaft verfällt.

Deutlich tritt hier der Zusammenhang der Gesetzgebung und kirchlicher Bestrebungen hervor. Ganz abgesehen davon, daß der Kirche eine eigene Manumissio vorbehalten ist, die sich unverkennbar als Ersatz der untergegangenen manumissio censu giebt, sind in mehreren Fällen ihre Bischöfe mit derselben Rechtsfähigkeit neben die Organe des Staats gestellt.[4]) Die Beseitigung des Claudianischen Senatsconsult wird durch seine Unverträglichkeit mit dem Geiste der neuen Religion begründet.[5]) Der Eintritt in den geistlichen Stand oder in das Mönchtum löst unter gewissem Vorbehalt das

---

[1]) Cod. Just. VII, 3, 1 (a. 528).

[2]) Cod. Just. VII, 15, 2 (530).

[3]) Nov. Const. 48, 8.

[4]) Cod. Just. I, 4, 14: VIII, 51, 3; I, 13, 1; Cod. Theod. IV, 7, 1.

[5]) Cod. Just. VII, 24. 1: — — satis esse impium credidimus — religio temporum meorum nullo patitur modo.

Knechtschaftsverhältnis.[1]) An das Verbot der Prostitution
knüpfte Leo unmittelbar die Freiheitsbewilligung für diejenigen Sklavinnen, welche von ihren Herren zur Prostitution
gezwungen würden.[2]) Vorzüglich steht die mit Eifer betriebene Verminderung des Sklavenstandes durch Justinian
in Beziehung zu gleichen Bemühungen der Kirche. Gelegentlich einer Verordnung hat der Kaiser offen geurteilt,
daß gewisse Bestimmungen des Sklavenrechts seinen Regie-
rungsgrundsätzen nicht mehr entsprechen, und sich als einen
„eifrig thätigen Befreier der in Sklavenschaft Befindlichen"
selbst bezeichnet.[3]) Auf dieses Ziel richtete sich schon im
zweiten Jahrhundert die Arbeit der Kirche,[4]) und in der
Christenheit sind kirchliche wie private Mittel reichlich zum
Loskauf von Sklaven aufgewendet und Freilassungen zahlreich
vorgenommen worden. So wenig dabei an eine Beseitigung
der Sklaverei gedacht ist, so beherrschte doch die Vorstellung
die Gemüter, daß die Befreiung des Einzelnen aus diesem
Stande als eine himmlischen Lohn eintragende Leistung anzusehen sei.[5]) Diese Vorstellung allein giebt einen ausreichenden
Erklärungsgrund für das energische Eintreten Justinians zu
Gunsten erleichterter Freilassung.

Während diese Rechtsbücher und Rechtssätze ihre Herkunft im Staate haben, bietet die griechisch-römische Rechtsgeschichte einen in seiner Art höchst lehrreichen Fall, daß der

---

[1]) Cod. Just. I, 3, 36; 37; Nov. Const. 13, 2 mit Anknüpfung an Gal. 3, 28; 155, 17.

[2]) Cod. Just. 11, 41, 7 (a. 457—467). Vgl. auch Cod.
Theod. XV, 8, 1 (a. 343).

[3]) Cod. Just. VII, 24, 1; Nov. Const. 48, 8.

[4]) Ignat. Ep. ad. Polyk. 4, 3.

[5]) Zahn a. a. O. S. 172 f.; Uhlhorn, Die christl.
Liebesthät. I S. 184 ff.; 362 ff.

Versuch, ein staatliches Rechtsbuch herzustellen, von kirchlichen
Organen unternommen und durchgeführt wurde, und daß dieses
Rechtsbuch in wechselnden Redaktionen in weitem Umfange und
lange Zeit maaßgebend gewesen ist. Die Heimat dieses Rechts=
buchs ist die syrische Kirche, welche im vierten und fünften
Jahrhundert eine angesehene Stellung unter den östlichen
Kirchen und in der wissenschaftlichen Literatur einnahm.
Gegen Ende nämlich des fünften Jahrhunderts, jedenfalls noch
vor der Justinianischen Gesetzgebung, stellte in Syrien aus
dem Volksrecht des Landes und römischen Rechtsquellen ein
Geistlicher ein Rechtsbuch her, dessen wichtigste Materien
Erbrecht und Eherecht bilden.[1] Ursprünglich griechisch ab=
gefaßt, wurde es schon frühzeitig in die syrische Volkssprache,
bald auch in andere orientalische Sprachen übersetzt[2] und
gewann einen Jahrhunderte hindurch andauernden, tief ein=
greifenden Einfluß in dem Rechtsleben des Orients. Ob es
einem in der kompromissarischen Rechtspflege der Bischöfe
hervorgetretenen Bedürfnis seinen Ursprung verdankt, läßt
sich nicht mehr entscheiden; jedenfalls bietet es, soweit bekannt,
den ersten Versuch der Kirche, ein bürgerliches Rechtsbuch zu
schaffen. Die klerikale Herkunft des an manchen Unklarheiten
leidenden Buches[3] verrät sich deutlich in den über die Privi=

---

[1] Syrisch=römisches Rechtsbuch aus dem 5. Jahrh.
herausgegeb. von Bruns u. Sachau. Lpz. 1880. Die erste Publi=
kation von Land, Anecdota Syriaca, t. I. Lugd. Bat. 1862
S. 128 ff. ungenügend.

[2] Darüber Sachau a. a. O. 153 ff.; dazu v. Hube in
Zeitschr. d. Savignystift. Roman. Abt. III S. 17 ff. Der griechische
Text ist nicht erhalten. Die älteste Version ist die Londoner syrische
(L.), nach Sachau aus dem Anfange des 6. Jahrh.

[3] Kipp, Erörterungen zur Gesch. des Römischen Civilpro=
zesses rc. Halle 1888 (Festgabe zu B. Windscheids Jubiläum) S. 113
Anm. 102.

legien der Geistlichen handelnden Paragraphen.[1]) Darnach
genießen die Kleriker in Gemäßheit von Anordnungen des
„glückseligen" Konstantin volle Freiheit sowohl von der
Kopfsteuer wie der Gewerbesteuer und sind von der väter=
lichen Gewalt eximiert. Denn sie haben nur einen König
im Himmel. Nur wer eine Ehe mit einer Wittwe schließt,
geht dieses Vorrechts verlustig und gerät „unter das Joch
der Steuer des Königs." Kaiser Leo ferner, der die Kirche
Christi ehrte und die Ketzer zu Boden warf, zeichnete den
Klerus dadurch aus, „daß Niemand einen aus demselben
wegen einer Schuld belangen solle, sei es, daß er ihn wegen
viel oder wegen wenig belangen wolle." Was an Einkünften
aus Zehnten, Gelübden und Geschenken der Kirche zufließt,
darüber haben die Geistlichen die Verfüguug und nähren sich
davou. Diese Sätze enthalten Wahrheit, aber noch viel mehr
Dichtung und geben eine Vorstellung davon, wie partielle
Bewilligungen der staatlichen Gesetzgebung an die Kirche von
dieser einseitig allmählig zu vollen gemacht worden sind.[2])

In eigentümlicher Gestaltung zeigt sich das ausführlich
behandelte Erbrecht. Diese Eigenart entspringt aber nicht
irgendwelchen durch die Kirche geltend gemachten Einflüssen
des mosaischen Erbrechts,[3]) sondern ist vielmehr aus uns

---

[1]) §§. 117. 118. der Lond. Handschrift und die Parallelen in den
übrigen a. a. O. mitgeteilten Versionen (bes. eigenartig §. 49 der
arabischen Übersetzung); §. 83 d b. Pariser syr. Übersetzung.

[2]) Vgl. Bruns a. a. O. S. 284 f., S. 302. Doch ist der Satz,
daß das ganze Kirchenvermögen den Geistlichen gehöre, keineswegs „nur
eine allgemeine Phrase," insofern der Klerus an der betreff. Stelle
als Repräsentant der Kirche vorausgesetzt ist, die Verwaltung aber des
Kirchenvermögens in der Hand des Bischofs lag und die Nutznießung
desselben dem Klerus zukam.

[3]) Rudorff: „Über den Ursprung u. die Bestimmung der Lex
Dei u. s. w.

nicht näher bekannten landestümlichen Rechtsgepflogenheiten zu erklären; nur an einem, aber unwesentlichen Punkte hat die Kirche ihre Mitwirkung eingesetzt, in dem Akt der Testamentseröffnung in Landgemeinden, welche nach diesem Rechts= buch vor den Presbytern, den Diakonen und den Dorf= Ältesten, stattzufinden hat; die authentische Abschrift des Testaments — das Original verbleibt dem Erben — wird in der Kirche deponiert, „wo auch die sonstigen Urkunden des Dorfes aufbewahrt werben." [1]

Mehr bedeutete die in dem Rechtsbuche geforderte Mit= wirkung der Kirche bei der Manumissio. Die manumissio in ecclesia wird nachdrücklich empfohlen gegenüber der rein bürgerlichen; sie vollzieht sich in der Stadt vor dem Bischof und den Presbytern, auf dem Lande vor dem bischöflichen Visitator und den Presbytern, „gemäß dem Befehle des gepriesenen Königs Konstantinus." [2]

Die arabische und die armenische Version dagegen nennen nur die kirchliche Manumissio und erwecken den Eindruck, daß

---

[1] A. a. O. L §. 95 (S. 28 vergl. §. 94 S. 27 f.) Der Schluß= satz des §. ist beachtenswert und meines Wissens die erste Notiz darüber, daß die Kirche — es wird ausdrücklich der οἰκόνομος als der zu= ständige kirchliche Beamte genannt — bürgerliche Urkunden aufbewahrte.

[2] L §. 21 (S. 9). Der Anfang: „Wenngleich ein Sklave, den sein Herr vor Zeugen freiläßt, in rechtmäßiger Weise freigelassen ist, so ist es doch besser, daß ein Mann seinen Sklaven oder seine Sklavin freilasse vor dem Bischof u. s. w." Nach dem vorjustinian. Recht ver= schafft die erstgenannte unfeierliche Manumissio nur die Latinität; hier aber liegt ohne Zweifel die Civität in ihrer Wirkung (gegen Bruns S. 195 f.), denn der Effekt beider Arten wird in den vorliegenden Paragraphen durchaus gleichgefaßt; es besteht nur ein Unterschied der Dignität. Noch deutlicher tritt dies in P (Paris. syr. Version §. 24 b S. 53) hervor.

nur diese gesetzliche Gültigkeit haben solle.[1] Sie würden
damit eine weitere Stufe der Entwickelung der manumissio
in ecclesia bezeugen, die aber mutmaßlich zeitlich über die
Grenze der griechisch-römischen Rechtsgeschichte hinausfällt.

Nimmt man die starke Hervorhebung der gesetzlichen
Unterlage der Sonntagsfeier, die Eingliederung der Ehebrecher in die Klasse der Ehrlosen, die Anerkennung des
Ehebruches des Mannes als Scheidungsgrund hinzu,[2] so ist
das wichtigste specifisch Christliche und Kirchliche in dem
Rechtsbuche erschöpft.[3]   Denn die rhetorischen Einleitungen,
welche die Texte, mit einer Ausnahme, eröffnen und allgemeine
Raisonnements über altes und neues Gesetz, zum Teil mit
sonderbaren Ideen, enthalten, gehören schwerlich dem Original
oder auch nur seiner nächsten Weiterbildung an.

Im übrigen liegt die Rechtsordnung dieses Buches
außerhalb des Christentums und nimmt auch da keine Rücksicht auf dasselbe, wo eine solche von der Voraussetzung des
klerikalen Ursprungs desselben erwartet werden könnte. Ja,
in dem Sklavenrechte sind nicht nur die gesetzlichen Milderungen der christlichen Kaiser, sondern auch die humanen
Verordnungen der vorchristlichen Zeit ignoriert.[4]   Das ist

---

[1] Arab. §. 43 (S. 41); Armen. §. 38 (S. 37). Beide haben
auch nähere Angaben über die Zahl der Zeugen und die Freilassungs-
Urkunde.

[2] L §. 118 und die Parallelen in Ar. u. Armen. — L §. 9 u. d.
Parall. P §. 65 (nach einem Gesetz Theod. II v. 449 Cod. Just.
V, 17, 8).

[3] Einzelnes Unbedeutende noch im Eherecht L §. 108; ferner
P §. 78, 4; L §§. 113; 39, 78.

[4] L §. 48 u. d. P., welches sich auf das harte St. Claudianum
v. J. 52 gründet, aber die Milderungen des spätern Rechts übergeht;
L §. 49 u. d. P.; auch hier sind die Einschränkungen der spätern
Gesetzgebung einfach unberücksichtigt gelassen. Vgl. Bruns a. A. S. 215.

um so auffallender, da die Kirche doch von dem lebhaften Gefühle der Verpflichtung, die äußere Lage der Sklaven zu mildern, beherrscht war. Sie muß in Syrien gerade in diesem Punkte ein Volksrecht vorgefunden haben, dessen Festigkeit ihren Bemühungen unerreichbar war.

Doch das gilt überhaupt von dem römischen Rechte in seinem Verhältnis zum Christentum. Es hat die alte Kirche überdauert dank seines unvergleichlichen innern Wertes, und nicht etwa darum, weil der Gedanke nicht aufkam, es umzustürzen. Indeß die bedeutungsvolle Geschichte von Konstantin bis Justinian hat ihm ihre Spuren aufgeprägt, und diese Spuren haben seine Einheitlichkeit und Ursprünglichkeit zerstört. Denn, herausgeboren aus dem eigenen Geiste der Antike, konnte es die Wirkungen der neuen Religion nur als fremdartige empfinden, und indem es diesen Einflüssen sich aufzuschließen gezwungen wurde, gab es sich selbst auf. In die Gedankenwelt, der es sein Dasein und seinen Inhalt verdankte, drängte sich eine andersgeartete ein. Verluste, Kompromisse, Zwiespältigkeiten sind die Folge. Man wird nicht sagen, daß Christentum und Kirche das alte Recht aufgelöst haben, wohl aber, daß dasselbe unter ihren Einwirkungen auf neue Bahnen und in neue Gedanken gezogen ist, so daß die Christenheit keine Ursache hatte, es nicht als Wohlthat zu empfinden.

Man darf allerdings annehmen, daß, besonders im fünften und sechsten Jahrhundert, die Kirche das antike Recht in viel weiterm Umfang, als thatsächlich geschehen ist, an sich hätte heranziehen können, wenn sie nicht sich selbst daran gehindert hätte, nämlich durch ihre eigenen Rechtsbildungen. Im heidnischen Staate und in der heidnischen Gesellschaft bahin gewiesen, die Grenzen ihrer christlichen Lebensordnungen

möglichst scharf zu ziehen, hat sie in Fortdauer dieser Gewöhnung und getrieben durch ihr Streben nach Weltbe-
herrschung in der spätern Zeit diese gesetzgeberische Thätigkeit
fortgesetzt, deren Ergebnis endlich ein umfassendes kirchliches
Recht war, welches in zahlreichen Punkten mit dem öffentlichen und dem privaten Rechte des Staates konkurrierte.
Dasselbe erfaßte vorzüglich Einzelheiten des Eherechts, Erbrechts, Sklavenrechts und des gerichtlichen Prozesses und
zwar in der Absicht, in dieser Form auf kürzerem und für
die Kirche vorteilhafterem Wege die auf den Voraussetzungen
des Christentums und der Kirche ruhenden rechtlichen Anschauungen in die Wirklichkeit umzusetzen. Die Kirche ist in
dieser Arbeit ungemein fruchtbar gewesen, und der Staat,
welcher bis dahin gewohnt war, sein Recht als das aus-
schlaggebende anzusehen, ertrug es, daß sich in seinem Bereiche das „Gesetz Gottes" als ein Recht höherer Gattung
einrichtete und die Menschen sich verpflichtete.

Drittes Kapitel.

Die Kunst.

Die antike Kunst war nach einer kurzen Nachblüte unter den Antoninen im dritten Jahrhundert in das Stadium offenkundigen Verfalls eingetreten. Die Vorliebe für das Massenhafte und Colossale und das Wertlegen auf kostbares Material und Scheinwirkung machen das ebenso deutlich wie die künstlerische Inferiorität ihrer Leistungen. Die zunehmende Verarmung der Bevölkerung, Landplagen, Kriegsfälle, die Einschränkung des Betriebs der Marmorbrüche durch die von finanziellen Nöten bedrängte Regierung erklären wohl den quantitativen Rückgang in diesem Jahrhundert und zum Teil auch den innern Zerfall, insofern jegliche Kunst durch ideale und materielle Momente bedingt ist, aber Grund und Ausgang dieses Zustandes ruht vornehmlich in der Auflösung des antiken Geistes. Die letzten Zusammenhänge mit dem klassischen Hellenismus, die im zweiten Jahrhundert noch einmal ins Bewußtsein traten, lösten sich. Die idealen Zwecke der Kunst wandelten sich in Dienstbarkeit unter den Zeitgeschmack. Die herrschenden Dynastieen flochten sie in ihre politischen Bestrebungen ein, die Aristokratie machte sie zum Repräsentanten ihres Luxus. Ein lehrreiches Beispiel dafür, wie die spätrömische Architektur ihre Aufgabe auffaßte, bietet

der diokletianische Kaiserpalast in Spalato. Eine imposante
Anlage, ausgeführt in gewandter Technik und in phantasie=
vollem Reichtum der Ornamentik, darum von starker male=
rischer Wirkung, verrät sie durch ihr Mißverständnis klassischer
Bauglieder und ihre große Dürftigkeit bei aller Fülle der
Formen, vor Allem aber durch ihre Komposition die weite
Entfernung von der klassischen Periode der römischen Archi=
tektur. Weit größer freilich ist der Abstand in der Plastik
und Malerei. Die Reliefs am Konstantinsbogen und die
Statuen der Konstantiner, um nur diese zu nennen, decken
die ganze Unfähigkeit dieser Kunstgattung auf, deren Feinheit
schon längst an den bizarren Göttergestalten der importierten
asiatischen Religionen sich abgestumpft hatte. Trotzdem be=
stand die herkömmliche Vorliebe für Kunstwerke fort, und
ohne Zweifel hat es auch an einzelnen tüchtigen Leistungen,
besonders im Osten nicht gefehlt. Die allgemeine Situation
aber war derartig, daß der einst auch im Römertum so
lebenskräftige Strom der Kunstthätigkeit im Begriff war zu
versiegen.

So entartet und gealtert, wurde die antike Kunst von
der siegreichen Kirche im vierten Jahrhundert vorgefunden,
und diese brachte sie mühelos zum Untergange. Die der
Kunst nachteiligen Zustände der vorhergehenden Zeit dauerten
fast in ganzem Umfange nicht nur fort, sondern neue Hinder=
nisse warfen sich auf. Die Tempelbauten hörten auf, die
Götterstatuen, die Votivbildnisse, das mythologische Relief,
die ganze Summe solcher Kunsterzeugnisse, welche der alten
Religion unmittelbar dienten oder sich irgendwie sonst auf
sie bezogen, wurde sistiert, weil gar keine oder nur noch
wenige Besteller und Käufer da waren, so daß der Betrieb
sich nicht lohnte. Was einst die Kirche selbst erfahren hatte,

daß nämlich die Künstler im allgemeinen ihr fern blieben,
weil die Taufe den Verzicht auf den Hauptinhalt ihres
Betriebs in sich schloß, ja, daß sogar christlich gewordene
Künstler fortfuhren, heidnische Götterbilder zu arbeiten, um
sich einen genügenden Unterhalt zu schaffen,[1] das wieder=
holte sich jetzt unter den Göttergläubigen.

Das Wichtigere war indeß die Konkurrenz der christ=
lichen Kunst. Um die Wende des ersten und zweiten Jahr=
hunderts aufblühend und in das Gewand der Antike sich
kleidend, gewann sie bald nachher nach Inhalt und Form
eine größere Selbständigkeit. Diese Emanzipation ließ sich
allerdings nur durch eine Reduktion ihrer an die klassischen
Vorbilder sich anlehnenden idealen Erscheinung durchführen.
Am Beginne des vierten Jahrhunderts tritt uns eine in
scharfe, bestimmte Formen gefaßte, von der Antike zwar nicht
ganz gelöste, aber ihr gegenüber doch in ziemlich freier
Stellung sich behauptende christliche Kunst entgegen und
zwar hauptsächlich als Architektur und Malerei.

Dieser christlichen Kunst, in welcher sich antik=christliche
Formen und christliche Ideen zusammenfanden, that sich unter
Konstantin d. Gr. ein weites Feld auf. Wenn schon die
lange Friedenszeit vor der diokletianischen Verfolgung größere
und zahlreichere Kirchen forderte,[2] so stellte sich in unver=
gleichlich höherem Maaße jetzt dasselbe Bedürfnis ein. In un=
übersehbarer Zahl erhoben sich im Reiche unter der Gunst
der Herrscher seit Konstantin Kirchen,[3] und diese Kirchen=
bauten brachten auch die Plastik, die Malerei und die

---

[1] Tertull. De idol. c. 5—8.
[2] Euseb. H. E. VIII, 1.
[3] Über Konstantins Bauthätigkeit Euseb. V. C. II, 46; III,
29 ff., 48. 50. 51 ff. 58; IV, 58.

mufivifche Kunft in Thätigkeit. Die chriftlichen Kaifer regten
durch Privilegien und Unternehmungen zu künftlerifchem
Schaffen an.[1]) Die neuen Ideen, mit welchen die neue
Religion jetzt in großem Umfang die griechifch=römifche Welt
erfüllte, wurden eine wirkfame Anregung zu künftlerifchem
Sinnen und Thun, während die alten Stoffe, längft ver=
braucht, keinen frifchen Trieb mehr offenbarten. Der ganze
Enthufiasmus einer fiegesfrohen Zeit legte fich in die Waag=
fchale zu Gunften der chriftlichen Kunft, der fich weite und
hohe Aufgaben erfchloffen. So konnte es nicht fehlen, daß
die antike Kunft bald das ganze Gebiet in fremder Hand
fah. Sie verfchwand als felbftändige Größe, ohne daß fie
bekämpft wurde. Sie ging freilich nicht unter, aber ihre
Fortdauer liegt von jetzt an in der chriftlichen Kunft. Denn
die neue Religion, welche fich jetzt bequem in der Welt ein·
richtete, hatte nichts gegen die Fortdauer der zahllofen Kunft=
werke einzuwenden, die im öffentlichen und privatem Leben
ein feftes Erbftück geworden waren. Im Gegenteil, ihre
eigene Kunft hat daran noch Jahrhunderte lang fich gefchult,
und das Maaß der Leiftungen diefer Kunft beftimmte fich
nach dem Verhalten zu der ältern Kunft.

Die altchriftliche Architektur weift Neuerungen auf gegen=
über der antiken Bauweife, ift aber nicht etwas Neues. Die=
jenigen beiden Bauformen, in denen fie am fchärfften und
bedeutendften in die Erfcheinung trat, der bafilikale und der
Centralbau, angewandt auf kirchliche Zwecke, find in der
Hauptfache antik. Wie immer die Frage nach dem Urfprunge
der chriftlichen Bafilika beantwortet werden mag, fo ift diefe

---

[1]) Cod. Theod. XIII, 4, 1—4 u. b. Mitteilungen der Kirchen=
fchriftfteller.

doch nur aus der antiken Architektur zu verstehen; nicht
allein in ihrer Gesamtkonzeption, sondern auch in Einzel=
heiten weist sie dorthin. Andererseits ist sie das, was sie
war, nur geworden, indem ein selbständig schaffender Geist
des Überkommenen sich bemächtigte und es nach bestimmten
Zwecken disponierte oder weiterführte. Darum hat der basili=
kale Bau seine glänzendste Geschichte nicht in der Antike,
sondern im Christentum.

Dasselbe Urteil besteht zu Recht in Beziehung auf den
Centralbau. Seine vorchristliche Geschichte ist eine lange
und mannigfaltige, bis er im Pantheon zum imponierendsten
Ausdruck kam. Die Kirche übernahm diese Bauform und
zwar solange und soweit sie dieselbe für einfache Zwecke, wie
als Grabrotunde und Taufhaus in Anwendung brachte, ohne
die Nötigung einer Weiterbildung. Indem aber, vorzüglich,
doch nicht ausschließlich im Orient, das gottesdienstliche Ver=
sammlungshaus der Gemeinde in diese Formen gefaßt wurde,
rief die feste Ordnung des Kultus und der gottesdienstlichen
Sitte neue Kombinationen und Konstruktionen hervor, denen
zwar gewisse Mängel anhafteten, die aber zum erstenmale
die eigentümliche Schönheit und Großartigkeit des Kuppel
baues hervorstellten. Die Hagia Sophia in Konstantinopel
und S. Vitale in Ravenna. seien als Beispiele genannt.

Die basilikale wie die centrale Anlage haben den Unter=
gang der antiken Welt überdauert und im Mittelalter in
anderer Umgebung noch einmal eine Geschichte gehabt oder
richtiger ihre Geschichte in modifizierten Formen fortgesetzt. Die
Erbauer der gotischen Dome ahnten nicht, daß eine deutliche
Linie ihr Werk mit dem griechisch=römischen Privathause, der
Heimat der christlichen Basilika, verbindet. Die Forschung zeigt
diese Linie. In diesem Kreise leben wir heute noch in der Antike.

Doch auch sonst hat in altchristlicher Zeit die antike Baukunst, von den weltlichen Bauten ganz abgesehen, sich zu behaupten gewußt. Neuere Entdeckungen in Syrien brachten genauere Kenntnis darüber. Was sich im Abend= lande wohl aus literarischen Quellen allgemein erschließen ließ, nicht aber genügend nachzuweisen war, die Existenz freistehender Memorien ganz in der Weise antiker Grab= bauten, ließ sich dort genau feststellen. Bald sind es massive, von einer Verzierung gekrönte Bauten, bald eine von Säulen getragene Gesimskonstruktion oder auch Mausoleen in Tempel= form.[1] Im Occident wurde in solchen Fällen fast aus= nahmslos die Rotunde verwertet.[2]

Selbstverständlich ist in der Anlage kirchlicher Neben= gebäude wie Bibliotheken, Schulen, oder in der Errichtung der Pilger=, Armen= und Waisenhäuser sowie der Klöster die antike Bauweise zur Anwendung gekommen. Es läßt sich dies von vornherein vermuten, wird aber auch durch bauliche Reste bestätigt.

So setzt sich die Geschichte der antiken Architektur in der christlichen Zeit fort. Der eigentliche Tempelbau ging unter; die neue Zeit hatte für ihn keine Verwertung, da seine Formen auf den Kultus der alten Religion abzwecken. Wo immer antike Heiligtümer im Gebrauch der christlichen

---

[1] Vogüé, Syrie centrale, Architecture civile et religieuse. Paris 1865 ff. Darnach Abb. bei Holtzinger, Die altchristl. Archi= tektur in system. Darstellung. Stuttg. 1889 S. 244, 250, 251; meine Katakomben S. 80.

[2] Z. B. S. Costanza bei Rom, Mausoleum der Galla Placidia und Grabmal Theodorichs in Ravenna. Es kann auch auf die unter= irdischen Rotunden in den Cömeterien (Girgenti, Syrakus u. s. w.) hingewiesen werden.

Religion übernommen wurden, mußten eingreifende Ver=
änderungen vorgenommen werden; wo es nicht geschah, ent=
sprach der Bau der neuen Bestimmung in unzureichender
Weise. Für jenes kann der Ortygiatempel in Syrakus, für
dieses der Rundbau im Palast zu Spalato angeführt werden.

Ganz anders gestaltete sich das Verhältnis der christ=
lichen Malerei und Plastik zur antiken. Diese beiden Kunst=
gebiete boten nur ein verhältnismäßig kleines Stück neutralen
Stoffes; das Übrige stand in engster Beziehung entweder zur
antiken Mythologie oder zu einer Lebensauffassung, welche
das Christentum als gegensätzlich empfand. So konnte im
Grunde wenig mehr als die Technik und die künstlerische
Schulung von dorther genommen werden. Der Inhalt war
ein andersgearteter, ein vollkommen neuer, und gerade aus
diesem Grunde konnte eine Selbständigkeit gewonnen werden,
welche in der Architektur naturgemäß nicht erreicht, auch
nicht erstrebt worden ist. In der Wirkung ergab sich daraus
eine mächtige Superiorität der christlichen Malerei und Plastik.
Sie verfügten über eine Fülle neuer Gedanken, über einen
reichen Stoff, der den vollen Reiz der Neuheit trug, während
die antike Kunst dem alten Material keine neuen Seiten mehr
abzuquälen vermochte.

Zuerst schuf sich das Christentum, welches zu keiner
Zeit der Kunst gegenüber sich ablehnend verhalten hat, in
den unterirdischen Grabstätten in Nachahmung antiker Deko=
rationssitte eine ihm inhaltlich entsprechende Kunst und zwar
hauptsächlich in der Form der Malerei. Die erhaltenen
Erzeugnisse enthüllen hinreichend deutlich den Entwickelungs=
gang, der sich aus dem Kreise der Antike stetig und seit der
Mitte des zweiten Jahrhunderts auch in rascherem Schritte
nach dem Centrum christlicher Konzeption bewegte. Im

vierten Jahrhundert entfaltet sich vor uns das Gebiet der
cömeterialen Kunst ziemlich selbständig abgegrenzt von der
Antike. Der Inhalt ist christlich und wo er darüber hinaus=
geht und der Tradition folgt, wie in den Personifikationen,
entbehrt er des religiösen Wertes. Nur ein einziges Stück
macht eine Ausnahme, der Nimbus. Derselbe, in Wirklich=
keit eine künstlerische Reduktion des Lichtschimmers, von
welchem umflossen Götter und Göttinnen, in erster Linie die
Lichtgottheiten, vorgestellt wurden, gehört durchaus der reli=
giösen Sphäre an. Den Kaisern kommt er nur als apotheo=
sierten oder von der Anschauung aus zu, welche der Kult
lebender Kaiser voraussetzt. Daher tragen lebende und ver=
storbene Cäsaren diese Auszeichnung. Dementsprechend über=
trug von derselben Voraussetzung der Göttlichkeit aus die
Kunst im vierten Jahrhundert zuerst Christo, dann den
Engeln, Aposteln, Heiligen, ohne daß sich diese letztere Reihen=
folge genau feststellen ließe,[1] dieses Abzeichen. Es wird sich
nicht entscheiden lassen, ob bewußte Entgegenstellung oder
naive Nachahmung den Nimbus in die christliche Kunst ge=
bracht hat; die erstere Möglichkeit hat die größere Wahr=
scheinlichkeit. Denn jene Zeit besaß noch ein genaues Wissen
von der Bedeutung des Nimbus und sah ihn als göttliches
Zeichen an den religiösen Bildwerken des Heidentums. Da=
gegen gründet sich die Fortführung des Nimbus in Dar=
stellungen der Kaiser und anderer fürstlicher Personen auf
gewohnheitsmäßiges Thun.

In größerer Freiheit bewegte sich die altchristliche Kunst
in der Buchillustration. Mit voller Souveränetät schaltet
sie mit den Formen der Antite. Das Leben Josuas in der

---

[1] Meine Archäol. Studien S. 205 Anm. 1; 208.

Vaticana ist der köstlichste Ausdruck einer frischen, unbefangenen Auffassung auf diesem Gebiete. Ohne irgendwie eine religiöse Konzession zu machen, steht die Erzählungsweise doch mitten in der Antike. Soweit die altchristliche Miniatur heilige Stoffe behandelt, bietet sie überhaupt nur einmal den Fall einer starken Beeinflussung durch eine andersgläubige Vorstellung: in den Genesisminiaturen des Codex Cottonianus im Britischen Museum aus dem fünften oder sechsten Jahrhundert anthropomorphisiert der Illuminator den über dem Turme zu Babel erscheinenden Jehova so wie die christliche Kunst es nicht weiß und nur die antike Religion es verständlich macht.[1]) Dagegen zeigt eine bekannte Kreuzigungsscene im syrischen Codex der Laurenziana in glänzender Weise die Selbständigkeit und das Kompositionstalent der christlichen Malerei.[2]) Ein christlicher Stoff ist, allerdings mit Mängeln der Form, lebendig aus dem christlichen Bewußtsein heraus erfaßt. So wie das Bild sich darstellt, konnte es nur auf christlichem Boden erstehen.

Wir kennen nicht die Anfänge der christlichen Miniaturmalerei; jedenfalls liegen sie hinter dem vierten Jahrhundert zurück. Indeß erst die geänderte Lage der Kirche seit Konstantin eröffnete ihr ein weites Feld. Die heilige Schrift und liturgische Bücher prachtreich auszustatten, wurde eine Sitte, welche ebensosehr von dem Hoheitsgefühle wie von den reichen Mitteln der Kirche gefordert wurde. In dieser neuen Aufgabe ging die Miniatur dieser Jahrhunderte fast gänzlich auf; weltliche Stoffe interessierten sie seltener. Im vierten Jahrhundert mag die antike Buchillustration noch

---

[1]) Garrucci, Storia dell' arte crist. III, 124, 5.
[2]) Garrucci a. a. O. 139, 1.

einige Pflege erfahren haben; in der Folgezeit ist sie nicht
mehr nachzuweisen. Das Gebiet war in den Besitz der
christlichen Illuminatoren übergegangen.

Es besteht aber in dieser Gruppe der Unterschied pro-
faner und religiöser Kunstübung. Während hier antik-sacral-
Elemente ausgeschieden sind, lebten sie dort in unbefangener
Weise noch fort. Ein hervorragendes Denkmal giebt darüber
eine lehrreiche Auskunft, die Kalenderillustration des Chronographen vom Jahre 354. [1]) Der Schreiber dieses Kalenders
ist Furius Dionysius Filocalus, der in der Epigraphik des
vierten Jahrhunderts wohlbekannte Kalligraph des römischen
Bischofs Damasus. Es mag gering veranschlagt werden,
daß die die Widmungstafel tragenden Eroten mit der pro-
phylaktischen Bulla ausgerüstet sind; denn gelegentlich ist
auch Eva mit diesem in der antiken Gesellschaft üblichen
Schutzmittel versehen worden; die in die gleichnamigen Götter-
figuren personifizierten Planeten ferner wollen als neutrale
Bilder angesehen werden. Anders verhält es sich mit den
Illustrationen zu dem bürgerlichen Kalender. Gleich das
Januarbild führt einen vornehmen Römer vor, der in einem
Sacrarium den Manen seiner Vorfahren das übliche Weih-
rauchopfer darbringt. [2]) Unter April tanzt in Anspielung
auf die in jenem Monate in Rom gefeierten Venusfeste ein
Mann, wahrscheinlich ein Kybelepriester, vor einer Venus-
statuette, vor welcher auf kunstvoll gebildetem Leuchter eine
Kerze brennt. [3]) Der November endlich ist illustriert durch

---

[1]) Jos. Strzygowski, Die Kalenderbilder des Chronographen
v. J. 354. Berlin 1888 (Ergänzungsheft I zu d. Jahrb. d. Kaiserl.
deutsch. archäol. Instituts).

[2]) Strzygowski a. a. O. Taf. XVIII. Die der Scene entsprechenden Verse S. 56 f.

[3]) Taf. XXII. Die Verse S. 65.

einen kahlköpfigen Isispriester, der in der Rechten ein Sistrum hält und vor einem Anubisbilde eine sacrale Handlung voll= zieht.[1]) Die übrigen Monatsbilder liegen auf neutralem Boden. Die Anfangsworte der Dedication VALENTINE FLOREAS IN DEO und das christliche Bekenntnis des Schreibers stehen scheinbar in scharfem Contrast zu den beschriebenen Scenen. Der nahe liegende Versuch, einen Ausgleich in der Annahme zu finden, daß ältere Vorbilder einfach wiederholt seien,[2]) ist ohne Zweifel berechtigt, löst aber die Hauptschwierigkeit nicht, die eben darin besteht, daß in einer Zeit, wo der religiöse Gegensatz noch ein lebhafter war, ein dem Bischofe nahestehender und in der Herstellung von Märtyrerinschriften verwendeter Christ mit Opferdar= stellungen in die Öffentlichkeit treten konnte. Hundert Jahre später wäre das begreiflich gewesen und könnte als Beweis souveräner Unbefangenheit dienen. Doch das ist nicht das einzige Rätsel, welches der Chronograph bietet. Jedenfalls belehrt uns diese älteste christliche Kalenderillustration, daß die christliche Kunst da, wo sie profane Stoffe zu behandeln hatte, nicht die Sprödigkeit behauptete, welche sie sonst aus= zeichnete. So entdecken wir in den Iliasillustrationen der Ambrosiana[3]) aus dem fünften, (vielleicht noch aus dem vierten) Jahrhundert ein überraschendes Nachleben einer Weise, welche die pompejanischen Wandmalereien uns vor Augen stellen. Die Auffassung ist frisch, die Komposition lebendig; bemerklich macht sich eine starke Neigung zur

---

[1]) Taf. XXX. Die Verse S. 78.

[2]) Strzygowski a. a. O. S. 58.

[3]) Veröffentlicht, doch in unvollkommener Weise, von Angelo Mai: Picturae antiquissimae bellum Iliacum repraesentantes, Mail. 1819. Es sind 58 Bildchen; andere sind verschwunden.

Eleganz und eine gewisse Magerkeit der Ideen. Götter,
Heroen und Menschen treten in den wechselnden Situationen,
welche der Text angiebt, vor den Beschauer hin. Die antike
Welt kommt noch einmal zur Erscheinung mit Abzug des
Christlichen in ihr. Ähnlich steht es mit dem Virgil der
Vaticana [1]) (wahrscheinlich aus dem fünften Jahrhundert),
wo zuerst die Anzeichen sichtbar werden, welche als Eigen-
heiten der byzantinischen Miniaturmalerei gelten. Auch was
sonst noch aus nachkonstantinischer und späterer Zeit an
solchen Malereien sich erhalten hat, offenbart ein fast un-
geschwächtes Fortwirken der Antike. Ja, diese Einflüsse
gingen, vorzüglich im Orient, tief in das Mittelalter hinein.
Die Lust, antike Miniaturen zu kopieren, hat Jahrhunderte
hindurch fortgedauert, und an diesen Kopieen hat sich diese
Kunst immer wieder belebt. Solange die antike Literatur
Interesse fand, mußte sie die Neigung hervorrufen, die Texte
zu illustrieren, wie die kirchlichen Texte illustriert zu werden
pflegten, und so wenig die Lektüre jener Texte Anstoß erregte,
so wenig konnte die Illustrierung derselben Bedenken haben,
obwohl sie häufig genug die alte Götterwelt und den Götterkultus wieder in Erinnerung rief. Es liegt kein Grund vor,
die Illuminatoren der Mailänder Ilias und des vatikanischen
Virgil als heidnische Künstler zu betrachten.

Besteht auf dem Gebiete der Miniaturmalerei eine starke
Gebundenheit der christlichen Kunst an die Formen oder an
den Inhalt der Antike oder an beide, so hat sie im Mosaik
sich ein selbständiges Gebiet geschaffen, auf dem sie in voller

---

[1]) Bezeichnet mit No. 3225 und nicht zu verwechseln mit den
Virgilillustrationen No. 3867 ebendas. Die Publikation von Bartoli:
Picturae antiquissimae virgil. cod. Vat. Rom 1728 giebt nur
eine allgemeine Vorstellung.

Souveränetät waltet. Sie hat die musivische Technik in
überraschender Vollkommenheit sich angeeignet und ihren
religiösen Zwecken dienstbar gemacht. So deutlich diese
Mosaikbilder das Studium der Antike, besonders antiker
Statuen, verraten, so sondern sie sich doch von dem fremden
Gebiete scharf ab, wie man aus den biblischen Erzählungen
in S. Maria Maggiore in Rom zur Genüge lernen kann.
Nur die Mosaiken in dem Mausoleum, welches Konstantin d. Gr. seiner Tochter Constantia bei Rom errichtete, treten
aus diesem Kreise heraus und haben Form und Inhalt dem
Bacchuscyklus entnommen.[1]) Indeß sie sind die einzige Ausnahme dieser Art. Die altchristliche musivische Kunst hat
den unbestreitbaren Ruhm einer Selbständigkeit, welche den
übrigen Gebieten noch fehlte. Im Hinblick auf die Schwierig-
keit der Technik darf dies um so höher veranschlagt werden,
und in dem Rückschlusse von der mit einer gewissen Härte
belasteten Ausführung auf die malerische Vorlage eröffnen
sich anziehende Perspektiven. Je nach Geschmack und Bedürfnis ist die Behandlung des Gegenstandes eine malerische
oder plastische, zuweilen beides, aber die Entwürfe verraten
eine Sicherheit der Auffassung, die nur in dem Bewußtsein
innerlicher Unabhängigkeit ihre Erklärung findet.

Freilich tragen auch die sogenannten Goldgläser,[2]) die
in der Mehrheit dem fünften Jahrhundert angehören, diese
Freiheit zur Schau, aber sie ist auf Kosten der künstlerischen
Gestaltung um den teuersten Preis erkauft. Diese Umriß-
zeichnungen verraten oft eine entsetzliche Verrohung des

---

[1]) Garrucci, IV, 204 ff.

[2]) Garrucci, Vetri antichi, ornati di figure in oro 2. Aufl.
Rom 1864; Storia Vol. III. Meine Archäol. Stnd. S. 204 ff.
(Chronologie); Katal. S. 187 ff.

Empfindens und Könnens. Gute Stücke fehlen nicht, aber
ihnen steht eine erdrückende Masse mittelmäßiger unb ab=
stoßender Leistungen gegenüber. Wenn in dieser Gruppe
und zwar unter ihren bessern Erzeugnissen Venus bei der
Toilette und Pallas als Lehrmeisterin sich finden,[1]), so ist
jene Scene nur als Kompliment gegen eine Dame und diese
als bloße Personifikation gemeint.

Als ganz besonders lehrreich erweist sich die Betrachtung
des Verhältnisses der christlichen Plastik zur Antike. In
vorkonstantinischer Zeit nehmen sich die Versuche der kirch=
lichen Kunst auf diesem Boden noch äußerst zaghaft aus.
Offenbar erwuchsen ihr aus religiösen Bedenken gewisse
Hemmungen, da in der Plastik die antike Götterwelt am
bezeichnendsten und häufigsten vor das Auge kam. Im
vierten Jahrhundert schwand diese Scheu, wenigstens für
das Relief, während sie für die statuarische Kunst nie ganz
überwunden wurde. Indem die Kirche Reichtum unb Aristo=
kratie gewann, weitete sich die beengte Plastik. Es ist nicht
Zufall, daß sie hauptsächlich als Sarkophagrelief Verwendung
fand und so eine Sitte vornehmer heidnischer Kreise zwar
nicht einführte in die christliche Welt, aber doch zur Blüte
brachte.

Die altchristlichen Sarkophagreliefs schließen inhaltlich
an den Bilderchklus der Katakomben an; Entwickelungen und
Neubildungen sind da, aber sie bedeuten wenig. Daneben
liegen sehr bestimmte und feste Beziehungen zu der Antike
vor. Dorther kommen die niedlichen Putti, welche Ballspiel,
Hahnenkampf, Circusrennen betreiben oder ländliche Ver=

---

[1]) Meine Kat. 190, 191 f.

richtungen, wie Obst= und Weinernte in heiterm Spiel aus=
führen, wohl verständlich aus der Lebensanschauung des
Altertums, aber der christlichen Todesauffassung widerstreitend.
Auch die eine Fackel senkenden Genien des Todes gehören
dorthin sowie die Tritonen und mancherlei Seetiere, da sie
nichts mehr und nichts weniger sind als versprengte Stücke
aus einer antik=sepulcralen Symbolik. Ja — womit das
Äußerste gewagt ist — auch Götter und Halbgötter haben
ihr Dasein behauptet. Auf einem gallischen Sarkophage
treten die beiden Dioskuren mit gezäumten Rossen auf;
Sirenen, die Medusa, Eros und Psyche, Orpheus (letztere
beiden auch schon vorher in der Malerei) sind aus dem
alten Besitz herübergenommen.[1]) Rom bietet sogar ein Bei=
spiel, daß Juno Pronuba zwischen einem christlichen Ehepaar
steht.[2]) Eine Umdeutung oder Neutralisierung dieser Dar=
stellung wird stets nur mit Gewaltmaßregeln durchzuführen
sein. Sie wurzeln fast ausnahmslos in der antik=christlichen
Symbolik, aber sie konnten in einer ganz andersartigen
Umgebung doch nur dann fortdauern, wenn ein starkes In=
teresse hinter ihnen stand. Demnach haben wir dieses in den
höhern Gesellschaftskreisen, aus denen diese Denkmäler stammen,
vorauszusetzen. Selbstverständlich war dieses Interesse kein
deutlich religiöses, sondern aus religiösen und nackt traditio=
nellen Momenten zusammengesetzt. Derselbe Thatbestand
läßt sich aus der Verwendung antiker Sarkophage mit mytho=
logischen Scenen erheben. Der Christ, welcher in Rom einen
Sarkophag mit bacchischem Tiasos in Gebrauch nahm,[3]) und

---

[1]) Vgl. meine Archäol. Studien S. 11—13, woselbst die Quellen
angegeben sind; einiges Neue ist seitdem hinzugekommen.

[2]) A. a. O. S. 99 ff. Fig. 20.

[3]) A. a. S. 11.

der Gallier in Arles, der einen schönen antifen Sarkophag
mit dem Relief einer sitzenden Gottheit sich aneignete,[1]) können
nicht ein ausschließliches Recht der christlichen Kunstdar=
stellungen anerkannt haben. Aber auf der andern Seite ist
doch auch geschehen, daß anstößige Bildwerke durch gewalt=
same Manipulation dem Auge entzogen worden sind.

Bei der äußerst geringen Zahl weltlicher plastischer
Werke verdient ein aus Tunis stammendes Bleigefäß aus
dem Anfange etwa des fünften Jahrhunderts besondere Be=
achtung.[2]) Die Inschrift, der gute Hirt und eine befannte
auf die Taufe bezügliche symbolische Darstellung stellen den
christlichen Ursprung fest, aber in Feldern ordnen sich da=
neben Gruppen und Scenen echt antifer Art. Von dem
Circussieger nicht zu reden, der neben einem Altar stehend
den gewonnenen Kranz triumphierend erhebt, so müssen ein
trunkener Silen, welcher auf einem Esel reitend sich von
zwei Männern stützen läßt, und eine Nereide, die auf einem
Seetiere dahinfährt, in dieser Umgebung einiges Befremden
erregen. Nicht anders verhält es sich mit einer in Rom
gefundenen, jetzt in Paris befindlichen Pyxis, ein Erinne=
rungsstück an eine Hochzeit.[3]) Eine in der Toilette be=
griffene Venus, Tritonen und Nereiden müssen sich mit einer
christlichen Acclamation und dem Monogramm Christi ver=
tragen. Auch eine Glasschale aus Trier, welche das Opfer
Abrahams in ganz auffallender Weise in das Antife umge=
setzt zeigt, läßt sich in diesem Zusammenhange anführen. Es

[1]) Le Blant, Les sarcoph. chrét. de la Gaule pl. 59
[2]) Bull. di archeol. crist. 1867 S. 77; vollständiger Garr.
VI, 428.
[3]) Meine Archäol. Stud. S. 110 ff.

kann, wie dürftig auch das Material ist, keinem Zweifel
unterliegen, daß die Kleinkunst, soweit sie nicht religiösen
Zwecken diente, noch im fünften Jahrhundert nicht nur in
die Formen hauptsächlich der Antike sich gekleidet, sondern
auch von dorther ihren Inhalt genommen hat. Am längsten
mögen die Götter und Göttinnen auf den geschnittenen
Steinen der Ringe fortgelebt haben.

Diese Beobachtungen hindern freilich nicht den Schluß,
daß im vierten Jahrhundert bereits die antike Kunst von
der christlichen zerrieben wurde. Der mächtige Aufschwung
der christlichen Kunst nach Konstantin d. Gr. wurde hervor=
gerufen und gehalten von einer Kirche, welche das Bewußtsein
beherrschte, die Gegenwart und Zukunft zu besitzen. Die
antike Kunst verschwand nicht, aber sie stellte ihren Betrieb
ein oder überließ ihn den Künstlern der neuen Zeit. Man
kann noch weiter gehen und sagen: die christliche Kunst
dieser Jahrhunderte verdankt ihr Bestes der Anschauung und
dem Studium der zwar antiquierten, aber noch sichtbaren
klassischen Kunst. Sie hat allerdings dieses Fremde in dem
Grade sich assimiliert, daß es als ihr inneres Wesen erscheint,
aber ihre besten Erzeugnisse sind nur aus diesen Zusammen=
hängen zu verstehen.

Zum Schlusse legt sich noch die Frage nahe, ob be=
stimmte heilige Typen der christlichen Kunst ihre Ausbildung
unter dem Einflusse der Antike erhalten haben. Die Dar=
stellung Gottes ist, ohne daß irgendeine Ausnahme sich
feststellen ließe, jedenfalls ausgeschlossen. Wo im vierten
Jahrhundert zum erstenmal Gott in voller Menschengestalt
auftritt, fehlt dieser jeglicher Wiederschein eines antiken
Typus; im Gegenteil hält sich die Auffassung durchaus
im Gewöhnlichen. Jedes Sublime geht ihr ab. Anders

verläuft die Geschichte des Christusbildes. In der ältesten
Zeit faßt es sich in ideale Schönheit; seit der Mitte un=
gefähr des vierten Jahrhunderts tritt dafür der realistische
bärtige Typus ein. Jedoch jene wie diese Gestaltung
vermeidet scharf die Anknüpfung an die antike Mythologie.
Was von Einwirkungen des Apollotypus oder des Asklopios
oder des Zeus=Serapis angeblich entdeckt ist, beruht auf
einzelnen Ähnlichkeiten allgemeinster Art, denen anderer=
seits als Regel so schroffe Gegensätzlichkeiten gegenüber=
stehen, daß die Combinationen gänzlich außer Frage bleiben
müssen. Dagegen haben die Eroten und Psychen und
ähnliche jugendliche Gestalten den ursprünglichen Engel=
typus der christlichen Kunst völlig zerstört. Die bärtigen
Männer, als welche diese die Engel anfangs auffaßte, wurden
im Laufe der Zeit immer jugendlicher, bis sie endlich zur
Ebenbildlichkeit der anmutigen Wesen kamen, welche in der
antiken Kunst unter mancherlei Namen und Formen sich
großer Beliebtheit erfreuten.[1])

Die Kunst giebt der allgemeinen Kultur ein wesentliches
Gepräge. Indem nun damals die antike Kunst unter den
Einfluß christlicher Ideen und Zwecke kam, verschob sich auch
die Kultur der Zeit nach der Seite des Christentums hin.
In den öffentlichen Gebäuden, auf den öffentlichen Plätzen
und ebenso im Privatgebrauch haben die antiken Kunstwerke
gewiß noch lange den vorzüglichsten Schmuck abgegeben. Aber
auch der Wirkungskreis der christlichen Kunst beschränkte sich

---

[1]) M. Archäol. Stud. S. 148. 152. 265; Kat. S. 149; Ursprung u. älteste Geschichte d. Christusbildes (in d. Zeitschr. f. kirchl.
Wissensch. u. kirchl. Leben 1883 H. 6). Anders: Dietrichson, Christus=
billedet, Kopenh. 1880; Holtzmann, Entstehung d. Christusbildes d.
Kunst (Jahrb. f. prot. Theol. 1877 S. 189 ff.; dazu 1883 S. 77 ff.).

nicht mehr auf kirchliche Gebäude, sondern griff in die
Öffentlichkeit ein, und zwar sowohl in der Form der monu=
mentalen wie der Kleinkunst. Die neue Residenz am Bos=
porus war reich auch an christlichen Kunstwerken. Zahl=
reiche Fundgegenstände bezeugen die Rührigkeit des christlichen
Kunstgewerbes. Doch noch im sechsten Jahrhundert hat die=
selbe Menschheit, die in der christlichen Kunst die wahre Kunst
erkannte, der Schönheit der Antike den Tribut der Anhäng=
lichkeit, zum Teil auch der Vorliebe gezollt.[1])

---

[1]) Über die Stellung der Kirche zur Kunst in den einzelnen
Provinzen ist unten in der Provinzialgeschichte gehandelt.

Viertes Kapitel.

Die Literatur.

Der allgemeine Niedergang des römischen Geisteslebens belastete die literarische Produktivität in weit höherm Grade als die Kunst. Bereits im zweiten Jahrhundert vollzog sich die Abkehr von der Höhe einer noch leistungsfähigen Periode, und weder die schöngeistigen Interessen einzelner Herrscher, wie Hadrian und Alexander Severus, noch die zahlreichen Bildungsanstalten, die mit der fortschreitenden Romanisierung in den Provinzen erstanden, bewirkten ein Aufhalten. Die griechische Reichshälfte zeigt zwar im dritten Jahrhundert noch eine größere literarische Lebhaftigkeit, und die Vielbeweglichkeit des hellenischn Geistes besteht noch in einem gewissen Umfange, indeß der Gesamteindruck ist auch hier kein anderer als der einer in Auflösung begriffenen Schriftstellerei. Ärmlichkeit der Stoffe, Verwilderung des Stils in Barbarei oder Geschraubtheit und geistige Dürftigkeit bezeichnen die große Masse der literarischen Erzeugnisse, welche die siegreiche Kirche als Produkt und Nahrung der antiken Bildung vorfand.

Das Verhalten des Christen zu dieser und der antiken Literatur überhaupt ist mehrfach Gegenstand einzelner theoretischer Erörterungen oder auch praktischer Maßnahmen

gewesen,[1]) hat aber zu keiner Zeit eine allgemeine Normierung
erfahren. Die Weisung, idololatrische und unsittliche Lektüre
zu meiden, ließ sich nicht durchführen, da nach diesen Ge-
sichtspunkten eine scharfe Scheidung nur in wenigen Fällen
vorgenommen werden konnte. Das Wissen dieser Dinge
seitens der Kirchenschriftsteller ist der beste Beweis dafür.
Sie alle empfinden allerdings die antike Literatur, auch in
ihren edelsten Erscheinungen, in einer gewissen Gegensätzlichkeit, dennoch haben sie dieselbe in sich aufgenommen und
ihre Publizistik nimmt gern Beziehung darauf. Der „Traum"
des Hieronymus[2]) ist trotz seiner Wunderlichkeit ein ernst-
haftes Zeugnis dieser Doppelstimmung.

Das Bedürfnis humanistischer Bildung bestand für die
Kirche als solche ebensowenig wie für den Organismus der
antiken Religion. Daher fehlen in älterer Zeit dahin
zielende Äußerungen oder Anordnungen durchaus. Auch wo
solche hernach hervortreten, ist nur eine in Wirklichkeit sehr
minimale theologische Bildung ins Auge gefaßt. Wenn
trotzdem die Kirche die antike Kultur an sich zog und sie in
ihrer Eigenart oder in christlicher Umprägung festhielt, so
hat die geschichtliche Entwickelung, nicht ein auf ihren Zwecken
ruhendes inneres Bedürfnis sie auf diese Bahn geführt. Zwei
Thatsachen begegneten sich hier: das feste Gefüge des humanistischen Unterrichts in der griechisch-römischen Welt und
die Notwendigkeit, den religiösen Sieg durch Aneignung oder
Umbildung der alten Kultur zu vollenden.

Die Bildungsanstalten des vierten und fünften Jahrhunderts, auf welche auch die Christen angewiesen waren,

---

[1]) Bd I, 300 f.; 420 ff.
[2]) Hieron. Ep. XXII, 30.

hielten ihre alte Unterrichtsweise fest. Gewisse Rücksichten
legten sich ihnen selbstverständlich auf, indeß sie vermittelten
wie vorher die antike Kultur ohne irgend einen Abzug.
Christliche Institute desselben Zieles gab es nicht, denn die
kirchlichen Schulen in Alexandrien, Antiochia, Edessa und
sonst verfolgten andere Zwecke. So strömte die antike
Bildung in die christlichen Kreise ein. Männer wie Chrysosto=
mus und Basilius haben sie auf diese Weise gewonnen, der
Eine in Antiochia, der Andere in Athen. Eine ernsthafte
Abneigung der Kirche dagegen läßt sich nirgends beobachten,
obwohl es an Reibungen nicht gefehlt hat. Denn der Besitz
der klassischen Bildung, wie sie damals gefaßt wurde, konnte
unmöglich verfänglich erscheinen in einer Genossenschaft, die
schon längst in den höhern Ständen in weitem Umfange
heimisch geworden war. Was das Heidentum an Gold und
Silber besitzt, meinte Augustin in diesem Sinne, soll der
Christ mit sich nehmen, wenn er das religiöse Band mit
ihm löst, wie einst Israel goldene und silberne Gefäße aus
Ägyptenland mit sich trug. Mit solchem Gold und Silber
haben sich Männer wie Cyprian, Lactantius, Hilarius im
Dienste Christi belastet.[1]) Dennoch machte sich in der Kirche
begreiflicherweise der Drang geltend, diese große, auf einem
fremden Boden aufgewachsene Macht in den eigenen Dienst
zu ziehen, um dadurch ihre Stellung zu verstärken. Es
konnte nur auf dem Wege der Assimilation geschehen. Daß
und wie dieser Weg beschritten ist, darüber belehrt das Ver=
hältnis der christlichen Literatur zur antiken.

Die antike Literatur, die im Zeitalter Konstantins und
seiner nächsten Nachfolger das Publikum beherrschte, war
keine lebensfähige mehr. Darin ist der Hauptgrund ihres

---

[1]) August. De doctrina christ. II, 61.

raschen Verschwindens zu suchen. Aber mit Recht ist be=
merkt worden, daß die christliche Literatur, dem Beispiele
des Lactantius folgend, sich an den klassischen Mustern der
Antike in formeller Beziehung erfolgreich bildete,[1]) und, indem
sie mit einem höhern Maaß von Formschönheit in die Öffent=
lichkeit trat, von vornherein einen Vorzug aufweisen konnte.
Noch mehr freilich wog die Anregung neuer Stoffe und die
daraus hervorgehende Frische und Unmittelbarkeit. Die
heilige Geschichte, die Schicksale der Märtyrer, die großen
Fragen der religiösen und sittlichen Erneuerung der Mensch=
heit boten dem Dichter wie dem Prosaiker unerschöpfliche
Stoffe, welche Phantasie und Denken gleicherweise anregten.
Die vorkonstantinische christliche Literatur fand sich noch in
gewissen Schranken; unter Konstantin fielen diese, indem mit
der religiösen Freiheit der ganze Schaupla< der alten Welt
für das Urteil, das Interesse und die Thätigkeit der Christen
sich aufthat. Daraus erwuchs auch eine mächtige Anregung
zu literarischem Schaffen, dessen Ausdehnung und Eigenart
sich in Keinem vollkommener darstellt als in Augustinus.
Zwar zweckte die gelehrte Thätigkeit dieses Provinzialen auf
die Kirche und das Christentum ab, indeß auch die religiöse
Zeitfrage fand in ihm einen geistig bedeutenden Darsteller,
und noch mehr mußte der ganze Eindruck einer großen, über
alle Mittel damaliger Bildung verfügenden Persönlichkeit,
die in den zahlreichen Schriften Augustins sich spiegelt, von
großer Wirkung nach Außen sein. Die christlich=religiöse
Grundanschauung, welche die Unterlage bildet, hat bei den
Andersgläubigen schwerlich ein so wesentliches Hindernis
geschaffen, wie wir anzunehmen geneigt sind, da die ganze
Zeit religiös interessiert war. Auch sonst sind, wie sich

---

[1]) Ebert, Geschichte d. christl=latein. Lit. Lpz. 1874 S. 109.

voraussetzen läßt, solche literarische Gesamteindrücke von
Einzelnen ausgegangen. Anderswo wiederum fand eine
erfolgreiche Gegenwirkung in engerm Umkreise statt, die wir
näher ins Auge fassen.

Die Weise des öffentlichen Lebens im Altertum gab
der Beredsamkeit eine hervorragende Bedeutung und erklärt
den großen Aufwand von Mitteln, der sich an ihre Pflege
knüpfte. Nachdem Aristoteles als der erste die Regeln der
Rhetorik wissenschaftlich expliziert, folgte eine lange Reihe
systematischer Lehrbücher, neben denen und mit denen die
Rhetorenschulen das gleiche Ziel suchten. Aus diesen Schulen
ging das prunkende Rhetorentum hervor, welches in der
römischen Kaiserzeit zu dieser Entwickelung gelangte. „Zwar
das eigentliche Feld der rednerischen Thätigkeit, die politische
Beratung war der Sophistik so gut wie ganz entzogen und
auch zu den Gerichtsverhandlungen war ihr der Zugang,
wenn nicht geradezu versperrt, so doch erschwert. Das kaiser=
liche militärische Regiment liebte eben nicht die Aufregung
politischer Reden und schloß aus den Sitzungen des kaiser=
lichen Rates die Öffentlichkeit aus. Aber bei dem Empfang
der Kaiser und kaiserlichen Statthalter, bei der Einweihung
von Tempeln und Odeen, bei den öffentlichen Festen und
Leichenfeiern glänzte der Sophist im festlichen Talar mit
dem auserlesensten Schmuck seiner Kunst, und auch ohne
solchen äußern Anlaß fand sich überall in jenen Zeiten des
müßigen Schöngeistertums zu den populären Erörterungen
philosophischer und literarischer Fragen ein Kreis beifall=
spendender Zuhörer zusammen." [1]

---

[1] W. Christ, Geschichte d. griech. Lit. bis auf die Zeit Justi=
nians. 2. Aufl. München 1890 S. 592 (Handbuch d. klass. Alter=
tumswissenschaft her. von Iwan v. Müller VII²).

Eine Nachblüte erlebte diese Sophistik im vierten Jahr=
hundert und zwar ist dieselbe an die Namen Libanius,
Themistius, Himerius gebunden. Ihre Aufgabe fand sie
wie vordem in schöngeistigen Vorträgen und öffentlichen,
durch besondere Anlässe hervorgerufenen Reden, aber doch
mit einigen durch das Zurückdrängen des Götterglaubens
bedingten Einschränkungen. Die glänzende Außenseite dieser
spätern Rhetorik, ihre bewundernswerte stilistische Gewandt=
heit wollen um so höher veranschlagt werden, da aus den
zum Teil abgegriffenen, zum Teil an sich magern Stoffen
nur mühsam ein Ertrag sich gewinnen ließ.

Hier setzte daher auch die christliche Rhetorik erfolgreich
ein. Die formale Schulung gewann sie auf demselben Wege
wie die heidnische Sophistik; Johannes Chrysostomus im
Morgenlande und Ambrosius im Abendlande stehen in dieser
Beziehung hinter den bessern Rhetoren nicht zurück. Aber
sie hatte den bedeutenden Vorzug neuer, inhaltreicher Stoffe.
Die religiös=ethische Zweckrichtung und die darin gegebenen
vielfachen Bezüge auf konkrete Verhältnisse und Stimmungen
versetzten sie von vornherein in eine günstigere Stellung.
Das Menschenleben in seiner vollen Entfaltung in dieser
oder jener Lage, in diesem oder jenem Stande, gefaßt unter
den reichen Inhalt der sittlich=religiösen Normen des Christen=
tums, bot ein unerschöpfliches, in den mannigfaltigsten Be=
trachtungen auf das mannigfaltigste zu gestaltendes Material.
Die antiochenischen „Säulenreden“ des Chrysostomus und
die sozialen Predigten des Kappadoziers Basilius geben eine
Vorstellung davon, was die Gestaltungsgabe geschulter und
talentvoller Rhetoriker aus diesem Stoffe zu machen verstand.
Denn vorzüglich bildet sich die christliche Rhetorik in der
Form der geistlichen Beredsamkeit, der Predigt aus, welche

die Kirche als feste Institution hatte. Die Praktikanten dieser Rhetorik in denjenigen Städten, welche blühende Rhetorenschulen besaßen, wie Athen, Antiochia, Konstantinopel, jahen sich schon durch die lokalen Verhältnisse darauf gewiesen, die Formvollendung der Sophistik auf die geistliche Rede zu übertragen. Die Predigtliteratur jener Zeit ist der beste Beweis, wie dieser Zusammenhang festgehalten wurde. Die Predigten verraten in tausend Einzelheiten die rhetorische Technik, die in den Schulen oder in Lehrbüchern vorgetragen und in der allgemeinen Praxis angewendet wurde, doch ist als Ideal nicht die rhetorische Korrektheit, sondern das Verständnis durch die Zuhörerschaft bezeichnet worden,[1] eine Erkenntnis, die in ihrer Anwendung erfolgreich sein mußte.

Indeß auch dadurch zog das Christentum den Einfluß der Rhetorik an sich, daß es dieselbe in den Dienst theologischer Beweisführung und der Apologetik wie der Polemik stellte. Es genügt, die Reden Gregors von Nazianz zu nennen.

Wie deutlich das Bewußtsein der großen Bedeutung einer in christlichem Geiste gehaltenen Rhetorik in der Kirche war, geht daraus hervor, daß Augustin einen eigenen dahin zielenden Leitfaden verfaßte.[2] Er fordert die Erlernung der Rhetorik, da sie, an sich neutral, durch den Eifer der Guten für die Mehrheit nützlich gemacht werden kann. Auch die heiligen Schriftsteller verfügten über diese Kunst. Die ganze Technik derselben soll der Redner je nach der ihm vorliegenden Aufgabe zur Anwendung bringen. Immer aber

---

[1] August. Enarr. in Psl. 138, 20: melius est reprehendant nos grammatici, quam non intelligant populi.
[2] August. De doctrina christ. Besonders das 4. Buch.

soll das Hauptbestreben auf die Wahrheit, nicht auf An=
mut der Form gerichtet sein. Wer nicht befähigt ist, eine
gute Rede abzufassen, der darf eine fremde Rede zum Vor=
trag bringen; kein Tadel trifft ihn deshalb In jedem Falle
soll dem Vortrage ein Gebet zu Gott vorangehen.[1])

Ein Zwiefaches verleiht diesen geschickten Ausführungen
Wert für unsere Frage: die energische Betonung der Not=
wendigkeit der Rhetorik für einen Mann der Kirche und die
Forderung der ungeschminkten Wahrheit in ihr. Dort also
Anknüpfung an die Tradition, der auch die technischen An=
weisungen entnommen sind, hier ein völlig Neues gegenüber
der damaligen Gepflogenheit der Sophistik. Dadurch wurde
in die christliche Rhetorik ein moralisches Gewicht gelegt,
welches nicht belanglos bleiben konnte. Prohäresius und
Musonius, beide in ihrer Zeit hochangesehen, gehören hier=
her. Indeß eine eigentlich christliche Rhetorenschule hat sich
erst im fünften Jahrhundert in Gaza gebildet, wobei An=
tikes und Christliches oft seltsame Combinationen eingingen.[2])

Ein Kind der Sophistik war der Roman,[3]) dessen Auf=
treten in der Literatur die milesischen Fabeln ($\tau\grave{\alpha}$ $\mu\iota\lambda\varepsilon\sigma\iota\alpha\varkappa\acute{\alpha}$)
ankündigten. Ohne je denjenigen Einfluß erreicht zu haben,
welchen die unter derselben Bezeichnung begriffene moderne
Literaturgattung und verwandte Unterhaltungslektüre aus=
üben, erschien er dennoch von solchem Gewichte, daß die Kirche
mit ihm rechnen zu müssen glaubte. Sie that es in doppelter
Weise, entweder so, daß sie ihn durch Veränderungen größeren

---

[1]) IV, 2; 6 ff.; 4; 10 ff.; 28; 29; 15; 30. Weiteres in De
catechizandis rudibus. Auch Ambros. De officiis ministrorum
bietet Einiges.

[2]) Stark, Gaza und die philistäische Küste, Jena 1852 S. 631 ff.

[3]) Rohde, Der griechische Roman und seine Vorläufer. Lpz. 1876.

oder geringeren Umfanges tolerabel machte oder ihm eine ge=
nuin chriſtliche Unterhaltungsliteratur entgegenſtellte.

Für jenes Verfahren bietet die Historia Apollonii regis
Tyri ein belohnendes Beiſpiel.[1]) Dieſer wahrſcheinlich im
dritten Jahrhundert urſprünglich griechiſch geſchriebene Roman
wurde etwa im ſechſten Jahrhundert einer Überarbeitung durch
chriſtliche Hand unterzogen. Der Überarbeiter begnügte ſich
nicht damit, die Erzählung volkstümlicher zu geſtalten, ſondern
bemühte ſich auch, ſie von dem polytheiſtiſchen Boden in das
Chriſtliche zu ziehen. Zwar lagen in dem Inhalte beſtimmte
Schranken; Götter, Tempel, heidniſcher Kultus ließen ſich
nicht herausnehmen, aber an zahlreichen Punkten iſt die
Säuberung wirkſam geweſen,[2]) ſo daß die Erzählung zwar
in der Hauptſache antik geblieben iſt, aber eine ſeltſame
Färbung erhalten hat. Im Allgemeinen indeß war die Ab=
neigung gegen den Roman zu groß, als daß ein ſolches Ver=
fahren in weiterm Umfange Anwendung finden konnte.
Chriſtliche Leſer hat dieſe Literatur noch in ſpäteren Jahr=
hunderten gehabt; ſo ſchenkte ihnen der Patriarch Photius
Beachtung,[3]) jedoch eine entſprechende chriſtliche Literatur iſt
im Orient erſt unter den Komnenen aufgeblüht, alſo in einer
Zeit, wo man dem Hellenismus völlig unbefangen gegenüber=
ſtand.[4]) Vielmehr betrat die Kirche den praktiſchern Weg,

---

[1]) Teuffel, Geſch. d. röm. Lit. 5. Aufl. II §. 489 u. die Praef.
in b. Ausgabe von Rieſe (Lips. 1871).

[2]) Z. B. per deum vivum (58, 18), per communem salutem
(17, 16), favente deo (5, 6; 16, 11) u. ähnl. Ausdrücke (vgl. Rieſe
a. a. O. p. IX).

[3]) Photius cod. 166 u. ſonſt.; vgl. auch Hieron. Comment.
in Jes. lib. XII init.

[4]) Krumbacher, Geſch. der byzant. Literatur, München 1891
S. 295 f. (Handb. d. klaſſ. Altertumswiſſenſch. IX, 1).

eine buntſchillernde Literatur hervorzurufen, die nicht nur ge=
eignet war, den Roman da zu verdrängen, wo er ein Publikum
hatte, ſondern auch diejenigen Kreiſe in Beſchlag zu nehmen,
welche dieſe Erzählungsweiſe noch nicht erreicht hatte. In
dieſer Literatur nimmt den erſten Rang ein die Legende im
Sinne einer erbaulich unterhaltenden Erzählung. Die Pro=
duktivität in dieſer Gattung war in den nachkonſtantiniſchen
Jahrhunderten eine außerordentliche. Den Stoff gaben Heiligen=
und Märtyrerleben, der entweder ſchriftlich oder in irgend
einer Form mündlicher Überlieferung vorlag. Die überaus
zahlreichen Erweiterungen älterer Stücke in der Richtung auf
eine lebendigere und dem Verſtändnis der Zeit nahe liegende
Geſtaltung bezeugen die Luſt an dieſer Weiſe ſchriftſtelleriſcher
Thätigkeit, die ihrerſeits auf ein dafür intereſſiertes Publikum
zurückweiſt. So ſehr indeß hier wie bei freien Schöpfungen
der chriſtliche Charakter der Erzählung feſtgehalten wurde, ſo
haben antike Einwirkungen dennoch zuweilen ſich eingedrängt,
wie in der Siebenſchläferlegende,[1]) ja, es ſind wohl in be=
ſtimmter Abſicht ſolche Beziehungen aufgeſucht, um irgend
eine gegen die heidniſche Religion oder Sittlichkeit gerichtete
Tendenz erfolgreicher durchzuführen.[2]) Die Cyprianſage iſt
vielleicht das intereſſanteſte Stück dieſer Art. Dieſer Magus
iſt „ein Repräſentant des ſeine letzten geiſtigen Kräfte zum
Kampfe gegen das Chriſtentum zuſammenfaſſenden Heidentums,
und den Sieg des Chriſtentums in dieſem letzten Kampfe zu
verherrlichen, iſt einer der Grundgedanken der Legende.[3])

---

[1]) John Koch, Die Siebenſchläferlegende, Lpz. 1883.
[2]) Uſener, Legenden der hl. Pelagia, Bonn 1879. Einleitung.
[3]) Theod. Zahn, Cyprian von Antiochien u. die deutſche Fauſt=
ſage, Erl. 1882 S. 116.

Diese Schriftstellerei darf indeß nicht auf die eigentliche Legende beschränkt werden. Sie ist auch da thätig gewesen, wo man geschichtliche Darlegungen zu finden geneigt ist. Die Mönchsgeschichten z. B. des Rufinus, Palladius und Cassianus, die Lebensbeschreibung des hl. Martin durch Sulpicius Severus und die Biographieen Gregors d. Gr. sind im Grunde nichts weiter als phantasievolle Bearbeitungen geschichtlicher Stoffe, wobei es gleichgültig bleibt, wie viel in den einzelnen Fällen auf Rechnung der Schriftsteller oder der von ihnen aufgenommenen Tradition kommt.[1]

Diese Literatur, in deren Kreise Nahrung für Gebildetere wie für Ungebildetere sich darbot, drang in das Volksleben erfolgreich ein. Sie ist die erste volkstümliche Literatur größern Umfanges. An wechselndem Inhalt überholte sie den antiken Roman, auch in der Form war sie populärer.

Aus derselben Erwägung wuchsen die Bemühungen hervor, eine christliche Poesie ins Leben zu rufen. Das scharfe Urteil des Paulinus von Nola:

Negant Camenis nec patent Apollini
Christo dicata pectora[2]

bezeichnet wenigstens eine vorhandene Tendenz richtig. Die Notwendigkeit, mit poetischen Schöpfungen die Menschen für die göttliche Wahrheit zu gewinnen, da nun einmal die Mehrheit durch das „Schmeicheln süßer Verse“ sich leichter erfassen läßt als durch die prosaische Rede, hat auch Sedulius in der Widmungsepistel seiner großen Dichtung ausgesprochen.[3]

---

[1] Über die ägyptischen Mönchshistoriker Weingarten, Der Ursprung des Mönchtums im nachkonstantin. Zeitalter, Gotha 1877 (Aus „Zeitschr. f. KG.“ I) S. 58 ff.

[2] Poem. X, 22.

[3] Sedul. Epist. ad Macedonium.

Die Tröstungen, daß David „unſer Simonides, Pindar und
Alcäus, nicht minder unſer Flaccus, Catull und Serenus
ſei"[1]), und die andere, daß die heiligen Schriften des Alten
Teſtaments den klaſſiſchen Versbau kennen[2]), waren doch
imaginäre, welche die Meinung nicht zur Ruhe brachten,
daß dem Einfluß der heidniſchen Dichtungen nur durch eine
parallele chriſtliche Poeſie Abbruch gethan werden könne.
Dieſe äußerliche Motivierung iſt natürlich nicht zu denken
ohne eine innere, ohne den natürlichen Drang nach poetiſcher
Geſtaltung, welcher in der Innerlichkeit und Lebendigkeit der
chriſtlichen Religion ſeinen fruchtbaren Boden hatte.

Die antike Epik erlebte vom vierten zum fünften Jahr=
hundert noch eine Nachblüte, die am ſchönſten in Claudian
und Nonnos zur Entfaltung kommt. Doch ſchon früher
datiert der erſte Verſuch eines chriſtlichen Dichters, einen
bibliſchen Stoff epiſch zu erfaſſen, nämlich die Historia
evangelica des ſpaniſchen Presbyters Juvencus. Juvencus
erkennt den klaſſiſchen Dichtungen eines Homer und Virgil
einen nahe an die Ewigkeit heranreichenden Ruhm zu, aber
darin ſind ihre Schöpfungen mangelhaft, daß ſie ſich mit
„Lügen" zuſammenflechten. Hier aber wird die „gewiſſe
Wahrheit" zum Gegenſtand dichteriſcher Erfaſſung gemacht;
darum ruft der Dichter den hl. Geiſt an und findet in den
Waſſern des „lieblichen Jordan" den Dichterquell.[3]) Den=
noch ſteht er der antiken Poeſie in voller Unbefangenheit
gegenüber und ſcheut nicht vor zahlreichen Entlehnungen aus
Lucretius, Ovid und beſonders Virgil zurück. Der gegebene

---

[1]) Hieron. Ep. 53.
[2]) Arator, Ep. ad. Vigil. 23 ff.
[3]) Juvenc. Hist. evang. Praef.

Stoff wird mit großer Zurückhaltung behandelt; er kommt
in seiner einfachen Wirklichkeit zur Geltung, und dadurch
erscheint das Epos etwas lahm und arm. Ohne Zweifel mußte
der Dichter mit gewissen Vorurteilen in ihm selbst oder bei
seinen Zeitgenossen rechnen, welche eine freie Bearbeitung
des biblischen Stoffes nicht ertrugen.[1]) Die Metaphrase des
Johannesevangeliums, welche Nonnos nach seinem Übertritt
zum Christentum verfaßte, stellte sich nicht anders zum
heiligen Texte.

Größere Erfolge konnte die didaktische Poesie aufweisen.
Ihr stand keine erhebliche Gegnerschaft gegenüber, und
andererseits fand sie in dem lebhaften apologetischen Interesse der Kirche eine kräftige Anregung. Dennoch läßt
sich ihre Wirkung und allgemeine Bedeutung nicht vergleichen
mit der Stellung der Lyrik. Hier treten uns die höchsten
Lebensäußerungen der christlichen Poesie entgegen. Das
Vorbild der Psalmen, das gottesdienstliche Lied, die reiche
Empfindungsscala, welche eine lebendige Religiosität unmittelbar setzte, riefen eine Dichtung hervor, welche in dieser
Gesamterscheinung keine Vorläufer hatte. Ein neuer Inhalt
in den klassischen Formen der großen Poeten der Vergangenheit — damit ist das Wesen dieser Renaissance kurz
bezeichnet. Schon Juvencus hatte deutlich den Weg gewiesen,
aber ihren bestechendsten Ausdruck fand die Erneuerung in
Prudentius.[2]) Wenn auf der einen Seite die Antike in

---

[1]) Man darf auf das Urteil des Gennadius über die poetische
Bearbeitung der Genesis durch Marius Victorinus (Catal. viror.
illustr. LXI) verweisen.

[2]) Aimé Puech, Prudence. Etude sur la poésie latine
chrét. au IVᵉ siècle. Paris 1888. Hier sei auch auf die treffenden
Ausführungen von Gaston Boissier, Les origines de la poésie
chrét. (Revue des deux Mondes 1875, X, 75 ff., XI, 59 ff.) hingewiesen.

größter Mannigfaltigkeit in seinen Dichtungen sich wieder=
spiegelt und zwar in ihren Vorzügen wie in ihren Fehlern,
so hat kein Einziger in der alten Kirche der christlichen
Gedankenwelt eine so lebendige und reiche Gestaltung in der
Poesie gegeben als er. Seine Phantasie erfaßte den gege=
benen Stoff — und dieser Stoff war ein sehr umfangreicher
— in den überraschendsten Wendungen und fügte ihn mit
erstaunlicher Gewandtheit in die entsprechenden Formen ein.
Für die anspruchslose Einfachheit des Juvencus gab es in
diesem rastlosen Spiel von Erfindung und Gestaltung keinen
Platz; Neigung zur Künstelei und ein gewisses Ausschweifen
sind bekannte Mängel an Prudentius, aber in ihrer Gesamt=
erscheinung genommen, müssen diese Dichtungen als die
klassischen Erzeugnisse einer vom Christentum ausgegangenen
Wiedergeburt der Lyrik angesehen werden, deren Bedeutung
darin bestand, daß die antike Formenschönheit in freier Er=
fassung mit dem geschichtlichen und Ideengehalt der neuen
Religion sich vermählte. Mit Prudentius läßt sich unter
den Heiden nur Claudianus vergleichen, aber dieser stand
vereinzelt, während jener eine einflußreiche und lebhafte
Schule vertrat.

Ihren höchsten Triumph feierte die christliche Poesie in
der Hymnendichtung. Sie ist die „reifste Frucht jenes Prozesses
der Assimilation der antiken formalen Bildung von Seiten
des Christentums; hier entfaltet der Genius derselben zuerst
frei die Schwingen zu einem durchaus originellen Aufflug
in das Reich der Phantasie."[1] Nur lose Zusammenhänge
verbinden sie mit der antiken Lyrik. Durch den christlichen
Kultus und die christliche Frömmigkeit angeregt, daher auf

---

[1] Ebert a. a. O. S. 164.

volkstümliche Gestaltung von vornherein gewiesen, zieht sie sich
bald aus der Einfügung in das schulmäßige Schema zurück und
sucht in den Formen der Volkspoesie eine ihrem Wesen ent=
sprechendere Erscheinung. Die Geschichte dieser Lyrik beginnt
für uns mit Ambrosius, obwohl sie, wie wir wissen, früher anhebt
und andererseits der Umfang des dichterischen Schaffens des
Mailänder Bischofs sich nicht genau feststellen läßt. Die
unter dem Namen des Ambrosius gehende Hymnengruppe
hat durch die Verbindung klassischer Würde und Einfachheit
mit religiöser Empfindung einen Charakter gewonnen, der sie
aus dem Gesamtgebiete der Poesie als einzigartige Schöpfungen
heraushebt. Im Abendland hat diese Dichtung seitdem
eine ununterbrochene Pflege erfahren, mit ungleichmäßigen
Leistungen, aber in Behauptung ihrer Eigentümlichkeit. Da=
gegen hat der Orient, obwohl wahrscheinlich die Heimat der
christlichen religiösen Lyrik, nur Annäherndes aufzuweisen,
aber es hat auch dort, vor Allem in Syrien, nach dem Vor=
gange Ephräms, nicht an vielseitiger Bethätigung der
Dichtung gefehlt, welche zwischen den beiden Linien volks=
tümlicher Lyrik und gelehrter Produktion sich mannigfaltig
ausbreitet.

Auf wissenschaftlichem Gebiete erstand im vierten und
noch mehr im fünften Jahrhundert eine christliche Literatur,
die an Gründlichkeit und Umfang die gegnerischen Leistungen
weit überholte. Zwar an Ammianus Marcellinus, der „seit
Tacitus das erste und überhaupt das letzte ernsthafte Ge=
schichtswerk höhern Stils gab",[1] reicht die große Schar der
Kirchenhistoriker oder christlichen Profanhistoriker nicht heran;
auch die philosophische Spekulation haftete, wie sehr sie auch

---

[1] Teuffel a. a. O. §. 429.

verarmt und veräußerlicht war, noch am Hellenismus, wahr=
scheinlich auch zum großen Teile die Rechtswissenschaft, aber
nicht nur ein Gelehrter wie Hieronymus und ein so umfassendes
Genie wie Augustin waren unvergleichliche Erscheinungen in
jenen Jahrhunderten, sondern auch eine große Zahl von Schrift=
stellern, etwa von dem Maaße eines Theodoret und eines Cyrill
von Alexandrien im Orient und eines Isidor von Sevilla im
Abendlande, repräsentieren eine geistige Leistungsfähigkeit, die
als Gesamtbild genommen in der antiken Welt damals nicht
aufgewogen wurde. Die theologischen Kämpfe, das unmittelbare
praktische Bedürfnis der Kirche und der Gemeinde selbst, der
Gegensatz gegen die alte Religion, das immer stärker hervor=
tretende Interesse an der Provinzialgeschichte wirkten mit dem
allgemeinen Streben der christlichen Gelehrten und Literaten,
auf das Profangebiet vorzudringen, zusammen, um eine äußerst
reichhaltige Literatur zu erzeugen. Indem diese Literatur
ferner im Allgemeinen ihr Publikum weiter faßte als die
gleichzeitige antike Schriftstellerei, konnte sie ihren Einfluß
ins Größere dehnen. Sie war in der Lage, durch ihre popu=
lären Erzählungen den Volkskreisen, durch ihre wissenschaft=
lichen Erzeugnisse den Gebildeten Genüge zu leisten. So
umspannte sie das Volkstum, um von allen Seiten in
dasselbe einzudringen.

Fünftes Kapitel.

Der Kalender.

Zu den wertvollsten Zeugnissen des Überganges von der antiken zu der christlichen Reichsordnung zählt der Kalender des Chronographen v. J. 354. Nicht weniger als im christlichen Mittelalter bestand im Altertum eine enge Verbindung des Kalenders mit der religiösen Anschauung und dem religiösen Leben. Das astronomische Schema war mit Notierungen religiöser Feste durchsetzt, und diese überwogen im Allgemeinen die politischen Einsätze. So diente der Kalender ebenso zu religiöser wie zu allgemein bürgerlicher Orientierung. Gerade darum mußte die Rückwirkung der Religionspolitik seit dem Anfange des vierten Jahrhunderts auch auf ihn sich ausdehnen. Ein Staat, der z. B. den Opferdienst unter Strafe stellte, konnte nicht mit seiner Auktorität einen Kalender legitimieren, der an bestimmten Tagen Opferhandlungen als zu vollziehende verzeichnete. Andrerseits verbot sich ein radikaler Bruch mit diesem in das Volksleben eingewachsenen herkömmlichen Kalender von selbst. Nur in allmählichem Übergange ließ sich die Entwickelung in eine neue Bahn leiten. Der erste Versuch dieser Art, in schonender Form die Tradition zu modifizieren, liegt vor in

dem Kalender v. J. 354, von deſſen Illuſtrationen bereits
(S. 62 ff.) die Rede war.[1])

Der Kalender[2]) beſteht aus einer aſtronomiſch=aſtrolo=
giſchen und einer bürgerlichen Abteilung. Voraus geht ein
Verzeichnis von natales Caesarum, nämlich ſolcher Kaiſer,
welche conſecriert waren, und deren Geburtstage begangen
wurden. Der aſtronomiſch=aſtrologiſche Kalender führt die
Planeten auf (Jupiter und Venus ſind nicht mehr erhalten)
und zwar in Perſonifikation; Beiſchriften geben Auskunft
über den aſtrologiſchen Wert der Tag= und Nachtſtunden
des von dem betreffenden Planeten beherrſchten Tages.
Außerdem bieten Unterſchriften praktiſche Anweiſungen, was
an den einzelnen Tagen mit Nutzen oder Schaden geſchieht.[3])

Dieſer Ausſchnitt aus dem Gebiete der Tagewählerei kommt
einer Superſtition entgegen, die ein großer Teil der Chriſten
mit den Heiden teilte;[4]) deshalb kann ſein Vorhandenſein nicht
überraſchen. Die Notwendigkeit einer Konzeſſion lag nicht
vor; höchſtens könnte eine Rückſicht in der Richtung geübt
worden ſein, daß religiöſe Handlungen unerwähnt geblieben ſind.

Ein ganz anderes Bild gewährt der bürgerliche Kalender,
der als „der offizielle Kalender, wie er im römiſchen Reiche galt,"

---

[1]) Zu Grunde gelegt iſt die Ausgabe von Mommſen in C. J.
L. I p. 334 ff.; derſelbe in den Abhandl. d. Königl. ſächſ. Geſ.
d. W. (Phil. hiſt Claſſe) 1850 S. 565 ff. und Strzygowſki a. a. O.

[2]) Die Entſtehung des Kalenders fällt nach Mommſen in die
Jahre 340—350; eine Überarbeitung fand ſtatt zwiſchen 350—361.

[3]) Z. B. unter Solis dies (nach de Roſſi bei Strzygowſki
S. 36): Solis dies horaque ejus cum erit nocturna sive diurna,
viam navigium ingredi, navem in aquam deducere utile est.
Qui nascentur, vitales erunt, qui recesserit, invenietur, qui
decubuerit, convalescet (ms. convalescit), furtum factum invenietur.

[4]) I, 306 f. u. ſonſt.

anzusehen ist. Allerdings sind die „eigentlichen Opfer und heidnischen Ceremonien aus demselben gestrichen und die ursprünglich dem Kultus der Götter bestimmten Tage nur als dies feriati ohne religiöse Bedeutung beibehalten",[1] aber trotzdem bietet der Text noch Schwierigkeiten, deren vollständige Beseitigung nicht gelingen wird, wenn sich nicht neues Quellenmaterial uns erschließt. Die Anführung freilich von 25 dies Aegyptiaci d. h. solchen Tagen, welche einen unglücklichen Ausgang der Geschäfte präjudizieren, fällt eben= sowenig ins Gewicht wie die astrologischen Angaben des Kalenders. Noch in späterer Zeit klagt Augustin über die Fortdauer dieses Aberglaubens in den Gemeinden.[2] Ein großer Teil serner der Götterfeste ist in so unmittelbare Beziehung zu öffentlichen Spielen gesetzt, daß man annehmen darf, der Name des Gottes gebe nur noch den Spezialtitel für die betreffenden Spiele ab, während die sacralen Akte davon abgeschnitten sind[3]. In anderen Fällen fehlt aller= dings eine Verknüpfung mit Spielen,[4] aber „teils scheinen die alten Namen der Festtage nur als Benennungen des Tages beibehalten zu sein, teils sind die auf Götter bezüg= lichen Feste wohl nichts als Gedenktage, die vielleicht mit

---

[1] Mommsen, Abh. d. K. s. G. d. W. S. 570.

[2] August. Ep. ad Gal. c. 4 n. 35.

[3] Z. B. Jano patri cm (= circenses missi) XXIIII (7. Januar); Jovi statori cm XXIII (13. Jan.); N (atalis) Herculis cm XXIII (1. Febr.); N Martis cm XXVIII (1. März); Jovi cultori cm XXIIII (13. März) N dei Quirini cm XXIIII (3. April) u. s. w. Parallelen sind u. A. N d (ivi) Constantini cm XXIIII (25. Juli); N Constantii cm XXIIII (7. Aug.).

[4] Z. B. N Minerves (21. März); N Dianes (13. Aug.); N Asclepi (11. Sept.).

Schmäusen verbunden waren."[1] So haben auch im Pro-
testantismus die Heiligennamen des christlichen Kalenders ihre
Existenz in der Form behauptet, daß die damit irgendwie
verknüpften kultischen Veranstaltungen der mittelalterlichen
Kirche abgeworfen wurden. Doch läßt sich eine deutliche
Vorstellung nicht davon gewinnen, ob und wie irgend
welche allgemeine Beziehungen zu dem Titulargott in der
Festfeier zum Ausdruck kamen. Eine einheitliche Ordnung
bestand schwerlich darin, und die große Ungleichmäßigkeit in
der Übergangsgeschichte von der alten zur neuen Religion
muß auch in diesem Punkte als vorhanden angenommen
werden. Einzelne im Kalender verzeichnete Feste wie Lupercalia, Quirinalia, Terminalia, Mamuralia und ähnliche,
bei denen sich um das Opfer mancherlei andere neutrale
Riten und volkstümliche Akte gruppierten, lassen sich auch
mit Ausschnitt des sacralen Kerns vorstellen. An den bis
zum Ausgang des fünften Jahrhunderts[2] fortdauernden Lupercalia haben wir ein concretes Beispiel, wie solche Festlichkeiten
durch Ausscheidung dessen, was der christlichen Anschauung
als Idololatrie galt, nicht behindert wurden, wenn sie den
Charakter volkstümlicher Feste besaßen. Daher erscheinen
einige derselben auch noch im christlichen Kalender des
Polemius Silvius. Weiterhin gestattete auch das unter dem
5. März verzeichnete Isidis navigium, ein Innungsfest der
Schiffer zur Eröffnung der Schiffahrt, eine Loslösung von
kultischen Akten, ohne seine Eigenart einzubüßen. Was
Johannes Lydus und Appulejus[3] über seinen Verlauf mit-

---

[1] Mommsen in d. Verr. üb. d. Verh. d. Königl. sächs. Ges.
d. W. 1850 S. 72.

[2] I, 415 ff.

[3] Joh. Lyd. De mens. IV, 32; Appul. Metam. XI, 16.

teilen, berechtigt zu dieser Annahme. Die Carmentaria ferner (11. und 15. Jan.) zu Ehren der Carmenta, welche die Bedeutung einer Quell-, Weissagungs- und Geburtsgöttin in sich vereinigte, scheinen ein ziemlich abgestorbenes Fest gewesen zu sein.[1] Jedenfalls muß, da es hernach im christlichen Kalender sich behauptete, angenommen werden, daß der sacrale Inhalt ausgeschieden war. Dagegen sind in diesem die Vestalia verschwunden. Der Chronograph verzeichnet sie (9. Juni), und zwar auch die einleitende (7. Juni: Vesta aperitur) und die abschließende Feier (15. Juni: Vesta clauditur). Trotzdem mußte es keine Schwierigkeiten bieten, dieses beliebte Fest in irgend eine erträglich neutrale Form zu kleiden, um so mehr, da das Institut der Vestalinnen damals noch intakt war. Anders steht es mit den Serapia (25. April). Es eröffnet sich kein Weg, die an den Kultus des Gottes Serapis geknüpfte Feier von allem Sacralen losgelöst zu denken, aber es besteht auch kein Recht, ihm eine Ausnahmestelle zu gewähren.

So stützt sich fast Alles, was auf die Form und den Umfang der in diesem Kalender vorliegenden Reduktionen sich bezieht, auf Vermutungen. Doch wird dadurch die Thatsächlichkeit dieser Reduktionen nicht erschüttert. Die bedeutungsvolle Stellung dieser Urkunde in der Geschichte des untergehenden Heidentums bleibt bestehen. Durch seine eigene Gesetzgebung und die Ansprüche des mächtiger werdenden Christentums gebunden, löste der Staat die uralte enge Verbindung des Kalenders mit den Götterfesten, wie er in den Münzstätten die heidnisch-religiösen Stempel ausschied. Die

---

[1] Lexikon d. griech. u. röm. Mythol., her. von Roscher I, 1 Sp. 853.

lebendige Beziehung der Götter zu den nach ihnen benannten
Feiertagen wurde eine bloße Namensbeziehung. Eine direkte
christliche Einwirkung verrät sich nur darin, daß neben die
Achtteilung der Woche die Siebenteilung gesetzt ist, und doch
ist diese Gestaltung des Kalenders als Ganzes ein Ergebnis
der Rückwirkung der siegreichen Kirche auf den Staat. Wie
das Neue sich im Einzelnen geformt hat, entzieht sich, wie
gesagt, der Erkenntnis. Denn die selbstverständliche Annahme,
deß in diesem reformierten Festcyklus diejenigen Handlungen
in Wegfall kommen mußten, welche die staatlichen Gesetze
strafbar gemacht hatten, darunter vor Allem das Opfer,
vermag nicht zu einem deutlichen Bilde des neuen Zustandes
zu führen.

Diese Neutralisierung des Staatskalenders bezeugt aber
andererseits, so wie sie sich vollzogen hat, eine weitgehende
Rücksicht gegen die alte Religion. Denn der Schein des
alten Rechtes ist darin nicht aufgegeben worden. Die
Götternamen sind noch da und ebenso die Volksfeste, welche
zu Bittgängen und kultischen Verrichtungen verschiedener Art
Anlaß gaben. Nicht dieser Kalender also legte eine Zwangs=
lage auf, sondern die Interpretation desselben nach den
Normen der heidenfeindlichen Konstitutionen.

Diese Beschaffenheit des Kalenders gab ihm von vorn=
herein einen provisorischen Charakter. Eine Aufhebung hat
nicht stattgefunden, ist wenigstens nicht bekannt. Ohne
Zweifel hat die weitere Entwickelung ihn antiquiert. Ein
mit ausdrücklicher kaiserlicher Genehmigung am 22. No=
vember 387 publiziertes Festverzeichnis mit Gültigkeit für
Campanien hat mit Ausnahme einer Wegbezeichnung (iter
Dianae) keinen einzigen Götternamen mehr. Die Feste sind

Natur=, Familien= oder politische Feste.[1]) Die Entfernung
von dem Kalender des Chronographen ist eine große, aber
sie entspricht den Vorgängen, die in diesen drei Jahrzehnten
sich auf religiösem und religionspolitischem Gebiete vollzogen
hatten. Noch deutlicher wird die Situation durch eine bald
darauf erfolgte Konstitution gemacht, welche die feriae publicae
so ordnete, daß die Götterfeste und andere heidnisch=religiöse
Kulttage in diesem Kreise keinen Platz fanden.[2]) Damit ist
auch der Schein des alten Rechtes aufgehoben. Der Staat
löste sich von der Verpflichtung, der antiken Religion noch
irgend eine, sei es auch nur scheinbare Fortdauer im Kalender
zu belassen.

Noch einmal erscheint die antike Anlage des Kalenders im
fünften Jahrhundert, aber der Inhalt hat eine völlige Um=
arbeitung erfahren. Im Jahre 448 nämlich schloß der
gallische Kleriker Polemius Silvius einen Kalender ab, den
er in der Vorrede als einen verbesserten bezeichnet.[3]) Die

---

[1]) I, 254 ff.

[2]) Cod. Theod. II, 8, 19 (a. 389): Omnes dies jubemus
esse juridicos. Illos tantum manere feriarum fas erit, quos
geminis mensibus ad requiem laboris indulgentior annus
accepit, aestivis fervoribus mitigandis et autumnis
foetibus decerpendis. §. 1. Kalendarum quoque Janua-
rium consuetos dies otio mancipamus. §. 2. His adjicimus
natalitios dies urbium maximarum, Romae atque Constantinopolis . . . §. 3. Sacros quoque Paschae dies,
qui septeno vel praecedunt numero vel sequuntur, in eadem
observatione numeramus, nec non et dies solis, qui repe-
tito in se calculo revolvuntur. §. 4. Parem necesse est haberi
reverentiam nostris etiam diebus, qui vel lucis aus-
picia vel ortus imperii protulerunt.

[3]) Ausg. von Mommsen im C. J. L. I p. 335 ff.; dazu Abh.
d. K. sächs. Ges. d. W. Bd. III S. 233 ff.

Verbesserung bestand nach seiner Meinung hauptsächlich
darin, daß die Tier= und die Planetenbilder in Wegfall ge=
kommen sind, ebenso die Anführung von dies Aegyptiaci,
„da Gott Alles gut geschaffen hat“. Bezüglich der Planeten=
bilder ist anzunehmen, daß die Göttergestalten (vgl. S. 89)
ihm Anstoß gaben; die Tierbilder werden ausdrücklich als
Erfindungen der „thörichten Kunst der alten Heiden“ gebrand=
markt; außerdem: „wer sah je Abbilder irdischer Geschöpfe
unter den Gestirnen?“ In Wegfall gekommen sind aber
auch die Götternamen bis auf einige dürftige, ganz ver=
blaßte Reste.[1]) Da der Kalenderverfertiger indeß nicht da=
von spricht, muß er hier schon Vorgänger gehabt haben.
Trotzdem sind in dem neuen Gefüge antike Stücke verblieben,
aber in bestimmter Auswahl, die sowohl in Thatsachen wie
in der Lanne des Autors wurzeln mag. Einige antike Fest=
tage sind, allerdings zum Teil mit falscher Deutung, ver=
zeichnet.[2]) Andere alte Riten werden mit dem Bemerken,
daß sie der Vergangenheit angehören, aufgeführt.[3]) Am
17. September sind statt saturnalia in leicht erkennbarer
Absicht feriae servorum eingesetzt. Im Übrigen bezeugen
die Anführung der ludi und circenses, die Erwähnung der

---

[1]) Ludi Castorum Ostiis (27. Juni); Natalis Favonii
(11. März), was im Sinne des Autors nichts anderes heißt als
„Frühlingsanfang“; Natalis Musarum (13. Juni).

[2]) Carmentalia (11. Jan.), Lupercalia (15. Febr.), Quirinalia (17. Febr.), Terminalia (23. Febr.), Quinquatria (19. März),
Pelusia (20. März); Floria (27. April), Septimontium (12. Dez.).

[3]) 13. Sept: hoc die Romae in aede Minervali per magi-
stratum annis singulis ex aere clipei figebantur (über den Sinn
dieser Notiz s. Mommsen im C. J. L. I p. 402); 27. März: lava-
tionem veteres nominabant (gemeint ist die Waschung des Bildes
der Magna Mater).

senatorischen Sitzungstage (senatus legitimus) und das
Verzeichnis der kaiserlichen Geburtstage nebst andern Einzel=
heiten weiterhin den Zusammenhang mit dem antiken Kalender.
In dieses Gerüst sind nun christliche Stücke eingesetzt, näm=
lich einige Märtyrergedenktage und Feste, doch in geringer
Zahl. Warum die Auswahl eine so auffallend beschränkte
ist, läßt sich nur so erklären, daß der Verfasser nicht die
Absicht hatte, einen christlichen Kalender herzustellen, sondern
nur den herkömmlichen zu purifizieren unternahm. Ersteres
lag überhaupt damals außer dem Bereiche der Möglichkeit,
da die provinziell=kirchlichen Überlieferungen keine Einheit=
lichkeit aufwiesen, letzteres mußte ihm als ein höchst zeitge=
mäßes Werk sich darbieten. Das Unternehmen, wie es jetzt
vorliegt, ist in seiner Ganzheit ein dürftiges Werk und hat
nur insofern einen Wert, als es von dem Mißbehagen
Zeugnis ablegt, mit welchem die Fortdauer des heidnischen
Kalenders empfunden wurde. Diese schwächliche Vermittelung,
wie sie im Laterculus des Polemius Silvius vorliegt, hat
allerdings den erstrebten Zweck nicht erreicht. Nicht auf
diesem Wege überhaupt ist der heidnische Kalender über=
wunden worden, sondern die in den Kirchen und Gemeinden
aufgekommenen Heiligenkalender haben ihn schließlich erdrückt.
Die Sitte der Kirche, die Gedenktage der Märtyrer zu be=
gehen, ist so alt wie der gegen sie geführte Religionskampf.
Die Aufzeichnung dieser natales, wie man sich ausdrückte,
bildete die Grundlage eines Kanon, der durch Austausch mit
entsprechenden Aufzeichnungen anderer Gemeinden und durch
Einfügung von sonstigen kirchlichen Gedächtnistagen und
christlichen Festen sich allmählich erweiterte. Alle größern
Kirchengebiete hatten solche Kalender; der römische Chrono=
graph v. J. 354 teilt denjenigen der römischen Gemeinde

mit.[1]) Auch ein ausführlicher karthagischer Kanon liegt vor, ebenso ein syrischer, von andern zu schweigen.[2]) Allerdings auch noch in ihrer spätern Erweiterung entbehrten diese Kalender der Angabe der staatlichen Feste und Spiele, es müssen demnach Verzeichnisse dieser daneben vorhanden gewesen und gebraucht sein. Aber diese reduzierten Verzeichnisse hatten nicht mehr den Wert eines Kalenders, den vielmehr die christlichen Urkunden an sich zogen.

Mit dem antiken Kalender gingen nicht die antiken religiösen Feste gänzlich unter. Ihre Einzelgeschichte liegt uns zwar nur in dürftigen Fragmenten vor, aber es erhellt zur Genüge daraus, daß sie in nicht unbeträchtlicher Zahl ihre Existenz zu behaupten verstanden, und zwar entweder auf dem Wege der Ausscheidung des Sacralen, so daß nur ein rein bürgerlicher Bestand zurückblieb, oder so, daß die ausgesonderten Stücke Ersatz fanden durch Einschiebung christlicher Kulte. Die Thatsächlichkeit dieses letztern Prozesses steht außer allem Zweifel, wie viel vage Vermutungen auch sich unrechtmäßig an diesem Punkte gesammelt haben. Bewußte Gegenüberstellung und zufälliges Zusammentreffen machten die Heiligen und ihren Kult zu erfolgreichen Rivalen der alten Götter und drängten sie in eine Position, deren dogmatische Grundlage bereits im vierten Jahrhundert feststand. Diese Rivalität scheint in der Regel in einem Kompromisse ihr Ende gefunden zu haben, nämlich so, daß der Gott eliminiert wurde, sein Fest aber in dem Heiligen einen

---

[1]) Mommsen, Abh. d. K. sächs. Ges. d. W. Bd. I S. 631 f.

[2]) Das karthagische Calendarium u. A. bei Mabillon, Analecta vetera p. 163 ff., das syrische (v. J. 411) her. von Wright: An ancient Syrian Martyrology (Journ. of sacred liter. 4 th ser. VIII p. 45 ff.; 423 ff.)

neuen Patron oder Mittelpunkt und damit seine Fortdauer
fand.[1]) Es läßt sich annehmen und kann bewiesen werden,
daß in diesen Vorgängen antik-religiöse Züge in die neue
Ordnung hinübergegangen sind, und daß dadurch dem Heidentume eine bequeme Brücke geschlagen wurde.

---

[1]) Ich verzichte hier auf Einzelnachweise. Ich könnte sie auch
nur in geringem Umfange geben. So sehr die Geschichtlichkeit dieses
Prozesses feststeht, so befinden wir uns in der Feststellung seines genauern Inhaltes und Verlaufes erst in den Anfängen.

Zweite Abteilung.

Die provinziale Entwickelung.

Der Betrachtung und Darstellung der provinzialen Vorgänge stellen sich in wechselndem Umfange bald geringere bald
größere Schwierigkeiten entgegen, deren Herkunft in der Beschaffenheit der Quellen liegt und auf die von vornherein
hinzuweisen nötig erscheint. In erster Linie ist zu erwähnen,
daß die Berichterstatter häufig entweder überhaupt nicht in
der Lage waren, den Unterschied zwischen barbarischer und
antiker Götterwelt zu begreifen oder, wo er ihnen verständlich
war, dennoch die antike Nomenclatur auf die barbarischen
Götter und Gottesdienste anwandten. Vorzüglich läßt sich
in Beziehung auf Gallien und Spanien diese Beobachtung
machen. Die Nichtbeachtung dieser Thatsache hat bis in die
neueste Zeit hinein unrichtige Urteile hervorgerufen. Es
hat sich allerdings, z. B. in den eben genannten Provinzen, auch eine Mischung klassischer und nichtklassischer
Kulte vollzogen, aber solchen Zuständen gegenüber ist nicht
minder vorsichtige Zurückhaltung geboten in einer Darstellung,
welche die Schicksale des griechisch-römischen Heidentums ins

Auge faßt. Die außerhalb dieses Gebietes liegenden Bildungen
sind in Folgendem nicht gänzlich übergangen, aber in be=
stimmter Auswahl doch immer nur in der Absicht heran=
gezogen, um ihre ungehörige Verwertung klar zu legen.
Verhängnisvoller ist der bisherigen Berichterstattung der
Umstand geworden, daß die zumeist dem theologischen Kreise
angehörenden Zeugen auch da nach ihren nackten Worten
abgeschätzt worden sind, wo sie im Eifern gegen eine super=
stitiöse Sitte Götternamen in dieselbe hineinflochten, um
die ganze, von ihnen vorausgesetzte Abscheulichkeit konkret
deutlich zu machen. Der dadurch hervorgerufene Schein
einer Fortdauer des Götterglaubens hat leicht und oft zu
falschen Schlüssen verleitet. Auch der mythologischen Bilder=
sprache und den Formen des Stils ist nicht immer genügend
Rechnung getragen worden, wofür beispielsweise die Satur=
nalia des Macrobius genannt seien. Wenn irgendwo, so ist
auf diesen Wegen eine besonnene Abwägung des Inhaltes
und der Tragweite der Quellen geboten. Die Mannig=
faltigkeit der Bilder, die uns, so oder so gestaltet durch die
Eigenart des Landes und Volkes, dem sie angehören, ent=
gegentreten, läßt sich nur schwer und nicht immer in eine
kurze Aussage fassen. Daher muß nicht selten die einfache
Berichterstattung das Urteil ersetzen.

I.

Gallien.

Das südliche Gallien erschien bereits im ersten Jahr=
hundert den Römern als ein Abbild Italiens.[1]) In der
That bietet die römische Geschichte kein Beispiel raschern
und tiefern Einlebens einer Provinz in die kulturelle Eigenart
des Eroberers als die Umwandlung Galliens. Nicht nur
die mittelländischen Küstengebiete, sondern auch die innern
und nördlichen Distrikte hatten, wenn auch nicht in demselben
Maaße wie der durch die griechische Kolonisation vorbereitete
Boden, in Sprache, Bildung und Lebensgewohnheit das
fremdländische Wesen in sich aufgenommen. Nicht einmal
die religiösen Anschauungen des gallischen Volkes erwiesen
sich widerstandsfähig, nachdem die Sieger mit der politischen
auch die religiöse Macht des Druidentums zerbrochen hatten.
Eine lebhafte wirtschaftliche Entwickelung im Binnenlande
und an der See, die Einführung und Lokalisation römischer
Geistesbildung, die Modernisierung der Lebensweise, kurz das,
was in der Kaiserzeit die Kultur in sich begriff, war der
Gewinn, den dieser Verzicht einbrachte.[2])

Gerade in dieser Kultur lagen die Bedingungen der
Ausbreitung des Christentums. Das relative Gebundensein
derselben an den antiken Weltverkehr und die antike Bildung
fand hier seine Erfüllung. Die ältesten Spuren der neuen

---

[1]) Plin. H. n. III, 4: — Italia verius quam provincia.
[2]) Friedländer, Gallien u. seine Kultur unter d. Römern
(Deutsche Rundschau 1877 Bd. 13 S. 397 ff.).

Religion in Gallien knüpfen sich an die reichen Provinzial=
städte des Südens oder begleiten die Handelswege. Die
erste geschichtliche Nachricht über gallische Christen zeigt sie
uns in Lugdunum und Vienna. Jene Stadt, der Knoten=
punkt eines umfangreichen Straßennetzes und seit Augustus
die Centralstelle der Regierung und Verwaltung, stand durch
ihren blühenden Handel in lebhaftem Verkehr mit dem Osten;
sie besaß eine einflußreiche asiatische Kolonie, die mit den
Erzeugnissen des Orients auch die Kulte desselben importierte.
Mit dem angesehenen Lugdunum wetteiferte Vienna, die Metro=
pole der politischen Diöcesis Viennensis, daher der Sitz eines
Statthalters. Ihr Reichtum und ihre günstige Lage an dem
Kreuzungspunkte von sechs Straßen begründeten ihre Rolle.
Sie war die Lieblingsstadt des gallischen Adels. Andere
Andeutungen weisen auf Massilia und Arles. Die Griechen=
stadt am mittelländischen Meere hatte auch unter der römischen
Herrschaft, die ihr den umfangreichen Landbesitz wegschnitt,
ihre Bedeutung als Stadt des Handels und seiner Bildung
bewahrt. Wie das Gebiet ringsum noch im Mittelalter die
Bezeichnung Gräcia führte, so behaupteten sich in geistigem
und materiellem Verkehr die engen Bande, mit welchen
Massilia durch seine Entstehung mit dem Osten verknüpft
war. Zahlreiche Griechen und Syrer verkehrten hier oder
hatten sich ansässig gemacht. Die Stadt galt als Hochschule
des Humanismus; nicht nur der gallische Adel, sondern auch
viele Römer suchten hier ihre wissenschaftliche Ausbildung.[1]
Sie war für Gallien, „was Neapolis für Italien, das Centrum
griechischer Bildung und griechischer Lehre."[2] Der politische

---

[1] Jung, Die romanischen Landschaften des röm. Reichs, Innsbr.
1881 S. 209 ff.

[2] Mommsen, Röm. Geschichte V, 72.

Niedergang Massilias hob Arles, „ein Rom im Kleinen."[1]
Das untere Rhonegebiet ist die Grundlage und der Ausgang
der gallischen Kirche gewesen. Es entzieht sich der Erkenntnis,
wie von hier aus die Wege weiter gegangen sind, indeß die
Thatsache, daß die Provinzialstädte, welche Rom zu politischen
und administrativen Mittelpunkten machte[2] und durch be=
queme Kommunikation verband, hernach als Bischofssitze
erscheinen, ruft den Gedanken hervor, daß die Mission auf
den Verkehrswegen gegangen ist, welche die römische Herr=
schaft dem unzivilisierten Lande als wertvolle Gabe brachte.

Im vierten Jahrhundert scheint in Gallien die ent=
scheidende Wendung eingetreten zu sein. Bischof Hilarius
von Poitiers setzt in der Adresse einer im Frühjahr 359 ab=
gefaßten Schrift über die Synoden in allen Provinzen des
Landes eine bischöfliche Organisation voraus. Einige Jahr=
zehnte später wird dies von anderer Seite in der Form be=
stätigt, daß „unter den Stämmen ganz Galliens" Christus
sich erweise.[3] Auch hier liegen die einzelnen Vorgänge im
Dunkeln. Nirgends tritt eine Kunde von Kämpfen an uns
heran, in die auch nur eine Ahnung der weltgeschichtlichen

---

[1] Ausonius XIX, 74: Gallula Roma Arelas.

[2] Ich habe in erster Linie die Notitia Provinciarum et Civitatum Galliae aus der Zeit des Honorius im Auge, abgedruckt z. B.
bei Desjardins, Géographie hist. et admin. de la Gaule
Romaine t. III (Paris 1885) S. 500 ff. Vergleicht man die hier
gegebene Karte (pl. XX) mit dem, was sich aus zuverlässigen Quellen
als das bischöfliche Schema Galliens gegen Ende des 5. Jahrh. ergiebt,
so läßt sich die Congruenz als eine fast vollständige erkennen. Ja, man
darf annehmen, daß sie damals eine vollständige war, wenn auch unsere
Quellen nicht so weit reichen. Vgl. auch Longnon, Géographie
de la Gaule au VI siècle. Paris 1878 S. 180 ff. Karte XI.

[3] Paulin. Nol. Ep. XVIII, 4.

Bedeutung dieses Konfliktes hineinspielte. Die großen Ideen,
welche sonst in dem Ringen der beiden Religionen hervor=
leuchten, fehlen. Im Plänklergefecht schlägt die Kirche die
Reste des fremden Glaubens nieder, und fast nur sind es
dörfliche Scenerieen, wo sich diese Vorgänge abspielen.

Die geschichtliche Überlieferung hat an eine einzige Ge=
stalt ein Mehreres gewendet, woraus wir eine genauere Vor=
stellung über das Verfahren gewinnen können, das ist der
Bischof Martin von Tours. Wie ihm Engel dienten, so
belästigten ihn Erscheinungen der alten Götter und Göttinnen;
doch er handelte mit ihnen familiär oder derb, [1]) ein Zeugnis,
daß die Götterwelt um ihn zwar noch nicht tot war, aber
kein Gegenstand der Besorgnis mehr. Daher auch die furcht=
lose Rücksichtslosigkeit, mit welcher er Götterbilder und Heilig=
tümer zerstörte oder heidnische Feste beseitigte. Im Vicus
Ambatiensis (Amboise) stand mitten in mönchischer Umgebung
und in der Nähe eines stationierten Presbyters ein impo=
santer Tempel; jetzt fiel er, wie auch eine mächtige Säule
mit einem Götterbilde.[2]) Bis in das Gebiet der Äduer und
der Carnuter griff der eifrige Heidenfeind über.[3]) Besonders
richtete er naturgemäß seine Thätigkeit auf die Umgegend
seines Bischofssitzes, die er bei seiner Wahl (375) noch fast
ganz heidnisch fand. Fünfundzwanzig Jahre nachher war
das ganze Gebiet in wohlgeordneter Weise mit Kirchen und
Klöstern besetzt, die sich zum Teil auf der Stätte der alten
Heiligtümer erhoben. „Denn wo er einen Tempel zerstört
hatte, errichtete er darüber sogleich eine Kirche oder ein

---

[1]) Sulp. Sev. Dial. I, 13; H, 6; Vita Mart. c. 22.
[2]) Sulp. Sev. Dial. II, 8; H, 9.
[3]) Sulp. Sev. V. Mart. c. 15; Dial. I, 4.

Kloster," erzählt ein Zeitgenosse.[1]) Wenn derselbe Bericht=
erstatter bemerkt, daß Gregor „in den meisten Fällen" die
Landleute selbst zur Vernichtung ihrer Heiligtümer veran=
laßt habe, so läßt sich das in billiger Berücksichtigung der
eindrucksvollen Persönlichkeit und des rastlosen Eifers des
Bischofs kaum in Abrede stellen. Ein anderes aber ist, welche
Motive in jenem Handeln wirksam waren. Mit den Kultus=
stätten hörte der Kultus auf. Doch auch die kultischen Akte,
die sich im Freien in der Öffentlichkeit vollzogen, erlagen
folgerichtig, wie die feierliche Umführung der mit weißem
Schleier verhüllten Götterbilder durch die Äcker, um den
Segen der waltenden Mächte zu erflehen.[2])

Im Gebiete der Pictonen machte ein älterer Zeitgenosse
des Turonenser Bischofs, der andersartig berühmte Hilarius
von Poitiers, den jährlichen feierlichen Opferungen an einem
heiligen See auf dem Berge Helarus ein Ende.[3])

Diese Thatsachen, richtig gewertet und verwertet, sind
von großer Wichtigkeit. Deutlich offenbart sich der verfolgte
Götterglaube als keltisches Heidentum. Die altgallische Reli=
gion ist wohl in den romanisierten Südprovinzen dem Römer=
tum erlegen und zwar entweder so, daß sie überhaupt erstarb,
oder in der Weise, daß sie in Bastardformen einging, dagegen
behauptete sie sich in dem übrigen Gallien außerhalb der
Städte, allerdings nicht überall in ihrer Ursprünglichkeit.
Denn das Druidentum, welches den erhaltenden und beauf=
sichtigenden Klerus in diesem Religionswesen darstellte, war

---

[1]) Sulp. Sev. V. Mart. c. 13; vgl. Greg. Turon. H.
Franc. X, 31, 3.

[2]) Sulp. Sev. V. Mart. c. 12.

[3]) Greg. Tur. De gloria Mart. c. 2, woselbst eine anschau=
liche Beschreibung dieses volkstümlichen Kultus.

zum Teil unter dem Drucke direkter Gegenmaaßregeln, zum Teil in Folge der veränderten römischen Kult= unb Rechts= verhältnisse zerrieben.[1]) Dadurch ging der alten Religion die Organisation und feste Leitung verloren. Sie zersplitterte sich und büßte ihre Widerstandskraft ein. Doch wäre es ein Irrtum, anzunehmen, daß sie im vierten Jahrhundert nicht mehr zahlreiche Gläubige gehabt habe. Die verhältnismäßig große Menge von Inschriften, Bildwerken, Altären und Heilig= tümern, die im zweiten und dritten Jahrhundert in ihrer Weise von ihrer Existenz Zeugnis ablegen,[2]) zwingt zu dem Schlusse, daß die altgallische Religion, allerdings vorwiegend als Bauernreligion, im vierten und fünften Jahrhundert noch vorhanden war.

Gegen sie richtete sich die Zerstörungsarbeit Martins von Tours. Der kegelförmig zulaufende mächtige Steinbau in Amboise und die gewaltige von einem Götterbilde gekrönte Säule, die der Bischof beide vernichtete, gehören der keltischen sacralen Architektur an.[3]) Die heilige Fichte ferner, welche im Gebiet von Tours verehrt wurde, ist rur verständlich

---

[1]) Es sei bei dieser Gelegenheit erwähnt, d . . Zeitalter des Ausonius es noch als ein hoher Ruhm galt, au . . m Geschlechte der Druiden abzustammen (A u s o n. Comm. profe . Burdigalensium V. 7; der Vater des Rhetors Patera, Phöbicius wird XI, 24 als Beleni aedituus bezeichnet; er gehört aber der ältern Generation an).

[2]) J o h n R h y s, Lectures on the origin and growth of Religion as illustrated by Celtic Heathendom, Lond. 1888 Lect. I: the Gaulish Pantheon a. versch. OO. Dazu die treffliche Skizze von G a i d o z, Esquisse de la Religion des Gaulois (Extrait de l'Encyclopédie des Scienses religieuses t. V)), Paris 1879.

[3]) Gallien bietet mehrere solcher Säulen, welche von den Archäo= logen als Votivmonumente angesehen werden. Vgl. V o u l o t in der Revue archéol. 1880 II p. 294 ff. bei Gelegenheit der Beschreibung eines ähnlichen Werkes.

aus keltischem Glauben heraus. Diesen Thatsachen fügt sich
bestätigend und ergänzend an, daß die Bevölkerung, in welcher
Martin wirkt, Landleute sind. Ausdrücklich werden sie
wiederholt so bezeichnet von dem Berichterstatter.[1] Auch der
Kult, welchen Hilarius von Poitiers beseitigte, ist keltisch
Wenn weiterhin im Übergange des fünften zum sechsten Jahr=
hundert Remigius von Rheims in seinem Gebiete einen radi=
kalen Krieg gegen die „Altäre der Idole" eröffnete,[2] so
bieten die zertrümmerten keltischen Altäre und Götterbilder,
an denen das Gebiet der Remi so fruchtbar ist, und unter
denen die dreiköpfigen Götter und Dreiheitsgötter, diese echt
altgallischen Gestalten, eine hervorragende Rolle einnehmen,[3]
einen anschaulichen monumentalen Beleg dazu. Auch in
Armorica standen noch zahlreich auf dem Lande Altäre und
Bildnisse, in der Mehrheit zwar von ihren Gläubigen ver=
lassen, aber noch Gegenstand religiöser Scheu seitens der
Bewohner. Eine Konstitution Childeberts,[4] des Sohnes Chlo=
dovechs, beklagt dies als unziemlich eines christlichen Volkes,
welches die Verehrung der Götter verlassen, und fordert
„unverweilt" Beseitigung der Idole. Wer nicht persönlich
Hand anlegen will, soll die Priester nicht behindern, es zu
thun. In Verbindung hiermit untersagt der Herrscher die

---

[1] Siehe S. 104 f. die Anmerkungen.

[2] M i g n e t. 71 p. 1154: . . . Remigii, qui ubique altaria
destruebat idolorum et veram fidem . . . amplificabat.

[3] B e r t r a n d, L'autel de Saintes et les Triades gauloises
(Revue archéol. 1880 I p. 373 ff.).

[4] Migne a. a. O. p. 1159; S i r m o n d, Conc. ant. Galliae
I p. 300. Darin: . . . praecipientes, ut quicunque admonitus
de agro suo, ubicunque fuerint simulacra constructa vel idola
daemonibus dedicata ab hominibus, facto non statim abjecerint
vel sacerdotibus haec destruentibus prohibuerint u. s. w.

Fortdauer gewisser superstitiöser Volksbräuche, deren Art
keltisches Heidentum anzeigt, also auch die in der Verord=
nung vorher genannten Heiligtümer dahin weist. Fast aus=
schließlich mit Überbleibseln barbarischer Superstition be=
schäftigen sich die Synoden des mittlern und nördlichen
Galliens; nur ist hier die Möglichkeit offen zu lassen, daß
die germanische Einwanderung neues Material hinzugetragen.
Was in bischöflichen Versammlungen zu Vannes, Orleans,
Tours, Auxerre, Rheims von dem Jahre 465 bis 625 unter
dem Generaltitel Idololatrie gemißbilligt und mit Strafe
belegt worden ist,[1] gehört der keltischen oder germanischen
Religion an, mit Ausnahme vielleicht der Feier der
Januarkalenden. Das unter Verbot gestellte Genießen
von Götzenopferfleisch, der Schwur auf ein Thierhaupt, die
Lösung von Gelübden an heiligen Bäumen, Felsen und
Quellen und Anderes haben zwar Verwandtes im klassischen
Kultus, aber diese Verrichtungen treten in einer so ausge=
prägten Form auf, welche die Einziehung in den römischen
Gottesdienst ausschließt. In diesem Kreise liegt auch der
Inhalt einer Anzahl vaganter Kanones,[2] für welche weder
eine bestimmte Zeit noch ein bestimmter Ort sich feststellen
läßt. So trifft die Aussage der verschiedenartigen Quellen
in einem Punkte zusammen, und es wird dadurch die That=

---

[1] Vgl. Conc. Venet. (a. 465) c. 16 (Mansi VII p. 955);
Aurel. (a. 511) c. 30 (VIII p. 356); Aurel. (a. 533) c. 20 (VIII
p. 838) die Worte: Catholici qui . . . revertuntur beziehen sich
selbstverständlich nicht auf Apostaten, sondern auf Leute mit heidnisch=
superstitiösen Praktiken. — Aurel. (a. 541) c. 15. 16 (IX p. 115);
Elus. (a. 551) c. 3 (Hefele[2] III p. 9); Turon. (a. 567) c. 17:
(IX p. 796), c. 22: Totenopfer ((p. 803); Autissiod. (a. 585 al. 578)
c. 1; (IX p. 912) c. 3. 4 (p. 912).

[2] Mansi VIII, 340. 363. 629. 631.

fache gesichert, daß in den mittlern und nördlichen Distrikten Galliens im fünften Jahrhundert das keltische Heidentum noch fortlebte, und der Kampf der Kirche in diesem sein Objekt fand.

Auch im Süden hatte die keltische Religion den Boden noch nicht ganz verloren. Im südlichen Aquitanien lebte die Erinnerung an den Bischof Orientius in Augusta Ausciorum, der im fünften Jahrhundert viele Heiden taufte und einen auf einem heiligen Berge stehenden Tempel zerstörte.[1] In demselben Gebiete ließ der Metropolit von Elusa i. J. 551 durch seine Suffragane einen Beschluß gegen „Beschwörer" formulieren, welche über Trinkhörner Zaubersprüche sagen.[2] Es war doch auch wohl ein mittelländischer Hafen, von welchem jenes Schiff ausfuhr, in welchem ein Christ unerwartet sich unter heidnischen Passagieren bäurischen Standes entdeckte, die in Sturmesgefahr ihre Götter anriefen.[3]

Demnach ist keltisches Heidentum, gesondert von der Kirche, noch im sechsten Jahrhundert in Gallien zu finden gewesen, häufiger freilich in der Kirche selbst in der Form superstitiösen Glaubens und Thuns. Ob diese Gläubigen in Gruppen gemeindlich organisiert waren oder lose Haufen bildeten, darüber sind nicht einmal Andeutungen vorhanden. Nur das erkennen wir deutlich, daß Mittel= und

---

[1] Acta S. S. ad 1. Maji I, 61. Die Vita ist im Allgem. zuverlässig, wie auch die zweite mitgeteilte, die p. 63 von der Wirksamkeit des Bischofs im Gebiete der Vasconen erzählt.

[2] Hefele C. G. [2] III S. 9.

[3] Greg. Tur. Vitae Patrum c. 17, 5. Ich verzichte darauf, weiteres Material anzuführen. Manches Einschlägige noch bei Le Blant, Inscript. II p. XLIII Anm. 1 u. 2. Das Material ist noch weit umfangreicher.

Nordgallien der Hauptschauplatz des Fortwirkens der alten Religion war, und daß die Landbevölkerung sie aufrecht erhielt.

In welcher Lage befand sich das klassische Heidentum, welches mit der antiken Kultur nach Gallien gekommen war und die gebildete Gesellschaft gewonnen hatte?

Das gallische Pantheon war weit und mannigfaltig. Das bedingte die geschichtliche Entwickelung. Die römische Kultur verdrängte die einheimischen Götter aus dem Bewußtsein der Gebildeten oder zog sie an sich und gab ihnen römische Namen und römisches Wesen. Aber sie brachte auch ihre eigenen Gottheiten. Götter, Tempel und Kulte waren in der Narbonensis in Fülle vorhanden, die reich gegliederte Priesterschaft zahlreich und angesehen, mit Ehrengaben bedacht.[1] Der Kaiserkult blühte, denn es lag im politischen Interesse, in der Provinz ihn zu fördern. Die orientalischen Kulte der Isis, der Magna Mater und des Mithras zählten eifrige Gläubige. Nicht nur Einzelne, sondern auch Korporationen und Städte ließen das Taurobolium vollziehen. Die Hauptstadt Narbo übernahm das Sühneopfer für die ganze Provinz.[2] Von den Centren, wie Massilia, Arelate, Nemausus, Vienna hatte sich der orientalische Dienst auch in die kleinen Städte verbreitet. Von Tolosa bis Forum Julii und nördlich bis zum Genfer See traten seine Spuren hervor. Die Inschriften bezeugen den Eifer der Gläubigen.

Der Schwerpunkt der religiösen Organisation lag in Lugdunum, der Hauptstadt der „drei Gallien," Aquitania,

---

[1] Die folgenden Angaben beruhen auf dem Material des Corpus Inscript. latinarum XII: Inscriptiones Galliae Narbonensis lat ed. Otto Hirschfeld Berol. 1888.

[2] C. J. L. a. a. O. n. 4323: Imperio D (eae) M (agnae) Tauropolium — n. 4329: Tauropolium Provinciae . . .

Lugdunensis, Belgica, seit seiner Gründung eine römische
Stadt. Im Jahre 12 vor Christus errichtete hier Drusus,
nachdem schon vorher Augustus die Stadt zum politischen
Mittelpunkte der drei Provinzen gemacht hatte, der Göttin
Roma und dem Genius des Kaisers einen Altar außerhalb
der Stadt am Zusammenflusse der Rhone und der Saone.
Der Oberpriester dieses Heiligtums war zugleich der Präsi-
dent des Landtags, der seine Sitzungen mit feierlichen Opfern
an diesem Altar begann. Die vornehmsten Männer des
Landes bekleideten diese Würde, die politisch und religiös
zugleich war. Reich entfaltete sich in Lyon der Kaiserkultus.[1]
Doch fanden daneben in dieser echt römischen Kolonie die
übrigen Götter gebührende Berücksichtigung. Auch die östlichen Kulte fehlten nicht. Wie Narbo so vollzog auch
Lugdunum das Taurobolium. So verrichtete i. J. 184
unserer Zeitrechnung am Rhoneufer zwischen Valentia und
Vienna, wie die Inschrift des Altars uns belehrt, im Auf-
trage der Stadt der „ständige Priester" Aquins Antonianus
vom 20.—23. April die heilige Sühnung.[2] Männer und
Frauen übernahmen das geheimnisvolle Opfer. Das priesterliche Amt stand im Ansehen. Dem Haruspex Oppius Placi-
dus machte der Magistrat die Grabstätte zum Geschenk; der
Landtag errichtete Priestern am Roma = Altar Ehrendenk-
mäler.[3]

Diese Thatsachen bestätigen was ein feiner Beobachter
gallischen Wesens, Cäsar, längst, ehe diese Denkmäler entstanden,

[1] Vgl. hierzu und zu dem Folg. Alph. de Boissieu, Inscriptions antiques de Lyon, Lyon 1854.
[2] Boissieu a. a. O. S. 28 ff. C. J. L. XII n. 1782.
[3] Boiss. S. 80, 86, 88, 114.

geurteilt hat: er bezeichnet die „ganze Nation" als „äußerst[1])
gewissenhaft in religiösen Verrichtungen." Diese Religiosität,
welche auch in der übermächtigen Stellung des Druidentums
zum Vorschein kommt, fand indeß ihre Schranke in der Un-
beständigkeit und Beweglichkeit des gallischen Volkscharakters.
Die „stetige Neuerungssucht," die man ihnen nachsagte, beherrschte auch das Gebiet des Glaubens und religiösen Thuns.
Dieselben Gallier, denen Cäsar das angeführte Zeugnis aus-
stellt, waren ein Jahrhundert nachher zum großen Teil
römische Gläubige und wetteiferten in Bezeugung ihrer
Devotion vor den fremdländischen Göttern. Die Gewalt,
welche die fremde Kultur mit ihrem blendenden Scheine und
wirklichen Vorzügen über sie gewann, übte auch die mit dieser
Kultur gekommene Götterwelt. Dieser Sieg war zu leicht,
als daß er, dazu noch bei einem unruhigen Volke, von Dauer
sein konnte. Möglich, daß schon die auffallend intensiv betriebene Übung der orientischen Kulte auf einer gewissen Emanzipation beruhte. Jedenfalls hat Gallien mit derselben Leichtigkeit, mit welcher es seine heimatliche Religion aufgab und die
fremde annahm, diese dann beseitigt und sich den götterlosen
Glauben angeeignet.

Noch spärlicher als über den Rückgang des keltischen
Heidentums fließen die Quellen, welche die Frage nach dem
Wie und Wann dieses Prozesses zu beantworten geeignet
wären. Die antike Religion ist in Gallien verschwunden,
ohne daß die Geschichte Notiz davon genommen hat; hier
und dort verstreute Andeutungen sind Alles, worin sich das
Gedächtnis an jene Vorgänge erhalten hat.

---

[1]) De b. gall. VI, 16: natio est omnis Gallorum admo-
dum dedita religionibus.

Gegen Ende des fünften Jahrhunderts sind fast sämt-
liche Städte des eigentlichen Galliens Bischofssitze. Nach
den Städten weisen die Inschriften und Bildwerke christlicher Herkunft. In der Narbonensis treten uns in Vienna,
Arelate, Massilia und Narbo anspruchsvolle Bistümer entgegen. Es besteht kein Zweifel, daß das Christentum in den
Städten Galliens zuerst Boden gewonnen hat. Der inter-
nationale Verkehr, die religiöse Duldsamkeit, welche im Wesen
eines buntschichtigen Pantheon liegt, und der lebhafte, dem
Neuen zugewandte Sinn des Galliers lassen sich als fördernde
Momente anführen. Die Synode von Arles 314 zeigt das
Christentum tief eingegangen in die Gesellschaft; aber seit-
dem hört die synodale Auseinandersetzung mit der antiken
Religion als solcher auf. Die spätern gallischen Conzilien
rechnen nur mit heidnischer Sitte und Anschauung in der
Gemeinde. Über diese Linie gehen andere Äußerungen nur
selten hinaus. Wenn so der Bischof Avitus von Vicuna in
einer im Winter 517 gehaltenen Weiherede in einer auf den
Trümmern eines heidnischen Tempels errichteten Basilika
rühmt, daß „Seelen zu Gott wachsen," und sein Zeitgenosse
Cäsarius von Arles wiederholt in seinen Predigten die Gemeinde auffordert, Altäre und Heiligtümer zu vernichten, wo
immer sie sich finden, so darf daraus auf das Vorhandensein
heidnischer Gläubigen im Süden geschlossen werden.[1]) Doch
sie bedeuteten längst nichts mehr. Man darf somit sagen,

---

[1]) Avitus, Hom. XX (M. G. h. Auct. antiquiss. t. VI.
p. 133 f.): Principis studio, sacerdotis adnisu crescunt animae
Deo, orationibus loca, praemia construentibus, templa mar-
tyribus. — Caes. Arel. Homilia ubi populis admonetur
(Caspari, Kirchenhist. Anecdota I S. 222). Ich teile die Annahme
der Autorschaft mit dem gelehrten Herausgeber.

daß im vierten Jahrhundert in Gallien der Übergang von
der heidnischen zur christlichen Religion in den Städten sich
vollzogen hat und zwar in einer Entwickelung, deren schneller,
geräuschloser Schritt vielleicht Seinesgleichen nicht hat in der
Geschichte des untergehenden Heidentums. Nichts ist uns über=
liefert über die Auflösung der zahlreichen Augustalpriester=
schaften oder die Vernichtung der Altäre und prächtigen Tempel.
Wenn das bekannte Bauwerk in Nimes wirklich ein Tempel
ist, was wohlbegründeten Zweifeln unterliegt,[1] so wäre der=
selbe das einzige Beispiel eines erhaltenen antiken Heilig=
tums in Gallien. Spärliche Reste sacraler Bauten sind hier
und dort hervorgetreten,[2] aber ihre Beschaffenheit gestattet
nicht eine Entscheidung darüber, ob gewaltsame Zerstörung
durch christliche Hände oder allmählicher Verfall sie zu dem
gemacht hat, was sie jetzt sind. Auch die nicht seltenen Orts=
überlieferungen, welche Kirchen an der Stätte umgestürzter
Heiligtümer erstanden sein lassen, entziehen sich der historischen
Prüfung und haben mehr gegen sich als für sich. Die Be=
obachtung führt nicht weiter, als daß antikes Material,
Säulen insbesondere und Friese, in christlichen Bauten Ver=
wendung gefunden haben. Der Zustand der Verstümmelung
endlich, in welchem Götterbilder auf uns gekommen sind, hat
seine Analogie in der ähnlichen Beschaffenheit altchristlicher
Bildwerke. Schwere Verwüstungen kamen in den letzten Zeiten
des römischen Reiches über das Land; Goten, Burgunder, Franken
und Römer machten es zum friedelosen Schauplatz blutiger Er=

---

[1] Dasselbe gilt bezüglich der Baptisterien von Air und Riez.

[2] Hierzu u. zu Folg. Millin, Voyage dans les departements
du midi de la France, Paris 1807 ff. t. I—IV u. Atlas a. v. Do.
Stark, Städteleben, Kunst und Altertum in Frankreich, Jena 1855,
u. die Lokalforschung, sowie Mitteil. der Revue archéol.

roberungskriege. Hin und her schoben sich im Süden und Norden die kämpfenden Massen, und Sieger wie Besiegte sogen die ver= zweifelte Bevölkerung aus. Brand und Plünderung nahmen den großen römischen Städten des Südens ihren Glanz und Reich= tum. Es läßt sich erraten, wie viele Tempel damals mit den antiken Prachtbauten zu Grunde gegangen sind. Wären diese Katastrophen nicht gewesen, welche die antike Kultur nieder= schlugen [1]), und hätte nicht der Vandalismus der spätern Ge= schlechter bis in dieses Jahrhundert hinein rücksichtslos mit den Monumenten verfahren, so ließe sich ohne Zweifel an diesen Näheres über die Weise des Unterganges der antiken Religion feststellen.

An Aufforderungen, die Stätten des antiken Kultus zu vernichten, hat es, wie eben erwähnt, nicht gefehlt, aber man möchte vermuten, daß der gallische Episkopat, in dessen Reihen viele Männer aus altadeligen Häusern zu finden waren, die blinde Zerstörungswut orientalischer Mönche im Allgemeinen nicht geteilt hat. Wenn der bekannte Altar von Narbo mit seiner umständlichen Weiheinschrift, die so scharf und wiederholt den Kaiserkultus ausdrückt,[2]) der Verwüstung entgangen ist, obwohl er selbstverständlich an einem öffent=

---

[1]) Orientius, Comm. II. 181 ff.:

Per vicos, villas, per rura et compita et omnes
Per pagos, totis inde vel inde viis
Mors, dolor, excidium, strages, incendia, luctus
Uno fumavit Gallia tota rogo.

[2]) C. J. L. XII n. 4333. — Wenn Sidonius Apollinaris den Reichtum Narbos an portis, porticibus, foro, u. s. w. und delu= bris rühmt (Carm. XXIII, 37 ff.), so sind unter delubra gewiß christliche Kirchen zu verstehen; vgl. Isid. Hisp. Orig. XV, 4: (delubra) . . . ipsa nunc sunt aedes cum sacris fontibus, in quibus fideles regenerati purificantur.

lichen Orte Aufstellung gefunden hatte, so ist das schwerlich
Zufall. Auch im Hinblick auf die große Zahl erhaltener
Altäre möchte man urteilen, daß die Tempel zwar in der
Mehrzahl geschlossen und die Altäre entfernt worden seien,
aber eine .planmäßige Zerstörung nicht stattgefunden habe.
Was Avitus von Vienna einmal in Beziehung auf die gottesdienstlichen Gebäude der Häretiker, die an die Katholiken
zurückgefallen sind, als Grundsatz ausgesprochen hat: man
solle sie nicht etwa verändern und in Gebrauch nehmen, sondern
ungebraucht verkommen lassen,[1]) dürfte auch hier die Regel
gewesen sein. Wohl aber werden die Götterstatuen, soweit sie
im Hause und in den Kultstätten religiöse Verehrung genossen,
vernichtet worden sein. Die Zahl der Fragmente ist verhältnismäßig eine äußerst geringe.

Die zeitgenössischen Schriftsteller gehen schweigend über
diese Ereignisse hinweg. Sie haben dieselben nicht als große
empfunden, weil sie offenbar keine großen waren. Es fehlt ebenso
an Verteidigern der alten wie an Polemikern der neuen Religion.
Rascher als der keltische ist der römische Glaube erlegen.[2])

Im dritten Jahrhundert tritt das Christentum noch
wenig hervor. Von den etwa 500 christlichen Inschriften
des eigentlichen Gallien gehört nicht einmal ein halbes
Dutzend der vorkonstantinischen Zeit an, von den Sarko-
phagen kein einziger. Das inschriftliche Material ist gewiß
nur unvollständig auf uns gekommen, aber auch bei dieser
Annahme bleibt die Dürftigkeit bestehen. Daraus ist zu

---

[1]) Avitus, Epist. VII.
[2]) Mommsen Bd. V S. 96: „Wohl rascher noch als die (keltische)
Landessprache ging die Landesreligion zurück und das eindringende
Christentum hat kaum noch an dieser Widerspruch gefunden." Letzteres
gilt in noch höherm Grade von der antiken Religion.

entnehmen, daß in den geltenden Kreisen der gallischen Städte das Christentum nur in geringem Umfange Eingang gefunden hatte. Denn die niedern Klassen hinterlassen nur aus= nahmsweise inschriftliches Material. Freilich der Niedergang der städtischen Verwaltung, der im dritten Jahrhundert wie überall im Reiche, so auch in Gallien hervortritt, würde das Gegenteil lehren, wenn wirklich der Verzicht der Christen auf die öffentlichen Ämter dahinter läge.[1]) Doch wirkten hier rein wirtschaftliche Vorgänge, die mit der allgemeinen Staatsverwaltung zusammenhingen. Im fünften Jahrhundert steigt die Zahl auf eine bedeutende Höhe. Dementsprechend beginnt in Gallien die Sarkophagskulptur im vierten Jahr= hundert, um im folgenden Jahrhundert ihre eigentliche Blüte zu entfalten. Sie ist der sicherste Beweis, daß die vornehme Gesellschaft oder wenigstens die Vermögenden sich der neuen Religion angeschlossen haben. Daher leben in diesen Reliefs die antiken Reminiscenzen viel mehr als etwa in Rom, wo eine längere Kunstentwickelung schon vorangegangen war.

Nicht die Stadt, sondern der Großgrundbesitz gab den wirtschaftlichen Verhältnissen Galliens, wie auch sonst in den Provinzen, ihre Physiognomie.[2]) Zwar hatte das Eindringen römischer Sitte und römischen Rechts die umfangreichen Majorate des keltischen Adels zersprengt, aber der Durch= schnittsfundus der spätern Kaiserzeit entfiel immer noch in

---

[1]) Fustel de Coulanges, Histoire des Instit. pol. de l'ancienne France, Paris 1875 I S. 144 ff. Ebensowenig hat die mäßige Hebung des Decurionats im 4. Jahrh. mit dem Christentum etwas zu thun.

[2]) Fustel de Coulanges, La domaine chez les Ro= mains (Revue des deux Mondes 1886 t. 77 S. 318 ff.) bes. n. 3: Le domaine rurale en Gaule; dazu dess. Verf. Hist. des Instit. pol. etc.

die Kategorie der Latifundien. Die Bewirtschaftung vollzog
sich durch Sklaven, Freigelassene, Colonen, von Mittelgliedern
abgesehen. Diese Klassen unterstanden, obwohl in ver=
schiedenem Grade, der Auctorität des Besitzers. Auch wo
ein rechtlicher Anspruch auf eine gewisse Unabhängigkeit
bestand, mußte es schwer sein, ihn gegebenen Falles glatt
durchzuführen. Selbständig organisierte Landgemeinden besaß
Gallien nicht; die Vici waren entweder Annexe zu dem
Großgrundbesitz oder zu den Städten. Unter diesen Um=
ständen war die religiöse Eroberung des Landes zunächst auf
die Gewinnung des Adels und der städtischen Bevölkerung
angewiesen. Sie ist auch diesen Weg gegangen. Bereits
wurde erwähnt, daß die Civitates zu Bischofssitzen gemacht
wurden. Der bischöfliche Sprengel hat sich mit dem poli=
tischen Stadtbezirk identifiziert. Damit war das Missions=
gebiet gegeben. Auch minder energische Bischöfe wurden
durch die Situation, in der sie sich fanden, darauf gewiesen,
den nominellen Besitz der Diözese zu einem thatsächlichen zu
machen. Neben den politischen Provinzialstädten mit ihrem,
sei es communalen, sei es persönlichen Landbesitze wurde
für die ältere Geschichte des Christentums nicht minder be=
deutungsvoll der landsässige Adel. Das thatsächliche Ver=
hältnis seiner unfreien oder halbfreien Unterthanen zu ihm
gewährte die Möglichkeit einer durchgreifenden religiösen und
kirchlichen Einwirkung auf dieselben durch ihn. Der Satz
cujus regio, ejus religio ließ sich durchführen und ist
durchgeführt worden. So brachte der reiche Grundbesitzer
Ruricius seine Sklaven zum Taufwasser.[1]) Der national=
religiösen Erziehung durch die Priesterschulen der Druiden

---

[1]) Epist Fausti ad Ruric. I, 2 (M. G. h. Auct. antiquiss.
t. VIII).

schon längst vordem entnommen und in griechisch-römische
Bildung eingegangen, besaß dieser Adel, wie der civilisierte
Gallier überhaupt, nicht diejenige feste Religiosität, die etwa
die altrömischen Adelsfamilien als ein heiliges Erbe festhielten.
Es ging ihm ebenso die Begeisterung für die neue, wie die
Anhänglichkeit an die alte Religion ab. So erlag er leicht
dem kraftvollen Andringen des Christentums. Zahlreich
finden wir ihn im Episkopat, dessen Ansehen ihm einen
Ersatz für die aufgegebene Stellung in der Welt bieten
konnte. Wenn die Biographen sich so sehr gewissenhaft darin
zeigen, die edele Herkunft der Kirchenfürsten zu registrieren,
so bezeugt das ihren Respekt davor.[1]

Sidonius Apollinaris hat das Landleben des gallischen
Adels anmutig geschildert. In den Bibliotheken der vornehmen Landhäuser begegnen sich antike und christliche
Autoren. Sogar der, wie man meinen möchte, längst vergessene
Origenes findet noch Leser, die ernsthaft verhandeln, warum
die „alten Mysten" ihn incorrekt und gefährlich gescholten
haben. Auch an erbaulicher Literatur fehlt es nicht, die,
wie es den Anschein hat, vorzüglich den Frauen diente.[2]
Die heilige Geschichte war Gegenstand malerischer Darstellungen in den Villen.[3] Figuren wie der puritanische
Landedelmann Vectius, der inmitten seines großen Besitzes
an Land, Sklaven und Bauern wie ein halber Mönch lebte,[4]
sind in dem bunten Bilde des damaligen Adels seltener ge-

---

[1] Einige Angaben bei Pustel de Coulanges, Hist. I
p. 252 f.; Le Blant, n. 425.

[2] Sidon. Apoll. Ep. II, 9.

[3] Ebend. Carm. XXII, 201.

[4] Ebend. IV, 9. Schlußurteil des Schreibers: plus ego ad-
miror sacerdotalem virum quam sacerdotem.

wesen als der nicht alternde Lebemann Germanicus, an
welchem fromme Kreise Heiligkeit darum vermißten, weil er
eines Bischofs Sohn und eines Priesters Vater war.[1]) Indeß
läßt Sidonius nicht einmal zwischen den Zeilen lesen, daß
in der Aristokratie seiner Zeit der Götterglaube noch Be=
deutung gehabt habe. Er rechnet überhaupt nicht mehr mit
dem Heidentume als einer religiösen Erscheinung, so sehr er
in der mythologischen Gedankenwelt heimisch ist. Als der
mönchische Presbyter Salvianus in Massilia, beherrscht von
weltverachtender Stimmung, gegen die Mitte des fünften Jahr=
hundert in einer Schrift „über die göttliche Weltregierung"
es unternahm, die lebende Generation und in ihr vor Allen
die Reichen und Mächtigen in einem Pfuhl von Sünde und
Verkommenheit zu zeigen, fand er keine Veranlassung, etwa
noch vorhandene Übung oder Duldung heidnischen Glaubens
aufzuführen. Sein eigenes Leben — er heiratete eine Heidin
— bezeugt, wie manches Andere[2]), das Vorhandensein
heidnischer Gläubigen im Lande, doch kann es damals in der
höhern Gesellschaft in auffallendem Satze heidnisches Be=
kenntnis nicht mehr gegeben haben. Eine so eingehende
Schilderung der Sünden der höhern Stände hätte davon
nicht schweigen können. Andererseits hat dieser christliche Cato
seinen eigenen Glaubensgenossen, wie hart er sie auch aus=
gescholten, die Anerkennung nicht versagt, daß „nach seiner
Meinung" Niemand, der getauft sei, sein Christentum der
Öffentlichkeit verberge.[3]) Nicht heidnischer Glaube, sondern
heidnische Sitte und Sittenlosigkeit rufen seine Klagetöne
hervor. Die blutigen Circusspiele, wo die Menschen „kaum

---

[1]) Ebend. IV, 13.
[2]) Z. B. De gubernatione Dei III, 1, 5 (Ende).
[3]) A. a. O.

weniger von den Augen der Menschen als von dem Rachen
der Thiere verschlungen werden," haben noch nicht gänzlich
aufgehört, wenn sie auch selten geworden sind. Keine Mühe
wird gespart, um der Bestien in den Schluchten und Gebirgen
habhaft zu werden.[1]) Die entartete Bühne fesselt noch so
sehr das Publikum, daß im Zusammentreffen der Vorstellung
mit dem Gottesdienst dieser den Nachteil hat. Das gilt
überhaupt von der Anziehungskraft der öffentlichen Schau-
stücke. Athleten, Äquilibristen, Pantomimiker sind die
Lieblinge des Volkes geblieben.[2]) Kurzum „zu den Spielen
rennt, zur Tollkühnheit stürmt, in das Theater ergießt sich
das Volk; im Cirkus rasen sie allesamt."[3]· Einem fingierten
Einwande gegenüber macht der eifrige Tadler die Einschränkung, daß in der Mehrzahl der gallischen Städte das
Circus- und Theaterspiel allerdings aufgehört habe, aber
doch nur unter dem Drucke des allgemeinen Elendes; die
„Heimstätten der Schändlichkeiten" sind noch da.[4]) Auch
von dem, was Salvianus sonst noch an der zeitgenössischen
Gesellschaft zu tadeln findet, wie die auf antiker Anschauung
ruhende moralische Ungebundenheit des Ehegatten, die Härte
gegen die Sklaven, die in derselben Geringschätzung und
Rechtlosigkeit stehen wie im Altertum, erweist, auch wenn
die übertreibende Phraseologie des Weltverächters die not-
wendigen Abzüge erfährt, die fortwirkende Kraft der alten
Lebensgewohnheiten und des antiken Bewußtseins in der
Nobilität.

Die gallische Kirche war nicht in der Lage, diese

---

[1]) VI, 2, 10; 11.
[2]) VI, 3, 15 ff.; 7, 35 ff.
[3]) VI, 18, 95.
[4]) VI, 8, 41 ff.

Schranken zu durchbrechen. Ihr fehlte das rechte Lebens-
ideal und die sittliche Kraft. Ihre thatsächliche Erscheinung,
in der sie den Völkern entgegentrat, ging in eine schrille
Dissonanz auseinander. Auf der einen Seite Großgrund-
besitzerin nach dem Satze: „was Du an die Kirche ver-
schwendest, ersparst Du Dir,"[1] mit Bischöfen, die ihre
Liegenschaften durch Geistliche und Mönche bewirtschaften
ließen, mit Klerikern, die Bankgeschäfte betrieben und über
eine Sklavenschaft verfügten, aber auch kriegerischen Unternehmungen nicht auswichen, in ihren Bemühungen auf Ansehen und Einfluß im öffentlichen Leben gerichtet und dadurch in die übeln Praktiken städtischer und staatlicher Politik
und in die Leichtfertigkeit der höhern Gesellschaft verstrickt,[2]
auf der andern Seite die aus dem Ekel vor der Verkommenheit eines untergehenden Geschlechts und aus der Weltanschauung der altchristlichen Askese gleicherweise erwachsene
Weltverachtung, welche der Bischof Eucherius von Lyon in
einem geschickten Buche in der Überzeugung predigte, daß die
„wahre Glückseligkeit darin bestehe, die Glückseligkeit der Welt
zu verachten, das Irdische von sich zu werfen und für das

---

[1] Sidon. Apoll. VIII, 4, 4.

[2] Das wichtigste und zuverlässigste Mate. l darüber bieten die
gallischen Synoden des 5. Jahrh. (Concilia antiqua Galliae ed.
Sirmond. t. I Paris. 1629). Ich führe an: Conc. Araus. (441)
c. 10; Arelat, II (443 od. 452) c. 36; Aurel. (511) c. 23; Araus.
c. 6: Arelat. II c. 32; c. 14; Turon. (461) c. 13; Andegav.
(453) c. 4; Turon. c. 2; Venet. (465) c. 13; dazu die Klagen über
clerici und monachi vagantes (Andeg, c. 8; Venet. c. 6; Turon.
c, 11) und über Übertretung der Gelübde und Unbotmäßigkeit der
Kleriker wie der Mönche (Agath. c. 9; Aurel. c. 21; 22). Die
übrige Literatur ergänzt und erweitert diese Bilder genügend. Wir
haben in jener Zeit nirgends einen so deutlichen Einblick in diese Verhältnisse als in Gallien.

Himmlische zu entbrennen."[1] Das Ideal lag nicht dort, sondern hier; in der Kirche verwirklichte es sich kompromiß= artig in den mönchischen Bischöfen, die in Martin von Tours ihr Ideal fanden. In ihnen ruhte die Lebensfähigkeit der gallischen Kirche. Sie zogen ihre Kraft aus dem Mönchtum, dessen Jünger sie einst zum großen Teile gewesen waren, und das im fünften Jahrhundert im rechten Augenblicke Ver= breitung und Auctorität im Lande gewann. Bei dem Be= gräbnis Martins von Tours, des Mönchsvaters Galliens, sollen sich an zweitausend Mönche eingestellt haben; in den Zellen bei Tours sammelte er allein deren achtzig.[2] Die Saat ist unter ihm und durch seine thätigen Bemühungen üppig aufgegangen. Die Siedeleien der Mönche lagen zu= meist auf dem Lande; sie wurden wie im Orient Stationen des vordringenden Christentums. In Lugdunum, in unmittel= barer Nähe der Stätte, wo der Altar der Roma und des Augustus stand, erhoben sich jetzt zwei Klöster. Auch Massilia sah die ungewohnte Erscheinung mönchischer Niederlassungen. Ja, gerade von hier aus empfing durch den Abt Johannes Cassianus das gallische Mönchtum Anregungen zu einer humanistischen Richtung.[3]

Die Mitwirkung des Mönchtums an der Beseitigung des Heidentums darf nicht zu hoch veranschlagt werden, so wenig sie gefehlt hat. Denn die gallischen Klöster und Ein= siedeleien waren auf das Prinzip strengster Zurückgezogenheit von der Welt gegründet. Auch fehlte es, wie in der Kirche

---

[1] Eucherius, De contemptu mundi (Migne t. 50 p. 726).

[2] Sulp. Sev. Epist. III, 18; Vita Mart. XI, 5.

[3] Vgl. über das älteste gallische Mönchtum Mabillon, Annal. ord. S. Bened. I p. 10 ff.; Hauck, Kirchengesch. Deutschlands I S. 68 f.

nicht an Mißständen. Was das Mönchtum im fünften Jahr=
hundert im christlichen Gallien bedeutete, fiel der Kirche un=
mittelbar zu, nämlich in dem Sinne, daß die klösterliche
Zucht und das mönchische Ideal in die Weltgeistlichkeit sich
Eingang verschafften und hier gegen die aus der weltlichen
Gesellschaft einströmende sittliche Verkommenheit kräftig rea=
gierten.

In seiner leidenschaftlichen Anklageschrift gegen seine
Volks= und Glaubensgenossen weist Salvianus auf die Bar=
baren als bessere Menschen hin. Diese Barbaren haben jeden=
falls die Wirksamkeit der Kirche in Südgallien wenig be=
schwert. In dem großen westgotisch=tolosanischen Reiche,
welches Eurich bis über die Rhone ausdehnte, hat die Kirche
wesentliche Störungen nicht erfahren, obwohl Ursachen, zu
klagen, nicht fehlten.[1]) Nirgends auch erfahren wir, daß der
Götterglaube die Hilfe der arianischen Sieger gegen seine
katholischen Bedrücker gesucht habe. Andererseits verlor unter
dem Drucke der barbarischen Invasion die Antike ihre Kraft
und Einheit; sie wurde widerstandsunfähiger als in ihrer
ungebrochenen Frische, erlag also leichter der auf sie ein=
bringenden christlichen Weltanschauung und Religiosität.
Indem das Barbarentum die antike Welt erschütterte, brach
es dem Christentum und der Kirche Bahn, denn diese
vermochte der allgemeinen Auflösung eine feste Geschlossenheit
entgegenzustellen. Auch das soziale Elend wurde ihr insofern
förderlich, als es ihr Gelegenheit bot, eine umfassende Liebes=
thätigkeit zu organisieren. Was in dieser Beziehung geschah,
davon geben uns literarische und monumentale Quellen aus=
reichende Kunde. Dadurch gewann das Ansehen der Kirche,

---

[1]) Sidon. Apoll. VII, 6.

und ihr Einfluß mußte auch auf solche Kreise hinauswachsen, die ihr noch fern standen.

Indeß große Schwierigkeiten lagen ihr jedenfalls gegenüber.

Eine niedergetretene, ausgesogene, tyrannisch regierte, in ihren obern Ständen sittlich verkommene Bevölkerung, deren Zuständlichkeit die Erwartung des nahen Weltendes hervor= rufen konnte,[1] ist ein schwieriger Boden für eine religiöse Gemeinschaft, die nicht nur dort fußen, sondern daher auch ihre Organe nehmen soll. Unter diesen Umständen sind die nachdrücklichen Bemühungen der Kirche, ungeordnete Zustände zu ordnen und in der Gemeinde wie im Klerus die kirchliche Disciplin aufrecht zu erhalten, welche die gallischen Synoden bezeugen, geschichtlich zu würdigen.

Von den Anstrengungen dieser Kirche, das Volksleben religiös zu erobern, ist, wie sich gezeigt hat, verhältnismäßig dürftige Kunde auf uns gekommen, und diese Kunde er= zählt fast nur von Bekämpfung des keltischen Heidentums.

Ist Ermüdung des alten Glaubens oder Gleichgültigkeit der Kirche die Ursache? Gegen letzteres spricht die Empfind= lichkeit, mit welcher geringfügige superstitiöse Akte innerhalb der Gemeinden aufgefaßt und geahndet wurden. So be= zeichnet das Conzil von Narbonne (589) das Aussetzen der Arbeit am Jupitertage als „fluchwürdigen Ritus."[2] Die Beschwörung ist „Teufelsgift,"[3] heidnische Sitten beim Begräbnis sind eine Erfindung des Teufels.[4] Excommuni= cation, öffentliche Auspeitschung, ja Verkauf zum Besten der

---

[1] Eucherius, De contemptu mundi p. 722: Postrema mundi aetas referta est malis tamquam morbis senectus.
[2] Can. 15.
[3] Caes. Arel. a. a. O.
[4] Mansi VIII, 629.

Armen werden auf abergläubische Verrichtungen gesetzt. In
der Form des „Aberglaubens" hat die antike Religion fort=
gelebt, als sie als organisierter Kultus längst zerschlagen
und aufgelöst war, und hat in dieser Form die alte Kultur=
welt überdauert. Die letzte Geschichte der antiken Religions=
gemeinde verschließt sich uns, ehe sie aufgehört hat. Wir
erkennen nur ihre Ausstrahlungen in dem verworrenen Ge=
biete der Superstition.

Britannien.

Der leichten militärischen Eroberung Britanniens durch
die Römer entsprachen nicht Gang und Erfolg der Romani=
sierung. Die rasche und mühelose Okkupation unter Claudius
zog zwar Kaufleute und Unternehmer in großer Anzahl
herein, und die Besatzung, die im zweiten Jahrhundert eine
bedeutende Höhe erreichte, brachte römisches Wesen ins Land,
dennoch ist, abgesehen von den durch die Eroberer militärisch
und politisch fixierten Plätzen, die fremde Kultur eine fremde
Erscheinung geblieben. Ja auch dort entwickelte sie sich nicht
in voller Intensivität. Britannien ist verhältnismäßig arm
an Inschriften, und diese selbst sind vorwiegend militärischen
Inhaltes. Es war nur ein „Firniß römischer Gesittung, der
außer in den Festungen und Kastellen nirgends tief einge=
drungen war noch fest haftete." [1]

Die Monumente zeigen die religiöse Mannigfaltigkeit,
die auch sonst in Standlagern und Militärkolonien anzu=
treffen ist.[2] Orientalischer, römischer und barbarischer
Glaube begegneten sich. Neben echt klassischen Gottheiten

---

[1] Hübner, Röm. Herrschaft in Westeuropa, Berlin 1890
S. 55 ff.; Mommsen V, S. 176.

[2] Quelle: C. J. L. VII. Inscript. Britanniae latinae ed.
Em. Hübner, Berol. 1873.

hatten Mithras und Kybele, ja sogar der thrische Herkules
und die phönizische Astarte ihre Gläubigen. In Eburacum,
dem ersten militärischen Platze, errichtete ein Legionar „dem
heiligen Gotte Serapis" einen Tempel.[1]) Am Hadrianswall
erhoben sich Heiligtümer des Mithras. Hier stand eine Ko-
horte, die sich ursprünglich aus einem syrischen Volksstamme
rekrutierte. Auch an den berühmten Heilquellen in Aquä
Sulis waren mehrere Tempel zu finden. In Isca stellte
im dritten Jahrhundert der Legat Postumius Varus den
Dianatempel wieder her.

Unter den ältern Inschriften ist keine einzige christliche.
Im Gegenteil, die christlichen Inschriften, welche ohne Zusammenhang mit dieser Gruppe etwa seit der Mitte des
fünften Jahrhunderts auftreten, liegen von dem Schauplatz
römischen Lebens durchaus abseits. Ihre Gebiete sind hauptsächlich Yorkshire, Wales und Cornwall, in welchen antike
Inschriften fast ganz fehlen, und hier wiederum sind es, mit
wenigen Ausnahmen, nicht die Städte, an denen sie, wie die
antiken Monumente, haften, sondern das flache Land, auf
welches die römische Kultur Einfluß nicht gewonnen hat. Der
Zusammenhang mit der Antike ist dem entsprechend ein loser.
Schriftform, Sprache und Inhalt verraten ihn noch, aber
zugleich in starker Ausprägung lokaler Eigenart und Weiterbildung.[2])

Die Frage, welche diese Beobachtung wachruft, beantwortet die Geschichte Britanniens. Britannien ist stets vorwiegend eine militärische Provinz gewesen. Municipales Leben
hat sich dort nur in beschränktem Umfange entwickelt; die

---

[1]) C. J. L. VII n. 240.
[2]) Inscript. Britanniae christ. ed. Hübner, Berol. 1876.

Inschriften reden selten davon. Die infolge der Okkupation entstandenen Städte behaupteten einen militärischen Charakter, wie sie von vornherein als militärische Stationen gedacht waren. Das römische Element war also ein bewegliches. Die Truppenkörper verschoben sich oder rekrutierten sich neu.

Diese Verhältnisse waren ein ungünstiger Boden für die Bildung christlicher Gemeinden. Der rühmende Hinweis Tertullians auf Christen in Britannien [1] ist schwerlich bloße Rhetorik; einzelne Christen haben in dem Insellande schon im zweiten Jahrhundert nicht gefehlt, ebensowenig wie sonst, wo die römische Eroberung vordrang. In einer Besatzung von 30,000 Mann, einem umfangreichen Beamtenpersonal und in der gewiß nicht geringen Zahl von Personen, welche dieses und jenes Motiv nach Britannien zog, sind selbstverständlich auch Christen zu finden gewesen. Auf der Synode zu Arles 314 stellten sich drei britische Bischöfe ein, ein Beweis des Vorhandenseins geschlossener Gemeinden. Indeß das vollständige Fehlen christlicher Inschriften, zusammengefaßt mit der Thatsache, daß auf dem Unionsconcil zu Ariminum i. J. 359 drei britische Bischöfe in ärmlichem Aufzuge erschienen,[2] begründet die Vermutung, daß in jenem Jahrhundert die christliche Kirche im Geburtslande Konstantins d. Gr. eine untergeordnete Stellung einnahm. Die pelagianische Kontroverse offenbart auch ihre wissenschaftliche Unfähigkeit, denn sie muß sich von auswärts theologische Kräfte zur Bekämpfung der Häresie erbitten.[3] Der Milita-

---

[1] Tertull. Adv. Iud. c. 7.
[2] Sulp. Sev. Chron. II, 41.
[3] Vgl. Schöll in P. R. E.² Art. Keltische Kirche Bd. VIII S. 337. Die Berichte sind verworren, und die geschichtliche Wahrheit läßt sich nicht mehr völlig feststellen.

rismus, welcher der römischen Bevölkerung ihr Gepräge gab, hinderte eine freiere Entwickelung. Die fortwährende Beun= ruhigung der Bevölkerung durch die Angriffe der Picten, Scoten und Sachsen, Militäraufstände und Usurpationen erschwerten die Lage noch mehr. Es muß schon im vierten Jahrhundert ein bedeutender Rückgang der römischen Zu= zügler stattgefunden haben. Die Abnahme der Inschriften läßt sich dafür anführen. Dadurch verlor das Christentum noch mehr an Boden im Umfange des Römertums, und soweit es auf dieses beschränkt war, ist es mit diesem im fünften Jahrhundert untergegangen. Die britische Überlieferung weiß nur einige Namen von Märtyrern der diokletianischen Zeit anzuführen. Die Möglichkeit der geschichtlichen Wahr= heit dieser Legenden wird nicht durch die Thatsache aufge= hoben, daß damals Konstantius Chlorus die Regierung führte, denn jene Exekutionen können lokale tumultuarische Vorgänge gewesen sein. Sonst ist keine Kunde von dem geschichtlichen Ver= hältnis der christlichen und der antiken Religion zu einander in Britannien auf uns gekommen. Es wird im Allge= meinen ein neutrales gewesen sein. Der Kirche fehlte in ihrer dürftigen Lage die Unternehmungslust des Stärkern; sie begnügte sich mit der durch den Staat ihr geschaffenen freien Bewegung. Andererseits besaß die antike Religion in dieser Provinz nicht mächtige Priesterschaften, die einen An= griff oder Widerstand organisieren konnten, im Gegenteil die Verschiedenheit der Kulte machte sie gleichgültig. Wenn Beda noch im achten Jahrhundert ohne ein Wort der Unzufrieden= heit zu äußern, unter den Bauten, welche die Römer als Erinnerungszeichen hinterließen, auch die Tempel erwähnt,[1])

---

[1]) Winkelmann, Geschichte d. Angelsachsen bis zum Tode König Aelfreds, Berl. 1883 S. 22.

so fügt sich diese Beobachtung durchaus der Situation ein, welche aus den Quellen sich zeichnen läßt und die in einer römischen Villa an der Südküste in der Weise charakteristisch zum Ausdruck gekommen ist, daß das Monogramm Christi die Nachbarschaft antiker Götterbilder vertrug.[1]) Ein Kampf der beiden Religionen war hüben wie drüben fast eine Un= möglichkeit. Sie sind beide untergegangen mit dem Boden, auf welchem sie standen, ohne daß sich sagen läßt, wo das Übergewicht lag.

Was indeß von der politischen Macht des Römertums gilt, daß sie, anders wie in Gallien und Spanien, in den vierhundert Jahren ihrer Dauer eine Fremdherrschaft ge= blieben ist und als Fremdherrschaft endlich das Land aufge= geben hat, gilt nicht von dem mit ihr gekommenen Christentum. Dieses lebte fort in der einheimischen keltischen Bevölkerung, wo der neue Glaube — wir wissen nicht, wie oder wann, sondern sehen nur das Ergebnis — im Lanse der Zeit sich gefestigt hatte. Die der Entfaltung des Gemeindelebens hinderlichen Verhältnisse in der römischen oder romanisierten Bevölkerung mußten die keltischen Einwohner näher in den Gesichts= kreis der Kirche rücken. Unter den drei britischen Bischöfen, welche die Beschlüsse von Arles unterschrieben, haben zwei — Restitutus und Adelphius — antike, einer — Eborius, eigent. Jvor — einen einheimischen Namen.[2]) In dem Maaße als die römische Herrschaft und mit ihr das römische Wesen sich reduzierten, lenkte sich die Mission der britischen Kirche, die jetzt eine Lebensfrage für sie wurde, auf die Kelten, die

---

[1]) Inscript. Brit. christ. n. 31. (Frampton in Dorset.) über die Inschrift Studemund in Hermes 1874 Bd. IX S. 503.

[2]) **Bright**, Chapters of Early English Church History, Oxford 1878 S. 9 Anm. 2.

9*

das flache Land innehatten, und während in den römischen
Gebieten die Gemeinden verkümmerten, erwuchsen neue in
den von der Eroberung gar nicht oder nur wenig berührten
Gebieten, vorzüglich in Cambria (Wales). Das Urteil eines
britischen Schriftstellers des fünften Jahrhunderts, daß „fast
alle Menschen" sich zum Christentum bekennen,[1]) gestattet
demnach recht wohl auch auf diese Verhältnisse Anwendung.
Die angelsächsische Eroberung, welche die römischen Distrikte
besetzte und die Spuren des Römertums so gut wie ver=
nichtete, machte diese Bildungen noch kompakter und selb=
ständiger. So entstand die altbritisch=keltische Kirche, über
welche uns eigenartige Grabdenkmäler und Inschriften Kunde
geben und zugleich feststellen, daß der Ausgang ihrer Ent=
stehung auf römischem Gebiete lag, daß aber das römische
Kulturchristentum sich der volkstümlichen Art anfügte. An
diese Herkunft erinnern u. A. Formeln, die in der christlichen
Epigraphik des vierten und der folgenden Jahrhunderte ge=
bräuchlicher geworden sind,[2]) das Monogramm Christi,
Alpha und Omega, ja, auch ein in altchristliche Inschriften
eingebürgerter antiker Gedanke.[3]) Aber das Fehlen beliebter
Symbole altchristlicher Grabsteine, wie Taube und Palme,
die Abweisung des umständlichen sepulcralen Formulars,

---

[1]) Vgl. den anonymen Tractat De divitiis bei Caspari,
Briefe, Abhandlungen, Predigten aus d. zwei letzten Jahrh. d. kirchl.
Altert. u. f. w. (Christiania 1890) X, 4.

[2]) Z. B. hic jacet, requiescit in pace, in hoc tumulo jacet,
fieri praecepit, u. a.

[3]) Hübner 134, woselbst domus mea sepulchrum auf einem
Grabsteine (darauf ein Vers aus Martial II, 59, 4). Jene Worte sind
nicht, wie Wordsworth vermutete und Winkelmann S. 20 als fest=
stehend annimmt, eine Reminiscenz an Hiob 17, 13, sondern wiederholen
eine echt antike Vorstellung (vgl. meine Katak. S. 11 f.).

welches im fünften und sechsten Jahrhundert maaßgebend
geworden war und endlich die Bildung des Grabdenkmals
bezeugen die weite Entfernung von der Mutterkirche. Zur
Zeit des Gildas, im sechsten Jahrhundert, war die altbritische
Kirche, wie es scheint, völlig im Besitz des Keltentums, aber
auch von schweren Mängeln behaftet. Sie erlag hernach
der zweiten, geistlich=römischen Eroberung, welche von dem
Papsttum klug und zäh eingeleitet und durchgeführt wurde.

III.

Spanien.

Die spanische Kirche, einst von dem Apostel Paulus ersehnt und vielleicht durch historische Bande mit ihm ver= knüpft, tritt zum erstenmal in dem letzten großen Kampfe der Staatsgewalt gegen das Christentum in deutlichern Um= rissen hervor. Im Jahre 305 oder 306 — nach größter Wahrscheinlichkeit — vereinigten sich in der Stadt Illiberis am Bätus, welche bis auf dürftige Reste, die von dem einst dort betriebenen Kaiserkultus Kunde geben,[1] ver= schwunden ist, so daß sich ihre genaue Lage nicht mit voller Gewißheit bestimmen läßt, 19 Bischöfe und 24 Presbyter vornehmlich der Bätica zu einer Synode, um sowohl hin= sichtlich des innern Lebens ihrer Gemeinden als auch in Beziehung auf deren Verhalten und Verhältnis zur nicht= christlichen Gesellschaft und deren Sitte eine einheitliche Ord= nung herbeizuführen.[2] Die von der Synode getroffenen Festsetzungen zeigen die spanische Kirche im Besitz von künst= lerisch ausgestatteten Basiliken; Großgrundbesitzer mit Sklaven= personal, ausgediente Flamines und städtische Magistrate zählten zu ihr. Aus dem Priesterstande fanden Übertritte

---

[1] C. J. L. II n. 2071. 2074.
[2] Die Kanones Hefele, C. G.[2] I, 155 ff.

statt oder Priester knüpften durch die Ehe verwandtschaftliche
Baude mit christlichen Familien. Im Circus und auf der
Bühne regte sich das Verlangen, der christlichen Gemeinschaft
eingegliedert zu werden.[1]) Tiefe sittliche Schäden in den
Gemeinden selbst[2]) ergeben den Schluß auf ein längeres
Eingelebtsein; in seiner Weise führt auch darauf der zügel=
lose Eifer, in welchem Einzelne zur Zerstörung der Götter=
bilder sich verleiten ließen, insofern darin das Selbstbewußt=
sein einer anspruchsvoll gewordenen Generation sich aus=
spricht.[3])

Die Synode dekretierte nach Außen wie nach Innen eine
straffe Handhabung der Disciplin. Mit welchem Erfolge,
ist unbekannt. Was in der Folgezeit über die religiös=sitt=
lichen und kirchlichen Verhältnisse sich erkennen läßt, unter=
scheidet sich nicht von den zeitgenössischen Zuständen in der
abendländischen Kirche überhaupt. Die großen dogmatischen
Kämpfe dagegen, welche den Osten und einen Teil des
Westens im vierten Jahrhundert aufregend beschäftigten,
haben in der entlegenen Provinz sich in kleinen, aber doch
tiefgehenden Konflikten abgespielt. Der einflußreiche Berater
Konstantins in der Zeit seiner nicänischen Kirchenpolitik, der
Bischof Hosius war ein Spanier. Sein Anschluß an die
Unionstheologie des Konstantius erweckte ihm in seiner Heimat
eine erbitterte Gegnerschaft. Der Luciferianer Gregor von
Illiberis trat ihm im Angesicht des kaiserlichen Vicarius
Clementinus, eines Heiden, in Corduba kühn gegenüber und

---

[1]) Kan. 36. 41 (vgl. 40). 2. 3. 4. 56. 55. 17. 62.
[2]) Kan. 5—9. 12—14. 18. 27. 35 u. s.
[3]) Kan. 60. Vielleicht hat dieser Kanon Anlaß gegeben zu der
gefälschten Inschrift bei Hübner, Inscript. Hisp. christ. (Berol.
1871) p. 95 n. 19.

schleuderte ihm den Vorwurf des Abfalls entgegen. Seine
Faktion hält die Opposition aufrecht. Doch ihre Kirche, die
sie sich auf dem Lande erbauten, wird von dem aufsässig
gemachten Pöbel gestürmt; derselbe bemächtigt sich sogar des
Altars, schleppt ihn in einen heidnischen Tempel und stellt
ihn hier zu den Füßen des Idols auf.[1]) Diese letztere Mit=
teilung, deren Glaubwürdigkeit sich nicht in Zweifel ziehen
läßt, stellt nach d. J. 360 für Spanien nicht nur noch
antike Heiligtümer, sondern in denselben auch Götterstatuen
als vorhanden fest.[2]) Legt sich hier schon die Mutmaaßung
nahe, daß in diesen Tempeln ein öffentlicher Kult nicht ge=
fehlt habe, so wird sie zur Gewißheit erhoben durch eine der
neuentdeckten Schriften Priscillians. In seiner „Schutz=
schrift" verwendet derselbe einen größern Raum zu einer
heftigen Polemik gegen die antike Superstition und ihre
Anhänger.[3]) Im Namen seiner Sekte spricht der, wie be=
kannt, der begüterten und vornehmen Gesellschaft angehörige
und in geistlicher wie weltlicher Wissenschaft wohl erfahrene
Mann das Verdammungsurteil über die heidnischen Götter

---

[1]) Faustinus u. Marcellinus: Libellus precum (383 ob. 384)
c. 10. 20 (Migne t. 13).

[2]) Das Jahr 359 als terminus a quo wird dadurch gewonnen,
daß im Libellus precum der Bischof Hyginus als einer der Anstifter
dieser Gewaltakte bezeichnet wird. Hyginus war der Nachfolger des
um 359 gestorbenen Hosins. Die Verfasser spielen weiterhin auf die
Formel von Rimini (359) an, welche Hyginus unterschrieben hatte.
Die berichteten Thatsachen können also frühestens 360 stattgefunden
haben; aber alle Wahrscheinlichkeit spricht dafür, daß sie später anzu=
setzen sind. Hyginus lebte noch 387 (Gams, Kirchengesch. Spaniens
II, 1 S. 274).

[3]) Priscilliani quae supersunt ed. G. Schepss (Corp. Script.
eccl. lat. vol. XVIII). Tract. I. Liber apologeticus.

und ihre Gläubigen aus. Noch halten sich diese an jene, rufen sie in ihren Nöten an und erweisen ihnen einen Kultus. „Zu Grunde gehen mögen sie samt ihren Göttern." Und sie werden zu Grunde gehen. „Gleich ihren Göttern wird das Schwert des Herrn sie schlagen." In der heiligen Schrift ist ihr Untergang drohend vorgezeigt.[1]) Dieser heftige Ton, der an die Sprache des Firmicus Maternus erinnert, findet zunächst seine Erklärung in der von Priscillian empfundenen Notwendigkeit einer energischen Absage an das Heidentum, mit welchem verläumberische Gerüchte seine Sache in Verbindung gebracht haben müssen, dann aber auch in der noch andauernden Machtstellung der antiken Religion. Einzelheiten weisen deutlich auf die besitzenden, vornehmen und handeltreibenden Kreise als solche, in denen der alte Glaube noch haftete. Hier fand derselbe einen Schutz, den die erstarkende Kirche um so widerwärtiger empfinden mußte, als sie ihn nicht leichtlich zu beseitigen vermochte.

Anderswo[2]) redet Priscillian von der Übung des Auguriums durch „heidnische Seelen." Auch hier sind die Akte als Handlungen solcher gedacht, die einer fremden Kultgenossenschaft angehören.

Die Anziehungskraft der alten Religion war im letzten Jahrzehnt des vierten Jahrhunderts noch so groß, daß Christen, die ihr abgeschworen hatten, zu ihr zurückkehrten und das ausgesetzte Götteropfer wieder vollzogen. Der römische Bischof Siricius nahm mit dem Ausdruck des Ent-

---

[1]) Lib. apol. 15—19 (p. 14 ff.).
[2]) Tract. III, 70 Ende u. 71 Anfang.

ſetzens Kenntnis davon.[1]) Hinter ſolchen Apoſtaſieen ſtand in
jener Zeit, wo immer ſie vorkommen, eine geſchloſſene religiöſe
Gemeinſchaft. So beſtätigen dieſe Vorkommniſſe, was oben
ſich ergeben hatte.

Die Thatſache, daß gegen Ende des vierten Jahrhunderts
in Spanien inmitten einer blühenden Kirche noch der antike
Kultus andauerte, hat ihren geſchichtlichen Untergrund in der
intenſiven Religioſität, welche dieſe Provinz auszeichnete.
Wenn die Aneignung der römiſchen Kultur nicht ſchneller
ſich vollzogen hat als in Gallien, ſo war doch der Prozeß
in Spanien ſchon ziemlich vollendet, als er in Gallien an=
fing. Was an dem Werke der Republik zu thun noch übrig
blieb, vollzog die Politik der Kaiſerzeit.[2]) Spanien galt als
ein durch und durch romaniſiertes Land mit Ausnahme
einiger nördlicher und nordweſtlicher Diſtrikte. Unter Ves=
paſian zählte die Bätica, die am tiefſten römiſches Weſen
in ſich aufgenommen hatte, nicht weniger als 175 Städte,
die Tarraconenſis 179, Luſitania 45. Dieſe Städte trugen
durchaus römiſches Gepräge und waren zum größten Teil
römiſche Gründungen. In dieſer neuen Kultur, die nur in
den nördlichern und nordweſtlichen Gebieten ſpärlicher wurde,
waren die einheimiſchen Götter untergegangen. Allein in
Luſitanien, Galläcien und Aſturien haben ſich in den Städten
die iberiſchen Gottheiten behauptet. „Eine gleich energiſche
ſacrale Romaniſierung weiſt keine andere Provinz auf.“[3])
Inſchriften, Statuen und Tempelbauten übermitteln uns,
daß die neuen Sacra von der Bevölkerung intenſiv erfaßt

---

[1]) Schreiben an Himerius von Tarraco Migne t. 13 p. 1136.
[2]) Mommſen V S. 61 f.
[3]) Mommſen V S. 68 u. dazu C. J. L. II.

wurden.¹) Daraus vor Allem erklärt sich, daß Spanien in der Religionsgeschichte in der Ausbildung und Verbreitung eines Kultus die Führung übernommen hat, welcher die Kaiserzeit eigentümlich charakterisiert, des Kaiserkultus. Bereits 12 v. Chr. erhob sich in Tarraco ein Altar des Augustus; drei Jahre nachher erstand der Tempel auf der Höhe, welche heute die Kathedrale einnimmt. Eine angesehene Priesterschaft versah hier für die Provinz den Kaiserkult, aber daneben bestanden in der Stadt ein munizipaler und ein privater Kultus des kaiserlichen Numen.²) Für Lusitania übernahm Emerita, für Bätica Corduba die Aufgabe. Der neue Kult überzog das ganze Land. In zahlreichen Inschriften hat er Ausdruck gefunden. Noch nach dem Jahre 323 errichtete Jemand, achtlos auf das, was inzwischen im Reiche vor sich gegangen war, dem Numen Konstantins d. Gr. einen Altar.³)

An diesem Punkte und überhaupt an der priesterlichen Organisation muß das Christentum auf starken Widerstand getroffen sein, den es nur allmählich überwand. Erst indem die Kultur erschüttert wurde, in der als ein Stück die römische Religion und ihre Institutionen lagen, wurden diese machtlos und verschwanden. Diese Entscheidung führten die germanischen Stämme herbei, welche seit dem Beginne des fünften Jahrhunderts das von Rom, wenn auch nicht ausdrücklich,

¹) C. J. L. II ed. Em. Hübner Berol. 1869. Derselbe im Bullettino di corrispond. archeol. 1860. 61. 62 u.: „Antike Bildwerke in Madrid. Nebst einem Anhang, enthaltend die übrigen antiken Bildwerke in Spanien u. Portugal." Berl. 1862.

²) Hübner, Römische Herrschaft in Westeuropa, Berl. 1890 S. 167 ff.: „Tarragona."

³) C. J. L. II n. 4106.

so doch thatsächlich aufgegebene Land zu ihrer Beute machten. Auf die Alanen, Sueben und Vandalen, die im Jahre 409 die Pyrenäenpässe durchfluteten, folgte die westgotische Herr= schaft, welche erst nach verheerenden Eroberungskämpfen ge= ordnete Zustände schuf. In diese Zustände, welche die Zeit= genossen als Anzeichen des jüngsten Tages gemahnten,[1] ragte das Römertum als eine Ruine hinein. Ganze Städte sind in jenen Umwälzungen spurlos verschwunden. Der klägliche Bestand des modernen Spanien an antiken Bauten und Bildwerken schreibt sich im Grunde von jenem Jahr= hundert her, wie sehr auch hernach die maurische Okkupation und der Vandalismus der Spanier selbst das Ihrige dazu gethan haben.[2] Die Beschaffenheit des Überkommenen ver= wehrt jeden Schluß auf die religiösen Geschicke des Heiden= tums im fünften Jahrhundert. Die wohlerhaltenen Reste eines Tempels in Merida und das kleine Heiligtum an einer Brücke in der Nähe, das nunmehr als christliche Kapelle dient,[3] könnten z. B. im Sinne eines friedlichen Überganges verwertet werden, wenn nicht doch die Möglichkeit bestände, daß diese Kultstätten gewaltsam ihren Eignern ent= zogen worden seien, ohne selbst der Zerstörung anheimzufallen. Auf letztere deutet ziemlich verständlich die Thatsache, daß christliche Gotteshäuser an Stätten sich erheben, welche einst

---

[1] Idatius, Chron. XVI (Migne t. 51 p. 877).

[2] Das gilt auch von den antiken wie christlichen Inschriften. Daß keine einzige dieser letztern der Zeit vor der Mitte des 4. Jahrh. angehört, die Mehrzahl aber ins 5. und 6. Jahrh. entfällt (von den mittelalterlichen sehe ich ganz ab) hat seinen besondern Grund darin, daß bis heute die unterirdischen Cömeterien Spaniens, auf welche z. B. Kan. 34 u. 35 der Synode von Elvira hinweisen, nicht aufgedeckt sind.

[3] Bull. di corr. archeol. 1862 S. 171 f. 177. — Dazu Jung, Die roman. Landschaften S. 21 Anm. 4 (Ebora).

Tempel einnahmen, wie in Tarraco und Cartagena,[1]) während andererseits die Verwertung antifen Tempelmaterials beim Bau chriftlicher Kirchen keine brauchbare Kunde übermittelt. Auch darf nicht außer Anschlag bleiben, daß ein spanischer Dichter — Prudentius — es war, der in Symmachus den Götterglauben bekämpfte, und daß Spanien nicht nur die Heimat Theodosius d. Gr. war, sondern auch des Mannes, der als kaiserlicher Kommiffar bis tief in den Orient hinein die Kultstätten und Götterbilder zerstörte, des Präfekten Cynegius, den gerade um solchen Thuns willen ein spanischer Annalist mit Stolz als Volksgenoffen nennt.[2]) Doch wie sich die Dinge im Einzelnen gestaltet haben mögen, jedenfalls ist im fünften Jahrhundert die antike Religion in dem Grade in das Chaos der geschichtlichen Ereigniffe, welche den Unter= gang der römischen Kultur herbeiführten, hineingeriffen worden, daß sie seitdem aufhörte oder wenigstens bedeutungslos war.

Auch der römische Bischof Damasus, der in einem ent= scheidungsvollen Augenblicke des Ringens zwischen Heidentum und Christentum eine Rolle spielte, und Orosius, der Ver= fasser einer antiheidnischen Weltgeschichte, stammten aus Spanien. So wird es im Lande an Solchen nicht gefehlt haben, welche aus dem kaiserlichen Gefeße und der neuen Lage ein gewaltthätiges Verfahren herleiteten. Daher haben die Verfaffer der lex Romana Visigothorum (506) das Bedürfnis nicht empfunden, ihren Exzerpta aus dem Theodo= fianischen Codex auch die Verordnungen gegen das Heidentum einzureihen. Denn die scharfe Novelle gegen Juden, Häretifer

---

[1]) Bull. di corr. archeol. 1861 S. 29. Vgl. 1860 S. 153 die Mitteilungen über Barcelona.

[2]) Idatius, Chron. X (p. 875). Vgl. Bd. I S. 258 ff.

unb Heiden[1]) verdankt ihre Aufnahme dem auf das Juden=
tum bezüglichen Inhalte.   In der durch Rekkared veran=
stalteten lex Visigothorum fehlen Beziehungen auf das
Heidentum ganz; dagegen wird die Kirche gerühmt als welche
„die Verschiedenheit der Nationen wie der Menschen mit
einem unsterblichen Gewande überkleidete und mit den
Banden der heiligen Religion an sich fesselte."[2])

In der That stellte die Kirche in dem Zusammensturz
des Alten die unerschütterte Macht dar.   Wie viel sie auch
in der allgemeinen Zerstörung an materiellem Besitz verlor,
ihre Organisation und der darin ruhende oder davon unab=
hängige Einfluß behaupteten sich.   In ihr lebte der römische
Name noch fort, nicht etwa als bloßes Wort, sondern in der
Weise, daß die antike Kultur, welche die Barbaren verwüsteten
und zugleich mit heiliger Scheu betrachteten, in der Kirche
die letzte Zuflucht fand.   Ihre Wissenschaft unb Kunst
trug römisch=provinzielle Art.   Wie Aurelius Prudentius die
poetischen Formen des Altertums in den Dienst der geistlich=
kirchlichen Lyrik stellte, so setzte sich die Technik und Auf=
fassung der antiken Sarkophagbildnerei fort in dem Bilder=
schmuck der christlichen Steinsärge.   In den Inschriften kommt
der Zusammenhang darin zum Vorschein, daß die provinzielle
Verteilung genau der Statistik der römischen Inschriften ent=
spricht.[3])   Der konfessionelle Gegensatz des Arianismus und

---

[1]) Ausgabe der Lex Rom. Visig. von Hänel p. 256 f.

[2]) Lex Visig. XII, 2. 1 (Corp. jur. Germ. ant. ed. Walter
vol. I p. 630). Am Schlusse ist die Rede von einer concordia
religiosae pacis, zu welcher die infideles geführt werden sollen.
Unter infideles sind aber haeretici und Judaei verstanden.

[3]) Die Karten zu C. J. L. II u. Inscript. Hisp. christ. zeigen
es. In letzterer Sammlung (vgl. p. IV d. Vorw.) entfallen 44 In=
schriften auf Lusitania, an 60 auf Tarraconensis und 90 auf Bätica.

Katholicismus, welcher Eroberer und Romanen schied, hat die eindrucksvolle Stellung des letztern nicht verringert. Noch ehe das westgotische Königshaus den arianischen Glauben ab= schwur, wurde die katholische Kirche Spaniens von den Siegern als eine gewichtige Größe behandelt, und nichts bezeugt besser die Bedeutung der Kirche im fünften Jahrhundert als die Beobachtung, daß sie, kaum bereichert durch die Schaaren der Westgoten, im öffentlichen Leben die entscheidende Stimme gewann. In den Staatsconzilien kam ihre Machtstellung glänzend zur Erscheinung.[1]) Wenn also vordem die antike Kultur wohl die Altgläubigen von dem Christentum zurück= zuhalten vermochte, so ging ihre Anziehungskraft jetzt auf die Kirche über und bewährte sich in entgegengesetzter Richtung.

Die noch vorhandene Superstition zu bekämpfen, über= ließ der Staat der Kirche, indeß ihre darauf gerichteten Be= mühungen treten so vereinzelt auf, daß dieses Thun ihr nicht als in hohem Grade notwendig gegolten haben kann. Außer= dem ist das Heidentum, welches gelegentlich ein Einschreiten hervorrief, in der Hauptmasse einheimisches oder germanisches; die antike Religion besteht nur noch in undeutlichen Trümmern.[2]) Lehrreich sind in dieser Hinsicht Vorgänge, die sich im letzten Viertel des sechsten Jahrhunderts in Galläcien abspielten.

In diesem, von den ursprünglich arianischen Sueben behaupteten Gebirgslande verordnete eine bald nach der

---

[1]) Dahn, Die Könige der Germanen VI (Würzb. 1871) S. 369 ff.; bes. S. 430 ff.

[2]) So glaube ich auf germanisches Heidentum beziehen zu müssen, was der Erzbischof Montanus von Toledo in der ersten Hälfte des 6. Jahrh. zu den Ruhmestiteln des Thuribius rechnet: . . . cujus sollertia vel instantia et idolatriae error abscessit et Priscillia= norum u. s. w. (Migne 65 p. 55).

Katholisierung der Bevölkerung im Jahre 572 in Bracara
gehaltene Synode unter Vorsitz des angesehenen Bischofs
Martinus dieser Stadt, daß die Bischöfe in öffentlicher Ver=
sammlung in der Kirche die Gemeinde ermahnen sollen, den
„Irrtum der Idole" zu fliehen.[1]   Um diese Anweisung
erfolgreich durchzuführen, erbat sich der Bischof Polemius
von Asturica von Martinus „zur Belehrung der Bauern,
welche noch in dem alten heidnischen Aberglauben befangen
sind und ihre religiöse Verehrung mehr den Dämonen als
Gott zuwenden," eine schriftliche Darlegung des „Ursprungs
der Idole und ihrer Schändlichkeiten."   Sie sollte im Sinne
des Bittstellers als Predigt bei der oben genannten Gelegen=
heit dienen.   Der Metropolit von Bracara kam diesem Wunsche
nach, mit der Vorbemerkung, daß er den „ungeheuern Stoff"
knapp zusammenfasse und eine dem Verständnis der Bauern
zugängliche Ausdrucksweise gebrauche.[2]   Mag letzteres ge=
lungen sein, so hat der Bischof die Wirkung seiner Bauern=
predigt jedenfalls dadurch erschwert, daß er das in seinem
Besitze befindliche Material in griechisch-römische Anschauung
und Praxis hineingezogen und auf diese Weise fremdartig
und unverständlich gemacht hat.   So selbstverständlich die
Fortdauer antiker und keltischer Superstition neben der
germanischen in Galläcien ist, so ist eine genaue Scheidung
der Teile ausgeschlossen, weil diese zu einem verworrenen
Bilde mit antikem Colorit zusammengeschlossen sind.[3]   Wert=

---

[1] Syn. Bracar. (a. 572) c. 1: . . . episcopi . . . convocata
plebe ipsius ecclesiae doceant illos, ut errores fugiant idolorum u. s. w. (Mansi IX, 838).

[2] Martin von Bracara: de correctione rusticorum,
herausgeg. von Caspari, Christiania 1883. Vgl. I, 403 ff.

[3] S. die gründlichen Nachweisungen von Caspari a. a. O.
p. XCII Anm. 2 u. in den Erläuterungen zum Texte.

voller sind daher die der Polemik vorhergehenden Aus=
führungen, in welchen die Verehrung der Götter seitens der
Bauern als der Vergangenheit angehörig bezeichnet wird.
Was davon noch vorhanden ist, ist superstitiöse Übung inner=
halb der Kirche. Dieselbe muß damals auch sonst in Spanien
lästig empfunden worden sein, denn das bedeutungsvolle Kon=
zil von Toledo v. J. 589, vor welchem der westgotische König
Rekkared sein katholisches Glaubensbekenntnis ablegte, be=
schäftigte sich gleichfalls damit. Es stellt fest, daß durch
ganz Hispanien und Gallien (gemeint ist der dem Westgoten=
reich eingegliederte Teil Südgalliens) das Sacrileg der Idolo=
latrie fest gewurzelt sei, und ordnet energische Maaßregeln
dagegen an. Geistliche und weltliche Organe sollen dabei
zusammenwirken. Namentlich wird das Land als infiziert
bezeichnet.[1] Aber gerade dadurch wird auch hier germanisch=
keltisches Heidentum angezeigt. Es liegt im Wahrscheinlichen,
daß in Spanien der zugleich germanisch=nationale Arianis=
mus dem heidnischen Volksglauben gegenüber eine große
Duldsamkeit bewies. Von einem Gesandten des Königs
Leovigild, der an den fränkischen Hof reiste, mußte Gregor
von Tours am Schlusse einer theologischen Disputation zu
seinem Ärgernis hören, daß bei den Westgoten der Spruch
gehe: „es schadet nichts, wenn du an Altären der Heiden
und an Kirchen Gottes vorüberschreitend vor beiden dein
Haupt entblößest." [2] Diese Rücksicht fiel für die romanischen
Katholiken weg. Daher trat im suebischen Galläcien wie

---

[1] Concil. Tolet. (a. 589) c. 16: quoniam per omnem
Hispaniam sive Galliam (die Var. Gallaeciam ist unzulässig)
idololatriae sacrilegium inolevit u. s. w. (Mansi IX, 996).

[2] Gregor. Turon. H. F. V, 44.

im Westgotenreiche eine Reaktion ein, in jenem bald, in diesem sofort nach der Katholisierung.

Dieses Vorgehen traf in seiner Konsequenz auch die antike Superstition. Sie lebte noch fort, wenn auch nicht in der Kraft und dem Umfange des volkstümlichen Aberglaubens. Noch im siebenten Jahrhundert muß den Klerikern — darunter auch Bischöfe — unter Androhung ewiger Klostereinsperrung der Gebrauch römischer Divinationsformen untersagt werden.[1]) Doch nirgends läßt sich seit der Überschwemmung des Landes durch die germanischen Eroberer auch nur eine Spur der Fortdauer antiker Kultgemeinschaften erkennen. Was die Verwüstung von der alten Religion übrig ließ, amalgamierte sich mit christlichen und kirchlichen Anschauungen und behauptete dadurch seine Existenz.

---

[1]) Concil. Tolet. (a. 633) c. 29 (Mansi X, 627); vgl. Conc. Tolet. a. 693 c. 2.

IV.

Die nordafrikanischen Provinzen.

Als die Kirche in den Besitz des konstantinischen Friedens
kam, waren die nordafrikanischen Provinzen durch einen inner=
kirchlichen Zwist zerrissen. Die sog. donatistische Bewegung,
in welcher alte schwarmgeistige Ideen an neuen Vorgängen
sich belebten, hatte Klerus und Gemeinden in zwei Heerlager
geschieden, die mit dem Kampfesrufe Deo gratias oder Deo
laudes sich anspornten. Dabei kommt zum erstenmale in deut=
lichen Umrissen das Bild einer weitverzweigten, fest organi=
sierten und kräftigen Kirche vor das Auge. Bereits i. J.
330 vermochte die donatistische Partei 270 Bischöfe zu einer
Synode zusammenzubringen. Noch etwa achtzig Jahre nachher,
nachdem der Druck der kaiserlichen Politik sie beschwert und
gehemmt hatte, stellten sie in einer öffentlichen Disputation
den 286 katholischen Bischöfen dennoch noch 279 der Ihrigen
entgegen. Die Majorität, welche hier die Großkirche auf=
weist, ist schwerlich weit vor dem Ende des vierten Jahr=
hunderts gewonnen worden. Aber auch in der Blütezeit des
Donatismus werden die katholischen Bischöfe an Zahl nicht
.viel hinter ihnen zurückgestanden haben. Das weist auf eine
weite Ausspannung der bischöflichen Organisation in diesen
Provinzen.

10*

Über die landschaftliche Verteilung der Episkopate giebt ein Verzeichnis der orthodoxen Bischöfe[1]) Auskunft, die an einem durch den Vandalenkönig Hunerich veranstalteten Religionsgespräch sich beteiligten (484). Die größte Gruppe entfällt auf das prokonsularische Afrika, das politische und kulturelle Centrum des gesamten römischen Besitzes. Daneben steht in geringer Abstufung Numidia; in größerer Mauretania. Die altchristlichen Inschriften[2]) bezeugen dieselbe Situation. Schwerlich ist sie hundert Jahre früher eine andere gewesen. Denn sie ist nicht das Ergebnis eines bestimmten Willens oder eines Systems kirchlicher Art, sondern wurzelt in den allgemeinen Verhältnissen der Landschaften. Aus dem erwähnten Verzeichnis und nicht minder aus den kirchlichen Monumenten läßt sich ersehen, wie die bischöflichen Sitze in die römischen Städte gelegt sind. Daher besteht zwischen den Städten und den Episkopaten ein bestimmtes numerisches Verhältnis, und in den Städten ist die letzte Entscheidung gefallen. Hier fand das Christentum länger als in der Bevölkerung an den angesehenen Priestertümern Widerstand, die zum Teil mit städtischen Ämtern kombiniert waren. Wenn ein Magistratsalbum von Thamugadi in Numidien aus den letzten Jahren des Constantius oder bald nachher unter 72 Personen allein 47 Priester nennt,[3]) so sind damit, sei es auch durch ein außergewöhnliches Beispiel, diese eigentümlichen Zustände treffend

----

[1]) Sog. Notitia provinciarum et civitatum Africae (Vict. Vit. Hist. persecut. ed. Petschenig Vind. 1881 p. 117 ff.).

[2]) C. J. L. VIII: Jnscriptiones Africae lat ed. Wilmanns. Berol. 1881 a. v. Do.

[3]) C. J. L. VIII n. 2403. Dazu Ephem. epigr. III S. 77 ff. die Bemerkungen von Mommsen.

beleuchtet. Darin wurzelte die Dauerhaftigkeit und der Ein=
fluß dieser Priestertümer. Noch unter den christlichen Kaisern
nach Julian traten ihre Titel ungescheut in die Öffentlichkeit.[1]
Noch am Anfange des fünften Jahrhunderts wurde eine
kaiserliche Verfügung für notwendig erachtet, um dem Einflusse
der Priestertümer auf die religiöse Lage entgegenzutreten.[2]
Auch der Kaiserkult setzte vorläufig nicht aus. Die Magistrate
von Furni und von Sicca errichteten dem Valentinian je
einen Altar. Auch Private bezeichneten sich noch öffentlich als
Verehrer des kaiserlichen Numen.[3]

Deutlicher werden diese Verhältnisse durch die Äußerungen
und Handlungen eines Mannes, der in seine umfassende
wissenschaftliche und praktische Thätigkeit auch die Ver=
nichtung des Heidentums als eine wichtige Aufgabe hinein=
genommen hatte,[4] des Bischofs Augustinus von Hippo
Regius in Numidien. Von Geburt Afrikaner, in Madaura
und Karthago gebildet und hernach in der genannten Stadt
nach einem kurzen Presbyterate 34 Jahre lang bis zu seinem
Tode (430) Bischof, wäre er wohl in der Lage, ein ge=
wichtiger Zeuge zu sein, auch wenn sein Interesse nicht über
seine nächste Umgebung hinausgegangen wäre. In Wirklich=
keit aber überspannte es die gesamte afrikanische Kirche, die
ihrerseits in ihm ihre höchste geistliche Auctorität und den
zuverlässigsten Berater wußte. Auch Einzelheiten, die fern

---

[1] C. J. L. VIII n. 5335. 5337. 1636. Vgl. auch die In=
schrift des Prokonsuls Festus Hymetius (etwa 368), in welcher dieser
gerühmt wird, quod studium sacerdotii provinciae restituerit,
C. J. L. VI, 1 n. 1736.

[2] Cod. Theod. XVI, 10, 20 (a. 415); vgl. XII, 1, 60 (f.
auch Bd. 1, 374 f.).

[3] C. J. L. VIII n. 10609. 1636. 10489. 8324 u. f.

[4] Possidius, Vita August. c. 18.

von seinem Bischofssitze sich abspielten, hat Augustin auf diese Weise miterlebt, und seine Schriften sind die wichtigste Quelle afrikanischer Kirchengeschichte.

Der Gesamteindruck Augustins war, daß die alte Religion nur noch in Trümmern da sei; ja, das ist nach seiner Versicherung auch die Überzeugung der Heiden. „Die Herrschaft der Idole, die Herrschaft der Dämonen ist gebrochen." Früher konnte man den Ruf der Heiden hören: „weg mit dem Christennamen von der Erde." Jetzt aber „ist ein Teil gläubig geworden, ein Teil zu Grunde gegangen und nur wenige Furchtsame sind übrig geblieben." Denn Furcht ist die Grundstimmung der Altgläubigen, so daß auch Stolze dieser Welt gleich den Vögeln unter dem Himmel im Schatten des Baumes Schutz suchen, der aus dem Senfkorn emporgewachsen ist.[1]) Aber auch die Bauern vom Lande kommen, Andere aus den Wäldern, der Wüste, den fernen Gebirgen und begehren Taufe und Kleriker. Täglich kommen sie. In den Städten und Castellen, in den Dörfern und Villen geht die Bekehrung vor sich.[2]) Darin erfüllt sich der Wille Gottes, der die Vernichtung jeglichen Götzendienstes fordert und „zum großen Teil bereits vollzogen hat." In diesem Sinne schritten die christlichen Kaiser ein, und der Erfolg dieser Maaßnahmen ist, „daß fast auf der ganzen Erde die Tempel zerstört, die Idole gemindert und die Opfer gehemmt werden." Der Götzendienst verwirkt Strafe. Es kostet schon Mühe, zu

---

[1]) De catech. rud. c. 48: . . . dolent eo nomine (christiano) occupatum esse orbem terrarum; Enarr. in Ps. 98 c. 14; in Ps. 137 c. 14; Sermo 62 c. 9: paganos reliquos colligi volumus; (reliquiae, reliqui finden sich auch sonst bei Aug. auf die Heideu angewandt). [Die Citate nach Migne.]

[2]) Enarr. in Ps. 134 c. 22; De vera rel. c. 5.

opfern und Statuen aufzurichten, da Verborgenheit dazu
nötig ist. Und wenn das Vergehen entdeckt wird, sind die
Thäter eifrig zu läugnen aus Furcht vor Ahndung. „Solche
Diener hatte der Teufel.“[1] Neben der Furcht wirkten
egoistische Motive niederer Art, die bei Massenbekehrungen
nie fehlen. Auch außergewöhnliche Ereignisse, welche aber=
gläubische Gemüter zu erschrecken geeignet waren, führten der
Kirche Katechumenen zu, wie ein heftiges Erdbeben im Jahre
419, infolge dessen im mauretanischen Sitifis an Zweitausend,
von Schrecken erfaßt, die Taufe begehrt haben sollen.[2]

Es war unzweifelhaft, daß die Geschichte zu Gunsten
des Christentums entschieden hatte. Von dieser Erfahrung
aus erhob sich Augustin zu einer höhnenden Apostrophe an
die Besiegten. Mehr als Juno vermag eine schwache christ=
liche Alte, mehr als Herkules ein an allen Gliedern zitternder
Christengreis. Herkules überwand den Cacus, den Löwen,
den Cerberus, aber der heilige Fructuosus überwand die
ganze Welt.[3] Anderswo freilich gesteht der Bischof, daß es
Christen giebt, die Gott fahren lassen und Merkur, Jupiter
oder die Cälestis anrufen, wenn sie in Nahrungsnot geraten.[4]

---

[1] Sermo 24 c. 6; Epist. 97 c. 26; Contra epist. Parmen.
I, 15: ut paene toto orbe terrarum eorum templa evertantur,
idola comminuantur, sacrificia subtrahantur. Sermo 163 c. 2;
De cons. Evang. I c. 42: nunc certe quaerunt, ubi se abscon-
dant, cum sacrificare volunt vel ubi deos ipsos suos retrudant,
ne a Christianis inveniantur et frangantur; En. in. Ps. 140 c. 20.
[2] De catech. rud. c. 26; Sermo 19 de versu 5. Ps. 50
c. 6: vgl. zu letzterm Marcell. comes Chron. a. 419.
[3] Sermo 273 c. 6.
[4] Enarr. in Ps. 62 c. 7. Auf einer Inschrift in Mascula
(Numidien) werden Cälestis, Saturnus, Merkur und Fortuna als
dii juvantes bezeichnet (C. J. L. VIII n. 2226).

Indeß sein Urteil geht auf die allgemeine Lage, nicht auf
Einzelheiten. Doch mehr als er sich vielleicht bewußt war,
läßt sich aus seinen Worten erschließen, daß die Massen in
der Kirche noch nicht der Einwirkung des alten Glaubens
sich entzogen hatten. Totenopfer und Bilderdienst dauern
unter ihnen noch fort. Augurn und Haruspices erfreuen sich
gleicher Beliebtheit wie die Mimen. Voll sind die christlichen
Versammlungen von solchen, denen Zukunftserfragung und
Tagewählerei feste Gepflogenheit ist. Die Götzenopfermahle
zählen auch christliche Gäste. Leute, welche an christlichen
Feiertagen die Kirche besuchen, stellen sich bei heidnischen
Festlichkeiten im Theater ein. Unter dem Titel Totsünde
steht auch der Götzendienst.[1]

Solche Zustände wären nicht denkbar, wenn nicht in
und neben den Gemeinden die väterliche Religion mit vollem
oder abgeschwächtem Gehalte gestanden hätte, von welcher
jene Dauer und Anregung empfingen. Augustin bestätigt
dies und läßt die Existenz einer zwar aus verschiedenartigen
Elementen gemischten, aber in der Grundtendenz einigen
Gruppe erkennen, welche die neue Religion hartnäckig ab=
lehnte. In der gebildeten Gesellschaft hatte sie ihren eigent=
lichen Halt; durch die städtische Aristokratie gewann sie den
Glanz der Vornehmheit, durch das Gelehrtentum den Ruhm
der Wissenschaft. So versieht man, daß Augustin Dankes=
hymnen anstimmen zu müssen meinte, als aus dieser Sphäre
zwei Übertritte erfolgten,[2] und er hat seine Propaganda
gern dorthin gerichtet. Dahinter stand je nach den örtlichen

---

[1] De morib. eccl. cath. I, 75; De catech. rud. c. 48;
Sermo 9 c. 17; Ad Galat. c. 4 n. 35; Sermo 62 c. 9; De catech.
rud. c. 48; De fide et oper. c. 34.

[2] Epist. 227.

Verhältnissen ein größerer oder geringerer Teil der Bürger=
schaft bis herab zu den untersten Schichten, ein Ausschnitt
aus der allgemeinen Bevölkerung, der in manchen Städten
sich stark und geschlossen genug fühlte, um als eine eigene
Gruppe aufzutreten.[1]

In diesen Kreisen lebten die alten Verdächtigungen und
Anklagen gegen das Christentum und Zweifel und Spott da=
rüber noch fort: es sei eine Religion, in der Alles auf vagen
Glauben hinauslaufe; kein Staatswesen könne bei der Moral
des Christentums bestehen, Christus verrichtete seine Wunder
mit magischen Kräften, der Ruin des Reiches habe in dem
Aufkommen der neuen Religion seine Ursache, wie auch die
christlichen Kaiser den Staat zum Unheil regierten. Ein
angebliches Orakel, welches den Untergang des Christentums
nach Ablauf von 365 Jahren fixierte, fand gläubige Zu=
stimmung.[2] Die alten Götter behaupteten noch ihren Platz
im religiösen Leben, sei es in idealisierter Auffassung, sei es
in der populären Vorstellung. Statuen, Tempel, Altäre,
Inschriften bezeugten ihre Fortdauer, obwohl die von Dona=
tisten wie Katholiken mit gleichem Eifer betriebene Ver=
nichtungsarbeit in vollem Gange ist.[3] An einzelnen Vor=
gängen traten diese Konflikte deutlich hervor.

---

[1] Sermo 197 u. 198 de calend. Januar.; Sermo 361 c. 19:
festos illos . . . quos pagani celebrant. Die Belege lassen sich in
großer Zahl beibringen.

[2] Enarr. in Ps. 30 III c. 5 das allgemeine Urteil: quotidie
clamant contra Christianos, maxime humiles, quotidie blas-
phemant, quotidie latrant. — De fide rerum, q. n. vid. An=
fangsworte; Epist. 102. 136; Sermo 43 c. 5; Enarr. in Ps. 80
c. 1; De civitate H, 3 (dasselbe Thema auch sonst bei August. be=
handelt); De civitate XVIII, 53.

[3] Epist. 47 c. 3 (Wende des 4. und 5. Jahrh.); Contra
epist. Parmen. I, 9, 16.

Vielleicht die Hauptgottheit des Landes auch in römischer Zeit war die Dea Cälestis, die phönikische Astarte, welche die Punier dorthin gebracht hatten samt dem ihr zustehenden ausschweifenden Kultus. Sie besaß in großer Anzahl Priester= schaften, Tempel und Altäre. In Sitifis wurde im Jahre 236 ein Altar „auf Befehl der heiligen Himmelsgöttin" errichtet.[1]) In Safar im cäsariensischen Mauretanien stellten Ritter den Tempel der „großen jungfräulichen Göttin" her.[2]) Auch in Madaura hatte sie ein Heiligtum.[3]) Die Inschriften erwähnen sie häufig.[4]) Ihr berühmtester Tempel stand in Karthago, wo auch eine prächtige Straße ihren Namen führte. Der große Umfang dieses heiligen Bezirkes und die Pracht seiner Bauten hatten weithin einen Namen. Daher mußte die in den Besitz der Macht gelangte Kirche hier zu= erst einen Vorstoß versuchen. Es scheint, daß sie schon früh die Schließung des Heiligtums erreichte. Gegen Ende des vierten Jahrhunderts war es bereits mit Gebüsch bewachsen. Mit ängstlichen und begehrlichen Blicken sahen die beider= seitigen Religionsangehörigen auf das berühmte Werk. Noch hatten die Heiden nicht die Hoffnung aufgegeben, es dereinst wieder für den alten Kult zu gewinnen, da ließ — die be= sondere Veranlassung ist unbekannt — der Tribun Ursus die Gebäude niederlegen; aus dem heiligen Bezirke wurde eine Begräbnisstätte. Die Via Cälestis verwüsteten hernach die Vandalen.[5]) Augustin weiß die Zerstörung des Tempels

---

[1]) C. J. L. VIII n. 8433.

[2]) Ebend. n. 9796.

[3]) Ebend. n. 4673. 4674.

[4]) Z. B. n. 859. 993. 1318. 999. 1360. 2226. 2592. 4286. 6939. 6943. 8239. 8241.

[5]) Pseudo-Prosper Aquit. De promiss. et praed. III, 38 (vgl. Bd. I, 351 f.). Der Erzähler berichtet als Augenzeuge. Merk=

als einen längst vollzogenen Akt. Ja, er kann höhnend
fragen:[1] „Wo ist jetzt die Herrschaft der Cälestis?" Indeß
weiß er doch auch von solchen, welche, obwohl Christen, noch
einen halben Glauben an die Dea Cälestis haben und es
auf die Probe ankommen lassen, ob sie oder der Christengott
hülfbereiter sei.[2] Darin liegt nichts Außergewöhnliches, wohl
aber in dem, was der gallische Bußprediger Salvian über
das Fortleben der himmlischen Göttin zu berichten weiß.
Mit Entrüstung teilt er mit, daß die afrikanischen Christen
fortgefahren hätten, der Cälestis religiöse Verehrung zu erweisen. Jene im Herzen kamen sie zum Altare Christi und
befleckten sich mit der Schmach des Sacrilegs. Zwei Herren
dienten sie. „Sehet das war der Glaube der Afrikaner, in-
sonderheit der Vornehmen, das war ihre Religion, ihr Christentum."[3] Wie Salvian diesen Götzendienst, den er vorzüglich
in aristokratischen Kreisen voraussetzt, meinte, ist nicht klar.
Wahrscheinlich war es die Teilnahme an Götzenopfermahl-
zeiten, die ihn zu diesem erregten und arg übertreibenden
Urteile veranlaßte.[4] Andererseits könnte man sich kaum
vorstellen, daß die durch alte Tradition geheiligte, mit den

---

würdigerweise ist die Dea Caelestis nur auf einer einzigen kartha-
gischen Inschrift erwähnt (C. J. L. a. a. O. n. 999).

[1] Sermo 105 c. 12: Karthago bleibt in nomine Christi et
olim eversa est Caelestis. — In Ps. 98 c. 14: Regnum Caelestis
quale erat Carthagini! Ubi nunc est regnum Caelestis?

[2] In Ps. 62 c. 7.

[3] Salvian. De guber. dei VIII, 2.

[4] Der eine Satz (a. a. O. §. 11): quis enim non eorum,
qui Christiani appellabantur, Caelestem illam aut post Christum
adoravit aut, quod est pejus multo, ante quam Christum? —
genügt, um zur Vorsicht zu mahnen in der Verwertung dieser Aussagen. Der Abschnitt ist voll Übertreibungen.

Geschicken des Landes auf das engste verbundene und als spezifisch afrikanische Gottheit hochangesehene himmlische Jungfrau so schnell dem Glauben und der Erinnerung hätte entschwinden können. Man könnte vermuten, daß der Marienkultus in diesen Provinzen von dorther Züge und Vorstellungen genommen habe.

Die Thatsache, daß das berühmteste Heiligtum in Nordafrika geschlossen und dann zerstört werden konnte, läßt erkennen, daß in der Hauptstadt die Altgläubigen schon lange in die Minderzahl gekommen waren. Zu Augustins Zeit haben sich beide Parteien noch einmal um einen Herkules und seinen Bart erhitzt,[1]), doch war es längst außer Frage, daß Karthago als eine christliche Stadt anzusehen sei.[2])

In den übrigen Städten entwickelten sich nicht überall die Verhältnisse gleich günstig. Aus dem südlich von Hippo Regius hart an der Grenze des prokonsularischen Numidien gelegenen Madaura, von deren einstigen Bedeutung heute noch ansehnliche Trümmer zeugen,[3]) kam ein Schreiben des Grammatikers Maximus, vielleicht in den neunziger Jahren, an Augustin, den an diesen seinen einstigen Studienort feste Bande der Erinnerung knüpften,[4]) worin im verächtlichen Tone eines über den ordinären Götterglauben erhabenen Weisen über das Christentum abgeurteilt und die hehren

---

[1]) Sermo 24 c. 6.
[2]) Sermo 105 c. 12.
[3]) Archives des missions scientifiques et littéraires IIIième Série tome 2 S. 471.
[4]) Epist. 232 c. 7 redet er heidnische Madaurenser an: fratres mei et parentes mei Madaurenses. Der ganze Brief bezeugt bei aller Schärfe seines Inhaltes diese Anhänglichkeit.

Göttergestalten des Altertums mit den barbarische Namen tragenden christlichen Märtyrern in Vergleich gestellt werden. Der Briefschreiber vermag rühmend auf das mit zahlreichen Götterstatuen besetzte Forum hinzuweisen. Er hebt die Öffent= lichkeit des den Göttern gewidmeten Gebets= und Opferdienstes hervor. Jedermann sieht es und billigt es.[1]) Auch Augustin kennt diese Öffentlichkeit, aber er weiß auch in seiner Er= innerung von einem geheimen Kultus des Liber und von bacchischen Aufzügen, an denen sogar Decurionen und Pri= maten sich beteiligen.[2]) Um so mehr mußte es das Er= staunen des Bischofs erregen, daß in der Angelegenheit eines gewissen Florentinus ein Magistratsschreiben von Mabaura an ihn kam, welches mit einem christlichen Gruß anhub. Und doch mußte der Empfänger, daß die Absender wie zuvor Götzendiener waren und in der Stadt in den Tempeln wie in den Herzen die Götter noch ihren Platz behaupteten.[3]) Aller= dings gab es dort auch, wie aus dem ersten Briefe Augustins hervorgeht, eine christliche Gemeinde. Der Bischof derselben wird um die Mitte des vierten Jahrhunderts genannt.[4]) Wann das Heidentum hier gebrochen wurde, wissen wir nicht.

---

[1]) Epist. 16 c. 1: At vero nostrae urbis forum salutarium numinum frequentia possessum nos cernimus et probamus. — c. 3: Nos etenim deos nostros luce palam ante oculos atque aures omnium mortalium piis precibus adoramus et per sua-ves hostias propitios nobis efficimus et a cunctis haec cerni et probari contendimus.

[2]) Epist. 17. Diesen Kult des Liber bezeugt die Inschrift C. J. L. VIII n. 4681 (Lenaei pat [ris] cultor fel [ixque?] sac [erdos]); ebenso n. 4682 (sacerdos Liberi patris). Auch in dem benachbarten Thubursicum hatte der Gott Priester (n. 4887. 4883).

[3]) Epist. 232. Der Gruß lautete: Patri Augustino in Do-mino aeternam salutem.

[4]) Concil. Carth. a. 345—348 (Mansi III, 148).

Ähnliche Verhältnisse treten uns in Calama im pro=
konsularischen Numidien entgegen, wo noch unter Valen=
tinian I der Curatur der Colonie Basilius Flaccianus sich
in öffentlichen Inschriften als Augur bezeichnete.[1] Die von
einem Bischofe geleitete christliche Gemeinde stand in der
Colonie so sehr im Hintergrunde, daß das in der städtischen
Beamtenschaft und in der Aristokratie geschützte Heidentum
entgegen den staatlichen Verordnungen mit öffentlichen Auf=
zügen hervortreten konnte. Bei einer solchen Gelegenheit
kam es in der Nähe der christlichen Basilika zu einem Kon=
flikte, in welchem die Kirche demoliert und ein Christ ge=
tötet wurde. Kaum entging der Bischof der Wut des heid=
nischen Pöbels. Die Bemühungen der schuldigen Partei, die
Angelegenheit in einem gütlichen Vergleich zu erledigen, ent=
sprangen der Besorgnis vor einem strengen Einschreiten der
Regierung.[2] Die abweisende Haltung des als Vermittler
aufgerufenen Augustin läßt vermuten, daß diese Vorgänge
als Veranlassung genommen wurden, die Macht des Götter=
glaubens in Calama definitiv zu brechen.

Mit größerer Gewißheit läßt sich dies von einer blutigen
Episode in der Stadt Sufes in der Byzacena annehmen, die
als einzigartiges Ereignis in der Geschichte des Unterganges
des Heidentums in diesen Provinzen steht. Die Christen
vergriffen sich an einer Herkulesstatue, an die sich eine be=
sondere Verehrung geknüpft haben muß. Daraus entspann

---

[1] C. J. L. VIII n. 5335. 5337
[2] Epist. 90. 91. Die Inschriften C. J. L. VIII p. 522 ff.
Diese nennen neben Pontifices, Augurn und Flamines, Priester des Nep=
tun, vielleicht auch des Herkules und der Tellus. Ein Bischof von
Calama wird zuerst genannt i. J. 305 (Mansi I, 1248). Später
hatte Possidius, der Biograph Augustins, das Bistum inne.

sich ein wilder Kampf, in welchem sechzig Christen das Leben
verloren. Wie viel Heiden getötet sind, verschweigt Augustinus
in seinem kurzen Briefe an den Magistrat von Sufes,[1]) doch
er drückt sich so aus, daß man eine gewisse Verschuldung der
Christen an dieser Katastrophe leicht errät. Auch hier werden
Magistrat und Aristokratie in der Gegnerschaft des Christen=
tums vorausgesetzt; leider läßt sich nicht erkennen, welche der
beiden Religionen die meisten Anhänger zählte. Wahrscheinlich
ist die numerische Differenz nicht groß gewesen. Die An=
klage des einflußreichen Bischofs: „Bei Euch sind die römischen
Gesetze begraben, und der Schrecken gerechten Gerichts ist zum
Spott gemacht," läßt einigermaßen auf das, was als Strafe
erfolgt sein mag, schließen. Die Vernichtung der Tempel
und Götterbilder dürfte damals erfolgt sein.[2]) Mit dieser
Drohung verbindet er das höhnische Anerbieten, ihnen einen
andern Herkules meiseln zu lassen. „Metall ist da, auch an
Stein fehlt es nicht."

Was hier im Rahmen der engern Geschichte einiger
Städte sich vollzieht, ist nur ein Ausschnitt aus der Gesamt=
geschichte des untergehenden Heidentums. In scharfer Spannung
standen die Gemüter dieses leidenschaftlichen Volkes einander
gegenüber. Die alte Religion ist hier nicht widerstandslos
abgestorben, sondern in heftigem Ringen überwunden worden,
denn sie war auch im vierten Jahrhundert auf diesem heißen
Boden nicht bloß eine äußere Form, sondern wurzelte in

---

[1]) Epist. 50. In der überlieferten Überschrift ist coloniae
Suftectanae zu verbessern in col. Sufetanae nach C. J. L. VIII
n. 262. 258.

[2]) August. a. a. O. berichtet, daß Blut geflossen sei in plateis
ac delubris vestris; demnach standen in Sufes die Tempel noch, und
der Kampf hat sich zum Teil in ihnen abgespielt.

den Gemütern.[1]) „Gott will es," war die Selbstrecht=
fertigung der Christen. Der Einwand, daß Christus Gewalt=
thaten nicht gefordert habe, ließ sich mit Sprüchen des Alten
Testaments niederschlagen.[2]) Indeß trotz dieses erbitterten
Krieges sind in den Städten und auf dem Lande, wie die
Christen selber sich gestanden, Götterbilder und Altäre noch
zahlreich anzutreffen. Sogar fremdländische Göttergestalten
mit Hund= und Stierkopf sind oder waren wenigstens vor
nicht langer Zeit in Tempeln noch zu finden.[3]) Ein ängst=
licher Christ sieht sich noch häufig vor ernste Bedenken ge=
stellt. Auf dem Markte kann ihm Götzenopferfleisch vorgelegt
werden oder er kauft Früchte, die in einem Priester= oder
Tempelgarten gewachsen sind. Soll er davon genießen? In
den Bädern trifft er Anzeichen vollzogenen Opfers oder es
kann der Fall eintreten, daß in dem Wasser, welches er
benutzt, kurz vorher eine heilige Waschung stattgefunden hat.
Man kann auf der Reise Tempel antreffen, in denen der
alte Kult ungestört weiter sich vollzieht, heilige Quellen, in
die ein Opfer gesenkt ist, geweihte Haine — kurzum es bietet
sich leicht und oft Gelegenheit, die proscribierte Religion noch
in voller Funktion zu beobachten.[4]) Nur unter zähem Wider=
stande ließ sich die Bevölkerung die alten religiös=volkstüm=
lichen Feste entreißen oder umformen; Staatshilfe mußte
dazu aufgeboten werden.[5]) Augustin war selbst in seiner

---

[1]) Die Inschriften stellen dies hinreichend fest. Vgl. auch Annali
dell'Instituto di corrisp. archeol. 1860 S. 80 ff. u. 1866 S. 28 ff.

[2]) De cons. Evang. I c. 47.

[3]) Sermo 62 c. 17; 197 c. 1.

[4]) Epist. 46. Vgl. dazu die Beschlüsse der karthag. Junisynode
v. J. 401 (Mansi III, 766) c. 2.

[5]) Cod. Theod. XV, 6, 1; Mansi III, 766 f.; (vgl. Bd. I,
348 ff.).

Jugend Zeuge gewesen, wie Göttern und Göttinnen zu Ehren in Karthago öffentliche Spiele gefeiert wurden; und als er einstmals als junger Gelehrter zu einem Wettstreite ging, bot ihm ein Haruspex gegen Honorar die Hilfe eines Thieropfers an.[1]) Auch in Krankheitsfällen erweist sich das verbotene Opfer den Christen verführerisch.[2])

Dieselbe Sachlage ergiebt sich aus den Warnungen vor Götzendienst und der Bekämpfung desselben. Das Buch über den Gottesstaat ist nicht zu verstehen ohne die Voraussetzung einer Fortdauer der alten Religion im Glauben der Gebildeten. Das Hinsterben des Götterglaubens war mit den Händen zu greifen, aber die sich auflösende Masse erschien den Christen in dem Maaße groß, als ihre Ungeduld und ihr Selbstbewußtsein wuchsen. Sonst bleibt unverständlich die eindringliche Bitte Augustins an den eben zu einflußreicher Stellung erhobenen kaiserlichen Günstling Olympus, für schleunige und gründliche Ausführung der auf die Vernichtung der Götterbilder bezüglichen Gesetze Sorge zu tragen.[3]) Aber er hat ein andermal den Feuereifer der Seinen mit der Mahnung zurückgehalten, daß die Idole erst in den Herzen umgestürzt werden müßten.[4]) Diese doppelte Methode bestimmte sich nach den Objekten, auf die sie anzuwenden war. Wo in den Städten der Magistrat und die tonangebenden Familien ihren ganzen Einfluß zur Erhaltung

---

[1]) De civit. II, 4; Confess. IV, 2.

[2]) Sermo 318 c. 3: aegrotat fidelis et ibi est tentator. Promittitur illi pro salute illicitum sacrificium, noxia et sacrilega ligatura, nefanda incantatio, magica consecratio promittitur.

[3]) Bd. I, 364 f.

[4]) Sermo 62 c. 17.

des alten Kultus aufboten, meinte man die Staatshülfe in
Bewegung setzen zu müssen. Wo jener Hinterhalt fehlte,
glaubte man allein fertig werden zu können.

Mit allen Mitteln, welche die Leidenschaftlichkeit der
afrikanischen Christen, die feste bischöfliche Organisation und
die staatliche Gesetzgebung boten, scheint die Kirche bald nach
Beginn des fünften Jahrhunderts den Kampf in großem
Umfange organisiert zu haben. Konstantinische Erinnerungen
wurden darin wieder lebendig. Die bedeutsamen Worte:
„In diesem Zeichen wirst Du immer siegen" waren wieder
zu lesen,[1] also auch wohl zu hören, und Psalmworte, welche
auf dieses Ringen sich beziehen ließen, wurden zu Kampfes=
rufen.[2] Im Jahre 401 haben zweimal karthagische Synoden
den Beschluß gefaßt, wegen Durchführung der heidenfeind=
lichen Edikte bei dem Herrscher vorstellig zu werden, ein Be=
weis, daß man entschlossen war, den Kampf zu Ende zu
führen.[3] Seitdem ist, soweit unsere Kunde reicht, auf afri=
kanischen Conzilien über diesen Gegenstand nicht mehr ver=
handelt worden; die Frage der Vernichtung der alten
Religion ist nicht mehr auf die Tagesordnung gekommen,
ohne Zweifel darum, weil der Verlauf des Religionskampfes
sich günstig anließ. Damals mögen in Mauretanien die

---

[1] C. J. L. VIII n. 1106. 1767.

[2] C. J. L. VIII n. 8621: Exsurge | domine | Deus ex | alte-
tur manus tua (Pf. 10, 12) — n. 8623: Exalta | te dᵒ ne | quia
sus | cepisti me — n. 8624: Et non ju | cundasti | inimicos |
meos sup | er me (Pf. 29, 2) — n. 10656: Adferte dom(ino) | mͧn-
dum sa | crificium | ad ferte d̄m̄ | patriae | gentium (Pf. 95, 8)
— n. 2218: Si deus pro nobis, quis adversus nos (Röm. 8, 31).
Ich glaube, daß ein Recht besteht, diese Inschriften im obigen Zu=
sammenhange zu verwerten.

[3] I, 349 ff.

Götterbilder in Höhlen und Grotten verborgen worden sein, die später, als das Heidentum gänzlich aus der Öffentlichkeit gedrängt war, zufällig entdeckt wurden.[1]) Als die Vandalen (seit 429) das Land in Besitz nahmen, wird die alte Religion, soweit von ihr noch etwas da war, nur noch in der Verborgenheit sich gefristet haben. Aber auch dann hat sie unter der Verwüstung des Landes mitgelitten und mitverloren wie ihre katholischen Gegner. Der Geschichtschreiber der vandalischen Katholikenverfolgung, Victor von Vita, geht schweigend über die alte Religion hinweg.[2]) So darf es nicht überraschen, daß auch ein Corippus nur von heidnischen Mauren in Nordafrika weiß.

Die religiösen Banten und Memorien des Landes sind von dem jähen Untergange der Antike und den spätern wechselnden Schicksalen desselben in einem Grabe betroffen, daß nur noch dürftige Ruinen an ihre einstige Existenz erinnern. Von den Tempeln ist fast alle Spur verschwunden. Zerstört ist gewiß nur ein Teil; die übrigen wurden in andern Gebrauch genommen.[3]) Die Altäre mit Weihinschriften haben sich dauerhafter gezeigt, aber nur eine Minderzahl ist auf uns gekommen, und der Gedanke drängt sich auf, daß in und nach dem entscheidenden Kampfe das Werk der Zerstörung an sie getreten ist. Denn an ihnen vollzogen sich die verhaßten Opfer und waren die Namen der Götter und Göttinnen zu lesen. So mag man auch die geringe Zahl

---

[1]) Pseudo-Prosper a. a. O. c. 45.

[2]) Hist. persec. ed. Petschenig I, 35. 36 ist von heidnischen Mauren die Rede.

[3]) August. Epist. 232 c. 3; Sermo 163 c. 2.

von Götterstatuen, die den Trümmern entrissen sind, sich begreiflich machen.[1])

In jedem Falle ist das nordafrikanische Heidentum gewaltsam vernichtet worden. Die mächtige Kirche dort konnte im fünften Jahrhundert das langsame Hinsterben des Götterglaubens nicht mehr ertragen. Sie führte den ungleichen Kampf mit Einsetzung ihrer Übermacht zu Ende. In den Städten erhoben sich Basiliken, auf dem Lande Kapellen. Der Märtyrerkult, dieser willkommene Vermittler zwischen Heidentum und Kirche, riß die Ansprüche der Lokalgötter an sich.[2]) So sicher fühlte man sich im Besitz des eroberten Landes, daß man keinen Anstoß nahm, heidnische Priesternamen zu christianisieren. Ein christliches Flaminat und christliche Sacerdotalen rangierten in der neuen Ordnung der Dinge. Die antik-religiöse Seite war abgeworfen und die bürgerliche, die im Altertum damit verbunden war, zur ausschließlichen gemacht.[3]) Immerhin bleibt die Metamor-

---

[1]) Vgl. die Mitteilungen in den Archives des missions scientifiques et litt. t. II (1871) S. 377 ff.; t. IX (1882) S. 61 ff. und die lokalgeschichtlichen Einleitungen zu den Inschriftengruppen im C. J. L. VIII, wo auch die spezielle Literatur verzeichnet ist.

[2]) Über altchristliche monumentale Funde in Nordafrika in Revue archéol.; Bullettino di archeol. crist.; Revue de l'art chrét. a. v. Oo. — Über die Inschriften handelt, jedoch nicht in zureichender Weise, Künstle i. d. Theol. Quartalschrift 1885 S. 58 ff. Die Zahl der Märtyrerinschriften (5. u. 6. Jahrh.) ist eine außerordentlich große.

[3]) Die betreff. Inschriften C. J. L. VIII n. 450: Astius Vindicianus | v. c. (= vir clarissimus) fl. pp. (= flamen perpetuus), darüber das von einem Kreise umschlossene Monogramm Christi (in einer Basilika in Ammädara in Byzacena); n. 10 516, gleichfalls unter dem Monogramm: Astius Muste | lus fl. pp. cristi | anus vixit u. s. w. (a. 525/26 an demselben Orte). n. 8348: Tulius | Adeoda | tus sacer | dotalis vo | tum comp (levit), im Mosaik einer Basilika

phose eine merkwürdige. Ein schlimmes Erbe der afrikanischen Christenheit aus klassischer Zeit war die Sittenlosigkeit, von welcher Salvian, allerdings mit der ihm eigenen Übertreibung, ein düsteres Bild entwirft.[1] Das christliche Karthago scheint darnach die Laster, die das heidnische Karthago berüchtigt machten, festgehalten zu haben.

---

zu Cuicul in Numidien. Vgl. O. Hirschfeld, I sacerdozi dei municipj romani nell'Africa (Annali dell'Instituto di corrisp. archeol. 1866 S. 28 ff.) u. de Rossi, Nuove scoperte africane (Bull. di archeol. crist. 1878 S. 25 ff.).

[1] Salvian. De guberu. dei VIII, 16 ff.

V.

Italien und die Inseln.

In den klassischen Gebieten der abendländischen Kultur, in denen zugleich das Reich seinen politischen Mittelpunkt hatte, in Italien und Sizilien trug die Geschichte des absterbenden Heidentums eine wesentlich andere Physiognomie. In dem Götterglauben lagen hier lebendige patriotische Empfindungen, eine ruhmvolle Vergangenheit und die Triebkräfte eines vielgestaltigen Kunstlebens. Daher hielten die vaterländischen Erinnerungen und die Erzeugnisse der heiligen Kunst den Paganismus kräftiger aufrecht als die in ihm ruhenden religiösen Momente. Tempel und Götterbilder standen noch, als längst die Herrschaft der neuen Religion sich entschieden hatte. Die Sieger teilten bis zu einer gewissen Linie diese romantische Gesinnung und waren unbefangen genug, in alten Heiligtümern ihren Kult einzurichten oder diese sonstwie, verwertet oder nicht verwertet, fortdauern zu lassen.

Sizilien und Rom beleuchten am deutlichsten diesen Thatbestand. Die Fortdauer des Götterglaubens in Sizilien hat nur einmal unter Gregor d. Gr. zu Verhandlungen

und Maaßnahmen Veranlassung gegeben.[1]) Im übrigen ist
dieses Stück Geschichte dunkel. Indeß die Tempelruinen, die
bis auf diesen Tag sich behauptet haben, lassen vermuten,
daß der Übergang ohne leidenschaftliche Kämpfe sich vollzogen
hat. In Girgenti verrät keiner der herrlichen Tempelreste
gewaltsame Zerstörung. Dieselben Menschen, welche den
sog. Tempel der Concordia vor der jetzigen Stadt und das
uralte Heiligtum des Zeus Polieus in Kirchen verwandelten,
hatten keine Ursache, die übrigen Bauten gleicher Bestimmung
zu vernichten. Sie verkamen im Laufe der Zeit, ohne daß
religiöser Fanatismus sich an ihnen ereiferte. Noch im
siebenten Jahrhundert stand auch in Syrakus der Athena=
tempel auf Ortygia, als der Bischof Zosimus ihn in eine
Kirche umsetzte; als solcher Bastard ist er auf uns ge=
kommen.[2]) Ebenso hat sich in Taormina die Cella eines
griechischen Tempels in ein christliches Gotteshaus (S. Pancra=
zio) umwandeln müssen. Von den sechs Tempeln, deren
Trümmer das Stadtterrain von Selinunt bedecken, ist nach
neuern Beobachtungen nur ein einziger durch Menschenhand
zerstört worden; die übrigen haben Erdbeben umgestürzt.

---

[1]) Gregor. M. Lib. III ep. 62. M. Gerichtet an den Bischof
Eutychius von Tyndaris. Der Bischof hatte gemeldet, daß sich in
seinem Bezirke noch einige idolorum ¦cultores atque Angelliorum
(?) dogmatis fänden. Ein Teil sei bekehrt, Andere behaupteten sich noch
potentum nomine und locorum qualitate. Gregor teilt in seiner
Antwort mit, daß er den Praetor Siciliae ersucht habe, mit dem
Bischofe zusammenzuwirken. Die Situation tritt nur in ganz allge=
meinen Umrissen hervor. Ganz dunkel ist die Bezeichnung Angelliorum
oder wie sie eigentlich lauten mag. — Lib. XI ep. 53 belobt Gregor
den Notarius von Sizilien, Hadrian, weil er incantatores atque
sortilegos gerichtlich verfolgt habe.

[2]) Lupus, Die Stadt Syrakus im Altertume. Straßb. 1887
S. 289.

Und doch haben sich in dem verödeten Gebiete Christen ange=
siedelt[1]), und die mittelalterliche Bezeichnung der Ruinen=
stätte als „Dorf der Idole" sagt, daß man wußte, welcher
Vergangenheit diese Bauten angehörten.[2]) Auch der aller=
dings nie ganz vollendete mächtige dorische Tempel westlich
von Segesta hat keinerlei religiöse Unbill zu erfahren gehabt.
Andererseits ist mit Gewißheit anzunehmen, daß Heiligtümer,
deren Kult sittlich anrüchig war, wie der weitbekannte Tempel
der Astarte=Venus auf dem Eryx, gefallen sind. Doch darf
aus der nicht seltenen Beobachtung, daß antikes Tempel=
material, vor Allem Marmorsäulen, beim Neubau von Kirchen
verwendet sind, z. B. im Dom zu Messina, nicht ohne Weiteres
auf eine gewaltsame Zerstörung aus religiösem Beweggrund
geschlossen werden. Ein solches Verfahren hat schon die
antike Religion geübt; in christlicher Zeit legte der zu=
nehmende Mangel an Marmor es besonders nahe.[3])

Die Aneignung antiker Bauten und Anlagen durch die

---

[1]) Eine Inschrift des 5. Jahrh., welche einen Diaconus Ausanius
nennt, und einen Ring mit dem Kreuzeszeichen teilte zuerst Salinas
im Arch. Stor. Sic. N. S. I S. 63 ff. mit; einige Lampen aus dem
4. u. 5. Jahrh. ebend. in der Schrift Gli acquidotti di Selinunte,
Rom 1885. Vgl. dess. Verf. Ricordi di Selinunte cristiana
Palermo 1883. Über die in einem Tempel der Akropolis gefundene
schöne Bronzelampe mit der Inschrift Deo gratias habe ich berichtet
im Christl. Kunstblatt 1888 S. 137 ff.

[2]) Vgl. Bull. della Commissione di antichità e belle arti
in Sicilia 1871 S. 2 ff. u. verschiedentlich in den folg. Jahrgängen.

[3]) Serradifalco, Le antichità di Sicilia, Palermo 1832
bis 42. 5 Bde. a. v. Do., die Berichte in dem oben genannten
Bullettino della Comm. di ant. di Sicilia u. eigene Beob=
achtungen. Die Angaben des Octavius Cajetanus in s. Isagoge
ad hist. sacram Siculam (bei Burmann: Thes. antiqu. et hist.
Sic. Vol. II) c. 31 über Zerstörung bezw. Umwandlung antiker
Tempel in christlicher Zeit sind unzuverlässig.

Christen in Sizilien bereits im vierten Jahrhundert läßt
sich auch sonst beobachten. So sind im Val d' Ispica an
der Südküste in der Nähe von Modica und in Palazzuolo-
Acrä westlich von Syrakus christliche Grabkammern in heidnische Nekropolen eingesetzt oder aus heidnischen zu christlichen gemacht. In Girgenti ist das Terrain um den Tempel
der Juno Lacinia mit oberirdischen Grabanlagen des fünften
und sechsten Jahrhunderts bedeckt.[1] Diese Thatsachen bestätigen lediglich, was ihrerseits die Tempelreste bezeugen,
daß nämlich der Übergang von der alten zur neuen Religion
nicht in erschütternden Vorgängen, sondern in ruhiger Weise
sich vollzogen hat. So auch dürfte das fast gänzliche Aussetzen der Quellen über diesen Punkt sich erklären. Wenn
es gegen Ende des sechsten Jahrhunderts in Sizilien noch
Göttergläubige in größerer Zahl gegeben hätte, wären eingehende Anordnungen Gregors d. Gr., der sich über die
Angelegenheiten der Insel genau unterrichten ließ und
außerdem mit den sizilianischen Bischöfen regelmäßig con-
ferierte,[2] nicht ausgeblieben.

Nicht anders war der Verlauf der Dinge in Rom.
Über die große Zahl antiker Tempel und Kapellen, welche
die Welthauptstadt auszeichnete, geben zwei auf offiziellen
Feststellungen beruhende Verzeichnisse des vierten Jahrhunderts
Auskunft.[3] Keine Kunde ist auf uns gelangt, daß eines
dieser Heiligtümer vor dem siegenden Christentume in jenem

---

[1] Eigene Beobachtungen und Untersuchungen; vgl. dazu meine
Katak. S. 291 ff.

[2] Lib. VII, ep. 22.

[3] Die sog. Notitia und das Curiosum (über d. Zeit der Entstehung f. Jordan, Top. d. Stadt Rom im Altert. Berl. 1871
2. Bd. S. 1 ff.)

Säculum gefallen wäre, denn die Beseitigung einer Mithras=
grotte und ihrer Bildwerke durch den Stadtpräfekten Gracchus[1])
gehört nicht in diesen Zusammenhang. Noch im folgenden
Jahrhundert wird der äußere Glanz Roms vor Allem in
den Tempeln geschaut.[2]) Als die Vandalen Rom nahmen,
stand das berühmte Heiligtum des kapitolinischen Jupiter
noch unversehrt.[3]) Wenn der Dichter Ausonius in seinem
Städtelobe Rom das „goldene" und „Haus der Götter"
nennt,[4]) so galt das auch noch lange nach ihm.[4]) Allerdings
der öffentliche Kultus hatte in Gemäßheit der kaiserlichen
Verordnungen aufgehört, wenn auch gewiß nicht in demselben
Moment in allen Kultstätten und später als anderswo. Die
Äußerungen des Symmachus im letzten Kampfe um den
Altar der Victoria stehen in dieser Beziehung in vollem Ein=
klang mit den Aussagen christlicher Schriftsteller. Zwar wenn
ein Hieronymus im Anfange des fünften Jahrhunderts die
Tempel schon „halbeingestürzt" und mit Ruß und Spinn=
geweben überdeckt sein läßt,[5]) so wollen diese Worte aus dem
ihm eigenen Pathos verstanden sein; indeß ist selbstver=
ständlich, daß, seitdem der Zugang zu den Tempeln ver=
schlossen war, diese der Verwahrlosung anheimfielen und, da

---

[1]) Hieron. Ep. 107; Gracchus war Stadtpräfekt 376—377
(Cod. Theod. II, 2, 1; IX, 35, 3).

[2]) Claudius Claudianus, De VI cons. Honorii Aug.
panegyr. v. 35 ff. — De consul. Stilich. II v. 225 ff. (Opera
ed. Jeep, Lpz. 1876. 79). — Claud. Rutil. Namat. De reditu
suo I, 50; 95.

[3]) Procop. De bello Vand. I, 5.

[4]) Auson. Ordo nobilium urbium v. 1. Dazu Rutil.
Namat. De reditu suo I, 49: Non procul a caelo per tua
templa sumus.

[5]) Hieron. Ep. 107 (ad Laetam) a. 403.

auch Reparaturen nicht ausgeführt wurden, zum Teil allmählich ruinenhaft wurden. Hundert Jahre nachher konnte in Rom die Schrift eines Rhetorikers verlesen werden, in welcher die Stadt sich berühmen mußte, die Heiligtümer verachten gelernt zu haben.[1]) Der Verfasser hätte größere Wirkung erzielen können, wenn er von einer gewaltsamen Zerstörung der heidnischen Kultstätten durch die gläubige Roma hätte reden können. Wenn er es nicht gethan hat, so lag offenbar nur der Thatbestand vor, den er zeichnet.

Nur wenig später gab der Bischof Felix IV (526 bis 536) das erste zuverlässig beglaubigte Beispiel der Umwand= lung eines antiken Heiligtums. Das Templum Sacrae Urbis, in welchem das Stadtarchiv ruhte, und das Templum Romuli, welches Maxentius seinem Sohne Romulus er= richtete, verband er zu einer Kirche, die er den heiligen Ärzten Cosmas und Damianus weihte. In nicht geringem Umfange hat dieser gewiß nicht erstmalige Vorgang Nachahmung ge= weckt. Das bedeutendste Beispiel ist die Christianisierung des Pantheon durch Bonifazius IV (in den Jahren 604 bis 610) mit dem neuen Namen S. Maria ad Martyres. Es fehlt in vielen Fällen die Möglichkeit, chronologische Daten zu gewinnen, aber die Thatsache, auf die es zunächst ankommt, steht fest, daß in Rom sowohl in altchristlicher wie in mittel= alterlicher Zeit antike Heiligtümer zu christlichen Gotteshäusern eingerichtet sind. So wurde aus dem Templum divi An= tonini am Forum S. Lorenzo in Miranda, aus dem Tempel der Ceres und Proserpina wahrscheinlich schon im sechsten Jahrhundert S. Maria in Cosmedin; S. Maria Egiziaca

---

[1]) Ennodius, Lib. pro synodo p. 320. 327. (ed. Hartel im C. Scr. eccl. lat.).

benannte sich ein ursprünglich jonischer Pseudoperipteros, den
man neuerdings als Templum Fortunae virilis bezeichnet.
Andere Kirchen, wie S. Maria sopra Minerva, S. Nicola
in Carcere, erhoben sich auf den Trümmern früherer Tempel.[1]
Nicht als ob die bestehenden Bauten vorher aus Fanatismus
vernichtet worden wären, sondern weil das noch vorhandene
Material die Baulust weckte. Es ist ein festes Ergebnis
sicherer Forschung, daß die Tempel der Stadt Rom nicht
in irgendwelchem religiösen Konflikte, sondern in der Reihe
verheerender Verwüstungen, welche Rom vor und nach dem
Untergange des Reiches heimsuchten, zu Ruinen geworden
oder gänzlich vernichtet sind. Ihre Zahl minderte sich fort=
während im Mittelalter, aber sie war in der Karolingerzeit
noch groß. Denn wenn der transalpinische Pilger, welcher
im achten Jahrhundert heidnische und altchristliche Monu=
mente verzeichnete,[2] die Tempel übergeht, so veranlaßte ihn
seine subjektive Stimmung dazu, nicht die thatsächliche Lage.

Nur wenig anders gestaltete sich das Geschick der Götter=
bilder in Rom. Wenn eine rohe Zeichnung in einer Kata=
kombe des vierten Jahrhunderts die Scene vorführt, wie ein
Christ eine Statue des Mars, wie es scheint, an einem Stricke
von ihrer Basis herabzuziehen sich bemüht, während ein
Genosse einen Stein gegen den Gott schleudert,[3] so ergiebt
sich daraus mit Bestimmtheit die Thatsächlichkeit von Ge=
waltthätigkeiten gegen Götterstatuen. Indeß noch deutlicher

---

[1] Das fleißige, aber vielfach durch die Tradition beeinflußte Buch
von Armellini: Le chiese di Roma dalle loro origini sino al
secolo XVI (Rom 1887) geht leider auf diese Frage gar nicht oder
nur flüchtig ein.

[2] Anonymus Einsiedlensis; vgl. Jordan S. 329 ff.

[3] Abb. im Bull. di arch. crist. 1865 S. 4.

erweist der Komplex monumentaler und literarischer Zeugnisse,
daß bei den römischen Christen die Achtung vor der Kunst
und die Pietät gegen die geschichtliche Vergangenheit ihrer
Stadt größer und stärker waren als die Abneigung gegen
das Heidentum. Ein Teil der Statuen ist in den Tempeln
nach Verschließung derselben belassen worden, der größere
Teil dagegen den Kultstätten entnommen und den öffentlichen
Plätzen, den Basiliken, Thermen und sonstigen profanen
Baulichkeiten als Schmuck überwiesen worden. Gerade diese
letztere Verwendung wurde systematisch betrieben.[1]) Wie sich
der Dichter Prudentius die künftige Situation der Statuen
dachte und wahrscheinlich zum Teil auch schon verwirklicht
sah, daß sie nämlich „rein" und entnommen „unziemlichem
Gebrauche" als „schöner Schmuck" der Vaterstadt dienen,[2])
war im fünften Jahrhundert fast im ganzen Umfange Wirk=
lichkeit geworden. Als die Vandalen durch Wegschleppen
wertvoller Statuen diesen Schmuck empfindlich reduziert
hatten, beeilte sich der Präfekt Castalius Innocentius Audax
durch Aufstellung neuer Statuen den Schaden auszugleichen.[3])
Einer seiner Nachfolger ließ sich die Restaurierung einer bei
einem Brande durch das herabfallende Dach zerschlagenen
Statue der Minerva angelegen sein. Das Verfahren wird
inschriftlich häufig erwähnt.[4]) Nirgends aber tritt diese

---

[1]) Vgl. de Rossi im Bull. di archeol. crist. 1865 S. 5 ff.:
Delle statue pagane in Roma sotto gli imperatori cristiani.
Dazu Fea im 3. Bd. S. 267 ff. seiner italienischen Übersetzung der
Kunstgeschichte Winckelmanns.

[2]) Prudent. In Symm. I, 502 ff.

[3]) C. J. L. VI, 1 n. 1663: ... barbarica incursione | sublata
restituit.

[4]) Annali dell' Inst. archeol. 1849 S. 342; C. J. L. VI, 1
n. 1664. 1658. 3864.

rücksichtsvolle Haltung so eigenartig und nachdrucksvoll hervor
als darin, daß noch im fünften Jahrhundert die in den
Tempeln verbliebenen Götterbilder den kostbaren Schmuck
trugen, den die Frömmigkeit der Vorfahren ihnen gespendet
hatte. Die Magna Mater trug noch zur Zeit des Stilicho
ihr kostbares Halsband.[1]) Nur eine anders nicht zu überwindende Notlage, nämlich die Tributforderung Alarichs,
konnte die Römer bewegen, die Götterbilder der Preziosen
zu berauben und solche von wertvollem Metall einzuschmelzen,
um den anspruchsvollen Sieger zu befriedigen.[2]) Dem ersten
Versuch dieses Schmelzprozesses scheinen die Bedrängnisse der
folgenden Zeiten und die Erkenntnis des praktischen Nutzens
eine dauernde Nachfolge gegeben zu haben. Ein Jahrhundert
später wird darüber gewitzelt, daß der „alte Donnerer" gute
Gefäße ergiebt und daß die Bildwerke wieder in den Schmelz-
ofen zurückkehren mußten.[3]) Indeß gründete sich diese Auf-
räumung weder auf religiöse Motive noch war sie eine radi-
kale. Denn zahlreiche eherne Statuen sind auf uns gekommen.
Das eine Beispiel ferner des vergoldeten Bronce-Herkules,
der mit dem großen Altare, den er einnahm, niedergesunken
ist,[4]), sagt, daß, wie Marmorstatuen, so auch Erzfiguren in
den geschlossenen, außer Gebrauch gesetzten Tempeln zurück-
blieben. Der Wortlaut der staatlichen Verordnungen läßt
allerdings ein anderes Bild erwarten,[5]) indeß auch hier be-

---

[1]) Zosim. V, 38.
[2]) I, 371 ff.
[3]) Ennodius, Lib. p. syn. S. 320 (a. a. O.).
[4]) Annali dell' Instit. archeol. 1854 S. 28 ff.
[5]) Cod. Theod. XVI, 10, 19 §. 1: Simulacra, si qua
etiam nunc in templis fanisque consistunt et quae alicubi
ritum vel acceperunt vel accipiunt paganorum, suis sedibus
evellantur, cum hoc repetita sciamus saepius sanctione

steht wie sonst ein Widerspruch zwischen dem öffentlich kund=
gegebenen Willen des Staates und der Wirklichkeit.

Diese Rücksicht hat sich gelegentlich sogar auf Inventar=
stücke eines Tempelbezirks erstreckt, die weder die Prärogative
künstlerischer Gestaltung noch patriotischer Erinnerungen be=
saßen. Die auf Marmortafeln geschriebenen Acta nämlich
der im britten Jahrhundert entweder erloschenen oder in
Mißcredit gekommenen Arvalbrüderschaft an der Via Cam=
pana vor Rom sind das ganze vierte Jahrhundert hindurch
an ihrem Platze verblieben, obwohl die Christen in unmittel=
barer Nähe eine Grabstätte anlegten und dadurch in die
Versuchung geführt wurden, die Marmortafeln als Epitaphien
zu verwerten. Wenn die nicht unwahrscheinliche Vermutung
richtig sein sollte, daß Gratian oder einer seiner Nachfolger
der römischen Kirche das Gebiet überwiesen habe, gewinnt
die Thatsache noch an Bedeutung. Erst im folgenden Jahr=
hundert haben die allgemeinen Calamitäten dem heiligen Haine
und seinen Denkmälern, darunter der Tempel der Dea Dia,
Einbuße gebracht.[1]

Noch lehrreicher sind die letzten Schicksale des Vesta=
kultus und Vestaheiligtums, wie sie neuere monumentale
Funde und Untersuchungen deutlicher gemacht haben.[2] Die
hohe Achtung, welche die Hüterinnen des heiligen Feuers im
römischen Volke besaßen, gewährte ihrem Collegium einen
Schutz gegenüber der heidenfeindlichen Gesetzgebung, den eine

---

decretum (408). Genau gefaßt, unterscheidet die Constitution zwischen
solchen Bildwerken, an die sich ein Kultus heftet, und solchen, die den=
selben entbehren.

[1] De Rossi, Roma sott. III S. 689 ff.

[2] C. J. L. VI n. 2131 ff.; Lanciani in d. Notizie degli
scavi di antichità 1883 S. 434—514.

andere Priesterschaft nicht gefunden hat. Zwar entzog Gratian den „heiligen Jungfrauen" die regelmäßigen Einkünfte, und schon eine frühere Zeit hatte ihnen die sacralen Verrichtungen genommen, aber in der Zeit des Symmachus war ihr An= sehen noch ein großes, und in ihrem, einem Männerauge ver= schlossenen Heiligtum an der Via Sacra wurden noch immer die Palladien der römischen Herrschaft aufbewahrt.[1]) Auch über reichliche Mittel verfügten sie, die ihnen durch Geschenke zuflossen, so daß ihre Pontifices einer andern Kultgenossen= schaft aushelfen konnten.[2]) Auf einem Taurobol=Altar v. J. 377 nennt sich ein Rufius Cäjonius Oberpriester der Vesta, und zehn Jahre nachher bezeichnete sich der bekannte Stadt= präfekt Vettius Agorius Prätextatus ebenso.[3]) Die letzte Vestal=Oberin, deren Name auf uns gekommen ist, und wahr= scheinlich die letzte überhaupt ist Cölia Concordia um 380, welcher die Gattin des genannten Präfekten „wegen ihres unbefleckten Gottesdienstes" eine Ehrenbildsäule errichtete.[4]) Der Name ihrer Vorgängerin ist in der ihr gewidmeten Inschrift vernichtet, und diese Auslöschung des Andenkens läßt sich nicht unwahrscheinlich mit einem Abfall zum

---

[1]) I, 221; Symm. Ep. lib. II, 36 (a. 385); IX, 108 (ed. Seeck) u. f.

[2]) Symm. Rel. III S. 282 (über Legate); C. J. L. VI, 1 n. 2158: mansiones Saliorum palatinorum — — — repara-verunt Pontifices Vestae u. f. w. Als Promagistri nennt die In= schrift Plotius Acilius Lucillus und Vitrasius Prätextatus.

[3]) C. J. L. a. a. O. n. 511; 1778; 1779.

[4]) C. J. L. a. a. O. n. 2145, eine in mehrfacher Hinsicht wert= volle Urkunde. Die Motivierung: cum propter egregiam ejus pudicitiam insignemque circa cultum divinum sanctitatem tum u. f. w. Am Schlusse werden neben den Virgines auch die Ponti-fices Vestae genannt.

Chriftentume in Verbindung bringen, ein Ereignis, welches dem strenggläubigen Collegium als ein besonderer Frevel erscheinen mußte. Denn eine Verletzung des Keuschheits= gelübdes, welche sich der Erwägung zunächst darbietet, würde i. J. 364 in der christlichen Literatur gewiß nicht unver= zeichnet geblieben sein.[1]

Die Restauration des Heidentums in Rom unter dem Usurpator Eugenius stellte den Vestakultus ohne Zweifel in seinem vollen Umfange wieder her, der Sieg des Theodosius über seinen Gegner bei Aquileja (394) mußte daher wie für die alte Religion, die sich mit dem politischen Feinde ver= bündet hatte, so auch für das Vestaheiligtum um so folgen= schwerer sich gestalten. Damals ist es ohne Zweifel für immer geschlossen worden. Noch einmal erscheint eine alte verstoßene Vestalin, um die Gemahlin Stilichos, als diese von einer Statue der Magna Mater den kostbaren Hals= schmuck nahm, öffentlich zu verfluchen.[2]

Es ist anzunehmen, daß die Vestalinnen, als die Ka= tastrophe, die Jedermann in Rom kommen sah, herannahte, das heilige Inventar zerstörten oder sonstwie bei Seite schafften, vor Allem die Palladien. Das kleine Penus= Sanctuarium, in welchem die heiligsten Gegenstände sich be= fanden, wurde, wie neuere Nachforschungen festgestellt haben, von den Vestalinnen selbst noch vernichtet. Im Übrigen haben die Sieger dem Tempel und seinen Anbauten volle

---

[1] Lanciani S. 454: Ob meritum castitatis pudicitiae adque in sacris religionibusque doctrinae $m_i rab_{ilis}$ (hier folgt der ausgelöschte Name) u. f. w.). Die Dedication fand statt i. J. 364. Vgl. zu der oben ausgesprochenen Vermutung Prudent. Perist. hymn. 2 de S. Laurentio v. 511 f.

[2] Zosim. V, 38.

Pietät erwiesen. Nicht nur die Gebäude selbst, welche der
Fiskus an sich nahm, sondern auch die Statuen, Büsten,
Piedestale und Inschriften blieben intakt. Nur ist die ehr=
würdige Statue der Göttin wohl damals entfernt worden.
Ohne Zweifel kamen die Gebäude in weltlichen Gebrauch.
Einritzungen in den Marmorboden des Atriums weisen
darauf hin. Nicht Gewalt, sondern die Zeit hat über diese
Stätte allmählich Veröbung geführt, bis jüngst wiederum sie
sich uns als wertvolle Ruine aufgethan hat.[1]

Nicht mit derselben Deutlichkeit läßt sich die Fortdauer
des Götterglaubens in der Bevölkerung erkennen. Die zweite
Hälfte des vierten Jahrhunderts bietet Vorgänge genug,
welche eine starke, vorzüglich in der Aristokratie wurzelnde
heidnische Partei zeigen, aber bereits unter Gratian im
Senat wie in der Gesellschaft in der Minderheit. Denn der
Dichter Prudentius betont in seinem Streitgedicht gegen
Symmachus diese Thatsache so entschieden, daß sie nicht
bezweifelt werden darf.[2] Im Senat überwiegen die christ=
lichen Mitglieder und überhaupt in der Aristokratie. Die
Annii, Probi, Anicii, Olybrii, Paulini, Bassi, Gracchi be=
kennen sich zu Christo.

Sexcentas numerare domos de sanguine prisco
Nobilium licet ad Christi signacula versas
Turpis ab idolii vasto emersisse profundo.

Unter den Trägern illusterer Namen und hoher Würden
ist nur noch ein „ganz dürftiger Teil“ im alten Glauben
verblieben. Auch im Volke giebt es nur Wenige, die „nicht

---

[1] Lanciani S. 480 ff.
[2] Prudent. Contra Symm. I, 544 ff. Ähnliche Urteile auch
sonst, z. B. Perist. hymn. II de s. Laurentio, Eingang.

ausspeien vor dem mit verfaulendem Blute befleckten Altare
des Jupiter." Man kann sagen, daß Rom in den Gesetzes=
gehorsam Christi sich begeben.

Das Publikum, an welches dieses Gedicht sich wendet,
und der Umstand, daß es an der angeführten Stelle eine
Frage behandelt, an welche sich damals gerade ein hohes
öffentliches Interesse knüpfte, verbieten, an dem Inhalte
wesentliche Abzüge vorzunehmen. Auch von anderer Seite
ist bald darauf in einem nach Rom gerichteten Schreiben die
Situation in derselben Weise skizziert und von einer „Verein=
samung" der Göttergläubigen gesprochen worden.¹) Ja, der
Verfasser dieses Schreibens, Hieronymus, hat in der römischen
Aristokratie, vorzüglich unter dem weiblichen Teile derselben,
eine zudringliche und nicht erfolglose Propaganda betrieben.²)
Insbesondere bezeugen die Denkmäler ein weites Vordringen
des Christentums in der römischen Aristokratie. Nur von dieser
Voraussetzung aus erklärt sich nämlich das Aufkommen und
die Blüte einer tüchtigen Sarkophagskulptur, welche der alt=
christlichen Kunst des vierten Jahrhunderts ein anziehendes
Gepräge verleiht. Die luxuriöse Art dieser Sarkophage und
ihres Schmuckes und die in das Relief eingefaßten Portrait=
köpfe weisen mit aller Deutlichkeit auf vornehme Kreise. Dem
schönen Marmorsarkophage des i. J. 359 gestorbenen Stadt=
präfekten Junius Bassus stehen in großer Zahl gleichwertige
oder noch höherwertige Monumente zur Seite.³) Damals

---

¹) H i e r o n. Ep. 107. Daselbst n. 2 der Satz: Solitudinem
patitur et in Urbe gentilitas.

²) Ein Meisterstück ist in dieser Beziehung Ep. 107, wo es auf
die Bekehrung des alten Albinus abgesehen ist.

³) Der Sarkophag des Junius Bassus G a r r. V, 322, 2; sonst
führe ich noch als besonders hervortretend an: 358, 3; 367, 2; 309,
3; 314, 5; 350, 1.

schied sich zum erstenmal in so scharfer Weise in der christ=
lichen Sitte die Begräbnisart der mittlern und niedern
Klassen von derjenigen der Vornehmern. Denn der Sarko=
phag entfällt mit ganz wenigen Ausnahmen in diese Sphäre.
Auch die Goldgläser, obwohl dieselben in weitere Kreise
greifen, zeigen ein starkes Contingent der höhern Gesellschaft
in der römischen Gemeinde an.[1]) Dazu kommen endlich die
Inschriften, so daß ein Komplex von Zeugnissen entsteht,
welche die Aussagen des Prudentius bestätigen und erläutern.

Die natürliche Folge dieser Entwickelung war, daß die
heidnische Gruppe innerhalb der Aristokratie sich enger zu=
sammenschloß und mit einer gewissen Absichtlichkeit ihr reli=
giöses Bekenntnis in den Vordergrund schob. So zählt die
Grabschrift des 384 oder im folgenden Jahre gestorbenen
einstigen Prokonsuls von Achaja und prätorischen Präfekten
Vettius Agorius Prätextatus die lange Reihe seiner Priester=
tümer und religiösen Weihen auf.[2]) Seine Gattin, deren
Epitaph gleichfalls mit solchen Angaben durchsetzt ist,[3]) redet
den Toten unter Anderm an:[4])

> Tu me, marite, disciplinarum bono
> Puram ac pudicam sorte mortis eximens,
> In templa ducis ac famulam divis dicas.
> Te teste cunctis imbuor mysteriis.

---

[1]) Ich habe dabei Exemplare im Auge wie Garr. III, 197, 1,
4, 5, 6; 198, 1—5; 200, 3; 201, 1, 2.

[2]) C. J. L. a. a. O. n. 1779, nämlich augur, pontifex Vestae,
pontifex Solis, quindecemvir curialis Herculis, sacratus Libero
et Eleusinis, Hierophanta, Neocorus, Tauroboliatus, Pater
patrum. Vgl. auch n. 1739—1741.

[3]) n. 1780; vgl. auch 1779 Schluß.

[4]) n. 1779 d (p. 398).

Tu Dindymenes Atteosque antistitem
Teletis honoras taureis consors pius.
Hecates ministram trina secreta edoces
Cererisque Graiae tu sacris dignam paras.

Andererseits wird die Gattin gerühmt als

Dicata templis atque amica numinum.[1])

Es erscheint wie eine bewußte Beziehung auf diese
Gruppe, in der Adelsstolz und alte Gläubigkeit sich ver=
banden, wenn die Grabschrift des christlichen Präfekten und
Consuls Sextus Petronius Probus das Urteil ausspricht:[2])

Has mundi phaleras, hos procerum titulos
Transcendis senior donatus munere Christi.
Hic est verus honos, haec tua nobilitas.

Und doch konnte nur ein geringer Teil dieser aristo=
kratischen Altgläubigen als Träger der römischen Religion
gelten. Denn eine ganze Reihe angesehener Namen tritt in
Verbindung mit dem ausländischen Mithrasdienst. Die
religiösen Weihen und Würden nehmen für die Inhaber ein
großes Interesse in Anspruch. Der alte Glaube hat sich
vermengt mit fremden und fremdartigen Bestandteilen. Die
große Bedeutung des Mithraskultus in der späten griechisch=
römischen Religionsgeschichte ist bekannt, wenn auch noch
nicht in allen Einzelheiten dargelegt.[3]) In Rom erhob sich
in der Nähe der Via Flaminia das Heiligtum des Gottes,
als dessen Gründer eine Inschrift Nonius Victor Olympius

---

[1]) n. 1779 b (p. 397).
[2]) n. 1756 p. 389 b. Sext. Petronius Probus war prätorischer
Präfekt 368, Consul 371.
[3]) J. Réville, La religion à Rome sous les Sévères,
Paris 1886 (S. 74 ff. der deutsch. Ausg. Leipz. 1888).

nennt. Diesen Bau vernichtete der Präfekt Gracchus i. J. 377, aber den Mithrasdienern stellte der Enkel Aurelius Victor Augentius auf eigene Kosten eine Grotte zu ihren heiligen Verrichtungen her, da „den Frommen Ausgaben mehr wert sind als Gewinne." [1]) Gerade diese Familie zeich= nete sich durch großen Eifer im Dienste des Sonnengottes aus.[2]) Aber auch ein Memmius Vitrasius Orfitus, der hohe Ämter bekleidete, gehörte diesem Kreise an und der nicht minder angesehene Vettius Agorius Prätextatus.[3]) Diesen Namen lassen sich noch andere hinzufügen, welche keinen Zweifel darüber lassen, daß die altrömische Religion in der damaligen Aristokratie sich in fremden Kulten zersetzt hatte. Darin lag das unbewußte Eingeständnis ihrer Unzulänglich= keit. Indem sie ferner auf diese Stufe gezogen wurde, mußte sie naturgemäß ihre Kraft und Widerstandsfähigkeit ver= lieren.[4]) In den großen Aktionen, die sie noch wagte, erlag sie von vornherein oder nach kurzdauerndem Erfolg; so im Kampfe um den Altar der Victoria, in der Usurpation ferner des Eugenius, als Nicomachus Flavianus Ungeahntes in Rom verwirklichte, und bei der Erhebung des Attalus durch Alarich.[5]) An der festgeschlossenen, auf klare Ziele gerichteten Opposition brachen diese vereinzelten Vorstöße, die mehr in Enthusias= mus, als mit sicherer Kraft erfolgten.

---

[1]) C. J. L. VI, 1 n. 754. In der Inschrift klingt christlicher Einfluß durch.

[2]) Die Inschriften n. n. 749—754.

[3]) N n. 1739—41; 1778 (a. 387), 1779. Der erstere bekleidete dreimal die städtische Präfektur und war Proconsul in Afrika.

[4]) Als letztes datiertes Mithrasmonument gilt die Inschrift n. 736 (a. 391), doch unterliegt ihre Datierung und Fassung begründeten Be= denken.

[5]) I, 223 ff.; 286 ff. 372 f.

Einen schweren Schlag erlitt mit der Stadtbevölkerung die römische Aristokratie durch die Eroberung und Plünderung der Stadt durch Alarich, ein Ereignis, das weithin, unter Christen wie Heiden, eine tiefe Erschütterung hervorrief.[1] Die entferntesten Länder, Afrika nicht minder als Palästina, sahen zahlreiche Flüchtlinge.[2] Dieser vernichtende Schlag scheint die heidnische Partei in Rom für immer zertrümmert zu haben; in der allgemeinen Verwüstung ist ihre Geschlossenheit zersprengt worden, nur in dürftigen Resten kann sie noch fortgedauert haben. In den fast hundert Predigten Leos I (440—461) wird der alten Religion nur einigemal und flüchtig gedacht,[3] was darum besonders ins Gewicht fällt, weil diesen Bischof ein hohes Maaß von Thatkraft und ein unermüdlicher Eifer für die Hoheitsrechte und dogmatische Reinheit der Kirche auszeichneten. Roma, einst „Lehrmeisterin des Irrtums," ist ihm jetzt „Jüngerin der Wahrheit." Gott hat sie dazu geführt, daß sie, ein heiliges, auserwähltes Volk, eine priesterliche und königliche Stadt, durch die göttliche Religion eine umfassendere Herrschaft besitzt als durch ihre weltliche Macht.[4] Man darf voraussetzen, daß der selbstbewußte Episkopat in dieser Stadt schon frühzeitig sein Be-

---

[1] Hieron. Ep. 127, 12: Haeret vox et singultus intercipiunt verba dictantis. Capitur Urbs, quae totum cepit orbem. — Ep. 128, 4: Orbis terrarum ruit. — August. Sermo de Urbis excidio, bef. n. 3.

[2] Hieron. Ep. 128, 4: Nulla est regio, quae non exules Romanos habet. Übrigens nicht das einzige Zeugnis dieser Art; vgl. z. B. August. De civit. I, 32 f.

[3] Z. B. Sermo 27, 4; 56, 1; 79, 2.

[4] Leo I (M. t. 54) Sermo 56, 1; 79, 2; 82, 1 (— quae eras magistra errori, facta es discipula veritatis); vgl. auch Sermo 89.

mühen auf Beseitigung der alten Religion gerichtet und
Mittel gefunden hat, diese Arbeit mit Erfolg zu thun. Was
in der zweiten Hälfte des fünften Jahrhunderts von An=
hängern des antiken Kultus noch da war, gehörte fast aus=
schließlich den untersten Volksschichten an, und auch in dieser
Sphäre war diese Anhänglichkeit zumeist mit Zugehörigkeit
zur Kirche verbunden. Die letzten Schicksale der Lupercalia
stellen diesen Thatbestand fest.[1]) Gregor d. Gr. weiß nichts
mehr von einem Heidentume in Rom. Sein auch nach dieser
Seite hin aufmerksamer Blick entdeckte auch in Unter= und
Mittelitalien nur ganz vereinzelt Derartiges, so in Luna in
Etrurien, in Terracina in Latium und in Rhegium in Cala=
brien.[2]) Doch nicht seit langer Zeit lagen die Verhältnisse
so. Der weltflüchtige Benedict von Nursia fand um 528
in einem heiligen Haine auf der Höhe des Castrum Casinum
einen Apollotempel mit Bild und Altar und eine Kultge=
meinde, die hier ihre Opfer darbrachte. Doch konnte er die
Statue und den Altar umwerfen und den Hain nieder=
brennen, ja das Heiligtum in ein Oratorium umwandeln,[3])
ein Wagnis, das nur darum gelang, weil ihm kein eifer=
voller Glaube entgegenstand. Etwas später machte auch in
Fundi in Latium der Bischof Andreas einen verlassenen
Apollotempel, in welchem böse Geister hausten, zu einer
Kirche.[4]) Bei Spoletium in Umbrien ist dasselbe Verfahren
vielleicht schon früher befolgt worden.[5]) In der Nähe von

---

[1]) I, 415 ff.
[2]) Greg. M. Lib. IX ep. 34; lib. VIII, 18; X, 4.
[3]) Greg. M. Dial. II, 8.
[4]) Greg. M. Dial. III, 7.
[5]) Bull. di archeol. crist. 1871 S. 132 ff.; Mothes, Die
Baukunst d. M. A.'s in Italien I Bd. Jena 1884 S. 74 ff.

Rom an der Straße nach Marino stand noch im sechszehnten Jahrhundert ein Rundtempel.[1] Nach diesen Thatsachen, nicht nach seinem nackten Wortlaut will daher eine kaiserliche Constitution v. J. 435 ausgelegt sein, welche die Niederreißung der Tempel und die Errichtung des Kreuzes auf der Ruinenstätte befiehlt.[2] Außerhalb Roms waren die antiken Heiligtümer eher der Gefahr ausgesetzt, gänzlich zu verschwinden oder in Kirchen überzugehen, weil sie nicht oder doch nur ausnahmsweise von der Pietät gegen eine große Geschichte geschützt wurden. Auch zog der materielle Ruin großer Gebiete und ihre Schutzlosigkeit in Kriegszeiten diese Banten in ganz anderem Maaße in ihre Wirkung als in der Hauptstadt. Auch darin lag eine große Versuchung, daß die liegenden Güter und heiligen Haine vielfach in den Besitz der Kirche kamen und damit ohne Zweifel in den meisten Fällen die Heiligtümer selbst.[3] Andererseits konnte die zunehmende Veröbung des Landes den Kapellen und Götterbildern einen Schutz bieten, da die Verstörer fehlten. So sah ein Reisender noch am Anfange des fünften Jahrhunderts neben der in Ruinen gesunkenen etrurischen Stadt Castrum Novum vom Schiffe aus eine mächtige Panstatue sich erheben, und eine Bildsäule bei Rhegium galt als wirksamer Zauber.[4] Wie sich indeß der Übergang von der einen Religion zu der

---

[1] Die Abb. nach Bramantino bei Dehio n. Bezold, Die kirchl. Baukunst d. Abendl. Lief. I Taf. 7 Fig. 2.

[2] Cod. Theod. XVI, 10, 25.

[3] Vgl. die Bemerkung des Aggenus Urbicus (5. Jahrh.), De limitibus agrorum: In Italia multi crescente religione sacratissima christiana lucos profanos sive templorum loca occupaverunt et sernut.

[4] Rutil. Namat. De reditu suo I, 227 ff. (geschrieben 416). Olympiod. bei Müller, Script. graec. IV, 66.

andern in Mittel- und Unteritalien vollzogen hat, darüber
sind nicht einmal Allgemeinheiten bekannt. Der im vierten
und fünften Jahrhundert rasch vorschreitenden bischöflichen
Organisation muß der alte Glaube ziemlich leicht und geräuschlos erlegen sein. Deutlicher sehen wir in Oberitalien.

In und um Turin zählte um die Mitte des fünften
Jahrhunderts die antike Superstition nicht nur im ländlichen
Colonat noch zahlreiche Anhänger, welche, ohne Rücksicht auf
ihre christlichen Herrn, Altäre und Bilder hatten, sondern
auch unter den Gebildeten lebte der Götterglaube noch fort
und äußerte sich in öffentlich dargebrachten Opfern. Ungescheut wurden die kaiserlichen Gesetze übertreten, und die Beamten zeigten sich lässig einzugreifen. Von der Kanzel
konnte man Predigten hören, die sich ausschließlich mit der
Bekämpfung des Götzendienstes beschäftigten.[1]

In Brixia bewiesen die christlichen Großgrundbesitzer
ihren heidnischen Colonen gegenüber dieselbe Indifferenz.
Auch in der Stadt gab es noch Götterstatuen und Opfermahlzeiten.[2] In Ravenna hatte sich trotz der kaiserlichen
Residenz ein gutes Stück heidnischer Einwohnerschaft behauptet, deren Religion und abergläubische Manipulationen,
wie Auguration, Losung, Totenopfer auf die Christen ver-
sucherisch wirkten. Dagegen sind die Faschingsaufzüge in
Masken von Götter und Göttinnen, die von jenem Kreise
aus, aber unter Mitwirkung von Christen, betrieben wurden,[3]

---

[1] Maxim. Taur. Sermo 82. 101. 104; Tract. IV contra
paganos u. f.

[2] Gaudentius, Sermo 4. 8. 13. Vgl. auch das I, 313 f.
über Philaster Gesagte.

[3] Petrus Chrysol. Sermo 5. 6. 13. 69. 155 (de Ka-
lendis Januariis) u. f.

nichts Lokales. Sie haben auch sonst die Polemik der Prediger gereizt. In der angesehensten Stadt Oberitaliens, welche längere Zeit Sitz des kaiserlichen Hofes war und in kirchlicher Beziehung vorübergehend Rom überflügeln zu wollen schien, in Mailand scheint Ambrosius die Kraft des Heidentums gebrochen zu haben. Die Legende, daß die nach ihm benannte Basilika auf den Trümmern eines Bacchus= tempels stehe, mag als eine geschichtlich wahre Charakteristik seiner dahin gerichteten Thätigkeit angesehen werden. Es war selbstverständlich, daß der Mann, der nicht einmal in Rom den Götterfreunden eine Konzession gegeben sehen wollte, da, wo seine machtvolle Persönlichkeit kaum Hinder= nisse fand, sie auch eingesetzt habe. Sein Verhältnis zu Gratian erleichterte ihm das Unternehmen. Von Mailand aus erging am 24. Februar 391 ein äußerst scharfes Edikt gegen den Götterglauben an den Präfekten Albinus.[1] Die „Tempel," welche der Dichter Ausonius zum Schmuck der Stadt zählt und unter welchen er namentlich das Heiligtum der Juno Moneta erwähnt,[2] sind ebenso wie die Thermen des Herkules außerhalb jeder praktischen Beziehung zu der antiken Religion gesetzt. In dieser zweiten Kaiserstadt standen die religiösen Kunstbauten im Schutze derselben Pietät wie in Rom. Es gab keinen Unterschied des Grundsatzes. Welches immer indeß die besondern Motive waren, denen die Tempel ihre Erhaltung verdankten, in jedem Falle läßt sich daraus ein Schluß sowohl auf eine Auseinandersetzung mit der alten Religion als auf das Gefühl der Sicherheit seitens der sieg= reichen Religion ziehen. Auf letzteres weist noch deutlicher der

---

[1] Cod. Theod. XVI, 10, 10.
[2] Auson. Ordo nob. urb. v. 35 ff.

Umstand, daß Götterstatuen, die in der beginnenden Auseinandersetzung den Tempeln seitens der Behörde genommen und der Öffentlichkeit entzogen oder durch ihre eigenen Gläubigen, um sie vor der Konfiskation zu schützen, bei Seite geschafft worden waren, aus dem Versteck hervorgeholt und öffentlich aufgestellt wurden. Das geschah z. B. in Benevent unter Theodosius II und Valentinian III durch den Consular Ämilius Rufinus.[1]) In Kapua und Verona melden Inschriften ein Gleiches.[2]) In größerem Umfange übte man, wie erwähnt, in Rom dieses Verfahren. Es ist überall nur verständlich aus der Voraussetzung, daß die alte Religion keine ernstliche Versuchung mehr sei, auch wo sie noch nicht gänzlich abgestorben war. Die religiöse Betrachtung ist hinter der künstlerischen geschwunden.

Der triumphierende Ton, welcher eine Weihrede des Bischofs Honoratus von Brixen bei Gelegenheit der Umwandlung eines Tempels in eine Kirche durchzieht,[3]) will rhetorisch genommen sein wie viele christliche Aussagen hinsichtlich des überwundenen Heidentums, aber dieser Enthusiasmus der Worte hat stets als Unterlage die Erfahrung der Gegenwart. Wenn Cassiodorius einmal ausspricht, daß jetzt

---

[1]) C. J. L. IX n. 1563: . . . statuam presentem in abditis locis repertam ad ornatum publicum loco celeberrimo constituendam curabit [= vit]. (Die Ergänzungen nach Mommsen). Vgl. auch n. 1588: . . . ex locis abditis usui adque splendori thermarum dedit (scl. statuam).

[2]) Mommsen, J. R. N. n. 3612; C. J. L. V, 1 n. 3332. In Verona handelt es sich nicht um eine der Öffentlichkeit entnommene, sondern um eine seit langem umgestürzt auf dem Forum liegende Statue. Der Consular läßt sie in celeberrimo fori loco aufstellen.

[3]) Ennodius — denn er war der Verfasser — Dictio II (S. 430 ff.).

im römischen Reiche Christsein ein Ehrentitel sei,[1] daneben aber noch von Heiden weiß, welche Götter verehren, so ist damit die Lage in der ersten Hälfte des sechsten Jahrhunderts nicht nur in Italien, sondern im ganzen Abendlande richtig gezeichnet.

Nicht ganz in derselben Weise wie in Sizilien und auf dem Festlande gestaltete sich die Christianisierung in Sardinien und Corsika.

Die Insel Sardinien, welche die Römer nach dem ersten punischen Kriege den Karthagern entrissen, ohne sie je völlig zu überwältigen, wird in der ältesten Geschichte der Kirche als Aufenthaltsort deportierter Christen genannt. Auch der römische Bischof Kallistus verbrachte hier eine kurze Zeit seines romanhaften Lebens, und einer seiner Nachfolger, Pontianus, starb daselbst im Exil. Auch sonst hat das wegen seines Klimas verrufene Eiland lästig gewordene Volkselemente aufnehmen müssen, so einmal 4000 Juden.

Man darf annehmen, daß die ersten Gemeindebildungen aus den zur Zwangsarbeit verurteilten Christen hervorgingen. Im vierten Jahrhundert traten die beiden Bistümer Calaris und Phausania hervor, bald nachher auch andere.[2] Sie liegen in den römischen Städten, in denen römische Sitte und römische Religion sich heimisch gemacht hatten.[3] Der leidenschaftliche Bischof Lucifer von Calaris, der für die

---

[1] Cassiod. Exp. in Psl. 59 v. 7; Psl. 114 v. 16.

[2] In der Notitia provinciarum et civit. Africae werden genannt: Calaris, Forum, Trajani, Sanafer (?), Sulci, Turres. Dann werden noch in diese Gruppe gefaßt Minorca, Majorca und Ebusus.

[3] Vgl. C. J. L. X, 2 n. 7514 ff. In dem ansehnlichen Sulci z. B. gab es einen Tempel der Isis und des Serapis.

verhaßten Arianer keine schmählichere Bezeichnung als Heiden
wußte, giebt nicht die Signatur des sardinischen Episkopats.
Eine gewisse Lässigkeit scheint hier gewaltet zu haben. Phau=
sania ging wieder ein,[1]) die ganze Kirche trat in ein Halb=
dunkel oder Dunkel zurück. Zwar scheint ihr die Gewinnung
der romanisierten Landesgebiete leicht geworden zu sein,[2])
am Ende des sechsten Jahrhunderts sind Adel und Groß=
grundbesitz ihr eingegliedert, aber die Masse der Landesbe=
wohner verharrt noch im Götterglauben, und so gering ist
in Beziehung auf sie das Missionsinteresse, daß die auf den
kirchlichen Liegenschaften als Colonen beschäftigten Bauern
in ihrer alten Religion ungehindert weiter leben dürfen. Sie
haben ihre väterlichen Idole aus Holz und Stein. Die
Bischöfe duldeten auch, daß der kaiserliche Judex gegen Er=
legung einer Steuer Dispens von den staatlichen Opferver=
boten gewährte, ja, von denen, mit welchen er diesen Handel
trieb, auch noch diese Leistung forderte, nachdem sie die Taufe
erhalten.

Mit großem Ärgernis nahm Gregor d. Gr. von diesen
Vorgängen Kenntnis. Es blieb ihm indeß kein anderes
Mittel als persönlich die Aufgabe in die Hand zu nehmen,
welche die sardinischen Bischöfe zu vollziehen unterließen. Er
trat in Briefwechsel mit angesehenen Häuptlingen und sandte
zwei Missionare, darunter einen Bischof aus, um das Werk
der Bekehrung energisch zu führen. In der That entsprachen
sie den von ihrem Mandatar in sie gesetzten Erwartungen;

---

1) Greg. M. Lib. IV ep. 29.
2) Die von dem Kanonikus Spano mit unermüdlichem Eifer ge=
sammelten christlichen Altertümer (vgl. C. J. L. X, 2 p. 781 f u.
be Rossi im Bull. di archeol. crist. 1873 S. 173 ff.) stellen diesen
Zusammenhang zwischen der antiken Kultur und dem Christentume fest.

sowohl Barbaren wie Provinzialen wurden in großer Anzahl
gewonnen.[1]) Vielleicht kam Gregor durch dieses unmittel=
bare Eingreifen in die religiösen Verhältnisse der Insel zu
der Kenntnis des trefflichen Sklavenmaterials, welches sie
aufwies. Jedenfalls sandte er seinen Notarius Bonifazius
nach Sardinien, um für seinen, des Bischofs Gebrauch
Sklaven zu erwerben, und ersuchte den kaiserlichen Defensor
brieflich um Mitwirkung, damit er in den Besitz guter
Exemplare gelange.

Es mag noch Jahrhunderte gebraucht haben, bis die
Insel vollständig der Kirche sich unterwarf. Soweit dagegen
die antike Religion Boden gewonnen hatte, war der Sieg
des Christentums zur Zeit Gregors längst entschieden. Der
Bischof rechnete nur noch mit den heidnischen Ureinwohnern
und der barbarischen Religion. Seine Bemühungen hätten
das klassische Heidentum nicht übergangen, wenn es noch dem
Auge sich dargeboten hätte.

Gregor verdanken wir auch eine allerdings nicht um=
fangreiche Kunde über das Heidentum auf Korsika. In einem
Schreiben an den Bischof Petrus von Aleria belobt er diesen
wegen seiner Bemühungen um Ausbreitung des Christen=
tums, giebt ihm Anweisungen und verspricht materielle Unter=
stützung. Der Wortlaut des Schriftstückes weist auf landes=
tümlichen Götzendienst und bäuerliche Kreise. Neben Aleria
bestanden in Adjacium und Tainates (?) Bistümer. An dem
Klerus sowohl wie an dem Adel vermißte der römische Bischof

---

[1]) Gregor. M. Lib. IV ep. 23 (Schreiben an den Hospito,
den dux Barbaricinorum); IV, 24 (Schr. an den Dux Zabarda);
IV, 25 (Ad nobiles ac possessores in Sardinia); 26; lib. V, 41;
IX, 64; XI, 22; 23 (vgl. auch lib. IV, 9).

das wünschenswerte kirchliche Interesse.[1]) Dann mußte die
Beseitigung des Götterglaubens noch in weiter Ferne liegen,
besonders wenn die ungebändigte Sinnesart der Korsen in
Rücksicht gezogen wird. Wenn dieses der Stand der Dinge
gegen Ausgang des sechsten Jahrhunderts war, wird das
Martyrium der hl. Julia in das Bereich der geschichtlichen
Möglichkeit gerückt, und die in der Erzählung berichtete That=
sache, daß am Nordkap der Insel die Korsen ein heidnisches
Opferfest feierten, bietet der Fixierung in das fünfte Jahr=
hundert kein Hindernis.[2])

---

[1]) Greg. M. Lib. VIII ep. 1; XI, 77; I, 79; I, 80.
[2]) Die Akten in den Acta S. S. 22. Mai p. 168 f. Angeknüpft
ist die Erzählung an die Eroberung Karthagos durch die Vandalen.

VI.

Die Rhein- und Donauländer.

Als Rheinländer sind in Folgendem die in der spätern
Provinzialteilung unter die Titel Belgica I, Germania I,
Germania II zusammengefaßte Gebiete verstanden, deren
wichtigste Städte Trier, Mainz und Köln waren. Das
Gesamtbild dieser Provinzen mag eher den Verhältnissen in
Britannien als in Gallien entsprochen haben. Die Städte
trugen vorwiegend das Gepräge des Römertums, welches mit
der politischen Eroberung bezw. Gründung derselben seine
Kultur dorthin getragen hatte, während die Landschaft gar
nicht oder nur in geringem Maaße fremden Einflüssen sich
aufgethan hatte. Aus dem Römertum erwuchs, wie fast
überall in den eroberten westlichen Provinzen, das Christen=
tum. Indeß nicht nur seine älteste Geschichte im Rhein=
gebiete entzieht sich dem Wissen, sondern auch noch im
vierten Jahrhundert lassen sich nur Fragmente von ihr ent=
decken. Im Vordergrunde stand ohne Zweifel Trier, das
„gallische Rom," wo die antike Kultur am breitesten sich
entfaltete. Hier verbrachte Athanasius sein abendländisches
Exil, und es ist selbstverständlich, daß die christliche Gemeinde
aus dem anderthalbjährigen Aufenthalte des großen, ein=
drucksvollen Mannes einen wertvollen Gewinn zog. Als im

Jahre 385 der hl. Martinus die Stadt betrat, müssen Bekenner des alten Glaubens nur noch ganz vereinzelt vorhanden gewesen sein; diesen Eindruck erweckt wenigstens der vorliegende Bericht.[1]) Wenn bald nach Beginn des fünften Jahrhunderts vollends die Marktbasilika der Stadt in eine Kirche umgewandelt wurde,[2]) so ist dies ein noch deutlicheres Zeugnis desselben Inhaltes. Als einige Zeit hernach Salvian Gelegenheit nahm, die Sittenlosigkeit und Verkommenheit der durch wiederholte Eroberungen der Stadt schwer heimgesuchten Bevölkerung in düstern Farben zu malen, erwähnt er, obwohl über die Verhältnisse gut unterrichtet, dennoch keine Gepflogenheit, die ihre Wurzel im Götterglauben hatte, ein zuverlässiger Beweis, daß derselbe aus dem Gesichtskreis der damals Lebenden getreten war. Was vom Heidentum übrig geblieben war, waren heidnische Laster, nicht heidnischer Glaube. Trier ist ihm eine christliche Stadt.[3]) Gerade die schweren materiellen Einbußen Triers infolge der Kriegsunfälle mögen mit dem Untergange des alten Römertums das Ende des Heidentums beschleunigt haben. Im fünften Jahrhundert hörte das alte Trier überhaupt auf.

In die verödeten Gebiete drang hier wie auch anderwärts das germanische Heidentum ein, und an ihm scheinen sich die keltischen Kulte der Landschaft neu belebt zu haben.

---

[1]) Sulp. Sev. Vita Mart. c. 16—18. Ein vornehmer Beamter namens Tätradius wird als eo tempore adhuc gentilitatis errore implicitus herausgehoben. Wenn c. 16 und Dial. II, 11 die allgemeine Bezeichnung ecclesia sich findet, so folgt daraus nicht, daß Trier damals nur eine Kirche besaß (Hauck, Kirchengesch. Deutschlands I S. 27), sondern es ist die bischöfliche Hauptkirche gemeint, wie auch sonst im Sprachgebrauche jener Zeit.

[2]) Dehio u. Bezold, Die kirchl. Bauk. d. Abendl. 1 S. 466 f.

[3]) Salvian. De gub. VI, 13.

Als nämlich um die Mitte des sechsten Jahrhunderts Wulflach in das Triersche Territorium kam, fand er in der Land= bevölkerung einen eifrigen Bilderdienst, der sich besonders an die mächtige Statue einer weiblichen, von Gregor von Tours Diana genannten Göttin knüpfte. Dem Stylüten gelang es endlich nach längern Bemühungen, mit Hülfe einiger Bekehrter diese Statue zu zermalmen und auch andere Bildwerke zu zerstören.[1])

In Beziehung auf Mainz ist die Nachricht von Wert, daß ein Überfall auf die Stadt durch den Alamannenfürsten Rando 368 dadurch gelang, weil gerade ein christliches Fest die Bewohner in Anspruch nahm. Daraus ergiebt sich nicht nur die Vorherrschaft des Christentums überhaupt in jener Zeit, sondern auch weiterhin die Thatsache, daß die mili= tärischen und politischen Gewalten in der Mehrheit innerhalb der neuen Religion standen. Über dieselben Verhältnisse in Köln, Tongern, Metz und andern Städten sind nicht einmal Allgemeinheiten überliefert. Die Inschriften[2]) und Kunst= gegenstände christlicher Herkunft bezeugen wohl den Zu= sammenhang mit der römischen Kultur und stellen einige topographische Einzelheiten fest, geben aber über unsern Gegenstand keine Auskunft. Die Wirkungen der Völker= wanderung auf diese Gebiete waren derartig, daß nur geringe Reste des antik=römischen Christentums übrig blieben. Ein

---

[1]) Gregor. Tur. H. Fr. VIII, 15. Der Bericht läßt keinen Zweifel darüber, daß dieses Heidentum entweder rein keltisch oder keltisch= römisch war.

[2]) Die christlichen Inschriften der Rheinlande, her. von F. X. Kraus, I. Die altchristl. Inschriften. Freib. 1890 (die Bistümer Chur, Basel, Speier, Worms, Mainz, Trier, Köln).

neues Heidentum, das germanische, entfaltete sich da, wo das
klassische eben überwunden war.

Unter den römischen Donaulandschaften, Rätia, Nori=
cum, Pannonia, welche die vorschauende Defensivpolitik der
Römer seit Augustus rasch gewonnen und vorwiegend mili=
tärisch organisiert hatte, blieb die erstgenannte Provinz, zum
größten Teil wildes, unzugängliches Bergland, dem römischen
Einflusse am meisten verschlossen. Auch in dem von den
keltischen Vindelikern bewohnten nördlichen Flachlande hielt
sich die Romanisierung in engen Schranken. Außer der
blühenden Kolonie Augusta Vindelicorum (Augsburg), die
bis zu Beginn des vierten Jahrhunderts Hauptstadt der
ungeteilten Provinz und hernach Vorort des zweiten Rätien
war, erlangten in dieser Provinz nur wenige Städte einige
Bedeutung. Daneben lagen an der Donau und an den
Verkehrsstraßen kleine, zum Teil militärische Niederlassungen,
in denen sich römisches und einheimisches Wesen mischten
oder ersteres ausschließlich waltete.[1]) Dem entspricht die
dürftige Verbreitung des Christentums. Daß es in einem
von Soldaten verschiedener Nationalitäten besetzten und von
römischen Beamten und Kaufleuten durchzogenem Gebiete
bereits im dritten Jahrhundert ansässig war, muß ange=
nommen werden, auch wenn man den rätischen Legenden
keinen Glauben schenken will. Indeß von den im fünften
und sechsten Jahrhundert nachweisbaren Bistümern[2]) läßt
sich nur eines, das tridentinische, mit Bestimmtheit in das

---

[1]) C. J. L. III, 2 die Inschriften und die Ausführungen
Mommsens ebend. a. v. Oo.

[2]) Vgl. die immer noch wertvollen Darlegungen von Rettberg,
Kirchengesch. Deutschlands. Gött. 1846 ff. Bd. I.

vierte Jahrhundert setzen, und dieses gehört zudem einem
Distrikte an, der schon frühzeitig von Rätien losgelöst und
an Gallia cisalpina angeschlossen wurde. Der zweite historisch
beglaubigte Inhaber dieses Sitzes, Vigilius, ein Zeitgenosse
des Ambrosius, fand nicht nur in seinem bischöflichen Terri=
torium noch ein starkes Heidentum, sondern auch das ganze
Thal südlich bis Verona und nördlich bis Brixen im Besitz
der einheimischen Religion, die ihr Dasein an heiligen Stätten
und in feierlichen Umgängen kund machte. Ein von dem
Bischof eingeleiteter Versuch, diese geschlossene Macht zu
brechen, endete mit der Ermordung dreier Kleriker. Vigilius
selbst wurde nachher von Bauern erschlagen, welche er durch
Zerstörung eines auf schroffer Felshöhe sich erhebenden Idols
aufgebracht hatte.[1] Beides ging von dem rätischen Heiden=
tume aus; das Landvolk, dessen Gläubigkeit auch die römische
Eroberung nicht zu erweichen vermocht hatte, trat darin
handelnd hervor. Wenn dagegen Ambrosius in dem In=
struktionsschreiben an Vigilius bei der Übernahme des Bis=
tums eine umständliche biblische Beweisführung aufwendet,
um das Unziemliche christlich=heidnischer Mischehen darzu=
thun,[2] so darf hierbei eher an Beziehungen zu dem heid=
nischen Römertum in Tridentum gedacht werden.

Die rätische Überlieferung nennt neben Vigilius einen

---

[1] Über das Martyrium der Erstgenannten (vgl. auch I, 332.) —
Sisinnius, Martyrius, Alexander — berichten zwei Schreiben des
Vigilius und im Ganzen zuverlässige Akten (Acta S. S. ad 29. Maii
p. 388 ff.); Venant. Fortun. I, 2 v. 19 ff.; über Vigilius Acta
S. S. ad 26. Junii p. 165 ff. u. Venant. Fortun. a. a. O. Ab=
gesehen von den wenigen Worten des Dichters, eröffnen diese Berichte
einen anschaulichen Einblick in das religiöse Leben und kultische
Handeln der Landbevölkerung.

[2] Ambros. Ep. XIX n. 2. 7 ff.

Bischof Valentinus, der in der ersten Hälfte des fünften
Jahrhunderts von Passau bis zu dem Hochgebirge als Heiden=
bekehrer wirkte.[1]) Indeß auch dieses Mannes Absehen war,
soweit den ziemlich späten Quellen Glauben zu schenken ist,
auf die Gewinnung der einheimischen Bevölkerung gerichtet.
Der Ausgang des Heidentums in den beiden Rätien ist völlig
dunkel. Der Abzug der Romanen und die Überflutung der
Gebiete durch heidnische und arianische Völkerschaften hat in
der zweiten Hälfte des fünften Jahrhunderts bis auf wenige
Reste mit der antiken Kultur und Religion, so viel von
dieser letztern noch vorhanden sein mochte, die christlichen
Pflanzungen so sehr vernichtet, daß in der Karolingerzeit
in weitem Umfange die Bekehrung von vorn anfangen mußte.

Ähnlich gestalteten sich die Geschicke des durch die römische
Kultur tiefer erfaßten Noricum. Von den beiden Bistümern
Lauriacum und Tiburnia, die allein in römischer Zeit sich
nachweisen lassen, ohne daß über ihren Ursprung etwas
bekannt wäre, verschwand ersteres, und mit ihm ohne Zweifel
die Gemeinden im ganzen Ufernoricum, als auf Befehl
Odavakers die Provinzialen das Gebiet vor den Barbaren
räumten und nach Italien übersiedelten. Die einzige Quelle,
welche in die kirchlichen und religiösen Zustände kurz vor dieser

---

[1]) Das zuverlässig Historische über ihn ist die kurze Notiz in
Eugippius' Vita S. Severini c. 41, wo ein Schüler Valentins, der
Presbyter Lucillus dem Heiligen mitteilt, die Totenfeier abbatis sui,
sancti Valentini, Raetiarum scilicet quondam episcopi anrichten
zu wollen. Venant. Fortun. V. Mart. IV, 647 wird eine über
seinem Grabe errichtete Kirche erwähnt. Als den Ort derselben bezeich=
nete nachher die Überlieferung wohl mit Grund Maia in Tirol. Die
spätere Vita (Act. S. S. ad. 7. Jan. p. 369 u. 1094) scheint mir
glaubwürdige Angaben zu enthalten.

Auswanderung blicken läßt, die Lebensgeschichte des hl.
Severinus von Eugippius, setzt das Land als christianisiert
und kirchlich organisiert voraus. Dieses Ergebnis mag der
engen Verbindung mit dem mächtig aufstrebenden Aquileja,
welche ein reger und bequemer Verkehr mannigfacher Art
knüpfte und festhielt, zu danken sein. Nur einmal ge=
schieht götzendienerischer Handlungen, aber getaufter Leute in
Cucullis im Salzachthal Erwähnung.[1] Das schließt nicht
aus, daß im mittlern Noricum in den Alpenthälern die alte
Religion noch in Trümmern vorhanden war, während die
Städte bis zum Ende des sechsten Jahrhunderts, wo die
slavische Invasion auch hier die antike Kultur gründlich
vernichtete, das Christentum behaupteten.

Pannonien, in der Kaiserzeit eines der militärisch
wichtigsten Länder und mehrmals der Schauplatz entscheidender
Schlachten, hatte in einem allmählichen, aber stetigen Prozesse,
hauptsächlich unter dem Einflusse der Lager, sich romanisiert.
Doch entzogen sich vermöge ihrer natürlichen Beschaffenheit
größere Länderstrecken dieser Entwickelung und blieben somit
der ansässigen Bevölkerung erhalten. In den Städten, unter
denen in Ober=Pannonien Soravia, Carnuntum, Pötovio
(Pettau) und Siscia, in Unter=Pannonien Sirmium, Mursa
und Aquincum hervorragten, hatten sich die Kulte angesiedelt,
die wir auch sonst in barbarischen Ländern im Gefolge der
Legionen und Ansiedler antreffen.[2] Die vorkonstantinische
Geschichte des Christentums liegt, von einigen diokletianischen
Martyrien abgesehen, fast ganz im Dunkeln. Die Legende

---

[1] Vita S. Severini c. 11: pars plebis in quodam loco
nefandis sacrificiis inhaerebat. Näheres über die Art dieser Opfer
fehlt in dem Berichte.

[2] Die Inschriften C. J. L. III, 1.

der Quatuor Coronati zeigt uns Christen als Verurteilte in den pannonischen Bergwerken, darunter einen griechischen Bischof; [1] dagegen treten christliche Gemeinden nirgends in den Gesichtskreis, was vielleicht in der Art der Ereignisse seine hinreichende Erklärung findet. Dagegen läßt eine nicht nur lokalgeschichtlich wertvolle Inschrift von Jasä (Töplitz), die den Wiederaufbau der durch Feuer zerstörten Baulich=keiten des vielbesuchten Badeortes und die Gewährung eines am Sonntage abzuhaltenden Marktes durch Konstantin d. Gr. meldet, [2] das Vorhandensein einer christlichen Bevölkerung in der Umgegend vermuten. Schon länger bestand in dem nähe gelegenen Pötovio ein Bistum. [3] In Soravia, woselbst Martin von Tours von heidnischen Eltern angesehenen Standes geboren wurde, hat derselbe um die Mitte des vierten Jahrhunderts einige Heiden bekehrt. Auch die Mutter ließ sich gewinnen, dagegen der Vater, ein Militärtribun, blieb standhaft. [4] Fast gewinnt man aus diesen Vorgängen den Eindruck, daß Soravia damals noch vorwiegend eine heidnische Stadt war. Einige Jahrzehnte später erschienen in derjenigen Stadt, welche den italienischen Verkehr zu=nächst vermittelte, in Amona (Laibach) bei dem Einzuge des

----

[1] Passio sanctorum quatuor Coronatorum c. 2 ed. Watten-bach (Wien 1870).

[2] C. J. L. III, 1 n. 4121: — — — aquas Jasas olim vi ignis consumptas cum porticibus | et omnib(us) ornamentis ad pristinam faciem restituit | provisione etiam pietatis sue nundinas | die solis perpeti anno constituit | curante Val. Catu-lino n. s. w.

[3] Hieron. De vir. illustr. c. 74: Victorinus, Petabio-nensis episcopus — die erste Erwähnung dieses Bistums.

[4] Sulp. Sev. Vita Martini c. 2. 6; Venant. Fort. V. Mart. I, 104 ff.

siegreichen Theodosius nach der Niederwerfung des Maximus neben den zur Begrüßung aufziehenden Senatoren und Flamines auch heidnische Priester in hohem Kopfschmucke.[1]) Aber diese Sacerdotes sind nicht als Träger religiöser Ämter zu denken, sondern als Standespersonen wie die mit dem Abzeichen ihrer städtischen Würde mit ihnen auftretenden Flamines. Ferner eine jetzt in Graz befindliche Inschrift aus Pötovio, in welcher man die Errichtung eines Jupiteraltars durch einen Tribunen wunderlich genug „auf Befehl des Konstantius angemerkt fand, verdankt diesen Inhalt einer falschen Lesung, welcher Gruter Verbreitung verschaffte.[2])

In den christologischen Kämpfen des vierten Jahrhunderts trat der pannonische Episkopat fast geschlossen als Hauptstütze des Arianismus im Abendlande hervor. Der Bischof Valens von Mursa besaß das Ohr des Kaisers Konstantius und stand in dem Verdachte, seine theologische Politik zu beeinflussen. In Sirmium, der Hauptstadt des untern Pannonien, tagten in den Jahren 351 und 357 bischöfliche Versammlungen zu dem Zwecke, ein Unionsbekenntnis herzustellen. Die einzige altchristliche Katakombe

---

[1]) Panegyr. Pacati Theodosio dictus (Migne XIII) c. 37: — — — conspicuos veste nivea senatores, reverendos municipali purpura flamines, insignes apicibus sacerdotes. Die Rede wurde 389 in Rom im Senate gehalten. Pacatus war Anhänger eines farblosen Monotheismus (Teuffel §. 426).

[2]) C. J. L. III, 1 n. 4037. Die entscheidenden Worte sind — — profic | iscens ad opprimen | dam factionem | Gallicanam jussu | principis sui aram | istam posuit. Statt Gallicanam las man Galli und bezog die Inschrift (z. B. auch Rettberg, Kirchengesch. Deutschl. I, 237) auf ein Unternehmen gegen den Cäsar Gallus.

diesseits der Alpen mit Malereien, wie wir sie in Rom beobachten, gehört diesem Lande an und ist um die Mitte des vierten Jahrhunderts entstanden.[1]) Geendet hat auch in Pannonien das klassische Heidentum im Chaos der Völkerwanderung.

---

[1]) Meine Kat. S. 334—336. Die sehr wenigen Inschriften und sonstigen altchristlichen Denkmäler entfallen an das Ende des 4. und in das 5. Jahrh.

VII.

Griechenland.

Das Hellenentum war schon im Absterben begriffen, als der furchtbare Bürgerkrieg, der im Augusteischen Kaisertum endete, Griechenland in seine verwüstenden Wirkungen hineinzog. Die schon seit der römischen Eroberung vorgeschrittene Veröbung des Landes nahm einen erschreckenden Umfang an. Zahlreiche Städte lagen in Ruinen, ganze Landschaften waren fast entvölkert. Das Wohlwollen einzelner Kaiser, wie besonders Hadrians, führte wohl an einzelnen Punkten bessere Verhältnisse herbei, aber die schlechte Beamtenwirtschaft, verheerende Naturereignisse und der degenerierte Geist der Bevölkerung schoben das Schwergewicht auf die entgegengesetzte Seite. Das Griechenland der Kaiserzeit war und blieb eine verkommene Provinz, die sich nur noch als die einstige Heimat des idealen Hellenentums in der Erinnerung erhielt.

Auf diesem Boden waren schon in apostolischer Zeit christliche Gemeinden entstanden, unter denen Korinth die Führung gewann. Ihr Umfang läßt sich nicht übersehen. Sie müssen indeß schon im zweiten Jahrhundert beachtenswert hervorgetreten sein, da die Regierung Veranlassung

fand, sich mit ihnen zu beschäftigen.[1]) Gegen Ende dieses
Jahrhunderts nahm der Bischof Dionysius von Korinth eine
angesehene Stellung in Griechenland ein. Er richtete, wie
an viele andere Gemeinden, so auch nach Lakedaimon
(Sparta) und Athen Schreiben, welche noch in späterer Zeit
geschätzt wurden.[2])

Im vierten Jahrhundert gewähren Synodalunterschriften
die Mittel, mehrere Bistümer festzustellen.[3]) Wenn auch
angenommen werden muß, daß diese Städtenamen die Zahl
der griechischen Bischofssitze nur zum Teil angeben, so bleibt
doch eine große Dürftigkeit als Thatsache bestehen. Die
Begründung derselben aus einer festern Anhänglichkeit an
den Götterglauben ergiebt sich als Nächstes, doch darf auch
der reduzierte Zustand des Landes nicht außer Rechnung
bleiben. Schon die spätern Geschicke des griechischen Orakel=
wesens verbieten, auf den ersten Umstand alles Gewicht zu
legen, insofern daran eine starke Ermattung des religiösen
Lebens sich beobachten läßt.

Plutarch hat in einer eigenen Schrift über die sinkende
Auktorität der Orakel gehandelt.[4]) Einst, so läßt er sich
darin vernehmen, war Böotien berühmt wegen seiner Orakel,
jetzt sind sie wie Bäche versiegt, und eine große Weissagungs=
dürre ist über das Land gekommen. Nur noch in Lebadia
hat Böotien ein Orakel; die übrigen schweigen oder liegen

---

[1]) Euseb. H. E. IV, 26, 10.
[2]) Euseb. IV, 23, 1, 2.
[3]) Sparta, Megalopolis, Elis, Paträ, Korinth, Megara, Athen,
Marathon, Elatea, Chalkis auf Euböa und in den nördlichen Land=
schaften u. A. Nikopolis, Larissa, Thessalonich (Mansi H, 696; 700;
III, 42; 44 ff.). Nicht Alles ist hier indeß sicher.
[4]) De defectu oraculorum (opera ed. Lips. Tauchn. vol. 3).

gänzlich wüst.[1] Delphi behauptet zwar nicht mehr sein altes Ansehen, aber es steht noch in Ruf; Barbaren und Hellenen suchen es auf, indeß nur mit kleinen und spießbürgerlichen Fragen wird die Pythia bemüht.[2]

So war es kein religionspolitisches Wagnis, wenn Konstantin die Befragung der Orakel verbot.[3] Eine strenge Durchführung des Verbots war außerdem nicht möglich; es bedeutete nicht eine allgemeine Hemmung der Orakel, sondern eine weitere empfindliche Schädigung derselben. Auf Delphi indeß fand, wegen seines alten Weltruhmes, die kaiserliche Verordnung Anwendung. Der Dreifuß und die Statue des Apollo wurden dem heiligen Orte entnommen und nach der neuen Residenz am Bosporus geschafft, und zwar gewiß nicht als die einzigen Beutestücke. Auch aus Dodona wurde ein Zeusbild entführt.[4] Nun konnte man von den „einst berühmten, jetzt aber nicht mehr existierenden Orakeln" sprechen und dies mit der triumphierenden Frage erläutern: „Wo ist der Pythios? Der Klarios? Wo ferner der Dodonäer?"[5] Wohl hat etwa ein Jahrhundert später noch ein gelehrter Bischof sich mit dem Orakeltum der Alten beschäftigt und ihm die alttestamentliche Weissagung als das wahre Orakel Gottes entgegengestellt, aber doch nur akademisch. Denn auch hier hören wir die zuversichtliche Behauptung, daß die Orakel schweigen, weil ihnen Schweigen auferlegt

---

[1] A. a. O. c. 5.
[2] Plut. De Pythiae or. (ebend.).
[3] Euseb. V. C. IV, 25.
[4] Zosim. V, 24; Cedren. De origine Const. S. 16 (ed. Bonn.).
[5] Euseb. Praep. ev. IV, 2. vgl. Athan. De incarn. verbi c. 47. — Vita Antonii c. 33.

ift. Namentlich aufgeführt werden in Griechenland Dodona,
Delphi, Delos, Lebadia und Oropos.[1]) Schon vorher hatte
auch im Abendlande Prudentius den Untergang der Orakel —
darunter Delphi und Dodona — dichterisch gefeiert.[2]) Die
Aussagen der kirchlichen Schriftsteller ruhen sämtlich auf der
Annahme, daß die Abnahme des Orakelwesens mit der Ankunft Christi zusammenhänge. Eine richtige Beobachtung
wird hier also in falsche Ursächlichkeit gestellt, aber über die
geschichtliche Thatsache des Verfalls der Orakel besteht zwischen
christlichen und heidnischen Quellen keine Differenz. Trotzdem
läßt, wie schon angedeutet, ein plötzliches Aufhören der Mantik
in dieser Form sich nicht vorstellen. Die berühmten Orakelstätten sind natürlich zuerst dem Ansturme erlegen, die ob-
skuren und die in abgeschiedenen Örtlichkeiten befindlichen
haben ihre Existenz noch länger behauptet.

Den religiösen wie wirtschaftlichen Zustand des antiken
Griechenlands im vierten Jahrhundert charakterisiert nicht
minder das in der Kultus- und Religionsgeschichte Attikas
so bedeutsame Eleusis. Ein Redner, der unter dem Kaiser
Julian eine Konsulatsrede hielt, nannte es in einem kurzen
Satze „in elenden Ruin" verfallen.[3]) Ein Hierophant, der
sich zu dem Eumolpidengeschlecht rechnete, war noch da;
Julian, der sich sehr um Belebung des Götterglaubens in
Hellas bemühte, berief ihn nach Gallien und ehrte ihn hoch.

---

[1]) Theodor., Graec. aff. cur. X: περὶ χρησμῶν ἀληθινῶν
τε καὶ ψευδῶν. Vgl. auch Cyrill. Al., Contra Julian. lib. VI
(M. 76 S. 804).

[2]) Prudent. Apoth. v. v. 438 ff.

[3]) Mamert. Grat actio Julian. Aug. pro cons. c. 9: In
miserandam ruinam conciderat Eleusina.

Der Geehrte selbst freilich teilte nicht die freudigen Hoff=
nungen seines kaiserlichen Gönners auf die Zukunft; er
erwartete, selbst noch die Verwüstung der ehrwürdigen Heilig=
tümer zu erleben, die auf des Kaisers Befehl sich wieder
erhoben.[1] Die Wendung der Religionspolitik nach Julians
Tode traf in ihrer Anwendung auch die wieder belebten
Eleusinia; der Prokonsul von Achaja, Prätextatus, selbst ein
Göttergläubiger, hielt indeß seine schützende Hand darüber,[2]
so daß sich ihre Dauer noch längere Zeit verfolgen läßt.
Die Hierophantenliste kann bis zum Jahre 376 festgestellt
werden, wenn auch lückenhaft.[3] Doch lagen in dieser öffent=
lichen Duldung selbstverständlich gewisse Abzüge als Be=
dingung. Auch ertrug die Art des Festes leicht die Redu=
zierung auf ein opferloses und tempelloses Volksfest. Es
scheint, daß erst der Einbruch Alarichs in Griechenland im
Jahre 395 Eleusis für immer vernichtet habe.[4]

Das höchste Interesse in der Geschichte des unter=
gehenden Hellenismus auf diesem Boden knüpft sich an
Athen. Was Griechenland überhaupt der gebildeten Welt
war, fand seine Zusammenfassung in dieser Stadt. Der
materielle und geistige Niedergang des Landes prägte sich
auch in der Physiognomie Athens aus. Bereits Horaz nannte
es leer.[5] Mit noch größerm Rechte konnte, freilich nicht
ohne Übertreibung, der oben angeführte Redner von ihm

[1] Mamert. a. a. O.
[2] Bd. I, 198.
[3] Lenormant, Recherches archéol. à Éleusis. Paris
1862 S. 144.
[4] Eunap. Vita Maximi.
[5] Horat. Ep. II, 2. 81: vacuas Athenas.

sagen, daß es allen öffentlichen und privaten Schmuckes baar
sei.[1]) Ein alexandrinisch-partikularistischer Philosoph konnte
sogar spotten über dieses Athen, das gar nichts Ehrwürdiges
mehr besitze; nur berühmte Namen hört man dort noch.
Einst durch seine Weisheit gefeiert, hat es jetzt seine Berühmtheit in seinem Honig.[2]) Diese bissige Rede entsprach
nur zum Teil der Wahrheit. Die Romantik einer großen
Vergangenheit, welche auf dieser Stadt ruhte, hielt sie hoch
über Alexandrien und Konstantinopel, wie sehr diese auch
sonst ihr vorausgeeilt waren. Der Zauber einer einzig-
artigen politischen, geistigen und künstlerischen Geschichte trug
auch eine starke religiöse Anziehungskraft in sich. Noch im
vierten Jahrhundert zur Zeit der Konstantiner galt es ernsten
Christen als seelengefährlich, und manche Studierende in
Athen ließen sich durch die heidnische Philosophie zur heidnischen Religion leiten. Sich christlich halten in der Umgebung einer halb oder ganz heidnischen Bevölkerung kostete
einiges Opfer. Zwischen Hellenismus und Christentum gestellt, nannte daher ein gleichzeitig mit Julian dort studierender
Kappadozier Athen eine inhaltlose Seeligkeit.[3]) Julian hat
ohne Zweifel die Stadt, in welcher seine Ideale lagen, nach
Kräften gehoben und ihr vorübergehend das Aussehen eines
antik gläubigen Gemeinwesens verschafft. Dieses Übergewicht
der alten Religion ist nicht sobald verschwunden. Noch lange

---

[1]) Mamert. a. a. O.: . . . Athenae omnem cultum publice
privatimque perdiderunt.

[2]) Synesius, Ep. 135.

[3]) Ich entnehme diese Angaben aus der Orat. 43 des Gregor v.
Nazianz, die sich mit Basilius beschäftigt. Das Urteil der Basilius:
κενὴν μακαρίαν τὰς Ἀθήνας ὠνόμαζεν.

nach seinem Tode war der Magistrat heidnisch, mußte aber mit den neuen Verhältnissen vorsichtig rechnen.[1])

Dieser Zustand konnte nicht von langer Dauer sein. Die Gegenwirkung der mächtigen Kirche, die am Staate einen Hinterhalt hatte und bald nachher in Theodosius auf dem Throne einen eifrigen Gönner und harten Heidenfeind gewann, mußte endlich auch die traditionelle Schonung Athens zurückschieben. Die Verwüstung Griechenlands durch Alarich leistete dieser Tendenz erfolgreichen Vorschub, nicht sowohl darum, weil der arianische Fürst gewiß gelegentlich auch die antiken Kultstätten, in denen die Göttergläubigen sich noch sammelten, vernichtete, sondern hauptsächlich deshalb, weil die wilde Zerstörung die Reste antiken Lebens und antiker Kultur, an denen die Fortdauer des Götterglaubens fast absolut hing, auf das empfindlichste traf. Ein ganzes Jahr lang dauerte die Schreckensherrschaft.[2])

In die religiöse Lage Athens im fünften Jahrhundert läßt uns Marinus, der Biograph des Neuplatonikers Proklus, hineinblicken. Die Tempel stehen noch, aber der Zutritt zu ihnen ist verboten. Es werden namentlich angeführt das Asklepieion, der Parthenon, der Tempel des Dionysos, das

---

[1]) Ich ziehe diesen Schluß aus Zosim. IV, 18, wonach der Hierophant Nestorius bei dem Magistrat (οἱ ἐν τέλει) den Antrag stellte, den öffentlichen Kultus des Heros Achilleus anzuordnen, um Unheil von Athen abzuwenden. Der Magistrat wies den Antrag als eines kindischen Greises ab.

[2]) Vgl. Gregorovius: „Hat Alarich die Nationalgötter Griechenlands zerstört?" (Kleine Schriften zur Gesch. u. Kultur, Lpz. 1887 S. 50 ff.) Der Verf. geht m. E. in der berechtigten Abweisung einer herkömmlichen Meinung zu weit in der entgegengesetzten Richtung. — Vgl. auch Bd. I, 435 f.

Sokrateion. Indeß fehlte es nicht an heimlichen Betern. Der Hierophant Nestorius konnte neben der berühmten Athenestatue ein kleines Götterbild aufstellen und davor seine Andacht verrichten.[1]) Doch bald nachher wurde die Athenestatue von denen, „die das Unmögliche möglich machen," entführt und das Asklepiosheiligtum zerstört.[2]) Diese „Zer= störung" darf als Umwandlung in eine Kirche oder in ein anderes Gebäude mit großer Wahrscheinlichkeit verstanden werden. Denn in diesem Jahrhundert hat die hernach fort= gesetzte Arbeit, in den antiken Heiligtümern christliche Kirchen einzurichten, begonnen. So wurde der Parthenon selbst unter Aufwendung großer architektonischer Kraftanstrengungen in ein Gotteshaus verwandelt, das nicht unwahrscheinlich zuerst der Ἁγία Σοφία, im Gegensatz zu der in Athen heimischen Weltweisheit, später der Maria geweiht war.[3]) Die be= rühmten Skulpturen wurden geschont. Auch das Erechtheion ging in den Dienst der Maria über, ebenso der Tempel der Persephone, letzterer mit noch geringern Modifikationen als jenes, während das Theseion ein Heiligtum des hl. Georg wurde.[4]) Auch sonst hat in Athen die Kirche mit den

---

[1]) Marin. V. Procli c. 29. 10. — Zosim. IV, 18.

[2]) Marin. c. 30. 29. Über das Asklepieion heißt es an letzterer Stelle: ἔτι ἀπόρθητον τὸ τοῦ σωτῆρος ἱερόν. „Zerstört" hat sowohl in der privaten wie in der Gesetzessprache oft die Bedeutung von „umgebaut," „verwandelt."

[3]) Die genauere Beschreibung dieser jedenfalls mehrere Bau= perioden umspannenden Umbauten bei Michaelis, Der Parthenon. Lpz. 1871 S. 45 ff.

[4]) Aug. Mommsen, Athenae christianae, Lpz. 1868; Petit de Juleville, Recherches sur l'emplacement et le vocable des églises chrét. en Grèce (Archives des Missions scientifiques 1869 2e série t. 5 S. 470 ff.). Über neuere Ent=

Schöpfungen des Altertums souverän geschaltet, doch ist es
in fast allen Fällen unmöglich, auch nur annähernde Zeit=
ansätze zu geben. Einzelne Bauten, wie das mächtige Olym=
pieion in der sog. Hadriansstadt, sind durch Naturgewalten
vernichtet worden. Die Verschleppung beweglicher Kunstwerke
dauerte fort. Nach Konstantin werden noch Theodosius II
und Justinian als solche genannt, welche Konstantinopel mit
athenischem Raube schmückten; aber auch Beamte, wie jener
Prokonsul, der die noch im vierten Jahrhundert mit Stolz
gezeigten Gemälde des Polygnot aus der Stoa Poikile ent=
fernte,[1] nutzten ihre Machtstellung in dieser Richtung aus.
Endlich war eine immer mehr in materiellen und geistigen
Ruin versinkende Stadt nicht in der Lage, ihren Kunstwerken
diejenige Pflege zu gewähren, welche ihre Erhaltung erfordert.
Ein gewaltthätiges Vorgehen der Christen gegen die Heilig=
tümer und Götterbilder läßt sich, den einen, aber nicht klaren
Fall des Asklepieion ausgenommen, nicht entdecken. Die
Kargheit der Denkmäler, welche die neuere archäologische
Forschung in Athen angetroffen hat, findet ihre hinreichende
Erklärung in den schweren Schicksalen, welche die Stadt bis
zur vollendeten Befreiung Griechenlands zu erdulden ge=
habt hat.

Das Ende der platonischen Akademie unter Justinian,
in welcher Form immer es sich vollzogen haben mag, mußte
den Götterglauben in Athen empfindlich treffen. Denn er
verlor in dieser Katastrophe gewiß das bedeutungsvolle Band,
welches ihn mit der geistigen Aristokratie der Gegenwart und

---

deckungen am Abhange der Akropolis in der Umgebung und an der
Stelle des Asklepieion vgl. Girard, L'asclépieion d'Athènes,
Paris 1882.

[1] Synes. Ep. 135.

zugleich der Vergangenheit verknüpfte. Der Hellenismus begenerierte zum Paganismus. Die im vierten Jahrhundert bezeugte religiöse Verehrung der Athene Parthenos,[1]) welche ursprünglich kein Kultbild, sondern ein Weihegeschenk war, kündet diese absteigende Richtung schon an. Wie fast überall, sank auch hier die Religion auf die Stufe der Superstition herab und erhielt sich in dieser Verschlechterung im Volkstum vereinzelt bis zur Gegenwart. Eine athenische Inschrift des fünften Jahrhunderts des Inhaltes: „Christus hat gesiegt. Amen. Es geschehe,"[2]) lädt ein, sie in diese Geschichte einzuflechten, doch entbehrt sie einer genügend deutlichen Beziehung.

Nicht anders sind die Ausgänge des Heidentums im übrigen Hellas zu denken. Die Einrichtung christlicher Kirchen in den veröbeten Heiligtümern darf im Allgemeinen als Beweis gelten, daß die neue Religion kampflos das Erbe der alten an sich genommen hat. Kein Land bietet so zahlreiche Beispiele einer solchen Usurpation als Hellas. Mit den Kirchen konkurrieren die Klöster. Die Vermutung, daß die Heiligen, denen die neuen Kirchengründungen zugeteilt wurden, nicht selten in bewußter Anknüpfung an den antiken Gott oder Heros ausgewählt sind, hat Recht, aber doch nur in der Einschränkung auf Ausnahmen. Ein Beweis dafür ist überhaupt nicht zu führen. In jedem Falle ist die Naivetät erstaunlich, mit welcher die Göttersitze der neuen Religion dienstbar gemacht wurden. In Eleusis richtete ein gewisser Artemisios samt seiner Familie in dem Tempel des Tripto-

---

[1]) Zosim. IV, 18.
[2]) Bayet, De titulis Atticae christ. antiquiss. Par. 1878 n. 92 (S. 105).

lemos eine Kirche ein;[1] Marmorstücke verfallener Banten
mußten christliche Grabinschriften aufnehmen.[2] In dem
Tempel des Zeus Hypatos am Messapion in Böotien bauten
sich Mönche an. Die Mauern der Kapelle des heiligen Elias
bei Thespiä bildeten wahrscheinlich einst den Peribolos des
Altars des helikonischen Zeus, der auf der Bergeshöhe sich
erhob. Das Heiligtum des Trophonios in Lebadia wandelte
sich in eine Kirche der Panagia.[3] In dieser Aneignung
antiker Kultstätten ruht als Voraussetzung die Empfindung
voller Souveränetät der alten Religion gegenüber. Sie gilt
nicht mehr als dämonisch, sondern als eine tote Größe, deren
Erbe zu Jedermanns Besitz und Gebrauch liegt.

Zu dem Jahre 394 notiert ein byzantinischer Historiker:
„Damals erloschen die olympischen Spiele.“[4] Gewiß hat
ein kaiserlicher Akt das Ende derselben dekretiert, aber diese
berühmte Festfeier befand sich gegen Ausgang des Jahr=
hunderts in der kümmerlichsten Lage. Das Vordringen des
Christentums, noch mehr aber die materielle und geistige
Erschöpfung Griechenlands hatten sie auf das äußerste redu=
ziert. Sie war nur ein elender Schatten. Ihre Aufhebung
ist daher schwerlich als eine Gewaltthat von der Bevölkerung
empfunden worden. Die Verwüstung, welche hernach der an
herrlichen Bauten einst so reiche Bezirk zeigte, ist nicht durch
religiösen Übereifer hervorgerufen, sondern durch Naturer=

---

[1] Die Weihinschrift Lenorm. a. a. O. n. 125.

[2] Lenorm. n. 127 ff.

[3] Bursian, Geographie von Griechenland. Lpz. 1862 ff. I
S. 216. 239. 207. 210. II, 31. 48. 52 u. s. Vgl. auch Petit de
Juleville a. a. O.

[4] Cedren. Hist. I p. 573 ed. Bonn.

eignisse und Terrainumbildungen. Ein gewaltiges Erdbeben
i. J. 551 warf die Tempelstadt in Trümmer, nachdem bereits vorher bei Aufrichtung einer Verteidigungsmauer im
Süden der Altis aus antiken Bauten Material entnommen
war. Denn, wie verschiedene Fundstücke, Gräber und ein
älterer Kirchenbau sicher stellen, bestand an der einst ge-
feiertesten Stätte des Hellenentums schon vor jener Katastrophe eine christliche Gemeinde. [1]) Das berühmte Zeusbild hatte wohl schon damals in Konstantinopel einen neuen
Standort gefunden. [2]) Im achten Jahrhundert erscheint
Griechenland, besonders der Peloponnes, mit slavischen
Colonien überzogen. In welcher Weise sich die Einwanderung vollzogen und wie weit sie sich erstreckt hat, [3]) kann nicht
mit Sicherheit festgestellt werden. Doch ist anzunehmen, daß
diese Überflutung des Landes mit Barbaren den Überbleibseln
antiken Lebens und antiker Kultur in Griechenland höchst
nachteilig geworden ist, obgleich sie im Allgemeinen die Städte
nicht berührte. Es entstand ein anders geartetes Heidentum
neben der Kirche, das aber seinem Wesen nach in keine Beziehungen zu dem Hellenismus treten konnte, ja, so wie die
Dinge lagen, eine neue Last für ihn werden und seinen
definitiven Untergang beschleunigen mußte. Nur einmal noch
ist seitdem in der Geschichte Griechenlands die Rede von
göttergläubigen Hellenen. Als nämlich im neunten Jahrhundert Kaiser Basilius der Mazedonier die slavischen

---

[1]) Holtzinger, Kunsthist. Studien. Tüb. 1886 S. 69 ff. —
Dazu Bötticher, Olympia. 2. A. Berl. 1886 S. 30 ff.

[2]) Cedren. I, 564. 566 f.

[3]) Vgl. Gregorovius, Gesch. d. Stadt Athen im Mittelalter.
Stuttg. 1891 f I S. 112 ff.

Stämme im Peloponnes seinem Szepter und dem Kreuze
unterwarf, stießen die Sieger auf der südlichen, von dem
Tänarus gebildeten schmalen Halbinsel auf eine Bevölkerung,
die, durch ein schwer zugängliches Gebirgsland geschützt, den
väterlichen Götterkult pflegte. Sie erlag und gab ihre
Freiheit und ihren Glauben auf.[1]) Diese Bezwingung der
Maïnoten, wie sie nach ihrer Hauptstadt Maïna genannt
werden, schließt indeß schwerlich die Geschichte des Hellenis=
mus in Griechenland ab; nur entzieht er sich anderswo
unserer Kenntnis. Denn es ist nicht glaublich, daß nicht
auch sonst unter gleichen Bedingungen gleiche Verhältnisse
bestanden haben sollten. Das Fortleben des „alten" Griechen=
lands im „neuen," welches aufmerksame Beobachter leicht
entdecken, giebt zu solchen Schlüssen zuverlässige Handhaben.

Von den mazedonischen Städten aus scheint sich vor=
nehmlich die christliche Propaganda nach Thrazien ausge=
dehnt zu haben. Die kirchliche Überlieferung läßt in und
um Tiberiopolis zur Zeit Julians drei Männer wirken,
deren einer, Timotheus in der genannten Stadt ein Bistum
gründete.[2]) Besser beglaubigt ist die Wirksamkeit des Bischofs
Nicetas, eines Zeitgenossen des Paulinus von Nola, der
von Philippi aus in das Gebirgsland der wilden, durch
Brigantaggio berüchtigten Bessi eindrang und sie erfolgreich
evangelisierte. Die harten Nacken beugten sich dem Joche
Christi; die unzugänglichen Gebirge bargen jetzt in Einsiedler
verwandelte Räuber, wie Paulinus von Nola dichterisch uns
schildert:

---

[1]) Const. Porphyr. De administr. regni c. 50. Vgl.
auch I, 449.

[2]) Theophyl. Hist. martyrii XV mart. p. 175 ff. (Migne
t. 126).

> Mos ubi quondam fuerat ferarum,
> Nunc ibi ritus viget angelorum
> Et latet justus, quibus ipse latro
> Vixit in antris.[1]

Über den weitern Fortgang der Christianisierung ist nichts
bekannt. Sie wird sich rasch weiter entwickelt haben, da die
Bessi als treffliches Soldatenmaterial in der Armee gern
verwertet, also im Zusammenhang mit dem christlichen Staats=
wesen gehalten wurden.

Über den Verlauf der Christianisierung auf den Griechen=
land benachbarten Inseln ist nichts bekannt; nur eine corcy=
räische Inschrift läßt den Kaiser Jovian sich berühmen, daß
er die Tempel und Altäre der Hellenen zerstört und „diesen
heiligen Tempel“ — gemeint ist die Hauptkirche in der Stadt
Corcyra selbst — gebaut habe.[2] Doch ist diese Inschrift
schwerlich gleichzeitig, sondern blickt auf eine ferner liegende
Vergangenheit zurück. In Kreta und Euböa ist um die
Mitte des fünften Jahrhunderts die bischöfliche Organisation
abgeschlossen; auf Melos bestand schon in vorkonstantinischer
Zeit eine Grabstätte, die auf eine ansehnliche Gemeinde
weist.[3]

Zu dem oben erwähnten Aufsatze von Petit de Julle=
ville über die Lokalisierung und Benennung der christlichen
Kirchen in Griechenland seien noch einige Bemerkungen hier
angefügt, die darauf abzielen, einer beliebten Praxis auf

----

[1] Paul. Nol. Poema XVII (al. XXX) v. 225 ff. Dazu
Acta S. S. 22. Jun. p. 243 f.

[2] C. J. G. IV n. 8608 (in porta ecclesiae christianae —
di nostra Signora di Paleopoli).

[3] Meine Katal. S. 275 ff.

diesem Gebiete zu begegnen. Unter den von dem Genannten
aufgeführten Kirchen ist ohne Zweifel ein sehr großer Teil
auf den Trümmern einstiger Tempel und sonstiger Heilig=
tümer errichtet. In den übrigen Fällen dagegen sind die
Vermutungen so schlecht gestützt, daß sie kein Recht haben,
auch nur ausgesprochen zu werden. Noch unumschränkter
aber waltet die haltlose Hypothese in dem zweiten Kapitel
der Abhandlung: Recherches sur l'origine et la signifi-
cation de plusieurs vocables chrétiens. Es mag richtig
sein, daß die heiligen Ärzte Cosmas und Damianus dem
Heilgotte Äskulap entgegengestellt wurden (S. 501 f.), ob=
wohl ein Beweis nicht zu erbringen ist, oder auch, daß z. B.
der christliche heilige Merkurius gegen den heidnischen sich
ausspielte (S. 508 f.) oder daß Maria Göttinnen verdrängte,
aber es liegt andererseits eine starke Zumutung darin, zu
glauben, daß eine Zwölfapostelkirche in Athen den Zwölf=
götteraltar verdecke, daß in Hagios Basilios der Name Helios
in corrumpierter Form sich verberge, oder in Hagios Deme=
trios nach derselben Analogie Demeter ruhe. Andere Ver=
bindungen und Vermischungen dieser Art sollen sein: Hagios
Dionysios = Dionysos; Hagios Helias (Ἡλίας) = Helios;
Hagios Soter = Ζεὺς μειλίχιος u. s. w. Diese bizarren
Schlußfolgerungen sind durchaus der Ausfluß der populären,
nicht etwa auf Laienkreise beschränkten Auffassung der Ent=
wickelung dieser Dinge, die ihr Schlagwort in der Phrase
von der „Hellenisierung des Christentums" gefunden hat.

VIII.

Ägypten.

Eine pessimistische Stimme aus neuplatonischem Kreise stellte schon im dritten Jahrhundert den nahen Untergang des Götterglaubens in Ägypten in Aussicht: die Himmlischen werden das Land verlassen, ihr Dienst lebt nur in Sagen fort, die den kommenden Geschlechtern unglaublich dünken.[1] Doch nicht nur damals, sondern noch unter dem zweiten christlichen Kaiser blühte der Götterkult und rauchten die Altäre. Priester, Haruspices, Tempeldiener waren in großen Schaaren da, und ihnen entsprach die Zahl eifriger Gläubigen. Mit Recht konnte man es wegen seiner Frömmigkeit das „göttliche Ägypten" nennen.[2]

Trotzdem war der neuplatonische Prophet im Rechte. Zu dem Zwiespalte, welchen Hellenisierung und Romani=sierung in ihrer scharfen Gegensätzlichkeit zu der uralten einheimischen Götterverehrung der Ägypter in das religiöse Leben des Landes getragen hatten, war schon früh auch das Christentum gekommen. In Alexandrien gewann es bereits

---

[1] Der hermetische Dialog Asclepius (Bernays, Ges. Abh. I S. 327 ff.; dazu August. De civit. VIII, 26).

[2] Descriptio totius orbis n. 36 (Müller: Geographi graeci min. II p. 520).

im zweiten Jahrhundert einen wissenschaftlichen Mittelpunkt und hat wohl von dort aus zunächst im Deltagebiet, dann in Mittel= und Oberägypten sich gefestigt. Die diokletianische Verfolgung stieß bereits in Oberägypten auf zahlreiche Christen.[1]) Die arianischen Kämpfe lassen nicht nur in Alexandrien eine Gemeinde sehen, deren gewaltthätiger Fanatismus für die Regierung ein Gegenstand der Sorge und der Furcht war, sondern stellen auch zahlreiche episkopale und mönchische Stationen auch im Innern in den Gesichtskreis. Die leidenschaftlichen Controversen über die Zweinaturen= lehre, die nirgends einen lautern Wiederhall als in Ägypten fanden, vervollständigen dieses Bild. In diesem Ausschnitt der Geschichte Ägyptens sind indeß zwei Gebiete scharf aus= einanderzuhalten: die beiden griechischen Städte Alexandrien in Unter= und Ptolemais in Oberägypten und auf der andern Seite das Landgebiet, jene im Besitz und Übung der Herr= schaft, diese im Stand der Unterordnung. Auch außerhalb dieser Gegenüberstellung trat die Ungleichheit zwischen ägyp= tischer und hellenischer Bevölkerung scharf hervor. Sie scheidet auch die kirchliche Geschichte des Landes.

In der ersten Hälfte des fünften Jahrhunderts glaubte der Patriarch von Alexandrien in einer Predigt rühmen zu dürfen: einst war Ägypten voll von Tempelbezirken und Altären. Libationen und Opfer wurden allerwärts darge= bracht; sogar Tiere genossen religiöse Verehrung. Jetzt ist Alles dahin. Die Ägypter sind gläubig geworden an Christus.[2])

---

[1]) Euseb. H. E. VIII, 9. Nach diesem Berichte dauerte die Verfolgung mehrere Jahre ohne Unterbrechung und forderte Hunderte von Opfern.

[2]) Cyrill Alex. In Jes. 19, 19 (M. 70 S. 469). So auch schon Hieron. zu ebenders. Stelle.

Dieses Urteil verliert an Wert, wenn man berücksichtigt, daß seine Genesis in dem Texte Jesaia 19, 19 liegt, der als Weissagung diese Bestätigung durch den Prediger gewissermaßen forderte. Aber es ist auch nicht blos Rhetorik. Denn der Patriarch weiß bei anderer Gelegenheit, wo ein solcher Zwang nicht vorlag, die kirchliche und religiöse Blüte des Landes zu rühmen. Kirchen, Altäre, Mönchs= und Nonnenklöster, Asketen sind „überall" zu finden; und nicht genug, daß diese letztern die Last erwählter Übungen tragen, machen sie die Botschaft von Christus auch andern zugänglich.[1]) Von diesen Allgemeinheiten führt auf sicherern Boden die Betrachtung der bischöflichen Organisation etwa um die Mitte dieses Jahrhunderts. Die Centralisierung der einzelnen Landdistrikte, der Nomen, um eine Metropolis, die den politischen und religiösen Mittelpunkt abgab und zugleich im Besitz eines Central=Heiligtums war,[2]) wies der kirchlichen Organisation deutlich den geeignetsten Weg zur Gewinnung des Landes. Sie hat diesen Weg beschritten. Die Nomen= Metropolen erscheinen mit wenigen Ausnahmen im fünften Jahrhundert als kirchliche Metropolen, als Bischofssitze.[3]) Wie sonst, so schloß sich auch in Ägypten die Kirche in das Schema der gemeindlichen Gliederung ein. Von den politisch=

---

[1]) Cyrill. a. a. O. S. 972; vgl. Chrysost. In Matth. hom. VIII n. 4.

[2]) Vgl. die interessanten Nachweise über diese religiöse Organisation bei Letronnne, Recueil des inscript. grecques et latines de l'Égypte t. I.

[3]) Vgl. das Verzeichnis der Namen Plin. V, 9, 9 (dazu Dümichen, Gesch. d. alt. Ägypt. [Oncken, Allgem. Gesch. in Einzeldarst.] Berlin 1879 S. 24 ff.) und auf der andern Seite die allerdings nicht überall genauen Nachweise bei Wiltsch, Handb. d. kirchl. Geogr. u. Statistik I Brl. 1846 a. versch. Do.

episkopalen Metropolen aus erfolgte die kirchliche Eroberung.
Wie weit sie schon unter Konstantin vorgeschritten war, erhellt
aus der Geschichte des meletianischen Schisma, wo auf Seiten
des Meletius von Lykopolis nahe an 30 Bischöfe, meistens
des mittlern und obern Ägypten, standen.[1]) In demselben
Jahrhundert bereits tritt in der obern Thebais eine umfang=
reiche bischöfliche Organisation hervor; auch im übrigen Lande
ist sie damals nahe an den Abschluß geführt worden. Am
Ende des folgenden Jahrhunderts ist schwerlich noch eine
namhafte Stadt ohne Bistum gewesen. Eine solche rasche
und planmäßige Entwickelung weist auf ein bestimmtes
Aktionscentrum, und dieses kann nur Alexandrien gewesen
sein. Denn obwohl die Patriarchalgewalt der alexandrinischen
Bischöfe erst im Verlaufe des vierten und eines Teils des
fünften Jahrhunderts klar und fest sich geordnet hat, so stand
die ideale Hegemonie dieses Bistums über Ägypten längst
fest. Von dieser Stelle aus, wo die politische Regierung des
Landes ihren Sitz hatte und eine starke Christengemeinde
heimisch war und zugleich der Ruhm der angesehensten theo=
logischen Bildungsanstalt ruhte, mußte auch ein mittelbar und
unmittelbar bestimmender Einfluß auf das Land ausgehen.
Der ganze Eindruck, den man aus der Geschichte des christ=
lichen Alexandriens im dritten und vierten Jahrhundert em=
pfängt, ist ein so bedeutender, daß ihm die wichtigste Aufgabe
in der kirchlichen Eroberung Ägyptens zuerkannt werden kann.
Es mag noch auf die bezeichnende Thatsache hingewiesen
werden, daß die Gegner des Athanasius diesen unter Anderm
damit in Ungnade bei dem Kaiser zu bringen suchten, daß
sie die Anklage auf Behinderung der üblichen Getreidezufuhr

---

[1]) A t h a n. Apologia contra Arian. c. 71.

nach Konstantinopel durch ihn erhoben.[1]) Ein solcher Einfluß
muß also nicht außerhalb der Möglichkeit gelegen haben. Es
braucht nicht gesagt zu werden, daß die Dinge sich im Ein=
zelnen nach den örtlichen Verhältnissen verschieden entwickelten.
Hier trat die Entscheidung schneller ein als dort. Noch in
der zweiten Hälfte des vierten Jahrhunderts brachte bei Hermo=
polis in der Thebais das Landvolk unter Führung seiner
Priester im Umzuge mit einem Götterbilde das altherge=
brachte Nilopfer, welches Konstantin d. Gr. unter Verbot
gestellt hatte.[2]) Man konnte noch auf Tempel stoßen, in
denen geopfert wurde. Zwischen christlichen und heidnischen
Bauern, deren Ackergebiete aneinandergrenzten, kam es zu
Zwistigkeiten. Sogar in dem an die nitrische Wüste an=
grenzenden Territorium gab es noch ägyptische Kultgemein=
schaften. Dagegen lebte in der sketischen Wüste das Heiden=
tum um diese Zeit nur noch in der Mönchslegende.[3])

Diese Legende, wie gering auch ihr geschichtlicher Wert
im Allgemeinen sein mag, überliefert manche Einzelheiten,
deren Wahrheit sich nicht beanstanden läßt. So stellt sie
das Vorhandensein dichtbevölkerter Mönchskolonieen und zahl=
reicher Einsiedelein fest.[4]) Diese Asketen sind allerdings zum

---

[1]) **Athan.** Apol. c. 9.
[2]) **Euseb.** V. C. IV, 25.
[3]) **Palladins**, Hist. Laus. LH (Vita abbatis Apollos);
LIV (Vita abb. Copre); **Macarius Aegypt.** Apophtheg. 38;
39. — Bekanntlich hat Palladius seinen Stoff z. T. mit Rufin ge=
meinsam.
[4]) Vgl. auch **Cod. Theod.** XII, 1, 63. (Edikt des Kaisers
Valens v. J. 365). **Weingarten** (Der Ursprung d. Mönchtums im
nachconstant. Zeitalter, Gotha 1877 S. 49) zieht daraus sonderbar
genug den entgegengesetzten Schluß. Nicht ist hier „das Mönchtum
überhaupt" gemeint, sondern quidam ignaviae sectatores, welche

Teil für die Geschichte des untergehenden Götterglaubens völlig bedeutungslos gewesen, da ihre Interessen in ganz anderer Richtung gingen. Aber erfolgreiche Bemühungen, die alte Religion zurückzudrängen, haben unter ihnen nicht gefehlt.[1]) Der Eifer um die Orthodoxie, den die ägyptischen Mönche in tumultuarischen Auftritten in Alexandrien und auch außer Landes gelegentlich entfalteten, läßt die Stimmung erschließen, welche sie dem antiken Kultus entgegentrugen, wo er ihnen unter die Augen trat. Sie selbst, die ehelosen Männer waren darauf angewiesen, ihre Zahl fortwährend aus der Landbevölkerung zu ergänzen, und diese mußte in dem wirtschaftlichen Drucke, der auf ihr lastete, leicht Motive finden, sich dem bürgerlichen Leben zu entziehen. So konnte es geschehen, daß Rinder- und Ziegenhirten und entlaufene Sklaven zu Mönchsgemeinschaften zusammentraten. Aber auch aus den Städten Ägyptens ging schon im vierten Jahrhundert ein so starker Zug nach der Wüste, daß die Regierung in die Lage kam, Maaßregeln dagegen zu treffen.[2]) Es läßt sich vorstellen, daß in diesem an Dichtigkeit der Bevölkerung allen andern römischen Provinzen voranstehenden Lande, wo auf der Quadratmeile mehr als 11 000 Menschen saßen, sich soziale Zustände entwickelten, denen gegenüber der Mönchsstand als besonders begehrenswert, ja, als das einzige Mittel, aus bedrängter Lage zu kommen, erschien. Die Zahl der Mönche im fünften Jahrhundert läßt sich nicht einmal annähernd

---

um ihren municipalen Verpflichtungen zu entgehen (desertis civitatum muneribus) die Einöde aufsuchen und sich zusammenthun cum coetibus monazonton d. h. in die bereits vorhandenen Mönchskolonieen unterschlüpfen.

[1]) Z. B. Pallad. Hist. Laus. LIV.
[2]) Cod. Theod. a. a. O.

abschätzen, aber durch alle Übertreibungen hindurch blickt doch
die Thatsache, daß diese Colonieen und Einsiedeleien nicht
Hunderte, sondern viele Tausende begriffen, und, was nicht
minder wichtig ist, das ganze Gebiet des Nils von dem
Wüstensaum bis zu den Wassern des heiligen Stroms war
von ihnen, wenn auch ungleichmäßig, durchsetzt. Diese Tausende
besaßen aber nicht nur einen religiösen Eifer, sondern auch
die Volkstümlichkeit, welche die erste Bedingung des In=
ganges zu der altägyptischen Landbevölkerung darstellte. Be=
ziehungen äußerlicher Art waren von vornherein gegeben.
Zwar betrieben viele Mönchsniederlassungen Ackerbau und
Gewerbe, aber doch schwerlich in dem Umfange, daß der
geschäftliche Verkehr mit der Welt damit gänzlich überflüssig
gemacht worden wäre, vollends die kleinen Gruppen und die
Einsiedler waren durchaus auf diesen Weg gewiesen. Leider
wenden die Mönchshistoriker ihr Interesse fast ausschließlich
den Heroen des Asketentums zu, aber flüchtige Zeichnungen,
welche obige Schlüsse begründen, fehlen doch nicht bei ihnen.
Die positive Arbeit teilte sich zwischen Kirche und Mönchtum
derart, daß jene in den Städten, diese hauptsächlich in der
Landbevölkerung einsetzte. In der bischöflichen Nomenorgani=
sation trafen beide zusammen.

Neben diesen landestümlichen normalen Bemühungen
kamen gelegentlich auch außergewöhnliche Vorgänge in der=
selben Richtung zur Wirkung. In den kirchlichen Kämpfen
nämlich des vierten und fünften Jahrhunderts dekretierte die
Regierung häufig Relegationen unbequemer geistlicher Per=
sonen nach abgelegenen Orten der Provinz Ägypten. Die
Oasen der libyschen Wüste und die obere Thebais wurden
zu diesem Zwecke mit Vorliebe gewählt, und gerade in der
Abgeschiedenheit dieser Gegenden hatte sich die kirchliche

Organisation noch gar nicht oder nur unvollkommen einge=
richtet. Das lebendige kirchliche und religiöse Bewußtsein
dieser zu unfreiwilliger Muße gezwungenen Verbannten mußte
sie naturgemäß auf die Bekehrung der vorgefundenen Heiden
als ein gottgefälliges Werk weisen. So wurden unter Va=
lens zwei edessenische Priester nach Antinoopolis in der
Thebais exiliert, wo sie zwar einen Bischof und eine kleine
Gemeinde antrafen, aber die große Masse der Stadtbevölke=
rung göttergläubig fanden. Der Eine, Protogenes, ein
wissenschaftlich gebildeter Mann, richtete sofort eine Privat=
schule ein und unterwies die Knaben in weltlichem Wissen,
z. B. in der Stenographie, gleicherweise wie in religiösem.
Er ließ sie Psalmen schreiben und Stücke des Neuen Testa=
ments auswendig lernen. Eine Krankenheilung durch Gebet
gab seiner Arbeit den ersten gesuchten Erfolg. In großer
Anzahl begehrten die heidnischen Bewohner jetzt die Taufe
von ihm.[1]) Unter derselben Regierung wurden der „ägyp=
tische" und der „alexandrinische" Makarius nebst Andern auf
eine Nilinsel verbannt, wo sich noch keine Christenseele, wohl
aber ein heidnischer Tempel befand. Es gelang ihnen in
kurzer Zeit die Bewohner zu bekehren, welche nun das Götter=
heiligtum in eine Kirche verwandelten.[2])

Endlich ließ sich der Umstand, daß in Ägypten ein
ausgedehnter kaiserlicher Domanialbesitz lag, im Sinne der
Christianisierung verwerten und ist ohne Zweifel auch in
dieser Richtung verwertet worden. Die große Zahl der da=

---

[1]) Die durchaus glaubwürdige Erzählung bei Theodor. H.
E. IV, 18.

[2]) Sokrat. H. E, IV, 24 (Sozom. VI, 20; Theodor.
IV, 21).

durch geschaffenen Kleinpächter befand sich in einer unmittel=
baren sozialen Abhängigkeit von der kaiserlichen Verwaltung,
welche religiösem Druck einen verführerischen Weg zeigte. Ein
unmittelbarer Eingriff des Staates von größerer Bedeutung
ist nur einmal unter Theodosius d. Gr. durch den Präfekten
Cynegius in den achtziger Jahren des vierten Jahrhunderts
erfolgt.[1] Es handelte sich dabei hauptsächlich um Schließung
der Heiligtümer. Ob die Liegenschaften der Tempel dem
Staat oder der Kirche zugefallen sind, läßt sich nicht fest=
stellen; das Wahrscheinlichere ist, daß beide Gewinn von der
Konfiskation gehabt haben. Die Lebensbeschreibung des
Patriarchen Johannes Eleemosynarius (gest. 616) von Leon=
tius[2] teilt Züge genug mit, welche auf einen großen Grund=
besitz und sonstige reiche Einnahmequellen des alexandrinischen
Bistums zurückweisen, die mit der Einziehung des Tempel=
guts in geschichtlichem Zusammenhang stehen mögen. In
jedem Falle kamen die Bewirtschafter dieser Güter in eine
ungünstigere Stellung hinsichtlich ihrer religiösen Freiheit.

So lagen für die Betrachtung der Kirche die Dinge in
Ägypten günstig, und die weitere Entwickelung hat die darauf
ruhenden Erwartungen nicht getäuscht. Zur Zeit Justinians
werden noch einmal an zwei Punkten der Grenze ein dürftiger
und ein voller Götterkult festgestellt und beseitigt, beide Fälle
lehrreich in ihrer Art.

Als nämlich Justinian in Libyen und in der Cyrenaica
Befestigungen gegen die Mauren anlegen ließ, wurde in der
auf einer Oase der libyschen Wüste gelegenen Stadt Augila
eine heidnische Bevölkerung gleichsam entdeckt, die in einem

---

[1] Bd. I, 259.
[2] Ausg. von Gelzer 1889.

dem Jupiter Ammon und Alexander d. Gr. geweihten Tempel
nach alter Sitte ihren kultischen Mittelpunkt hatte, wo sie
ihre Opfer darbrachte. Ein Haufe von Hierodulen besorgte
den Tempeldienst. Der Kaiser beseitigte den Kultus, führte
die Einwohnerschaft zum Christentum und gab ihr in einer
der Gottesgebärerin geweihten Kirche ein neues Heiligtum.
So werden diese Thatsachen kurz berichtet mit der einge-
flochtenen Bemerkung, daß Justinian als Kaiser eine Verpflichtung nicht nur für das leibliche, sondern auch für das
geistliche Wohlbefinden seiner Unterthanen gefühlt habe.[1])
Es ist bekannt, daß der Ammonkult, von Ägypten aus-
gehend, gerade in den Oasen der libyschen Wüste sich fest-
setzte und hier als berühmteste Stätte die von den Griechen
Ammonion genannte Oase von Siwa gewann. Doch weiß
schon Strabon mitzuteilen, daß der Kultus in Siwa, welchem
Alexander d. Gr. vordem seine Huldigung bezeigte, ganz dar-
niederliege; aus Plutarch gar empfängt man den Eindruck,
daß der Orakelgott stumm geworden sei.[2]) In der That
scheint damals die Ammonsoase für die hellenische Welt ihre
frühere Bedeutung längst verloren gehabt zu haben, jedoch
machten noch im sechsten Jahrhundert die heidnischen Mauren
in einem Kriege Gebrauch von dem Orakel unter Darbringung
der üblichen Opfer.[3]) Wenn demnach der Tempel und das
Bild noch da waren, so haben schwerlich Priester und Gläubige
gefehlt. Über das Aufhören des Kultus ist nichts bekannt.

---

[1]) Prokop. De aedif. VI, 2.

[2]) Strab. XVII, 1, 43; Flut. De defectu orac. 2. 3. Dazu
Athan. De incarn. Verbi c. 47; Vita Antonii c. 33; Prudent.
Apoth. 438 ff.: Nec responsa refert Libycis in Syrtibus Ammon.
Auch Cyrill. Contra Jul. lib. VI (M. 76 S. 804).

[3]) Corippus. Johann. VI, 145 ff.: III, 80 ff. (Ausg. d.
M. G. H.).

Auch die Tempelreste geben keine Auskunft. Die örtliche Lage gewährte diesen Stätten eine bessere Dauer als der Glaube an die daselbst verehrten Gottheiten.

In einer ähnlichen Situation befanden sich die hochangesehenen Heiligtümer auf der Insel Philä am ersten Nilkatarakt, wo der ägyptische Götterglaube die Gräber von Isis und Osiris suchte. Weither kamen die Waller, Hellenen und Barbaren, Civilisten und Militärpersonen und legten vor der „Herrin‘ ihre Opfer und Gelübde zu ihrem oder ihrer Angehörigen Wohlergehen nieder.[1]) Im vierten und fünften Jahrhundert richteten sich in der zweiten Thebais mehrere Bistümer in den Nomenhauptstädten ein, auch in Ombos in kurzer Entfernung von Philä. Dennoch dauerte hier der alte Kult noch um die Mitte des fünften Jahrhunderts fort; seine Priester nennen sich öffentlich in Inschriften.[2]) Ja gerade damals erzwangen sich die heidnischen Blemmyer in einem Friedensvertrage von dem römischen General Maximinus das Zugeständnis, daß ihnen der Zutritt zu dem Heiligtum ungehindert sei. Es sollte ihnen frei stehen, nach alter Gewohnheit das Bild der Göttin auf einem Fahrzeuge zu ihrem Volke zu bringen, es zu befragen und dann wieder zurückzuschaffen. In dem Tempel zu Philä wurde der Pakt abgeschlossen und die Tafel mit dem Wortlaut des Vertrags

---

[1]) Vgl. die Inschriften C. J. G. III, 4896 ff. Diese Berühmtheit als Wallfahrtsort scheint auch in die christliche Periode des Heiligtums übergegangen sein; wenigstens liest man Namen christlicher Pilger an den Wänden des christianisierten Isistempels (C. J. G. IV, 8948).

[2]) Letronne, Observations sur l'époque où le paganisme a été définitivement aboli à Philes dans la haute Égypte u. s. w. (Oeuvres choisies I Série t. I Paris 1881 S. 55 ff.).

aufgehängt.[1]) Da diese Bedingung von dem kaiserlichen
General gewährt wurde, so ergiebt sich, daß die heilige Insel
damals nicht nur rechtlich, wie bisher, sondern auch that=
sächlich in römischem Besitz war, aber ebenso wird durch eine
andere Quelle festgestellt, daß schon Diokletian den unruhigen
Blemmyern ein religiöses Mitrecht auf das Heiligtum ge=
währte.[2]) Seitdem ist dieser Grenzstrich aus einer unklaren,
also unsichern Lage nicht herausgekommen. Die Stämme
jenseits der Grenze hielten das Gebiet in fortwährender
Beunruhigung. Dieser Umstand und die religiöse Anhäng=
lichkeit der Blemmyer an den dort gefestigten Isiskult ver=
hinderten, daß die bischöfliche Organisation auch Philä in
ihren Kreis zog. Die ägyptischen Namen der fungierenden
Priester lassen vermuten, daß die Anhängerschaft der Göttin
sich nicht auf Barbaren beschränkte.

Dieser Kultus war in Ägypten etwas Notorisches.[3])
Seine Duldung war eine politische Notwendigkeit. Es scheint
sogar, daß die Blemmyer die Insel völlig in ihre Gewalt
brachten. Erst ein Waffenerfolg des kaiserlichen Feldherrn
Narses vertrieb die Eindringlinge und führte zugleich das
Ende des Isiskultus herbei. Der siegreiche General ließ die
Priester gefangen nehmen und schickte die Götterbilder nach
Byzanz.[4]) Gleich damals oder bald nachher erhielt Philä
in der Person des Abtes Theodorus einen Bischof, der das
„gute Werk" der Umwandlung des Pronaos des Isistempels

---

[1]) Priscus, Hist. a. 453. (Bonner Ausg. I S. 153 f.)

[2]) Prokop. De bello pers. I, 19.

[3]) Marinus, Vita Procli c. 19: . . . καὶ Ἶσιν τὴν κατὰ
τὰς Φίλας ἔτι τιμωμένην.

[4]) Prokop. a. a. O.

in eine chriſtliche Kirche „in der Kraft Chriſti" vollzog.[1]
So iſt erſt nach der Mitte des ſechſten Jahrhunderts in
Ägypten das letzte lebendige Iſisheiligtum gefallen. Denn
die Verhältniſſe, welche ſeine Dauer begründeten, waren einzig=
artig und hatten keine Parallele.

Bei der Uſurpation des Iſisheiligtums wurden die alt=
ägyptiſchen Bildwerke in demjenigen Teile der Anlage, welcher
ſich dem chriſtlichen Kultus anpaſſen mußte, mit Nilſchlamm
überdeckt, um ſie dem Auge zu entziehen. Auch ſonſt iſt
durch die archäologiſche Forſchung dieſes Verfahren erwieſen
worden. Eine weiße Überſchicht gab die Unterlage für chriſt=
liche Malereien ab. So fand ſich in Theben in der Niſche
einer alten Cella eine Darſtellung des Petrus, aus deſſen
Heiligenſchein die Kuhhörner der Göttin Hathor, der ägyp=
tiſchen Venus, hervorſchauten.[2] Gewaltſame Zerſtörung
religiöſer Denkmäler hat ebenſo wie in Alexandrien im
Lande ſtattgefunden, indeß nur in geringem Umfange. Sonſt
wäre nicht dieſe Fülle von Gemälden, Reliefs und Statuen
auf uns gekommen. Dieſe Thatſache hat hier darum ein
beſonderes Gewicht, weil die Kirche nicht in der Lage war,
die ägyptiſchen Tempelbauten zu verwerten, demnach die Ver=
ſuchung ihr ſich um ſo ſtärker nahe legte, die in ihnen vor=
handenen Monumente des alten Glaubens zu vernichten.

---

[1] Die Inſchriften bei Letronne a. a. O. S. 78 f. (dazu
Piper in d. Jahrbb. f. d. Theol. 1876 S. 73 n. 20). Die vierte
Inſchrift (D) iſt datiert auf 577 und gleichzeitig dem Biſchof und Abt
Theodorus, aber ſie ſetzt das Bistum als bereits vorhanden voraus.
Letronne ſcheint Recht zu haben, daß in dem Schreiben des Athana=
ſius an die Einwohner von Antiochien betreff. die Synode zu Alexan=
drien ſtatt Φιλῶν zu leſen iſt Σιλῶν (a. a. O. S. 41 Anm. 2).
[2] Lepſius, Briefe aus Ägypten, Äthiopien u. d. Halbinſel Sinai.
Brl. 1852 S. 294 ff.

Allerdings sind Vorbauten und Anbauten von Heiligtümern
in christliche Kultstätten umgewandelt worden. So im Tempel
von Medînet Habu auf dem Gebiet von Theben und zwar
nach Beseitigung eines Pfeilers, um Platz für die Chornische
zu gewinnen; ebenso im Tempel von Alt=Kurna und, wie
erwähnt, in Philä. Auch Klöster haben sich in solchen
Räumen angesiedelt. Das Heiligtum der Königin Numt=
Amen und der ptolemäische Tempel in Theben wurden in
diesem Sinne verwertet. Indeß immer ergab sich die Not=
wendigkeit einer nicht unbedeutenden architektonischen Leistung,
da diese Räume auf ganz andere Zwecke zielten als auf eine
Kirche. Vollends der eigentliche Tempelbau erwies sich
durchaus unbrauchbar. Durch mächtige Säulen in kleine
Gelasse zerlegt, fast finster, von vornherein angelegt auf den
Zutritt nur weniger Personen, nicht aber einer Gemeinde,
hätte er nur durch einen Umbau, der an Wert einem Neubau
gleich kam, zu einem im Allgemeinen erträglichen christlichen
Gotteshause gemacht werden können. Der ägyptische Tempel
ist nach der trefflichen Charakteristik Mariettes ein Denkmal
der Frömmigkeit des Königs und bestimmt, diesen in seiner
persönlichen Beziehung zu der Gottheit zu verherrlichen. Die
Malereien und Skulpturen sind Königsgeschichte, gefaßt unter
dem Gesichtspunkte persönlicher Religiosität. Diese enge Ver=
bindung des Religiösen mit der politischen Vergangenheit des
Landes hat ohne Zweifel diesen Denkmälern die wunderbare
Dauer verliehen, die ihresgleichen in der Geschichte des unter=
gehenden Heidentums nicht hat und ähnliche Vorgänge in
Rom weit überholt.

In einer ungünstigern Lage befanden sich die kleinern
unterirdischen Tempelanlagen, an welchen besonders Ober=
ägypten reich war. Sie besaßen nicht den Vorzug, Er=

innerungen einer ruhmvollen Vergangenheit in sich zu tragen,
und sind daher fremdem Gebrauch anheimgefallen. Den
christlichen Bauern und den Asketen mußten sie als Wohn=
stätten oder als Vorratsräume einladend erscheinen. Doch
haben jenem wie diesem Zwecke auch die Gräber gedient, ohne
Unterschied, ob sie Königen oder Privaten angehörten.

Im Allgemeinen darf angenommen werden, daß in dem
baukundigen Lande, wo das Bedürfnis sich herausstellte,
Kirchen neu aufgeführt sind. Es ist auch beispiellos, daß
eine christliche Bevölkerung anders als in Ausnahmefällen
heidnische Kultstätten sich aneignete. Das Rühmen des
Patriarchen Chrill: „angefüllt ist das Land der Ägypter mit
ehrwürdigen und heiligen Kirchen" [1]) bestätigt jene Annahme
Der Weg ist ohne Zweifel in der Regel der gewesen, daß
in der Nomen=Hauptstadt das alte Heiligtum in Gemäßheit
der kaiserlichen Verordnungen geschlossen und für die sich
bildende christliche Gemeinde, ihrer Größe und Leistungs=
fähigkeit entsprechend, eine Kultstätte hergerichtet wurde. Der
entscheidende Schritt war damit gethan. Die weitere Auf=
gabe bestand darin, die von dem altverehrten Heiligtume
losgerissene Landbevölkerung, die damit ihre religiöse Einheit
und Organisation verloren hatte, in die neuen Verhältnisse
überzuführen. Über das Wie würden sich nur dann Ver=
mutungen aussprechen lassen, wenn die Beschaffenheit der
ägyptischen Religion in der spätern Zeit deutlich wäre.

Der Gottesbegriff, wie die höhere Gnosis der Erleuch=
teten ihn auffaßte, [2]) bot in seiner Benennung und Entfaltung

---

[1]) S. S. 220 Anm. 1.
[2]) Brugsch, Religion und Mythologie d. alten Ägypter. Lpz.
1884 S. 90 ff. — Brugsch führt aus d. Quellen u. A. folgende Aus=
sagen an: Gott ist der Eine — der Eine, der Alles gemacht hat —

so verführerische Anklänge an die in Wirklichkeit freilich ganz anders geartete christliche Gottesvorstellung, daß der christ= liche Unterricht hier angeknüpft hätte, wenn nicht das eigent= liche Volk in völliger Unwissenheit darüber sich befunden hätte. Doch kann, wie die orphische und die hermetische Literatur in diesem Sinne verwertet ist, in Auseinander= setzung mit Gebildeten diese angebliche Verwandtschaft beider Religionen zur Verwendung gekommen sein. Bequemer lag zu diesem Zwecke der ägyptische Unsterblichkeitsglaube, der, wenn auch mit Modifikationen, immer Volksbesitz geblieben ist. Einen andern Weg zeigt die Mitteilung, daß nach der Zerstörung des Serapeion in Alexandrien die Christen staunend Zeichen entdeckten, in welchen sie das christliche Kreuzeszeichen vorgebildet fanden, gleichsam als Weissagung auf Zukünftiges.[1] Dem entspricht eine eigentümliche Form des Kreuzes, die nur in Ägypten sich findet und auffallend an vorchristliche Zeichen sich anlehnt.[2] Sollte hier eine bewußte Annäherung vor= liegen? Die Frage läßt sich mit größerm Rechte bejahen als verneinen. Gewiß kamen, sobald einmal die Überlegung auf diesen Punkt sich richtete, noch weitere Beziehungen zum Vor= schein. Die Christianisierung eines Volkes, dem die Religion

---

Gott ist ein Geist — der göttliche Geist — Gott ist von Anfang, von Anbeginn an gewesen — er war, als noch nichts war, und schuf das, was da ist, nachdem er war — Gott ist die Wahrheit — Gott ist das Leben, und man lebt nur durch ihn — er spendet das Leben den Menschen — er bläst den Odem des Lebens in die Nase ein — Gott hat das All gemacht — der Schöpfer des Himmels und der Erde — Gott ist barmherzig gegen seine Verehrer — er erhört den, welcher ihn anruft (S. 96 ff.).

[1] Sozom. H. E. VII, 15.
[2] Letronne a. a. O. S. 83 f.

alles war,[1]) konnte sich nicht ohne Abzüge des neuen Glaubens
vollziehen. Eine wunderliche Stelle in einem Briefe des
vierten Jahrhunderts beutet bei aller Konfusion und Ver=
zerrung Solches an.[2]) Die kirchliche Eroberung deckte sich
nicht mit der religiösen. Ägypten trug im fünften Jahr=
hundert die Physiognomie eines christlichen Landes, aber die,
welche damals rühmen zu können meinten, daß der Hellenis=
mus verschwunden und das Evangelium auch den „Unge=
bildeten, Armen und Geringen" zu Teil geworden sei,[3])
redeten mehr die Sprache der Rhetorik als der vollen
Wahrheit.

Unter den Eigentümlichkeiten der Praxis, welche das
Festhalten an der väterlichen Sitte bezeugen, fiel schon da=
mals die Gepflogenheit auf, die Leichname einzubalsamieren
und so im Hanse aufzubewahren. Nicht gegen Ersteres,
sondern gegen Letzteres erstand schon früh eine Opposition,
die allmählich den Brauch verdrängt zu haben scheint.

---

[1]) Hieron. In Jes. XIII, 45, 14 ff.: nulla gens ita idololatriae dedita fuit et tam innumerabilia portenta venerata est
quam Aegyptus. Genau so urteilen heidnische Schriftsteller.

[2]) Ich meine den angeblichen Brief Hadrians an Servianus
(Vopiscus, Vita Saturnini c. 8), welchen Mommsen (R. G. V S.
585 A. 1) von „kundiger Hand" unter Constantius geschrieben sein
läßt. Die fraglichen Worte lauten: illic, qui Serapem colunt,
Christiani sunt et devoti sunt Serapi, qui se Christi episcopos
dicunt. Nemo illic archisynagogus Judaeorum, nemo Sama-
rites, nemo Christianorum presbyter non mathematicus, non
haruspex, non aliptes. Ipse ille patriarcha cum Aegyptum
venerit, ab aliis Serapidem adorare, ab aliis cogitur Christum.
— Unus illis deus nullus est. Hunc Christiani, hunc Judaei,
hunc omnes venerantur et gentes. Ein Anklang Theod. IV, 22.

[3]) Isid. Pelus. Ep. I, 270, vgl. auch Cyrill. Alex. oben
S. 219 A. 2.

Wenigstens wird später nur die Einbalsamierung als Eigenart der ägyptischen Christen erwähnt.[1]) Auch das einzige größere unterirdische Cömeterium, welcher bisher im Lande — bei Alexandrien, in der Nähe der Pompejussäule — entdeckt worden ist, entfernt sich dadurch von der abendländischen Sitte, daß die Loculi mit der Schmalseite in die Gallerie eintreten, eine Constructionsweise, die zwar in der christlichen sepulcralen Architektur nicht ganz fehlt, aber die übliche Form jüdischer Grabanlagen ist. Die Malereien endlich offenbaren in viel höherm Grade den Einfluß antiker Tradition und zeigen auch in der Komposition eine Auffassung, die sich von dem abendländischen Typus entfernt.[2]) Die ägyptischen Lampen endlich zeichnen sich vor den übrigen altchristlichen dadurch aus, daß sie häufig auf dem Diskus Inschriften, entweder plastisch oder geschrieben bezw. gemalt, tragen.[3])

In andern Bahnen verläuft die kirchliche Geschichte Alexandriens. In dieser griechischen Stadt bildete den Gegensatz zum Christentum nicht die Volksreligion, sondern der Hellenismus, und zwar als Religion wie als Philosophie. In blutigen Straßenkämpfen rangen mehrmals der christliche und der heidnische Teil der streitsüchtigen, unbotmäßigen Bevölkerung miteinander. Unter schweren Opfern an Menschenleben maßen sich die beiden Parteien. Die Verwüstung des Serapeion gab den Christen ein Übergewicht, welches endlich die Gegner gänzlich niederdrückte. In den wilden Scenen,

---

[1]) Athan. Vita Ant. c. 90; August. Sermo 351 de resurr. 12.

[2]) De Rossi, Bull. di archeol. crist. 1865 S. 57 ff.; 73 ff.; Taf. — Meine Katal. S. 280 ff., wo auch über andere Gräberfunde in Alexandrien berichtet ist.

[3]) Meine Katal. S. 208.

welche sich an die Ermordung der Hypatia knüpfen, tritt die Schreckensherrschaft des christlichen Pöbels unbesieglich hervor.[1] Von dem damaligen, im Jahre 412 gewählten Patriarchen Cyrill sind eine Reihe von Osterpredigten erhalten. Sie athmen volle Siegesfreudigkeit. Es fehlt nicht an Warnungen vor religiöser Heuchelei und vor Abfall zu falschem Glauben,[2] aber eine ernsthafte Bestreitung des Hellenismus fehlt. Die Polemik des Predigers macht sich vielmehr mit den Juden zu schaffen. Und doch hat er selbst noch einst die in Alexandrien heimische glänzende Feier der Adonia erlebt,[3] von deren Weise unter Ptolemäus Philadelphus Theokrit in einem seiner Idylle eine berühmte Beschreibung gegeben hat. Das Fest überdauerte indeß schwerlich die Katastrophe des Serapeion, die überhaupt als eine entschiedene Wendung in der Richtung auf Unterdrückung des heidnischen Kultus zu deuten ist. Allerdings erheischte der tumultuarische, reizbare Charakter der Alexandriner fortwährend eine schonende Behandlung der religiösen Gegensätze, aber nachdem einmal die Majorität sich so stark verschoben hatte, mußte das eingeengte Terrain unter der natürlichen Wirkung der Verhältnisse immer mehr zusammenschrumpfen und endlich ganz verschwinden.

Nur schwache Fäden verknüpften die göttergläubige Gemeinde mit den in Alexandrien hochgeachteten Vertretern einer religiösen Philosophie, welche auf eine Restauration

---

[1] Vgl. Bd. I, 205 ff.; 259 Anm. 3; 260; 261 ff.; 279 f.

[2] Hom. IX. XII. in Pascha.

[3] In Jes. II t. 3 (M. 70 S. 441): μέχρι τῶν καθ' ἡμᾶς καιρῶν ἐν τοῖς κατ' Ἀλεξάνδρειαν ἱεροῖς ἐτελεῖτο τὸ παίγνιον τοῦτο.

des alten Glaubens abzielte, den Neuplatonikern. Einig in
Allgemeinheiten, stießen sich die populäre Religion und die
aristokratische Philosophie in konkreter Berührung von einander
ab oder wichen sich von vornherein aus. Dem volkstüm=
lichen Götterglauben gewährte der Neuplatonismus nicht den
geringsten Halt in den Zeiten der Bedrängnis, wohl aber
nahmen die Gebildeten, die weder im populären Glauben
noch in rein philosophischer Weltanschauung ein Genüge
fanden, seine Hülfe in Anspruch, und in diesen Kreisen hat
er vielfach einen zähen Widerstand gegen das Christentum
geschaffen. Hier erbten sich die alten Anklagen gegen das
Christentum und die Zweifelsfragen fort, mit denen sich noch
im fünften Jahrhundert die Theologen behelligt fanden.[1]
Hier lebte noch und wurde geflissentlich lebendig erhalten die
Erinnerung an die Wunder des Apollonius von Thana, des
neuplatonischen Christus.[2] Der Gelehrtenruhm des Museion,
welches auch in christlicher Zeit den heidnischen Philosophen
offen stand, kam den neuplatonischen Göttergläubigen zu Gute.
Einzelne, wie Ammonius und Olympiodor, sammelten noch
eine große Jüngerschaft um sich. Die abweisende Haltung
dem Christentum gegenüber äußerte sich hauptsächlich in der
Form wissenschaftlicher Darlegung, und auch hier wiederum
trat der direkte Angriff hinter der positiven Lehre zurück.
Doch fehlten auch nicht Solche, welche in den Straßen=
kämpfen blutige Waffen gegen die Christen schwangen,
und im Zusammenhang mit derartigen Vorgängen ist es
geschehen, daß auch die Philosophie unter den Druck der
Verfolgung kam. Doch zu keiner Zeit wurden ihr in

---

[1] Isid. Pelus. IV, 27; 28.
[2] Isid. Pelus. I, 398.

Alexandrien Lehrfreiheit und Hausrecht bestritten. Sie ging im Verlaufe des fünften Jahrhunderts unter aus Gründen, die in ihr selbst lagen. „Wenn man den Stand der neuplatonischen Wissenschaft in der Schule des Proklus und die innere Unmöglichkeit ihrer weitern Fortbildung beachtet, so wird man darüber nicht im Zweifel sein können, daß diese Schule untergehen mußte, auch wenn ihre Lage günstiger gewesen wäre, als sie seit dem Siege des Christentums sein konnte." [1]

Eine kräftigere Stütze als im Neuplatonismus fand die heidnische Bevölkerung Alexandriens ohne Zweifel in der zahlreichen Judenschaft der Stadt, die, wie auch sonst, ihren Widerwillen gegen das Christentum durch Bundesgenossenschaft mit dem Hellenismus wirkungsvoll machte.

Über die Religionsverhältnisse der in wichtiger strategischer Position an der Straße nach Osten gelegenen Stadt Pelusium, die wahrscheinlich schon im britten Jahrhundert ein Bistum hatte,[2] läßt sich aus Äußerungen des unter Theodosius II in einem Kloster bei Pelusium lebenden Abtes Isidor Einiges entnehmen. Darin wird fast ausschließlich auf das gebildete Heidentum irgend eine Beziehung genommen, und auch auf dieses in durchaus nebensächlicher Weise. Die etwa zweitausend Briefe des vielinteressierten und welterfahrenen Abtes behandeln die mannigfachsten seelsorgerischen, disciplinaren, religiösen und wissenschaftlichen Fragen, angeregt durch Anfragen oder seiner eigenen Initiative entsprungen, doch nur einigemal ist das Heidentum in irgend einer Form Gegenstand der Korrespondenz. Die ver-

---

[1] Zeller, Die Philosophie der Griechen. 3. Aufl. III, 2 S. 849.

[2] Ein Bischof von Pelusium wird zum erstenmal auf dem Concil zu Nicäa (325) genannt (Mansi III, 639).

loren gegangene Schrift Isidors *Πρὸς Ἕλληνας* hebt das Gewicht des daraus sich ergebenden Schlusses nicht auf, denn, soweit wir urteilen können,[1]) war ein gebildetes Publikum, man kann noch genauer sagen, die neuplatonische Anhängerschaft als Leserkreis dieses Buches gedacht. Wenn in einer umfangreichen, eminent zeitgeschichtlichen Korrespondenz wie die vorliegende der antike Kultus in seiner populären Gestaltung gänzlich dem Horizonte entrückt ist, so kann er in den Kreisen, die sich in diesem Briefwechsel zusammenfinden, im Allgemeinen nur noch von ganz untergeordneter Bedeutung gewesen sein.

Wie in der zweiten Hauptstadt Ägyptens, in Ptolemais in der Thebais, wo zuerst im fünften Jahrhundert ein Bistum erwähnt wird, der Übergang von der alten zur neuen Religion sich vollzogen hat, darüber ist nichts bekannt. Dasselbe gilt von den übrigen kleinen Griechenstädten im Lande, höchstens liegen unbestimmte Andeutungen vor.[2]) Über den Nachweis des Vorhandenseins von Bistümern kann meistens nicht hinausgeschritten werden. Die Zahl der Monumente ist eine äußerst geringe, was die arabische Invasion und die daher rührende geistige wie materielle Verkommenheit der Christengemeinden allzu begreiflich macht.

---

[1]) Isid. Pel. II, 137; II, 228.

[2]) Über Ptolemais in der Pentapolis könnte auf Synesius Ep. 58 (Ad episcopos) verwiesen werden, wo von *ἑτερόδοξοι* in der Stadt die Rede ist. Sonst läßt der Bischof nirgends etwas durchblicken von der Fortdauer der alten Religion in seiner Diözese. — Über Kanopus s. I, 266 ff.

IX

Syrien.

Unter dem allgemeinen Namen Syria begriff die römische Provinzialteilung eine Gruppe von Ländern, die zwischen Euphrat und Mittelmeer mit dem Taurus im Norden und mit Ägypten und Arabien im Süden als Grenze sich erstreckte und in der Kaiserzeit in drei, später in sieben Gebiete zerlegt war. Das natürliche Durchgangsland für kriegerischen und friedlichen Verkehr, erfuhr es unter der Seleukidenherrschaft eine durchgreifende Hellenisierung, aus welcher sich eine Mischkultur entwickelte, die in ihrer äußern Erscheinung und in der Hauptsache griechisch war, indeß durch zähes Nachwirken semitischer Eigenart in bestimmter Sonderheit gehalten wurde. Auch Phönizien und die philistäische Küste hatten sich, in Folge ihrer Stellung im Welthandel, dem Griechentum aufgeschlossen. Nur Palästina hielt sich zurück. In siegreichen Kämpfen mit den Seleukiden behauptete es seine Religion und den darin gegründeten Partikularismus. Doch wenig später schlossen seine eigenen Dynasten, die Herodianer, vorsichtig oder offenkundig, das Land dem Fremdtum auf, und nicht nur die moderne Lebensweise und ihre Voraussetzungen hielten ihren Einzug, sondern auch die Götter des verhaßten Heidentums kamen. In Sebaste

(Samaria) und Cäsarea Philippi machte sich das ausländische Wesen breit auf einem Boden, den erst Herodes geebnet hatte. Die römische Herrschaft ging, nicht aufzuhalten durch blutige Revolten, auf diesem Wege weiter. Ansehnliche Städte, darunter die heilige Stadt selbst, mußten römische Kolonieen aufnehmen. Der letzte furchtbare Aufstand unter Bar Kochba (132—135) brach die letzte Kraft dieses Volkes. Palästina war ein verödetes Land, seine Bewohner bis auf einen geringen Rest getötet oder in die Sklaverei geschleppt, in Jerusalem erhoben sich heidnische Tempel.[1]) Der Jupiter Capitolinus nahm den Thron Jahves ein, und in seinem Gefolge erschienen auf Münzen, also auch wohl in der Verehrung, Bacchus, Astarte-Venus, Serapis.

Diese Katastrophe hat der christlichen Propaganda in Palästina vielleicht ein Jahrhundert erspart. Das Land stand ihr offen, der erbittertste Gegner lag am Boden. Der Tempel und die Hierarchie des Judentums waren vernichtet, aber die christliche Bischofsreihe, die mit Jakobus dem Gerechten, dem Bruder Jesu, anhebt, wurde nicht unterbrochen. Die religiöse Gewinnung des heiligen Landes, welches der Offenbarungsgeschichte beider Religionen als Schauplatz gedient hat, mußte diesen Männern auf dem Stuhle des Jakobus, auch als die judenchristliche Succession abbrach, als festes Ziel vor Augen stehen. Indes können die Erfolge nicht große gewesen sein. Über die hellenistischen Städte sind sie kaum hinausgegangen, wie die Ortsnamen zeigen, welche in der auch nach Palästina übergreifenden diokletianischen Verfolgung angeführt werden.[2])

---

[1]) Hieron. In Dan. c. 9: Hierosolyma omnino subversa est et Judaeorum gens catervatim caesa.

[2]) Euseb. De mart. Pal. a. v. Do.

Die Bistümer des vierten Jahrhunderts weisen ebendahin;
sie liegen in den Griechenstädten oder römischen Kolonieen
Älia Capitolina, Sebaste, Nikopolis (Emmaus) Neapolis
(Sichem), Hiericus (Jericho), Diospolis (Lydda), Skytho-
polis, Cäsarea u. a. und halten sich von dem südlichen Gebiete von Jerusalem ab, welches von dem Hellenismus so
gut wie nicht berührt war, mit Ausnahme der Griechenstadt
Eleutheropolis, fern. Im fünften Jahrhundert ist diese Lage
trotz der Vermehrung der Episkopate dieselbe geblieben. Dennoch
hat im vierten Jahrhundert die Christianisierung des Landes
die entscheidende Wendung erreicht. Konstantin ließ sich dafür interessieren, in noch höherm Grade seine Mutter Helena.
In Jerusalem, Bethlehem und Mamre erstanden Kirchen.
Die Einweihung der Grabeskirche mußte auf Befehl des
Kaisers als ein großes kirchliches Fest unter Teilnahme einer
gerade damals in Thrus versammelten bischöflichen Synode
begangen werden.[1] Das Bistum von Cäsarea erhielt Eusebius, der Vertraute und Historiograph Konstantins, und wenn
derselbe gern die Vernichtung der Tempel durch den Kaiser
hervorhebt, so ist zwar diese Aussage in ihrer Allgemeinheit
falsch, doch darf angenommen werden, daß Derartiges in der
nähern und weitern Umgebung des Bischofs, also wohl auch
in Palästina, stattgefunden hat. In Beziehung auf ein Heiligtum in Mamre läßt sich dies auch feststellen.[2] Jetzt begannen die Pilgerzüge zu den heiligen Stätten, und, was
noch erfolgreicher war, das Mönchtum setzte sich im Lande
fest. Die Religionspolitik Julians und andere Anlässe riefen

---

[1] Euseb. V. C. III, 25 ff. 41. 51. IV, 43 ff.
[2] Euseb. V. C. III, 53; Hieron. Onomast. S. 55. 173
(ed. Larsow et Parthey, Berol. 1862).

in der Folgezeit wohl einzelne Vergewaltigungen hervor, Zerstörung von Kirchen, Ermordung von Christen oder Angriffe auf Mönche,[1]) doch hielten diese Störungen die völlige Eroberung des Landes nicht auf. Die Wallfahrt der Silvia nach den heiligen Orten in den achtziger Jahren des vierten Jahrhunderts gewährt einen anschaulichen Einblick in die kirchlichen und religiösen Zustände Palästinas.[2]) Die Legende ist eilig gewesen, für die uralte wie die spätere Geschichte Israels und nicht minder für die christliche Geschichte, die auf diesem Boden sich abgespielt hat, die Örtlichkeiten festzustellen und Reliquien nachzuweisen. Diese Memorien waren gesuchte Stätten für Kirchenbauten und Mönchsniederlassungen. So sah die Pilgerin in Sebima (?) die Trümmer des Palatiums Melchisedeks, auf welchen die Christen eine Kirche erbaut hatten. Auf dem Berge Nebo zeigten ihr die Mönche im Innenraum der Kirche die Stelle, an welcher die Engel den Leichnam Moses niedergelegt hatten.[3]) Andere Berichte ergänzen und bestätigen diesen Gesamteindruck.[4]) Auch darin besteht eine Übereinstimmung, daß sie eigentliche Gemeinden nur selten hervortreten lassen.[5]) Sie werben, von den nördlichern und überhaupt größern Städten abge=

---

[1]) Ambros. Ep. cl. I ep. 40 n. 15.; Pallad. Hist. Laus. c. 110; Assemani, Bibl. orient. II p. 89.

[2]) S. Hilarii tractatus de myst. etc. et Silviae Aquitanae peregrinatio ad loca sancta, her. v. Gamurrini, Rom 1887.

[3]) S. 58 f.; S. 53 f. a. a. O.

[4]) Z. B. das eusebianisch=hieronymianische Onomasticon.

[5]) Im Onomasticon wird nur von zwei Orten bemerkt, daß ihre Einwohner sämtlich Christen seien (S. 42 Anim, S. 232 Jether). Diese Quelle ist indes mit Vorsicht zu benutzen: so hat Hieronymus S. 29 in Beziehung auf Aenan die Worte: ... in quo stans idolum maxima illius regionis veneratione colitur, während seine Vorlage lautet: πηγὴ δέ ἐστι ἐν τῷ Αἰνὰν λεγομένῳ τόπῳ,

sehen, nur in geringer Zahl vorhanden gewesen sein. Der dürftige Rest der Landbevölkerung war jüdisch, Zuwanderung hat nicht stattgefunden, demnach besaß das Christentum wohl das Land, aber nur einen Teil der Bewohner. Kleriker, Mönche und Kirchen waren überall zu finden, aber nur an vereinzelten Punkten wirkliche Gemeinden.

Zum Teil daraus, zum Teil aus Anschluß an die jüdische Sitte erklärt es sich, daß altchristliche Katakomben in Palästina fehlen. Die Grabstätten sind Anlagen geringen Umfangs, bestimmt entweder für eine Familie oder irgend eine andere kleinere Gruppe oder für eine Einzelperson. Das ist die Anwendung des jüdischen Systems auf dortigem Boden, denn die Diaspora=Judenschaft hat gelegentlich einen Schritt zur Bildung von Gemeindefriedhöfen gethan. Auch die Grab= konstruktion lehnt sich, was bereits in Alexandrien nachge= wiesen werden konnte, an jüdische Vorbilder an.[1] Im all= gemeinen ist die Zahl der altchristlichen Cömeterien in Palästina gering, weil das Christentum in einer Zeit dort zum Siege kam, als die Kirche zur Anlage oberirdischer Grabstätten übergegangen war, die der Zerstörung allzuleicht ausgesetzt sind. Auch die Kirchenbauten sind entweder ganz untergegangen oder mit argen Verlusten auf uns gekommen.[2]

παϱ᾽ ᾗ εἴδωλον ἦν παρὰ τῶν ἐγχωρίων τιμώμενον. Eine ähnliche Flüchtigkeit scheint S. 16—17 (Hermon) vorzuliegen. Anderer= seits fragt sich, ob z. B. in Areopolis (S. 58 unten) die Verhältnisse zur Zeit des Hieronymus noch dieselben waren, als wie Eusebius sie fand.

[1] Mir ist wohl bekannt, daß am Ölberg jüngst eine katakomben= artige Anlage entdeckt worden ist. Ist es eine ursprünglich christliche? Ich möchte vorläufig die Frage verneinen.

[2] Ich begnüge mich, auf de Vogüé, Les églises de la Terre sainte, Par. 1860 zu verweisen.

Die Inschriften — es ist eine kleine Zahl — zeichnen sich durch Besonderheiten nicht aus und beginnen erst mit dem fünften Jahrhundert.

In ganz andern Bahnen verlief die Überwindung des Heidentums in Philistäa und Phönizien. Eine ruhmvolle Geschichte, eine auch damals noch bedeutende politische Macht und der Fanatismus des Semitentums machten diese Handels= städte an der Küste zu festen Bollwerken der alten Religion, die erst allmählich und in heftigen, zum Teil blutigen Kämpfen gewonnen werden konnten. Die erste Stellung nahm unter diesen auf ihre Selbständigkeit stolzen und eifersüchtigen Ge= meinwesen Gaza ein. Seine Götterwelt zeigt das synkretistische Gepräge, welches überall hervortritt, wo orientalische und griechisch=römische Kulte ineinandergehen. Doch stand im Mittelpunkte der Verehrung der echt semitische Gott Marnas, dessen gewaltiges Heiligtum weithin gekannt und berühmt war. Auch die umliegenden Städte, wie Anthedon und Betheläa, teilten den religiösen Eifer der Gazäer und waren noch im vierten Jahrhundert ganz heidnisch. Letztere Stadt war durch einen als Pantheon bezeichneten großen Tempel ausgezeichnet.[1]) Trotzdem hat schon vor Konstantin die christliche Mission den gefährlichen Boden betreten. Um Gaza herum bildeten sich kleine christliche Gemeinschaften, deren Bischof in der diokletianischen Verfolgung festge= nommen und in einem palästinischen Bergwerke enthauptet

---

[1]) Sozom. V, 9. 15. Hieronymus nennt Vita Hilar. c. 14 Gaza urbs gentilium.

wurde.[1]) Zu diesen Gemeinden zählte offenbar auch Majuma, die Hafenstadt von Gaza, wo, wir wissen nicht, in welchem Verlaufe, unter Konstantin die offizielle Annahme des Christentums seitens der ganzen Bevölkerung erfolgte. Die kaiserliche Belohnung dieser Entschließung richtete ihre Spitze direkt gegen das heidnisch=trotzige Gaza, denn sie dekretierte die Selbständigkeit von Constantia=Majuma.[2]) Dieser Vorgang ermutigte die in der Küstenlandschaft ansässigen Christen, während ihnen die Regierung der Konstantiner zugleich gesetzlichen Schutz gewährte. Mönche zogen zu. Um Gaza selbst in Gerar, Cades und Bethelää entstanden Eremitenstationen, die sich längs der Küste bis nach Ägypten fortsetzten.[3]) Da erhob sich, als Julian den Thron bestieg, der Groll der Altgläubigen offen gegen diese Einengung ihrer religiösen Freiheit. In Gaza wurde in stürmischer Volksversammlung Klage über die religionsfeindlichen Neuerer erhoben. Drei Christen fielen der allgemeinen Wut zum Opfer; die Basilika ging in Feuer auf. Auch in Askalon und in andern Städten kam es zu Tumulten, wobei Kirchen zerstört wurden.[4]) Doch scheint diese Aufwallung der Volksleidenschaft bald vorübergegangen zu sein. Sie hat den

---

[1]) Euseb. H. E. VIII, 13, 5. Er wird bezeichnet als ἐπίσκοπος τῶν ἀμφὶ τὴν Γάζαν ἐκκλησιῶν, woraus jedenfalls hervorgeht, daß die Hauptgemeinde nicht in Gaza war. Vgl. auch De Mart. Pal. VII, 3; XIII, 14.

[2]) Euseb. V. C. IV, 38.

[3]) Sozom. VI, 31. 32. Hieron. Vita Hilar. a. v. Oo. Theodor. Hist. rel. 30 u. A.

[4]) Sozom. V, 9. Ambr. Ep. 40 n. 15 (Cl. I). Wenn Ambrosius die Zerstörung der Basiliken in Gaza, Askalon, Berytos et illis fere locis omnibus auf die Juden zurückführt, so ist der Irrtum begreiflich.

Fortgang des Christentums wohl verzögert, aber nicht aufgehalten. Auch abgesehen davon, fand die neue Lehre in diesem Küstengebiete ganz besondere Schwierigkeiten. Denn die Religion dieser Bevölkerung war mit starken sinnlichen Elementen und Praktiken versetzt, die sich als alte Sitte der reinen Moral des Christentums auf das schärfste entgegenstellten. Die zahllosen, geheimem, unsittlichem Kultus dienenden Grotten, welche die neuere Forschung in jenen Gebieten fand,[1]) geben ein konkretes Bild davon. Es war hier nicht nur eine festgewurzelte Religion, sondern auch eine darin fest gegründete, dem Volksleben seit alters vertraute Sittenlosigkeit zu überwinden. Daher ging sogar die Regierung des heidenfeindlichen Herrschers Theodosius d. Gr. vorüber, ohne daß ein entscheidender Schlag gegen Gaza, die Hauptveste des semitischen Hellenismus, auch nur versucht wurde. In Alexandrien fiel das Serapeion, aber noch fand sich kein Weg, das Marnasheiligtum in der Philisterstadt zu beseitigen. Noch im Jahre 400 besaß die Stadt acht Tempel, darunter einen Tempel des Sonnengottes, einen andern der Aphrodite und das eben genannte Marneion.[2]) In letzterm, das zugleich eine Orakelstätte war und die kostbarsten Weihgeschenke besaß, fand das religiöse Leben seinen Mittelpunkt. Bei einer Dürre sammelte sich hier die Bevölkerung, um

---

[1]) Renan, Mission de Phénicie S. 204. 517 ff. u. f. Vgl Euseb. V. C. III, 55. 58, wo die Zerstörung der Tempel zu Aphaka und Heliopolis aus dem ausschweifenden Kultus motiviert wird.

[2]) Hierzu und zu Folgendem: Marcus, Vita Porphyrii (b. griech. Text herausg. von Moritz Haupt, Brl. 1875). Dazu Stark, Gaza und die philistäische Küste, Jena 1852; Dräseke, Gesammelte patristische Untersuchungen (Altona, Lpz. 1889) S. 208 ff.: „Marcus Diaconus."

durch Bittgänge, Opfer und Hymnen vom Himmel Regen
zu erflehen. Die Zahl der Christen belief sich auf noch nicht
zweihundert. Der Magistrat war ein eifriger Wächter des
alten Glaubens. Im Weichbilde der Stadt an einem Kreuz=
wege erhob sich auf einer Marmorbasis eine Aphrodite
Anadyomene, welche besonders das weibliche Geschlecht mit
brennenden Lampen und Weihrauch ehrte und als Orakel
bei Heiraten benutzte. Die umliegenden Dörfer hielten nicht
minder zäh die alte Religion fest; dem vorüberziehenden
Bischofe Porphyrius machten sie sich lästig, und einen seiner
Leute schlugen sie fast zu Tode. Nur durch Aufbietung einer
starken Militärmacht aus einer auswärtigen Garnison konnte
der auf Vernichtung der Tempel lautende kaiserliche Befehl
endlich durchgeführt werden (401). Mit großen Kraftan=
strengungen wurde das Marneion niedergebrannt und =gerissen
und an der Stelle mit Benutzung der verschonten Säulen=
hallen eine prächtige Kirche erbaut, zu der auch die Kaiserin
Eudoxia kostbares Material beisteuerte. Es ist bezeichnend
für den Fanatismus des Bischofs Porphyrius, der mit
Zähigkeit bei dem kaiserlichen Hofe auf dieses Ziel hinge=
arbeitet hatte, daß er mit den „vorzüglich von den Frauen"
als heilig angesehenen Marmorstücken des Adyton den Weg
vor dem Tempel pflastern ließ, „damit jene nicht nur von
Männern mit Füßen getreten würden, sondern auch von
Frauen und Schweinen und andern Tieren." Darüber
empfanden die Heiden einen noch größern Schmerz als
über die Verbrennung des Tempels, bemerkt dazu der Be=
richterstatter, ein Augenzeuge dieser Vorgänge. Noch lange
nachher vermieden sie, „vorzüglich die Weiber," diesen Weg
zu betreten. Derselbe Erzähler notiert die Zahl der bei
verschiedenen Gelegenheiten unter diesem Episkopate Über=

getretenen; sie ist so gering, daß anzunehmen ist, daß Gaza
noch lange in das fünfte Jahrhundert hinein eine vorwiegend
heidnische Stadt geblieben sei. Zwar hatte auch eine Haus=
suchung nach Götterbildern stattgefunden, und die gefundenen
waren ins Feuer oder in Schmutz geworfen, indes konnte
sie den Vorrat nicht erschöpfen und, wo er gemindert war,
fanden sich in der künstlerisch betriebsamen Stadt Kräfte
genug, den Mangel auszugleichen. Trotzdem war der Sieg
des Christentums nun entschieden, und wenn Porphyrius an
tausend Mönche und zahlreiche Kleriker, darunter Bischöfe,
und Laien zum Feste der Einweihung in Gaza versammelte,
so spricht daraus die richtige Würdigung dieses Erfolges.

Die Vernichtung des Heidentums in Gaza gehört zu
den abstoßendsten Scenen im Rahmen dieser Geschichte. Unter
widerlichen Einzelheiten wirkt sich eine brutale Gewalt aus.
Porphyrius, einst ein demütiger Asket in Jerusalem, spielt
die Rolle eines blinden Fanatikers. Gerade in diesen Ge=
bieten mögen solche Vorgänge, welche aus dem Volkscharakter
und der Religiosität erklärlich werden, nicht vereinzelt ge=
wesen sein.

Hundert Jahre nach der Zerstörung des Marneion be=
herrschte eine andere Glaubens= und Gedankenwelt Gaza.
Die „christlichen Sophisten," als deren Typus der vielbe=
schäftigte, verkehrsbedürftige Prokopius zu gelten hat, zeigen
nicht minder wie die unter Anastasius I blühende Dichter=
schule die göttergläubige Vergangenheit nur in mythologischen
Bildern und auch diese nur unter dem starken Reflex und
in der Gegenwirkung christlicher Ideen. In Athen wanderte
die antike Bildung aus, als der Sieg der Götterfeinde ent=
schieden war; in Gaza erblüht aus den Trümmern der Götter=
welt eine neue, antik=christliche Bildung. Der Bischof

Marcianus vollends, ein Schüler des Prokopius, wußte dem
städtischen Gemeinwesen einen Glanz zu verleihen, in welchem
zum letztenmale die Erinnerungen an eine große Geschichte
und eine gewichtige Machtstellung erwachten. In ihm findet
die Unbill eines Porphyrius eine versöhnende Ausgleichung.[1]

Um dieselbe Zeit wurden auch andere feste Plätze des
Heidentums im südlichen und mittlern Syrien durch kräftige
Angriffe gewonnen. In Areopolis an der Ostküste des toten
Meeres, in Petra in Arabien selbst, dann in Damaskus, in
Heliopolis, wo schon Konstantin gewaltsam eingegriffen hatte,
wo aber nach einem Ausdruck des Bischofs Petrus von
Alexandrien die Einwohner den Namen Christus nicht ein=
mal hören mochten, „weil sie alle Götzendiener sind,“ und
in Apamea.[2] Die auf beiden Seiten erregten Leidenschaften
gaben dem Ringen die Weise eines wilden Kampfes, in
welchem mit den Kultstätten die Werke antiker Kunst nieder=
geschlagen wurden. Wenn sogar ein Chrysostomus aus dem
abgelegenen Orte seiner Verbannung sich für verpflichtet
hielt, Phönizien vom Götzendienste loszumachen, so ist das
ein Beweis, wie fest der alte Glaube gerade in diesen Ge=
bieten gehaftet haben muß. Wenn er weiterhin Mönchs=
schaaren aus der Ferne aufbietet zu dem ausgesprochenen
Zwecke, die Tempel zu zerstören, und sie mit privaten Mitteln
und staatlichen Vollmachten ausstattet,[3] so läßt sich ermessen,
in welcher Härte und mit welchen Verwüstungen der Kampf

---

[1] Chorikios, Orat. ed. Boiss. p. 37 ff.
[2] Sozom. VII, 15; Ambros. Ep. cl. I ep. 40 n. 15;
Theodor. H. E. IV, 22. Euseb. V. C. III, 58. Über Apamea
und den Bischof Marcellus s. Bd. I, 268 ff.
[3] Chrysost. Ep. 221; Theodor. V, 29.

hier verlaufen ist. Libanius berichtet klagend über dieses Treiben.[1] Ein syrischer Historiker, der den Ereignissen und dem Schauplatze nicht allzu fern stand, bemerkt, daß damals alle noch vorhandenen Heiligtümer von Grund aus vernichtet wären.[2] Das mag der allgemeine Eindruck gewesen sein, dem aber nicht ganz die Wahrheit entsprach. Denn zur Zeit Justinans stand an der palästinischen Grenze ein Tempel mit einem Erzbilde, welches die Bürger in einer Pestnot auf= suchten, und ebenso wird gemeldet, daß in Heliopolis i. J. 554 eine hundertfünfzig Ellen hohe Götterstatue samt dem Heiligtume, in dem sie stand, durch den Blitz zerstört wurde.[3] Der Bischof Johannes von Asien, der „Heidenvorsteher und Götzenstürmer," wie ihn seine Zeitgenossen nannten, fand in diesem Jahrhundert auch in diesen Gebieten eine ertragsreiche Arbeit.[4] Ein Vorkommnis in dem genannten Heliopolis i. J. 579 eröffnet ganz unerwartet ein überraschendes Bild. Noch damals, so erfahren wir jetzt, stand die Mehrheit der Bevölkerung und in ihr die Besitzenden und Mächtigen zur alten Religion und benutzte ihren Einfluß, die christliche Minderzahl zu bedrängen. Dem Namen Christi wurde Schmach angethan. Der Kaiser Tiberius rief auf die Kunde davon einen gerade in Palästina mit blutiger Unterdrückung eines Aufruhrs beschäftigten höhern Beamten namens Theo= philus nach Heliopolis, um die übermütigen Heiden zu züchtigen, der dann auch „an ihnen ihrer Frechheit gemäß

---

[1] Liban. Pro templ. c. 3.
[2] Theodor. a. a. O.
[3] Assem. Bibl. orient. II S. 86. 89.
[4] Johannes v. Ephesus, Kirchengesch. II, 4 (S. 44 der deutsch. Ausg. von Schönfelder, Münch. 1862): II, 41 (S. 81).

Rache nahm, sie peinigte, kreuzigte und tötete." Durch An=
wendung der Folter kam Theophilus auch in den Besitz
weiterer Namen in der Stadt und in der Provinz.[1]) Mit
einemmale war damit die Illusion zerstört, welche schon
länger als ein Jahrhundert unter dem Einflusse einer histo=
rischen Novelle in einem großen Kreise Bestand gewonnen
hatte, daß nämlich in dieser Stadt, welche der Teufel vorher
als „mein Heliopolis" mit Recht benennen durfte, die Ein=
wohnerschaft christlich sei.[2]) Dieses harte Vorgehen der
Regierung hat schwerlich noch mit heidnischen Heiligtümern
zu rechnen gehabt. Den Haupttempel, dem Gotte Baal=Zeus
geweiht, eine der mächtigsten sakralen Bauten der alten Welt,
hatte bereits Theodosius d. G. den Gläubigen entzogen und
zu einer Kirche gemacht.[3]) Der neue Kultus richtete sich indes
nicht in dem eigentlichen Tempelhause ein, sondern in der
geräumigen Vorhalle. Von jenem zeugen heute noch sechs
gewaltige aufrechtstehende Säulen von mehr als zwei Meter
Durchmesser. Schwerlich hat sich gewaltthätiger Fanatismus
an diesem Bauwerk, soweit es nicht in christlichen Besitz über=
ging, erprobt; die festen, schweren Massen spotteten leichter
Arbeit. Erst Naturgewalten und vielhundertjährige Menschen=
arbeit haben den Tempel zu dem gemacht, was er jetzt ist.
Ein kleines Heiligtum in der Nähe und ein anderes
östlich von der Akropolis sind gut erhalten auf uns ge=
kommen und zwar darum, weil sie zu Kirchen umgewandelt

---

[1]) Joh. v. Ephesus III, 27 (S. 121).
[2]) Legenden d. hl. Pelagia herausg. von Usener S. 11 (Worte
des Teufels an den Bischof Nonnos): οὐκ ἤρκεσέ σοι ῾Ηλιούπολις
ἡ ἐμή, ὅτι πάντας τοὺς ἐν αὐτῇ προσήνεγκας τῷ θεῷ σου;
[3]) Chron. Pasch. Olymp. 289.

wurden. Wann, ist unbekannt. Man darf aber vermuten,
daß es nicht viel später oder früher geschehen ist als die
Konfiskation des Haupttempels. Obwohl tempellos, hat also
der phönizisch-hellenische Glaube in wunderbarer Zähigkeit sich
dennoch bis in das letzte Viertel des sechsten Jahrhunderts
behauptet und ist schwerlich damals gänzlich untergegangen.
Ein anschauliches Beispiel bietet Abra (jetzt Ezra) zwischen
Bostra und Damaskus. Eine Inschrift [1]) der Kuppelkirche
wahrscheinlich aus dem Jahre 515 — giebt darüber in
Antithesen folgende Auskunft: „Ein Haus Gottes ist geworden die Herberge der Dämonen. Das heilsame Licht ist
aufgeflammt, wo Finsternis lagerte. Wo einst Opfer der
Idole, sind jetzt Chöre der Engel. Wo einst Gott erzürnt
wurde, wird er jetzt versöhnt. Ein christusliebender Mann,
der Vorsteher (ὁ πρωτεύων) Johannes, der Sohn des Dio-
medes, hat aus eigenen Mitteln als Geschenk Gott dargebracht den sehenswürdigen Bau, nachdem er niedergelegt
darin eine kostbare Reliquie des herrlich siegreichen heiligen
Märtyrers Georg, der ihm, Johannes, selbst erschienen war,
nicht im Traume, sondern sichtbarlich.“ In der Inschrift
verrät schon die Erwähnung der Kosten, daß die Kirche ein
Neubau und nicht ein umgebauter Tempel sei. Die mit
geringen Schädigungen auf uns gekommene Kirche, ein auf
achteckigem Grundriß mit einer spitzen Kuppel konstruierter
Bau, bestätigt diesen Schluß.[2]) Das Portal der Westseite
trägt die genannte Inschrift. Es ist vermutet worden, daß
in dem niedergerissenen Tempel ein Kult des in Abra

---

[1]) C. J. G. IV n. 8627. Waddington, Inscriptions grecques et latines de la Syrie, Paris 1870 n. 2498.

[2]) Abb. bei Vogüé, La Syrie centrale pl. 21. (dazu S. 61 f.).

verehrten Gottes Theandrites bestand. Es offenbart einen
tiefen Fanatismus, daß das alte Heiligtum dem Boden gleich=
gemacht und die Kirche dann an derselben Stelle errichtet
wurde und daß endlich eine höhnende Inschrift diese Thatsachen
öffentlich verkündigte. Möglich war dies doch nur in einer
Stadt, in welcher die neue Religion sich als die ausschlag=
gebende wußte.

Auch das dem Baalsamēn geweihte mächtige Heiligtum
in Siah im Hauran liegt heute als eine wüste Trümmer=
stätte vor uns. Die zerschlagenen Architekturstücke, Altäre,
Votive, Statuen, darunter eine Bildsäule Herodes d. Gr.,
reden eine deutliche Sprache von dem, was einst auf dieser
Bergeshöhe vorgegangen ist.[1] In Deir=el=Dal'a bei Beirut
stürzten die Christen den Tempel des Baal=Markod um; auf
den Trümmern erstand ein Kloster. In Emesa scheint der
berühmte Sonnentempel Elgabals ebenfalls dem Boden gleich=
gemacht zu sein, um dann an seiner Stätte eine Kirche er=
stehen zu lassen.[2] Diese Gebiete waren einst reich an
Tempeln; zahlreiche Ruinen machen die Situation deutlich.
Wenn nicht die Gesamtheit, so gehört doch die Mehrzahl jenen
Zeiten wilden Kampfes an. Symptome und Zeugen sind auch
die Siegesrufe auf Inschriften verschiedener Zweckbestimmungen.
„Christus siegt" — „Es giebt nur einen Gott" — „Nur
der eine Gott hilft" oder Psalmworte, wie: „Die Erde ist
des Herrn und was darin ist und alle die darauf wohnen"[3]
sind Stimmen, die verständlich reden, denen aber von der

---

[1] Vogüé pl. 2. 3. Text S. 31 ff.
[2] Waddington, Inscript. n. 1855; 2570.
[3] Waddington n. 2253. 2651. 2694. 2053ᵇ. 2262. 2562.
2678. 2665.

andern Seite entgegenklang: „Ammon siegt." [1]) Ohne Zweifel
aus diesem Gegensatz heraus sind auch die Worte in der (jetzt
in eine Moschee verwandelten) alten Kirche in Damaskus
geschrieben: „Dein Reich, Christus, ist ein Reich der Ewig=
keit und Deine Herrschaft von Geschlecht zu Geschlecht." [2])
Weiter im Norden bezeichnet ein Christ sein Haus mit der
Inschrift: „Herr, hilf diesem Hause und Allen, die darin
wohnen. Amen." „Ein Gott über Euch. Wer vermag
wider Euch? Ehre sei ihm allerorten." [3]) Gerade auf
syrischem Boden, wo die christlichen Inschriften mehr als
anderswo die lebhaften Interpreten der religiösen Empfin=
dungen und Vorgänge sind, läßt sich für diesen Zusammen=
hang mehr als eine Wahrscheinlichkeit in Anspruch nehmen.
Die außergewöhnliche Zähigkeit des Kultus an der phönizischen
Küste, der — Byblus im Mittelpunkte — in den ersten
Jahrhunderten unserer Zeitrechnung einen neuen Aufschwung
genommen und den Libanon mit zahlreichen Heiligtümern
bedeckt hatte, führt darauf, daß er in der Abgeschiedenheit
vereinzelt sich erhalten hat, nachdem sonst in Syrien alle
Spuren des Heidentums verschwunden waren. Ja, noch im
zwölften Jahrhundert fand ein Reisender in Byblos in
dem Tempel der Astarte das Idol in reichem Goldschmuck
auf seinem Throne sitzend und daneben zwei weibliche Figuren
stehend, ein Fall einzig in seiner Art. [4])

Der Denkmälerbefund bestätigt die aus der Literatur
zu gewinnende Erkenntnis, daß ein rücksichtsloser Vernichtungs=

[1]) n. 2313.
[2]) n. 2551 ᶜ vgl. Pf. 145, 13.
[3]) n. 2666 (Dellouza im Gebiete von Apamea); vgl. n. 2683.
[4]) Revue archéol. t. 35 (1878) S. 16 Anm. 2.

kampf stattgefunden hat. Nicht nur die kleinen, widerstands=
unfähigen Sanktuarien sind bis auf unbedeutende Reste weg=
gesegt, sondern auch die aus gewaltigen Quadern gefügten
großen Heiligtümer sind mit wenigen Ausnahmen dem An=
sturme ihrer glaubenseifrigen Feinde erlegen. Äußerst dürftig
sind auch die Überbleibsel plastischer Werke, so daß nicht so=
wohl diese als die anderswo, in Karthago, Sardinien, Cypern,
Sizilien gefundenen, von Phönizien aber entweder exportierten
oder in der Auffassung bestimmten Bildwerke die Plastik dieses
Volkes uns beleuchten müssen. Und auch diese Produkte sind
in der Mehrzahl kleine Figuren aus Terrakotta und Bronze.
Diese Thatsache redet verständlich; noch verständlicher die
Auffinduug von Statuen an Orten, wohin sie vor den Ver=
folgern geborgen oder von den Zerstörern geworfen waren,
wie jenes Zeusbild, das bei Gaza im Sande entdeckt, und
eine ganze Gruppe geköpfter Statuen, welche 1873 in Am=
rith in einem unterirdischen Gelasse aufgespürt wurde.[1])

Umwandlung heidnischer Tempel in Kirchen scheint nicht oft
vorgekommen zu sein. Heliopolis bietet, wie erwähnt, Beispiele.
Auch in Soueideh im Hauran wurde in christlicher Zeit ein
Tempel in eine Kirche verwandelt, und in Chaqqua weiter
nördlich eine „heilige Behausung," d. h. eine jener kleinen
Kapellen auf dem Lande von einfacher, aber eigenartiger Kon=
struktion, demselben Zwecke dienstbar gemacht. Vielleicht hat in
diesen und andern Fällen nicht religiöse Selbstbeherrschung,
sondern eine aus den zur Kirche strömenden Massen erwachsene

---

[1]) Vgl. das Hauptwerk von Renan, Mission de Phénicie;
dazu Perrot et Chipiez, Histoire de l'art dans l'antiquité
t. III. Phénicie — Cypre, Paris 1885. Über die gazäische Statue
Zeitschr. d. deutsch. Pal.=Ver. Bd. H S. 183 ff.

Notlage entschieden. Auf eine solche Notlage in diesem Ge=
biete scheint doch die Thatsache zu weisen, daß im vierten
Jahrhundert in Phäna (j. Mousmieh) das Prätorium und
in dem genannten Chaqqua ein römisches Regierungsgebäude
von der Kirche als Gotteshäuser übernommen wurden, nach=
dem am letzteren heidnischer plastischer Schmuck abgeschlagen
und durch das Kreuzeszeichen ersetzt war.[1] Auch eine Ent=
deckung bei Tyrus i. J. 1860 bietet einen Beleg, daß nicht=
sakrale Baulichkeiten in christliche Kultstätten sich mußten
umwandeln lassen. In diesem Falle ist sogar der klassische
Mosaikfußboden herübergenommen, obgleich seine Darstellungen
dem weltlichen Gebiete angehörten.[2]

Nicht anders haben sich die Geschicke des Heidentums
vollendet in dem religiös und kulturgeschichtlich zu Phönizien
gehörigen Cypern, der Insel der Aphrodite=Astarte. Rück=
sichtslos hat die siegreiche Religion die mit einem unsittlichen
Kultus befleckten Heiligtümer und Götterbilder vernichtet.
Zerschlagene Statuen, in einem Falle zwanzig Köpfe, fanden
sich in Löcher vergraben. Vielfach sind sogar die Funda=
mente der Tempel aufgerissen worden; nur einige unbe=
deutende Bauten sind stehen geblieben, darunter eine unter=
irdische Anlage in Larnaca, die darum noch ein besonderes
Interesse bietet, weil heute noch die Bevölkerung sich dort
Orakel holt und in der an diesen Ort geknüpften Verehrung

---

[1] Vogüé pl. 4; S. 39; pl. 6: S. 41 ff.; pl. 7; S. 45 f.;
S. 51. Vgl. ferner Waddington n. 2286. 2566.

[2] Abb. bei Renan pl. 48. Nach d. V. Meinung freilich fällt
die Entstehung des Mosaiks in die justinianische Zeit, wogegen sich aber
de Rossi, Allard, de Saulcy u. A. mit Recht erklärt haben.

die Jungfrau eine Rolle ähnlich der Aſtarte ſpielt.[1]) Doch
war der Reichtum der fruchtbaren, trefflich kultivierten Inſel
an Kunſtwerken ſo groß, daß aus den Trümmern, welche
die Kirche darüber gebreitet, fortwährend wertvolle Stücke
hervorgezogen werden.

Dieſe wohl hauptſächlich im vierten Jahrhundert vor
ſich gegangene Verwüſtung iſt nicht denkbar ohne eine bereits
vorhandene feſte kirchliche Organiſation. In der That weiſt
alles auf einen blühenden Zuſtand der cypriſchen Kirche in
jener Zeit, welche am Anfange ihrer Geſchichte den Apoſtel
Paulus ſelbſt verzeichnet (Apoſtelgeſch. c. 13 ff.). Die ſechsund=
dreißigjährige biſchöfliche Wirkſamkeit eines Mannes wie Epi=
phanius († 403) auf dem Metropolitenſitze in Salamis,
deſſen eigenwilliger Geiſt und mönchiſche Befangenheit auch
der Kirche beſchwerlich wurden, iſt nicht vorübergegangen
ohne ſchwere Erſchütterungen des Heidentums. Der Mann,
der einſt entrüſtet in einer Kirche einen bemalten Vorhang
zerriß, weil er darin eine Entweihung des Heiligen ſah,
mußte an den herrlichen Tempeln und ihren reichen Kunſt=
ſchätzen noch viel mehr Ärgernis finden, und dazu noch
dienten ſie zum großen Teil der Verehrung und Verherr=
lichung einer ſchamloſen Göttin.

Abweichend von dem Verlaufe der Chriſtianiſierung, wie
er bisher in der Provinz Syrien feſtgeſtellt werden konnte,
vollzog ſich dieſe Entwickelung in der Hauptſtadt Antiochia,
dem blühenden kulturellen und machtvollen politiſchen Mittel=
punkte des Landes, ja weit über den Umfang desſelben hin=
aus. Unter den Städten erſten Ranges im römiſchen Welt=

---

[1]) Revue archéol. t. VI (1862) S. 244 f.; Perrot et Chipiez a. a. O. S. 277 ff.

reiche hat keine einzige den Prozeß der Religionswandelung
so rasch und so geräuschlos vollzogen als diese. Es müssen
in diesem Vorgange Faktoren, seien es nun allgemeine
Stimmungen, seien es kraftvolle, geschickte Menschen, wirksam
gewesen sein, die wir nicht mehr feststellen, nicht einmal ver=
muten können. Scheinbar war gerade dieser Boden ein
schwieriger. Die Bevölkerung galt auf der einen Seite als
geistig beweglich, interessiert für die bildenden und die freien
Künste, die in ihrer Mitte blühten, stolz auf die hohe Kultur
und die Machtstellung der „dritten Stadt im Reiche," auf
der andern Seite als unruhig und scharfzüngig; in ihr ver=
banden sich die Volksleidenschaften des Griechentums, wie
Theater, Circusrennen, mit den sinnlich=religiösen Gepflogen=
heiten der Syrer. Das ausschweifende Majumafest war hier
fest gewurzelt. Zahlreiche Tempel und Götterbilder schmückten
die Stadt, zumeist allerdings Gaben der Seleukiden und
römischen Herrscher, aber sie weisen doch auf eine religiöse
Stimmung der Antiochener als Voraussetzung. Griechisch=
römische, syrische und ägyptische Gottheiten und Göttertempel
füllten die Stadt. Libanius konnte daher mit Recht „viele"
Götter der Stadt als Mitstreiter dem Kaiser Julian in Aus=
sicht stellen. Besonders zeichnete sich als ein heiliger Ort
der Daphnehain aus, wo in dem weitberühmten Apollotempel
die mächtige, bis an das Dach reichende Statue des Gottes
sich erhob.[1] Nichts ist uns überliefert über eine Abnahme
der göttergläubigen Frömmigkeit in der vorkonstantinischen
Zeit. Wir wissen nicht, wie das harte Material zerrieben
worden ist.

---

[1] Das Material gesammelt bei Otfried Müller, De anti-
quitatibus Antiochenis I. (Comment. acad. Goett. VIII p. 205 ff.).
Auch „Kunstarchäol. Werke" Bd. V S. 1 ff. (Berlin 1873).

In der erſten chriſtlichen Geſchichte der Stadt treten
große Namen hervor: Paulus, Petrus, Ignatius; die Be=
zeichnung der Gläubigen als Chriſten hatte hier ihren Ur=
ſprung (Apoſtelgeſch. 11, 26). Auf Beides war man ſtolz und
wies gern darauf hin. Eine „Herberge der Apoſtel,“ eine
„Heimſtätte der Gerechten“ war Antiochia, und daß der
Chriſtenname, der ‚begehrenswerte und allen ſüße Name“
hier ans Licht getreten iſt, darin fand die Stadt ihren
„Ehrenkranz‘ Und hauptſächlich wegen ihrer Vorfahren iſt
ſie Chriſto angenehmer als andere Städte. Zu dem allge=
meinen Ruhme, „Haupt und Mutter“ aller orientaliſchen
Städte zu ſein, kommt als die Krone noch ihre kirchengeſchicht=
liche Vergangenheit. Darum überholt ſie an kirchlicher Würde
ſogar Rom.[1]) Einer ihrer Söhne, der damalige Presbyter
Chryſoſtomus bezeichnet die Bevölkerung als ordentlich und ge=
ſittet und als lenkbar gleich einem folgſamen Roſſe; ihr Ruhm
liege nicht in der herrlichen Daphne=Vorſtadt, nicht in der
Menge hoher Cypreſſen oder den Waſſerquellen, auch nicht in
der Zahl der Bewohner und dem lebhaften Verkehr, ſondern
in der Geſinnung und Gottesfurcht der Bewohnerſchaft, die
nicht nach einzelnen Tumultuanten beurteilt ſein will.[2]) So
oft auch der lebhafte Prediger Anlaß findet, ſeine Zuhörer
zu tadeln, daneben beſteht doch bei ihm das Gefühl der
Zufriedenheit über ihre religiöſe Verfaſſung im allgemeinen.

In den theologiſchen Kämpfen der konſtantiniſchen und
nachkonſtantiniſchen Zeit ſtand Antiochia im Vordergrunde.

---

[1]) Chrysost. De statuis hom. III, 1; 2; XVII, 2; ähnliche
Urteile auch ſonſt.
[2]) De stat. hom. II, 1; XVII, 2. Anders die Urteile Julians
und Anderer.

Bedeutsame Synoden sind hier gehalten worden, es war der
Ausgangs= und Sammelpunkt einer theologischen Richtung,
iu der sich Scharffinn, Ernst und Besonnenheit vereinten.
Als die Synode von Nicäa (325) dem Bischofe von An=
tiochia die Jurisdiktion über ein Gebiet als zu Rechte be=
stehend anerkannte, welches sich ungefähr mit der politischen
Diözese des Orients deckte, besaß jener diese Gewalt wahr=
scheinlich bereits in ihrem ganzen Umfange.[1] Nur aus dieser
Thatsache erklärt sich auch, daß Konstantin in Antiochia eine
Kirche, und zwar in den Formen des Centralbaues, in so
mächtigen Höhe= und Breitedimensionen errichten und in so
kostbarer Weise ausstatten ließ, daß dieses Werk als einzig=
artig bewundert wurde. Sie — die goldene Kirche ge=
nannt — war ein neuer Schmuck neben den bürgerlichen
und religiösen Prachtbauten und ohne Zweifel in Gegensatz
dazu gedacht. Die feierliche Einweihung unter Konstantius
i. J. 341 wurde durch eine von 97 Bischöfen besuchte Synode
ausgezeichnet.[3]

Wahrscheinlich schon damals, jedenfalls bald nachher
lagen Majorität und Macht in der Hand der Christen.
Daher die Verschleppung der offiziellen Begrüßung des
neuen Kaisers Julian durch die Stadtvertretung. Julian
selbst bestätigt diese Vermutung in seinem „Misopogon.‘
Zwar stehen noch in der Stadt so und so viele Tempel,
und auch das Heiligtum des daphnischen Apollo ist noch da,
aber die Bevölkerung hat sich zur „gottlosen Sekte“ ge=
schlagen; statt Zeus und Apollo hat sie sich Christum als

---

[1] Conc. Nicaen. can. 6. Dazu Hefele C. G.² I S. 393 f.
[2] Euseb. V. C. III, 50; D. L. C. c. 9.
[3] Sozom. H. E. III, 5.

„Stadtkönig" erkoren. Deutlich läßt Julian durchblicken,
daß der Einfluß der Frauen in dieser Wandelung sich be=
thätigt hat. Der Götterdienst ist noch nicht ausgestorben,
aber er ist lau, und nur die Neugierde, den kaiserlichen
Opferer zu sehen, führt größere Massen zum Tempel. Dem
Bilde, welches diese wenig würdevolle Satire von der reli=
giösen Situation entwirft, entspricht durchaus, daß die Kunde
von dem Untergange Julians in demselben Antiochia, in
welchem ein Libanius Ansehen und Gönner hatte, mit
lautem Jubel begrüßt wurde und sowohl in den Kirchen
und Kapellen wie in den Theatern zu öffentlichen Freude=
äußerungen Veranlassung gab.[1]) Gewiß verband sich hier
eine persönliche Gereiztheit mit der Empfindung des religiösen
Gegensatzes, aber diese stand als die stärkere im Vorder=
grunde. Die Rückkehr der Regierung zur frühern Religions=
politik mußte die bereits vorhandene Vorherrschaft des Christen=
tums noch mehr stärken und erweitern. Wie sie in den letzten
zwanzig Jahren des vierten Jahrhunderts sich gestaltet hatte,
darüber giebt Johannes Chrysostomus Auskunft, der, selbst ein
Antiochener, den größten Teil seines Lebens in Antiochia
zubrachte und als Presbyter durch sein Predigtamt dazu ge=
führt wurde, in seinen Homilieen auf die sittlichen und reli=
giösen Verhältnisse der Bevölkerung sich zu beziehen.

Chrysostomus teilt mit den Christen seiner Zeit den
Enthusiasmus, der aus der Betrachtung des Siegeslaufes
des Christentums ihnen erwuchs. Die ganze Welt bezeugt
den Segen des Christentums, auch die Wüste. Das Kreuz
Christi hat seine Kraft bewiesen, indem es die Dämonen
vertrieben, die Tempel zerstört und die Altäre umgeworfen

---

[1]) Theodor. H. E. III, 28.

hat. Der heidnische Irrtum ist in sich zusammengebrochen; es bedurfte nicht der Gewaltthaten, wie die Christenverfolger sie anwandten.[1] In Antiochia zeigt sich dieser Sieg dementsprechend so, daß die Mehrzahl der Einwohner zum Christentum sich bekennt. Der Prediger erhebt sich einmal zu der Fiktion, daß die ganze Stadt im Gottesdienst gegenwärtig ist. Der großen Zahl von Armen und Hilflosen kommt die Liebesthätigkeit der Kirche in dem Maaße entgegen, daß in der Matrikel dieser als täglich zu versorgende nicht weniger als 3000 Wittwen und Jungfrauen verzeichnet stehen. Dazu kommt noch die weite und reiche Mannigfaltigkeit der männlichen Bedürftigen, der Kinder u. s. w.[2] Mehr noch als diese Einzelheiten stellt der allgemeine Eindruck, den die zahlreichen Homilieen des Presbyters machen, die Thatsache fest, daß Antiochia als Ganzes genommen eine christliche Stadt ist,[3] alle Schichten der Bevölkerung christliche Erkenntnis und christliche Sitte haben. Die sittliche Kraft und die

---

[1] De laud. Pauli hom. IV. — Hom. in illud: Pater, si poss. est, transeat etc. c. 2. — Hom. de S. Babyla c. 3.

[2] Adv. Jud. hom. I, 4: τὸ πλέον τῆς πόλεως Χριστιανικόν. — hom. XXI in ep. I ad Cor. c. 7; hom. LXVI (al. LXVII) c. 3 (¹/₁₀ ist reich, ¹/₁₀ arm, der Rest in mittlerer Vermögenslage).

[3] Hom. in S. Ignat. c. 4 giebt Chrysostomus die Zahl der Einwohner Antiochias auf 200,000 an, worin aber Kinder und Sklaven nicht eingerechnet zu denken sind. Hom. LXXXV (al. LXXXVI) c. 4 zählt er εἰς δέκα μυριάδων ἀριθμὸν οἶμαι τοὺς ἐνταῦθα συναγομένους. Damit ist nicht die Zahl der Christen in der Stadt überhaupt taxiert, wie fälschlich verstanden wird, sondern es ist in runder Zahl die Zuhörermenge angegeben, die sich in der Hauptkirche in Teilen zu versammeln pflegte. Diese Zuhörerschaft war in der Hauptsache eine vornehme, da mit dem Wachstum der Stadt die arme Bevölkerung in die Vorstädte gedrängt war.

sittlichen Normen dieses Gemeinwesens entstammen dem
Christentum.[1])   Zwar herrschen unter den Christen noch
schlimme heidnische Gepflogenheiten wie Fluchen, Theater=
leidenschaft; die Volksfeste heidnischer Herkunft und mit heid=
nischer Ausgelassenheit haben ihre Anziehungskraft behauptet,
worunter vorzüglich das „Satansfest" der Januarkalenden,
wo die ganze Stadt sich mit festlichem Gepränge umgab.
Aber auch heidnische Superstition dauerte noch fort, Übung
der Tagewählerei und Wahrsagekunst, Tragen heidnischer
Amulette, auch solcher mit dem Kopfe Alexanders d. Gr.
Christen riefen wahrsagende Weiber zu sich ins Haus und
pflegten dies wohl damit zu entschuldigen, daß diese Weiber
Christinnen seien, nicht heidnische Frauen.[2])   Das Äußerste
in dieser Richtung liegt in der Gepflogenheit, in der sog.
Matrone=Grotte in Daphne sich Inkubationen zu unterziehen,
worin Chrysostomus kein geringeres Vergehen sieht als in
dem Betreten des Apollotempels.[3])

Neben dieser christlichen Bevölkerung beherbergte An=
tiochia eine anspruchsvolle, zahlreiche Judenschaft. Eine feind=
selige Stimmung schied beide Religionsgruppen, wie wir aus
den heftigen Philippiken des Chrysostomus erfahren. Trotz=
dem übte die jüdische Religion auf einzelne Christen eine
abergläubische Wirkung. Sie fanden sich in der Synagoge

---

[1]) De stat. hom. I, 12: die Christen die σωτῆρες, κηδε-
μόνες, προστάται καὶ διδάσκαλοι.

[2]) De Lazaro hom. VII; I, 1. 11; hom. in Kalendas (u. s.
häufig). — Ad illum. catech. hom. II, 5; hom. in Kalend. c. 3

[3]) Adv. Jud. hom. I, 6. Ich verzichte auf Hypothesen hin=
sichtlich des nähern Inhaltes und der Herkunft dieses Kultus, der
jedenfalls dem heidnischen Gebiete, nicht der jüdischen Superstition an=
gehört.

zu den gottesdienstlichen Versammlungen ein, hielten das jüdische Fasten und wandten zu besondern Zwecken jüdische Riten an, z. B. um einen Eid recht fest zu machen.[1]) Die antiochenische Kirche empfand diese Gegnerschaft viel lästiger als den noch vorhandenen Hellenismus. Dieser scheint seine Hauptstütze in der Rhetorenschule und seine Anhängerschaft besonders in den damit zusammenhängenden Kreisen gehabt zu haben. Die heidnischen Philosophen, kenntlich an Bart, Mantel und Stock, konnte man noch sehen, aber sie müssen sich verhöhnen lassen, daß jene drei Stücke das einzig Philosophische an ihnen seien, während die syrischen Bauern vom Lande sich besser auf die wahre Philosophie verstehen.[2]) Von hierher kam auch, so läßt sich annehmen, jene spottende Frage im Anblicke eines von ungebärdigen Klageweibern begleiteten christlichen Leichenzuges: sind das diejenigen, welche so viel über die Auferstehung philosophieren? Freilich auch sonst giebt das Benehmen der Christen Heiden und Juden Anlaß zum Gespött.[3]) Noch mehr: auch die Menschwerdung des Sohnes Gottes wird von den Heiden höhnisch und skeptisch behandelt, und schwache Christen lassen sich dadurch verwirren.[4]) So ist es erforderlich, in der gottesdienstlichen Rede diese Widersacher zu bekämpfen.[5]) Die hier und sonst vorausgesetzten Heiden haben in der Verborgenheit ihren Kultus geübt, wie zwar nicht aus Chrysostomus, aber aus einem spätern Vorgange sich entnehmen läßt. Bei der

---

[1]) Die Homilieen Adversus Judaeos.
[2]) De stat. hom. XVII, 2; XIX, 1.
[3]) De Lazaro hom. V, 2; VII, 1, 2.
[4]) In diem nat. J. Chr. hom. c. 6.
[5]) 3. B. De stat. hom. X, 3; XII, 4; Adv. Jud. hom. VII, 3.

Schilderung eines kirchlichen Ereignisses i. J. 415, welches
getrennte Parteien zusammenführte, redet der Berichterstatter[1]
beiläufig von einem „ganz geringen Reste von Hellenen,"
gewiß mit Recht, doch hat dieses Überbleibsel eine große
Zähigkeit bewiesen und tritt nach mehr als anderthalb Jahr=
hunderten plötzlich in einem weitgreifenden Prozesse wieder
hervor.   Vorher weisen nur allgemeine Andeutungen auf die
Fortdauer eines zwar eingeschränkten, aber lebenskräftigen
Hellenismus, der auch noch Christen anzog und die unwillige
Frage hervorrief, warum Gott Ungläubige und Apostaten in
der Welt dulde.   Ein antiochenischer Presbyter nämlich
namens Isaak beschäftigte sich um die Mitte des fünften
Jahrhunderts mit dieser Thatsache und Frage.[2]

Über das Schicksal der zahlreichen Heiligtümer Antiochias
ist nur Unvollständiges bekannt.   Den berühmten Apollotempel
in Daphne zerstörte unter Julian eine Feuersbrunst; das
Tycheion, in welchem die antiochenische Tyche, ein Werk aus
der Schule des Lysippus, stand, wies Theodosius II dem
christlichen Kultus zu, als es sich darum handelte, den Ge=
beinen des Ignatius eine würdigere Ruhestätte zu geben.[3]
Was aus den zahlreichen übrigen Heiligtümern geworden ist,
sagt uns keine Kunde, aber vielleicht darf aus den Klagen
des Libanius in seiner Schutzschrift für die Tempel[4] eine
allgemeine Auskunft darüber entnommen werden.   Sie werden
geschlossen oder in profanen Gebrauch genommen sein.   Unter

---

[1] Theodor. H. E. V, 35.
[2] Assem. Bibl. orient. I p. 225. Von ebendems. Verf. ist
auch eine Homilie erhalten, welche sich mit denjenigen auseinandersetzt,
welche die hl. Schrift zur Zukunfterforschung mißbrauchen (p. 218).
[3] Evagrius H. E. I, 16.
[4] Bd I, 273 ff.

ben durch die Erbbeben des fünften und sechsten Jahrhunderts
geschädigten Gebäuden, welche von den Schriftstellern, z. B.
von Evagrius, aufgezählt werden, fehlen Tempelnamen und
wahrscheinlich doch nur deshalb, weil die Gebäude damals
andern Zwecken dienten und ihre alten Namen verloren hatten.
Auch über das Schicksal der Statuen und sonstigen heiligen
Bildwerke ist nichts überliefert. Die kunstliebende Stadt wird
sie schwerlich zerschlagen, sondern sich zu ihnen ähnlich ver=
halten haben wie Rom. Die christlichen Kaiser ließen zu den
alten Bauten neue erstehen, aber diese Bauthätigkeit ver=
mochte doch nicht die schweren Schädigungen auszugleichen,
welche die Erdbeben über die Stadt brachten. Unter Justi=
nian war sie weit unter ihren frühern Umfang herunterge=
sunken, und damals traf sie noch der härteste Schlag, von
welchem sie sich nicht wieder erholte, die Eroberung und Ver=
wüstung durch den Perserkönig Chosroes (538).

Unter der syrischen Landbevölkerung in der Umgebung
der Stadt hatte das Christentum eine große Anhängerschaft.
Chrysostomus belobt ihren Eifer und empfiehlt ihn als vor=
bildlich.[1] Das war der Ertrag hauptsächlich der Arbeit des
in Syrien weitverbreiteten Mönchtums. In der Nähe An=
tiochias trat als fördernd noch die Abhängigkeit der Bauern
von der städtischen Obrigkeit hinzu. Schon i. J. 331 schrieb
in einer syrischen Ortschaft nordöstlich von Antiochien ein
Christ an die Thür seines Hauses: „Christus sei gnädig.
Es giebt nur einen Gott.“ [2]

Dieselbe Bedeutung, welche für die Geschichte des Christen=
tums Antiochia im Westen hatte, hatte im nordöstlichen Syrien

---

[1] Chrysost. De stat. hom. XIX, 1.
[2] Vogüé a. a. O. S. 9.

Edessa. Bereits in der ersten Hälfte des zweiten Jahrhunderts faßte hier das Christentum Wurzel und entwickelte sich kräftig.[1] Wie in der Hauptstadt der Provinz, so war auch in Edessa um die Mitte des vierten Jahrhunderts die alte Religion in die Minderheit gedrängt. Daher vermied Julian auf seinem Perserzuge die ihm unsympathische Stadt. Ein Vorkommnis unter Valens zeigt ebenso die Bevölkerung als christliche.[2] Dem fügt sich ein, daß durch das vierte Jahrhundert eine eifrige kirchliche Bauthätigkeit sich hindurchzieht,[3] die auch in der Folgezeit nicht abbricht. Selbstverständlich fehlten in und außer der Stadt Göttergläubige nicht. Der hl. Ephräm fand sich in der Lage, mit ihnen zu disputieren, ja, hatte sogar Unbill von ihnen zu erdulden.[4] Im fünften Jahrhundert bewies der Bischof Rabulas einen großen Eifer in der Heidenbekehrung der Umgegend, indem er in der heidnischen Jugend einsetzte. In der Stadt selbst freilich bekleidete ein heidnischer Rhetoriker die Stelle eines Vorstehers des Archivs.[5] Die Burg des Heidentums im Gebiet von Osroëne war die uralte Stadt Carrä, das biblische Haran. Ein intensiver, in semitischer Religion wurzelnder Kultus

---

[1] Ich verweise hinsichtlich der ältern Geschichte der Kürze halber auf die Artikel „Syrien" (Ryssel) u. „Syrische Bibelübersetzungen" (Nestle) in d. P. R. E.² Bd. 15, und Lipsius, Die edessenische Abgarsage, Braunschw. 1880.

[2] Sozom. VI, 18.

[3] Chron. Edess. (Assem. Bibl. orient. I, 388 ff.) c.c. 16. 18. 29. 34.

[4] Theodor. IV, 29; Assem. Bibl. orient. I, 37.

[5] Vgl. das in der griech. Vita S. Alexandri (Acta S. S. ad 15. Jan. p. 1020 ff.) über Rabulas Bemerkte. — Moses v. Chor. III, 53. In Widerspruch dazu steht Jakob v. Sarug bei Assem. I, 32, aber mit Unrecht.

der Dea Luna und ein Orakel hielten den Götterglauben in dem Grabe aufrecht, daß die tempelreiche Stadt bei den christlichen Syrern die Bezeichnung Hellenopolis d. h. Stadt der Heiden gewann, und die Sage entstehen konnte, von hier aus habe sich die Verehrung der Idole über die ganze Erde verbreitet.[1]) Dem gläubigen Edessa ausweichend, betrat Julian auf seinem Heeresmarsche gegen die Perser die Stadt und zeichnete den berühmten Mondtempel durch einen Besuch und ein Opfer aus.[2]) Welche Hoffnungen die Heiden dieser Stadt auf den göttergläubigen Kaiser setzten, sagt die Nachricht, daß sie in übermächtigem Schmerze über seinen Tod den diesen verkündenden Boten steinigten.[3]) Als die wallfahrende Silvia etwa zwanzig Jahre nachher, angezogen durch das Haus Abrahams und den Brunnen der Rebekka, hierherkam, fand sie „außer wenigen Klerikern und heiligen Mönchen fast keinen Christen.“ Vielmehr die Bewohner sind, so schreibt sie in ihrem Tagebuche, „ganz Heiden.“ Doch gab es auch einen Bischof dort.[4]) Das folgende Jahrhundert zeigt uns

----

[1]) Assem. I, 201.

[2]) Theodor. III, 26; Amm. Marcell. XXIII, 3, 1; 2 u. andere Berichte.

[3]) Zosim. III, 12 f.

[4]) Silviae peregrinatio a. a. O. p. 70: in ipsa autem civitate extra paucos clericos et sanctos monachos, si qui tamen in civitate commorantur, penitus nullum christianum inveni, sed totum gentes sunt. Dazu p. 68. Das Chron. Edess. c. 25 (Assem. I, 396) nennt als ersten Bischof Barses unter Konstantius. Aus Sozom. VI, 34 erfährt man, daß dieser Barses vorher Mönch bei Edessa und auch nachher Bischof οὐ πόλεως τινός, ἀλλὰ τιμῆς ἕνεκεν war. Aus späterer Zeit führt ebenderselbe einen Bitos, der auch am zweiten ökumenischen Concile sich beteiligte, und seinen Nachfolger Protogenes an (VI, 33; vgl. auch Theodor. V, 4).

dieselbe Situation. Ibas von Edessa wurde auf der Synode zu Chalcedon 451 verklagt, weil er einen unerfahrenen, unsittlichen Mann, seinen Brudersohn Daniel, zum Bischof von Carrä gemacht habe, wo wegen der Heiden gerade ein tüchtiger Mann nötig gewesen wäre, und, nicht genug, dieser Bischof übersieht die Opfer der Heiden, wenn sie ihm eine Abgabe entrichten.[1] Auch in der Folgezeit setzen sich diese Mitteilungen fort. Als i. J. 457 die Araber Bet=Hûr in Mesopotamien in ihre Gewalt bekamen, fand ein Prediger darin ein göttliches Strafgericht wegen des dort geübten Götzendienstes und erwähnte in diesem Zusammenhange auch Nisibis und Carrä.[2] Auch Justinian hat mit seinen scharflautenden Edikten hier nichts ausgerichtet, obwohl die Stadt in seinem Gesichtskreise lag, da er sie mit Befestigungen versah. Denn als der Perserkönig Chosroes gegen die Stadt heranzog und die Einwohner ihm eine große Kontribution anboten, wies er diese ab: er werde sie darum schonen, weil die Mehrzahl unter ihnen nicht Christen, sondern Anhänger der alten Lehre wären.[3] Noch im achten Jahrhundert, ja, darüber hinaus bis in das Mittelalter hinein läßt sich die Fortdauer dieses mehr und mehr mit fremdartigen Elementen amalgamierten Heidentums verfolgen; syrische und arabische Schriftsteller reden davon.[4]

---

[1] Mansi VII p. 224 ff. (n. 6. 17).

[2] Assem. I p. 225.

[3] Prokop. De bello persico II, 13: ... ὅτι δὴ οἱ πλεῖστοι οὐ Χριστιανοί, ἀλλὰ δόξης τῆς παλαιᾶς τυγχάνουσιν ὄντες.

[4] Chwolsohn, Die Ssabier und der Ssabismus Bd. I. Petersb. 1856 S. 453 ff.

Aus dem Umstande, daß die religiösen Verhältnisse in
Carrä in der Literatur so scharf bezeichnet werden, ist zu
schließen, daß sie einzigartige waren. Doch wir wissen nichts
über den Bestand der beiden Religionen im nördlichen
Mesopotamien in der vormuhamedanischen Zeit. Die Beteiligung mesopotamischer Bischöfe an den kirchlichen Synoden
ist im vierten Jahrhundert eine geringe, im fünften Jahrhundert aber eine große. Die Akten von Chalcedon (451)
weisen z. B. vierzehn Namen auf.[1] Andererseits zeigt ein
i. J. 382 nach einer größern Stadt in Osroëne (Edessa?
Carrä?) gerichteter Befehl Theodosius d. Gr., daß die vollzogene Sperrung eines durch seine Kunstwerke berühmten
Tempels wieder rückgängig gemacht werde,[2] daß damals
wenigstens noch Rücksichten zu nehmen waren, die hier um
so mehr bedeuteten, da ein so heidenfeindlicher Fürst sich
ihnen fügte. Denn derselbe Theodosius gab zwei Jahre
nachher dem Präfekten Cynegius das Spezialmandat, in
Ägypten und Syrien den Hellenismus mit staatlichen Mitteln
zu brechen. Doch scheint seine Thätigkeit sich auf das west-
liche Syrien beschränkt zu haben.[3] Ein etwas ausgeschmücktes,
aber im ganzen getreues Bild der auf Beseitigung des ost-
syrischen Heidentums gerichteten Thätigkeit eines Mönches
namens Alexander um die Wende des vierten und fünften
Jahrhunderts giebt uns dessen Biographie.[4] Dieser Mönch,
der den Beruf empfand, das Evangelium zu verkündigen,

---

[1] Mansi VI, 567 ff.

[2] Bd. I S. 257 f. Ich neige jetzt mehr zu der Ansicht, daß
dieser Tempel in Carrä oder in der nähern Umgebung zu suchen sei.

[3] Bd. I S. 259 f.

[4] Acta S. S. ad 15. Jan. p. 1020 ff.

erfuhr von einer Stadt, in welcher der Götterglaube noch
bestand, die Götterfeste gefeiert wurden und unzüchtige Vor=
gänge damit sich verbanden.[1]) Er betrat die Stadt und
„mit gleichsam göttlicher Kraft" setzte er das berühmte Heilig=
tum, um welches der Kultus sich konzentrierte, in Brand
und vernichtete es. Es gelang ihm nicht nur den Zorn der
Bewohner und des Stadthauptes Rabulas zu beschwichtigen,
sondern auch die Bevölkerung für das Christentum zu ge=
winnen. Daß aber in Syrien der Hellenismus sich noch als
religiöser Kultus behauptete, stellt ein großer Religions=
prozeß ans Licht, durch welchem im zweiten Jahre der
Regierung des Kaisers Tiberius (579) die Christenheit über=
rascht und in hohem Grade erregt wurde. Durch Denun=
ziation nämlich gefolterter Heiden in Heliopolis (S. 251)
wurde ein gewisser Rufinus als Oberpriester der heidnischen
Kultgenossenschaft in Antiochia festgestellt. Als man zu
seiner Verhaftung schreiten wollte, fand sich, daß er sich
nach Edessa zum Besuche des Archon und Antieparchen Ana=
tolius, eines aus niederm Stande emporgekommenen, ge=
wandten Mannes, begeben habe. Sofort wurden Häscher
nach Edessa beordert, die gerade eintrafen, als die edesse=
nischen Altgläubigen unter Leitung des Rufinus ein Zeusfest
begingen. Die Überfallenen flohen; Rufinus, dem die Flucht
abgeschnitten war, stieß sich das Opfermesser in das Herz.
Außer dem Sterbenden fanden sich am Thatorte nur ein
gichtischer Greis und ein altes Weib. Diese, durch

---

¹) Der Name läßt sich nicht feststellen, aber nicht nur der Zu=
sammenhang der Erzählung, sondern auch der Umstand, daß Rabulas
in diese Vorgänge verflochten ist, weist auf das östliche Syrien; Ra=
bulas war hernach (411—435) Bischof von Edessa, womit sich die Zeit
der in der Vita geschilderten Ereignisse bestimmen läßt.

Drohungen und Zusicherung von Straflosigkeit überwältigt,
wurden zu Verrätern. Der Archon Anatolius und sein
mitdenunzierter Notar wurden nach Antiochia gebracht; sie
leugneten anfangs, bis die Anwendung der Folter den Notar
zum Geständnis brachte. Dunkele aufregende Gerüchte ver=
breiteten sich in der Stadt über die Aussagen der Götzen=
diener: sie sollten unter anderem gestanden haben, daß sie
in Gemeinschaft mit dem Bischofe Gregor und einem seiner
Kleriker Eulogius, der hernach den bischöflichen Stuhl von
Alexandrien bestieg, in Daphne nachts einen Knaben geopfert
hätten. Auf die Kunde davon geriet das Volk in Ver=
wirrung und Unruhe. Gregor wagte nicht den bischöflichen
Palast zu verlassen. Er vollzog nicht einmal am Grünen=
donnerstage die übliche Konsekration des heiligen Salböls.
Sein Leben schwebte in Gefahr, da sein nahes Verhältnis zu
Anatolius bekannt war. Die Rufe: „Zum Feuer mit ihm!
Einen christlichen Patriarchen für die Stadt!" erschollen.
Die Unruhe wuchs, als die Nachricht kam, daß der Notar,
welcher hauptsächlich die Denunziation gethan hatte, im Ge=
fängnis gestorben sei, denn es stellte sich sofort die Vermutung
ein, daß er getötet worden sei, um seine Aussagen aus der Welt
zu schaffen. Anatolius suchte sich durch eine List als gläubigen
Christen zu erweisen, doch sie mißlang, so daß seine eigenen
Soldaten in Wut über ihn herfielen und ihn schwer miß=
handelten. Eine krankhafte Aufregung erfaßte die Bevölke=
rung. Einzelne hatten Erscheinungen der Jungfrau Maria,
die sie mit Zorn gegen die „Pest" des Götzendienstes erfüllte
und sich über die Schmach beklagte, die ihrem Sohne durch
Anatolius widerfahren sei. Es war auch der Volkswille, der
die erfolgreiche Bestechung des Comes Orientis durch den
Verklagten schließlich wirkungslos machte. Dennoch wurde

manches unter der Hand vertuscht „wegen angesehener und vornehmer Personen."

Die Akten der Untersuchung wurden nebst einem Berichte nach Konstantinopel geschickt, worauf der Kaiser die Überführung der Schuldigen nach der Hauptstadt befahl, wo sie grausam hingerichtet wurden. Anatolius wurde gefoltert, dann den Bestien vorgeworfen und zerfleischt endlich ans Kreuz geschlagen. Die Untersuchung in Konstantinopel ergab weitere Indizien; so erfolgten denn neue Verhaftungen in Syrien und Kleinasien, so daß die Gefängnisse sich überfüllten. Die Schuldigen traf das Todesurteil, welches in Rücksicht auf die große Zahl der Inkriminierten in beschleunigtem Verfahren verhängt wurde. In Konstantinopel riefen diese Prozesse eine Erregung hervor, die sich in öffentlichen Tumulten Luft machte.[1]

Diese furchtbare Justiz, die sich nur aus der plötzlichen Wahrnehmung von Zuständen erklärt, die den damals Lebenden außer aller Möglichkeit lagen, mußte eine schwere Erschütterung des noch verbliebenen Hellenismus als Wirkung haben. Wertvoll ist für unsere Erkenntnis vor allem, daß diese Vorgänge eine enge Organisation des syrischen Hellenismus ans Licht stellen, in welcher die Städte Heliopolis, Antiochia und Edessa die Sammelpunkte gewesen sein mögen. Man wird an die Organisation der mittelalterlichen Katharer erinnert.

Bald nachher begab sich Gregor selbst nach Konstanti-

---

[1] Quellen: Evagrius, H. E. V, 18; Johann. v. Ephesus III, 27—34; V, 17; beide in der Hauptsache übereinstimmend und unverkennbar wohl informiert, da sie Zeitgenossen sind, Evagrius wahrscheinlich sogar Augenzeuge. Über die Vorgänge in Konstantinopel weiter unten.

nopel zum Kaiser, wohl versehen mit Gold und Silber und
prächtigen Gewändern und andern Dingen, die zu Ehrenge=
schenken paßten. Und als er angekommen war, „überhäufte
er mit seinen Geschenken den ganzen Senat, die Vornehmen
und deren Frauen, und alle Mitglieder der Kirche, die auf
ihn wegen des Gerüchtes des Heidentums erzürnt waren,
beruhigte und versöhnte er mit seinen Geschenken und nebst
diesen auch alle Verwandte des Patriarchen, der auf das
Gerücht seiner Reise hin beschlossen hatte, ihn nicht zu em=
pfangen. Weil er aber ein Geschenk nicht annahm, so bat
und beredete ihn seine Umgebung, und er nahm ihn auf.“
Auch der Kaiser war gnädig, ja, er gestattete dem Bischof
auf seine Bitte, den Antiochenern zur Besänftigung eine
„Kirche des Satans,“ d. i. einen Cirkus zu bauen. Es
wurde sogar behauptet, er habe in der Hauptstadt Mimen
gedungen. Die Einen spotteten darüber, Andern aber ge=
reichte es zur Trauer und Betrübnis, indem sie sagten:
Siehe, an diesem erfüllt sich das Wort unsers Herrn: „wenn
das Salz dumm geworden ist, womit soll man salzen?“ [1]

Unaufgeklärt bleibt das Verhältnis des Bischofs Gregor
zu der hellenischen Partei in Antiochia. Eine Beteiligung an
kultischen Handlungen liegt außerhalb des Bereichs berech=
tigter Vermutung. Dagegen ist es höchst wahrscheinlich,
daß der Verdächtigte durch irgendwelche superstitiöse Akte,
bei denen göttergläubige Männer behilflich waren, sich kom=
promittiert hat. Sein Benehmen weist klar auf irgend eine
Verschuldung dieser Art.

Völlig untergegangen ist in diesen Erschütterungen der
Hellenismus nicht, auch nicht in Antiochia. Denn der in

---

[1] Johann. v. Eph. V, 17.

dieſer Stadt lebende Kirchengeſchichtſchreiber Evagrius, der
nach dieſen Ereigniſſen ſchrieb, unterbricht einmal ſeine Dar=
ſtellung mit heftigen Invektiven gegen den Götterglauben und
die Göttergläubigen.[1])

Eine Ergänzung erhalten die gewonnenen Ergebniſſe
aus dem Inhalte und Verlaufe der Geſchichte des Chriſten=
tums in Syrien. Sowenig die literariſchen Quellen, die
hierüber Auskunft geben, zu entbehren ſind, ſo ſtehen ihre
Mitteilungen im allgemeinen hinter der monumentalen Selbſt=
bezeugung der ſyriſchen Kirche zurück, die erſt in jüngſter
Zeit genauer erkannt und feſtgeſtellt, aber nicht in demſelben
Maaße verwertet iſt. Die Inſchriften übermitteln uns in
überraſchend großer Anzahl und zwar meiſtens in beſtimmter
Datierung die Kunde von Kirchengründungen im vierten
und den folgenden Jahrhunderten. Sie bringen zu unſerer
Kenntnis Gemeindebildungen und kirchliches Leben, wo bisher
nichts Zuverläſſiges uns leitete. Die Banten, nämlich Kirchen=
und Kloſteranlagen, kirchliche Anſtalten, Grabdenkmäler,
bürgerliche Gebäude haben uns, ſeitdem Vogué ſie zuerſt in
größerm Umfange bekannt machte, geradezu überraſchende
Perſpektiven eröffnet und der bisherigen Beurteilung der
altchriſtlichen Architektur ganz neue Momente zugeführt. Es
iſt dadurch erwieſen worden, daß in Centralſyrien d. h. in
demjenigen Gebiete, welches im Weſten durch die Küſten=
landſchaften, im Oſten durch die Wüſte begrenzt wird und
ſich ſüdlich von Arabien bis nördlich nach Antiochia und
Beröa hinzieht, bereits in der zweiten Hälfte des vierten
Jahrhunderts eine blühende chriſtliche Kultur beſtand, die
ſelbſtverſtändlich ihre feſten Zuſammenhänge mit der Antike

---

[1]) Evagrius, H. E. I, 11.

hatte, aber auch ihr gegenüber eine Freiheit sich erobert
hatte, die allein ein intelligentes, selbstbewußtes Volksganze
gewinnen kann. Die Thatsache, daß aus dieser antiken
hellenisch = syrischen Kultur eine eigenartige christliche sich
herausarbeiten konnte, ist das zuverlässigste Zeugnis einer
aufstrebenden, bewußten und starken christlichen Gemeinschaft.
An ihrer Geschlossenheit und ihrem aus dem nationalen
Temperament wie aus ihrem Machtbewußtsein hervorge=
wachsenen religiösen Eifer hat sich bereits im vierten Jahr=
hundert das Schicksal des syrischen Heidentums entschieden.
Die Folgezeit hat nur vollendet, wozu damals der Grund
gelegt war. Die muhamedanische Invasion hat schwerlich
noch beträchtliche Reste des Hellenismus vorgefunden.

X.

Konstantinopel.

Als Konstantin das alte Byzanz zum Range einer
zweiten Welthauptstadt erhob und eine Fülle von Mitteln
aufbot, aus ihm ein anderes Rom zu machen, hatte die
Stadt sich von der Verwüstung, welche der Kampf um den
Kaiserthron zwischen Pescennius Niger und Septimius Severus
über sie brachte, längst erholt. Der Eroberer selbst half ihr
sich wieder aufzurichten. Sie war eine ansehnliche Stadt.
Neben den alten Heiligtümern, welche die Überlieferung mit
der Urgeschichte der Kolonie in Verbindung brachte, hatten
sich neue erhoben. Wo die ersten Ankömmlinge landeten und
sich den neuen Boden erkämpften, stand der Tempel der
Athene Ekbasia. Auf Byzas führte sich der Hekatetempel
zurück. Poseidon, Diana, Aphrodite, Pluto, Achilleus und
andere Götter und Heroen besaßen hier Kultstätten. Nun
wurden diese sämtlichen Tempel und Kapellen mit der götter=
gläubigen Bevölkerung, der sie zu eigen waren, in den großen
neuen Stadtumring eingeschlossen, in welchem sich die Resi=
denz des ersten christlichen Kaisers ausbreiten sollte. Zwar
besaß Byzanz damals eine, wie es scheint, nicht kleine Christen=
gemeinde,[1] aber die Physiognomie der Stadt und die Masse

---

[1] Tertull. Ad Scap. 14.

ihrer Einwohner waren heidnisch. Die Neugründung mußte
eine Wendung herbeiführen. Zwar wirkten bei der Wahl
des Ortes nicht religiöse, sondern sehr konkrete politische Er=
wägungen, indes es war selbstverständlich, daß der antike
Kultus sofort gehemmt wurde, als Konstantin den ersten
Schritt that, diese Stadt als seine eigene zu gestalten. In
dem neuen Konstantinopel mußte das alte Byzanz seine
Eigenart verlieren, und nicht zuletzt seine religiöse Freiheit.
Denn i. J. 326 wäre eine Rücksicht Konstantins in dieser
Richtung nicht mehr denkbar, um so mehr da auf der andern
Seite kein Gewicht war, mit welchem zu rechnen die Vorsicht
geboten hätte. Wenn ein dem Kaiser nahestehender und in
diesem Falle ohne Zweifel wohl orientierter Zenge berichtet,
daß jener in der Stadt, die er durch Verleihung seines
Namens ehrte, den heidnischen Kultus beseitigte, so daß
Opfer und Feste aufhören mußten,[1]) so erscheint die be=
richtete Thatsache als etwas durchaus Selbstverständliches.
Anders ist die Situation gar nicht vorzustellen. Um so
verwunderlicher klingt die Notiz des am Ende des fünften
Jahrhunderts lebenden heidnischen Geschichtsschreibers Zosi=
mus, daß Konstantin in seiner neuen Stadt am Bosporus
zwei Tempel erbaut habe.[2]) Sie erweist sich nach jeder
Seite hin als ungeschichtlich.[3]) Wie der Kaiser seine Stadt

---

[1]) Euseb. V. C. III, 48. Das war in der Folgezeit feste
Überliefernng; z. vgl. August. De civit. V, 25; Codin. De
origin. Constantinopolis p. 16 (ed. Bonn.): τὰ τῶν Ἑλλήνων
ἅπαντα καθεῖλε θρησκεύματα.

[2]) Zosim. II, 31.

[3]) In der Berichterstattung des Zosimus sind zwei Stücke genau
auseinanderzuhalten. Zunächst die Worte: (Konstantin) καὶ τὸν
ἱππόδρομον εἰς ἅπαν ἐξήσκησε κάλλος, τὸ τῶν Διοσ-

in religiöser Beziehung beurteilte und beurteilt wissen wollte, sagte die Inschrift an der mächtigen Porphyrsäule auf dem Forum, die sein eigenes Bildnis trug:[1]

Σὺ Χριστὲ κόσμου κοίρανος καὶ δεσπότης,
Σοὶ νῦν προσηῦξα τήνδε σὴν δούλην πόλιν
Καὶ σκῆπτρα τάδε καὶ τὸ τῆς Ῥωμῆς κράτος,
Φύλαττε ταύτην σῶζέ τ'ἐκ πάσης βλάβης,

Auch muß in Rücksicht gezogen werden, daß die Gründung nach Anweisung einer himmlischen Vision erfolgt ist, die dem Kaiser zu teil wurde.[2] Christliche Bildwerke auf dem Forum und in dem Prunksaale des Palastes ein in Opus musivum ausgeführtes Kreuz sprachen die Intention des Kaisers deutlich aus.[3]

κούρων ἱερὸν μέρος αὐτοῦ ποιησάμενος, ὧν καὶ τὰ δείκηλα μέχρι νῦν ἔστιν ἐπὶ τῶν τοῦ ἱπποδρόμου στοῶν ἑστῶτα ἰδεῖν (II, 31). Der Sinn ist hier kein anderer, als daß Konstantin eine architektonische Verbindung zwischen dem Tempel der Dioskuren und dem Hippodrom herstellte. Hernach aber heißt es weiter: *ναοὺς ᾠκοδομήσατο δύο.* In dem einen Tempel habe er dann ein Erzbild der Magna Mater, in dem andern eine Statue der Tyche Romana aufgestellt. In diesem Falle hätte also Konstantin in demselben Jahre, in welchem er Restauration und Wiederaufbau verfallener Tempel verbot (Cod. Theod. XV, 1, 3), selbst heidnische Heiligtümer errichtet! Eine solche Annahme leidet so sehr an innerer Unmöglichkeit, daß sie keiner Widerlegung bedarf. Dazu kommen noch Widersprüche bei Zosimus selbst, worüber zu vergl. meine „Untersuchungen zur Geschichte Konstantins d. Gr." II S. 352 ff. (Zeitschr. f. Kirchengesch. VII, 3).

[1] Cedren. I, 564.
[2] Cod. Theod. XIII, 5, 7; Sozom. II, 3; Zonar. XIII, 3 u. A. Die Thatsächlichkeit dieser Vision läßt sich nicht bestreiten. Solche innere Vorgänge spielen auch sonst im Leben Konstantins eine Rolle.
[3] Euseb. V. C. III, 49.

Es muß angenommen werden, daß eine allgemeine Schließung der Tempel stattfand. Die Einkünfte und Tempelschätze nahm der Staat an sich; die Gebäude selbst gingen in profanen Gebrauch über oder verwandelten sich in Kirchen. So wurde drei Heiligtümern auf der Akropolis ihr Vermögen entzogen, die Bauten aber wurden in ihrem Bestande belassen.[1] Den Dioskurentempel zog Konstantin zum Hippo= brom des Severus als Prachtbau; der Tempel der Rhea wurde ein öffentliches Monument und zwar christlichen Ge= präges, indem der ehrwürdigen Statue der Göttermutter die begleitenden Löwen, die sie zügelte, genommen und die Hände aufwärts gen Himmel gerichtet wurden, so daß sie den Anblick einer Betenden gewährte. In einem andern Heilig= tum fand die Tyche Romana Aufstellung, die Personifikation des Glückes der Stadt.[2] Wie sehr auch diese Tyche dem heidnisch=religiösen Vorstellungskreise entnommen war, ist daraus ersichtlich, daß Konstantin in einem andern Falle einer Tyche das Kreuzeszeichen auf die Stirn ritzen ließ.[3] An halb oder ganz superstitiösen Riten, die der Tyche galten, hat es in der Folgezeit allerdings nicht gefehlt,[4] aber sie entfallen in das Gebiet des Aberglaubens und haben nur einen ganz losen Zusammenhang mit der antiken Religion.[5]

---

[1] Malal. Chronogr. XIII p. 324 (ed. Bonn.): Κωνσταν- τῖνοσ τοὺς ὄντας ἐν Κωνσταντινουπόλει τρεῖς ναοὺς . . . ἐκέλευσεν ἀχρηματίστους τοῦ λοιποῦ διαμεῖναι.

[2] Zosim. II, 31. Dazu meine Untersuchungen zur Gesch. Konst. d. Gr. a. a. O.

[3] Codin. De signis p. 40; Anon. Band. p. 13.

[4] Chron. Pasch. Olymp. 277; Anon. Band. p. 3; Codin. De orig. Const. p. 17.

[5] Daher dauerte sie auch noch in das 6. Jahrh. fort (Malal. IXII p. 322: καὶ πεφύλακται τοῦτο τὸ ἔθος ἕως τοῦ νῦν).

Die von Konstantin geübte Schonung der Tempel er=
hielt sich in der Folgezeit nicht. Hinsichtlich der drei ge=
nannten Akropolis=Tempel traf Theodosius d. Gr. eine ein=
schneidende Maaßregel.[1]) Den Heliostempel ließ er in ein
Wohnhaus umwandeln und überwies dieses an die Haupt=
kirche; er diente also jetzt kirchlichen Bedürfnissen oder Zwecken
christlicher Liebesthätigkeit.[2]) Doch haftete noch Jahrhunderte
lang die Bezeichnung Helios an dem Gebäude. Aus dem
Artemistempel wurde ein Spielhaus, aus dem Aphrodite=
tempel eine Wagenremise zum Gebrauche des Eparchen, und
um die Beschimpfung voll zu machen, ließ der Kaiser rings=
um Wohnräume aufführen als Unterkunft für arme Buhle=
rinnen. Ob diese harten Verfügungen durch irgend ein lästig
empfundenes Hervortreten des Hellenismus hervorgerufen sind?
Es ist möglich. In jedem Falle darf angenommen werden,
daß diese drei Tempel die einzigen noch unbenutzten in Kon=
stantinopel waren. Ein Teil mag schon früher in profane
Bestimmung gegeben worden sein, andere wurden zu gottes=
dienstlichen Gebäuden umgewandelt. Die ansehnliche Kirche
des hl. Mokios erhob sich auf der Stätte eines alten Tempels,
den die spätere Überlieferung als Jupitertempel bezeichnete;
der niedergerissene Bau lieferte das Material dazu.[3]) Wahr=
scheinlich aus dem Poseidontempel wurde die Kirche des
Märtyrers Menas, die ebenfalls auf Konstantin sich zurück=

---

[1]) Malal. XIII p. 345.

[2]) Der Ausdruck: ἐποίησε τὸν τοῦ Ἡλίου ναὸν αὐλὴν
οἰκημάτων ist nicht ganz deutlich. Ich möchte am ehesten an ein
Xenodocheion denken. Über diesen Tempel vgl. auch Evagrius II,
13, wo er als παλαιὸν Ἀπόλλωνος ἱερόν bezeichnet wird.

[3]) Codin. De aedif. p. 61. 72. n. A. Übereinstimmend sind
die Nachrichten nicht.

führte. In diesem Falle fand nicht eine Zerstörung, sondern nur eine Umwandlung des heidnischen Heiligtums statt.[1]

In dem Maaße wie die Stätten des antiken Kultus in fremdem Gebrauch untergingen, erstanden christliche Gotteshäuser. Ein zur Zeit des jüngern Theodosius oder bald nachher verfaßtes Regionenverzeichnis[2] zählt in der zusammenfassenden Übersicht vierzehn Kirchen auf, nennt dagegen weder hier noch in der Detaillierung einen Tempel. Dieselben sind offenbar nicht ausgelassen, sondern dort summiert, wo ihre jetzige Bestimmung sie hinwies, da sie für die offizielle Betrachtung nicht mehr als Tempel existierten. Alles zusammengefaßt ergiebt demnach, daß in Konstantinopel sofort mit der Neuordnung der Dinge die heidnischen Kultstätten der alten Religion entzogen wurden.

Ganz anders verhielt sich Konstantin den antiken Bildwerken gegenüber. Aus der Nähe und Ferne ließ er aus verschiedenen Orten Statuen und Reliefs herbeischaffen, um seine Stadt damit zu schmücken. Griechenland, Kleinasien, Syrien, Rom und andere Länder und Städte wurden wertvoller Kunstwerke beraubt. Nicht nur öffentlichen Plätzen und bürgerlichen Bauten entzog der Kaiser Statuen, auch den Tempeln entnahm er Götterbilder. Der ganze olympische Götterkreis fand sich in der neuen Stadt des christlichen Herrschers zusammen. Die Aphrodite von Knidos, die samische Hera, die lindische Athene wurden nebst andern berühmten und ehrwürdigen Götterstatuen in Konstantinopel heimisch

---

[1] Z. B. Codin. a. a. O. p. 72.

[2] Bei Seeck in d. Ausgabe der Notitia dignitatum, Berol. 1876 S. 227 ff.

gemacht.[1]) Eine solche Beraubung der Tempel ist zwar nicht
beispiellos in der römischen Kaisergeschichte vor Konstantin,
aber in dieser Ausdehnung und Rücksichtslosigkeit hat sie sich
weder vorher noch nachher vollzogen. Sie weist deutlich auf
eine verächtliche Stimmung dem Götterglauben gegenüber,
nicht minder auf eine völlige Emanzipation des Urhebers
von irgend einer, sei es auch nur abergläubischen Scheu vor
diesen Darstellungen der Götterwelt. In derselben Zeit, wo
in Konstantinopel die Tempel dem Kultus verschlossen wurden,
sammelten sich in den Arkaden, Bädern, Basiliken und auf
den öffentlichen Plätzen die Statuen der Götter. Sogar
die Weiheinschriften wurden zum Teil belassen. Abgesehen
von der persönlichen Stellung des Kaisers ist ein solcher
Vorgang nur denkbar in der Voraussetzung, daß durch die
zuziehende Bevölkerung. die Majorität auf die Seite der
christlichen Religion geschoben wurde. Wenn schon in dieser
Thatsache die Souveränetät des Kaisers in Beziehung auf
den Götterglauben zum Ausdruck kam, so in noch schärferer,
ja verletzender Weise in einzelnen Akten. Es wurde bereits
erwähnt, daß eine Figur der Magna Mater sich eine eigen=
tümliche Christianisierung gefallen lassen mußte, und einer
Tyche ein Kreuz auf die Stirn gezeichnet wurde. Eine
Apollostatue machte Konstantin zu seinem eigenen Bilde.
Der Gott hielt jetzt in der Rechten den goldenen, mit einem
Kreuze ausgezeichneten Reichsapfel; eine Inschrift bekräftigte
diese Metamorphose.[2]) Auch mischten sich christliche Bild=

---

[1]) Vgl. Codin. De signis p. 52 f.; Cedren. I, 566; 616;
Nicet. Chon. III p. 738; 855 u. A.

[2]) Cedren. I, 564; Zonar. XIII, 3; Glyc. IV, 464;
Niceph. Call. VII, 49.

werke unter die heidnischen. Dennoch, wie sehr auch auf
diesem Wege die religiöse Wirkung der Götterbilder illusorisch
gemacht wurde, behaupteten einzelne Bildwerke eine super=
stitiöse Kraft, die in der Mehrzal der Fälle nichts anderes
als eine Abschwächung und Degeneration der frühern kultischen
Bedeutung war. Eine solche abergläubische Bedeutung knüpfte
sich z. B. an eine dreiköpfige Statue am Hippodrom.[1] Auch
in den der Tyche der Stadt erwiesenen Huldigungen liegen
Trümmerstücke alter sakraler Sitte.[2] Diese und ähnliche
Erscheinungen sind allzubegreiflich, so daß man sich wundern
müßte, wenn sie nicht da wären. Faßt man die Situation
als Ganzes ins Auge, so erscheint sie darum bedeutsam, weil
in ihr zum erstenmal die freie Aneignung antiker Kunst=
werke und zwar auch kultischer Exemplare mit der Be=
stimmung für eine christliche Bevölkerung hervortritt. Diese
Thatsache gewinnt noch dadurch an Wert, daß diese Aneig=
nung nicht nur in ihrer ersten Bethätigung bereits eine um=
fassende war, sondern auch in der Folgezeit fortgesetzt worden
ist. Konstantinopel erscheint seit dem vierten Jahrhundert
als das große Museum klassisch=antiker Kunst. Eine Be=
trachtung der noch im fünfzehnten Jahrhundert durch Geor=
gios Kodinos aufgeführten Bildwerke giebt eine ungefähre
Vorstellung davon, was im Laufe der Zeit dort zusammen=
geflossen ist. Ja, man kann vielleicht die Vermutung aus=
sprechen, daß systematisch bei Schließung der Tempel wert=
volle Götterbilder nach der Hauptstadt geschafft wurden.
Philä bietet ein Beispiel.[3] So kam in dieser christlichen

---

[1] Cedren. II, 144 f.
[2] S. oben S. 281 Anm. 4.
[3] Vgl. S. 229.

Kaiserstadt der Sieg der alten Religion noch in eigenartiger
Form zur Erscheinung.

Die byzantinische Kunst verdankt dieser Praxis ungemein
viel. Denn sie stand unter dem unmittelbaren Einfluß der
Formenschönheit der Antike noch in einer Zeit, wo im Abend=
lande die Zusammenhänge mit dem klassischen Altertume zer=
rissen waren. Nicht einmal die Erschütterungen und Ver=
wüstungen des Bilderstreites konnten diese Schulung und
Tradition vernichten. Im Gegenteil, nach Überwindung
dieses Druckes erhob sich die byzantinische Kunst zu ganz
bedeutender Leistungsfähigkeit, und deutlich lassen sich hierin
die Nachwirkungen der Antike erkennen. In überraschender
Weise zeugt davon ein jetzt in Paris befindlicher illustrierter
Psalter, wahrscheinlich des zehnten Jahrhunderts.[1]) Die Ele=
ganz und der Geschmack der pompejanischen Wandmalerei
vereinen sich darin mit der Gemessenheit des Byzantinismus.
Eines der Bilder, wohl das vollendetste, feiert David als den
gottbegeisterten Sänger. Eine Taube läßt sich auf sein von
einem Nimbus umrahmtes Haupt nieder; neben ihm stehen
zwei echt antike weibliche Gestalten von edelster Erscheinung,
inschriftlich bezeichnet als *Σοφία* und *Προφητεία*, die im
Entwurfe und in der Einzelausführung nur denkbar sind
aus der Voraussetzung antiker Statuen. Auf einem andern
Blatte desselben Manuscriptes, welches den Propheten Jesaia
zwischen Nacht und Morgenröte, die Hände und das Antlitz
dem aus den Wolken redenden Gotte zugewendet, darstellt,
ist alles antik: die herrliche weibliche Gestalt mit dem ernsten

---

[1]) Bibliothèque nationale n. 139; vgl. Bordier, De-
scription des peintures et des autres ornements dans les manu-
scrits grecs de la Bibl. nat., Paris 1883 S. 108 ff.

Antlitz (*Νύξ*), der fröhlich herbeieilende Knabe mit der auf=
gerichteten Fackel (*'Ορθρος*) und der Prophet selbst, der die
Erscheinung eines antifen Rhetors hat. Endlich sei noch
auf ein Miniatur des neunten Jahrhunderts hingewiesen,
welches das Weib Hiobs in einer Auffassung und Umgebung
vorführt, die so ganz antif sind, daß man an eine mechanische
Reproduktion denken möchte.[1] Dieses Verhältnis besteht auch
in den folgenden Jahrhunderten, indem es sich bald zu Gunsten
der Antife, bald im Übergewicht der spezifisch christlichen
Kunst auswirkt. Im allgemeinen hat die byzantinische Kunst
die übernommenen Formen frei sich assimiliert. Sie beherrscht
sie, aber sie lebt von ihnen und verdankt demnach ihre Klassi=
zität den Wirkungen der antifen Kunst, die Konstantin und
seine Nachfolger in Konstantinopel konzentriert und heimisch
gemacht haben.

Nur auf diesem Boden konnte auch die bedeutungsvolle
Architektur entstehen, die in der durch Justinian erbauten
Hagia Sophia ein kühnes Problem in großartiger Weise
löste. Schon im vierten Jahrhundert konnte Konstantinopel
apostrophiert werden:[2]

> *Κάλλεσι δαιδάλεοις ἡ βασίλεια πόλις*
> *Νηοῖς οὐρανίοισιν ἀγάλλεται ἔξοχον ἄλλων.*

Das fünfte und sechste Jahrhundert haben diese Situation
nur noch glänzender gestaltet.

Es ist nicht bekannt, in welcher Weise der Zuzug der
Bevölkerung zu der neuen Stadt hervorgerufen und geregelt
worden ist. Das christliche Bekenntnis als Bedingung der

---

[1] Bibliothèque nationale n. 510.
[2] Gregor. Naz. Carm. de se ipso v. 55 f. (Migne 37
p. 1255).

Ansiedelung liegt gänzlich außerhalb aller Wahrscheinlichkeit.
Dann müßten Aussagen christlicher Schriftsteller darüber vor=
handen sein, vorzüglich des Bischofs Eusebius. Wenn im
Folgenden der fast ausschließlich christliche Charakter der
Einwohnerschaft erwiesen wird, so hat man darin vielmehr
nur eine weitere Thatsache, welche das mächtige numerische
und geistige Vordringen des christlichen Elementes in den
umliegenden Landschaften schon am Beginne des vierten
Jahrhunderts sicher stellt. Selbstverständlich umschlossen die
neuen Mauern auch Heiden, mögen es nun Bewohner des
alten Byzanz oder Zuzügler gewesen sein, doch immer traten
sie nur vereinzelt auf. Die Regierung Konstantins bietet die
ersten Beispiele.

Unter den Bildwerken nämlich, mit welchen dieser Kaiser
das nach ihm benannte Forum schmückte, befand sich auch
eine eherne Uhr, die aus Cyzikus gekommen war. Der
Centurio Balmasa, „ein eifriger Götterfreund,“ zerbrach sie,
um sie zu beschauen, wie er sagte; in Wahrheit aber stahl
er eine silberne Statue der Pallas. Ergriffen, leugnete er
und schwur bei seinen Göttern, doch ließ ihn Konstantin
enthaupten.[1] Ferner wurde die Entdeckung gemacht, daß in
einem Gewölbe am Forum einem Bilde des Maxentius (?)
göttliche Ehre erwiesen wurde; der Kaiser befahl die Zer=
störung des Bildes und die Hinrichtung der Schuldigen.[2]
Ist diese letztere Nachricht richtig, so müssen in der Dekre=
tierung der Exekution noch Umstände mitgewirkt haben,
deren Kenntnis verloren gegangen ist, da eine Verhängung

---

[1] Incerti auctoris breves ennarr. chronogr. (nach Codin.
in d. angef. Ausg. p. 169).

[2] Ebendas. Der Bericht ist nicht ganz verständlich.

der Todesstrafe durch Konstantin wegen Ausübung der
Idololatrie ausgeschlossen ist. Möglicherweise lag eine poli=
tische Kompromittierung vor. In dem andern Falle wird
ein bürgerliches Moment namhaft gemacht; ein religiöses
mag als erschwerend hinzugetreten sein.

An den religiösen unb theologischen Kämpfen des vierten
Jahrhunderts nahm die Stadtbevölkerung einen sehr lebhaften
Anteil. Bis in die untersten Schichten hinein drangen die
Bewegungen, welche zunächst die Bischöfe und Theologen be=
schäftigten. Der Arianismus gewann sich unter dem Ein=
flusse des Hofes Konstantinopel als eine seiner wichtigsten
Domänen. Aber auch die kleinern Parteien, welche zwischen
den beiden Hauptgruppen lagen, hatten Boden daselbst. Juden
fehlten nicht in der verkehrsreichen, aufblühenden Stadt. Die
Stimmung gegen das Heidentum war eine bewußte und
scharfe. Als der von der kleinen orthodoxen Gemeinde her=
beigerufene Gregor von Nazianz einzog (379), erhob sich
gegen ihn, den Athanasianer, stürmisch der Volksunwille, „als
ob ich, statt eines Gottes, mehrere Götter einführen wollte,"
erzählt Gregor selbst.[1] Polytheismus war demnach in dem
Urteil der Konstantinopolitaner, wie auch anderwärts in jener
Zeit, der schwerste Makel am Dogma der Nicäner. Daran
regten sich die Massen auf. Andererseits nannte derselbe
Bischof in seiner Abschiedspredigt Konstantinopel eine christus=
liebende Stadt, wo auch Philosophen im Gottesdienste sich
einfinden.[2] Aber er weiß auch von altgläubigen oder un=
gläubigen Philosophen, kenntlich, wie in Antiochia, an ihrem

---

[1] Greg. Naz. Carm. de vita sua v. 655 (Migne t. 37).
[2] Oratio XLII Supremum vale c. 11. 27.

Gewande und ihrem Barte, von Sophisten und Gramma=
tikern, die den Beifall der Menge suchen, ja, es scheint,
daß er auch unter den mit städtischen oder staatlichen Ämtern
bekleideten Männern Heiden voraussetzt.[1]) Doch dies sind
Einzelheiten, die in ihrer Gegensätzlichkeit wenig oder gar nicht
hervortreten. Eine auch geistig interessierte Stadt mit ansehn=
lichen Bildungsanstalten hatte selbstverständlich auch Gelehrte
und Gebildete alten Glaubens aufzuweisen. In den mittlern
und untern Schichten der Bevölkerung dagegen scheinen diese
Elemente, so viel oder so wenig davon vorhanden war, in keiner
Weise notorisch gewesen zu sein. Gregor nahm einmal Ver=
anlassung, in einer Predigt ausführlicher über den Götzen=
dienst zu handeln,[2]) aber die Art, wie er sich seiner Aufgabe
entledigte, bestätigt das Gesagte; was er giebt, sind allgemeine
theoretische Ausführungen. Genau so zeichnet wenige Jahre
nachher der Bischof Johannes Chrysostomus die Situation.
Nach seiner Schätzung birgt Konstantinopel 100,000 Christen;
der Rest setzt sich aus Juden und Heiden zusammen. In
jener Zahl befinden sich an 50,000 Hilfsbedürftige. Sie
haben den ersten Anspruch auf Wohlthätigkeit, aber auch auf
die Heiden muß sich diese beziehen. Denn durch gesteigerte
Wohlthätigkeit läßt sich erreichen, daß der letzte Heide aus
der Welt verschwindet.[3]) So erfahren wir, daß auch das

---

[1]) Oratio XXXVI de se ipso c. 11; XXII de pace c. 6.
[2]) Oratio XXVIII c. 13 ff.
[3]) Chrysost. In acta Apost. hom. XI, 3. Diese Schätzung
ist zweifelsohne viel zu niedrig; Konstantinopel war nach zuverlässigen
Berichten weit übervölkert. Richtiger dürfte die Abschätzung der Hilfs=
bedürftigen sein, über deren Zahl die kirchliche Matrikel Auskunft geben
konnte. Die soziale Mißwirtschaft hinsichtlich des Proletariats im alten
Rom ist in das neue Rom durchaus übernommen worden (Codin.
De orig. p. 16; Malal. XIII p. 322 f.; gehässig Eunap. Vitae
Sophist. ed. Boisson. p. 22).

Proletariat Heiden umfaßte. Aber auch die Philosophen, die mit ihrem wilden Bart= und Haupthaar eher wie Löwen denn als Menschen aussehen, stehen vor dem Auge des Bischofs, doch als Gegenstand des Spottes. Er wünscht einmal bei einer besondern Gelegenheit, daß „Hellenen" dem Gottesdienste beiwohnten, um die Macht des Glaubens und die Ohnmacht des Irrtums zu erkennen. Denn der Zeltweber hat Hellas und das ganze Barbarenland vernichtet. „Wo ist jetzt der Dünkel Griechenlands? Wo das Geschwätz der Philosophen?" Ein Petrus war mehr.[1] Im Grunde nur insofern ist die Heidenschaft in der Stadt unbequem, als sie sich bereit zeigt, den Widerspruch zwischen christlicher Lehre und christlichem Leben gegebenen Falles festzustellen.[2]

Im fünften Jahrhundert erhielten in Ostrom die Maaß= regeln gegen den Hellenismus eine schärfere Fassung. Die Wirkung derselben traf naturgemäß am unmittelbarsten die Altgläubigen am Sitze der Regierung. Nur die neuplato= nischen Gelehrten erfreuten sich einer gewissen Duldung, in= dem, wie auch anderwärts, ihre religiöse Philosophie als ein Mittleres zwischen dem Christentum und dem ordinären Götterglauben sich abschätzen ließ. Die harten Spezialver= fügungen Justinians führten schwere Bedrängnisse und Ver= luste herbei, aber einzelne Prozesse wiesen immer wieder auf eine heidnische Gruppe in der höhern Gesellschaft hin. Ohne Zweifel hat die Regierung damals geglaubt, den letzten, ent= scheidenden Schlag thun zu können.[3] Doch das hat sogar

---

[1] In epist. ad Hebr. hom. VIII, 1; In epist. ad Rom. hom. II, 5; In acta Apost. hom. IV, 3.

[2] In epist. ad Hebr. c. II hom IV, 5.

[3] Bd. I, 437—446.

in der Hauptstadt getäuscht, die mit Klerikern und Mönchen angefüllt war. Im Juni nämlich des Jahres 559 sah das christliche Konstantinopel das überraschende Schauspiel, daß abgefaßte Götzendiener öffentlich durch die Stadt geführt und dann ihre Bücher samt den Götterbildern auf dem Kynegion verbrannt wurden.[1]) Die wunderliche Ehrenbezeugung ferner, welche unter dem Kaiser Justin II im Triumph aufgeführte Elephanten den Kirchen erwiesen, konnte angesehen werden als geschehen „zum Schimpfe und zur Beschämung der Heiden, Juden und übrigen Irrenden."[2]) Wie sehr aber die Erbitterung des Volkes sich dorthin richtete, ersieht man aus dem Rufe, mit welchem bei seiner Krönung der Kaiser Tiberius empfangen wurde: „Die Gebeine der Arianer sollen umgekehrt werden! Umkehren soll man die Gebeine aller Häretiker und ebenso auch die der Heiden!"[3]) Gemeint sein können nur die in der Umgebung der Stadt an den Straßen sich erhebenden antiken Grabdenkmäler, deren Existenz dem Pöbel unerträglich geworden zu sein schien.

Wertvoller für die Erkenntnis der heidnischen Partei und der heidenfeindlichen Stimmung sind die Vorgänge, welche durch die Rückwirkung des großen Heidenprozesses in Syrien auf die Hauptstadt unter Tiberius II († 582) hervorgerufen wurden.[4]) Schon die Kunde von den überraschenden Entdeckungen in Heliopolis, Edessa und Antiochia und dann die Ankunft der Verklagten selbst in Konstantinopel rief eine außergewöhnliche Erregung hervor. Der Kaiser setzte einen

---

[1]) Malal. XVIII p. 491.
[2]) Johannes v. Ephesus II, 48 (S. 87).
[3]) Joh. v. Eph. III, 13 (S. 107).
[4]) Joh. v. Ephes. III, 30 ff. (S. 125 ff.); Evagrius, H. E V, 18.

Gerichtshof nieder und forderte eine unparteiische Unter=
suchung der Angelegenheit. Das Volk traute den Richtern
nicht, „da man von vielen wußte, daß sie zum Heidentum
hielten," und da lange Zeit nichts von dem Ergebnis der
Untersuchung in die Öffentlichkeit kam, glaubte man, „ein
Geschenk sei dazwischen gekommen und habe die Wahrheit
vertuscht." In der That wurden bald nachher die Verhafteten
entlassen.[1]) Sofort stand die Bevölkerung in Aufruhr. Ein
Geschrei erhob sich: „Die Gebeine der Richter sollen aus=
gegraben werden! Die Gebeine der Heiden sollen ausge=
graben werden! Der christliche Glaube soll verherrlicht
werden!" Die Menge bedrohte den Bischof, der plötzlich in
den Verdacht der Heidenfreundlichkeit gekommen war, weil
man den Vorgang des antiochenischen Bischofs hatte. Dann
stürmte sie zu dem Placidia=Palaste, wo das Richterkollegium
die Untersuchung geführt hatte, beschimpfte die Richter, brach
in das Innere ein und suchte nach den Heiden. Dabei ent=
deckten die Tumultuanten ein Gelaß mit Geld. Der Auf=
seher bot es ihnen an, um sie zu beruhigen, doch man schrie
ihm zurück: „Wir sind keine Räuber, sondern Christen, kämpfen
für Christus und wollen nur eine christliche Untersuchung hin=
sichtlich der Heiden." Zwei Heiden, ein Mann und eine Frau,
fielen in ihre Hand; sie wurden zum Meeresufer geschleppt,
in einen Kahn gesetzt und mit diesem verbrannt. Der Auf=
ruhr tobte weiter, trotzdem er nun sein Opfer gefunden. Die
wütenden Massen erbrachen die Gefängnisse und befreiten die
christlichen Gefangenen. „Die Heiden entläßt man, wozu soll

---

[1]) So Johannes von Ephesus, dagegen führt Evagrius die Er=
regung darauf zurück, daß über die Schuldigen nur das Exil, nicht
die Todesstrafe verhängt worden sei.

man die Christen gefangen halten!" Der Präfekt, dessen
christliches Bekenntnis vielen zweifelhaft war, rettete sich
nur dadurch, daß er sich bereit zeigte, sich in dieser Ange=
legenheit zu dem kaiserlichen Landsitze in der Nähe der Stadt
zu begeben. Die Aufrührer folgten ihm und bedrohten den
Kaiser mit Worten, „die sich nicht dazu schicken, schriftlich
fixiert zu werden." Die Folge war eine Revision des Pro=
zesses, die für die Angeklagten einen schlimmen Ausgang
nahm. Ja, es wurden neue Festnahmen verfügt in Klein=
asien und Syrien, und die Gefängnisse in Konstantinopel
füllten sich mit Verhafteten, unter denen sich sogar Kleriker
befanden, denen heidnische Frevel nachgesagt wurden. Die
Schuldigen wurden nach richterlichem Urteil den Bestien
vorgeworfen, die Leiber dann verbrannt. Obwohl das richter=
liche Verfahren möglichst beschleunigt wurde, zog es sich wegen
der Menge der verklagten Personen bis in die Regierung des
Kaisers Mauricius hin, der einen großen Eifer in dieser Sache
bezeigte.

Ein Doppeltes ist in dieser Berichterstattung bemerkens=
wert: die tiefe Empfindlichkeit der Bevölkerung dem Hellenis=
mus gegenüber und die nachsichtige Beurteilung desselben in
der Regierung und der Rechtspflege. Der Fanatismus dieser
Menge, die vor Brand und Mord nicht zurückschreckte, ist nur
verständlich aus der Thatsache, daß in dem Volke selbst die
alte Religion damals den Boden gänzlich verloren hatte, nicht
mehr vorhanden war, wenigstens nicht in der Kenntnis. Nun
trat der tot geglaubte Gegner, den man vergessen und ver=
achten gelernt hatte, plötzlich vor die Augen einer Bevölkerung,
die inzwischen nicht nur christlich, sondern auch kirchlich=
orthodox geworden und gegen die Ketzer einen leidenschaft=
lichen Haß in sich zu tragen längst gewohnt war. Das

Konstantinopel Justinians war ein anderes als das Kon=
stantinopel Konstantins. Dagegen die rechtskundigen Männer
und höhern Beamten, in deren Hand der Prozeß gelegt
wurde, mußten, auch wo sie in den Gedanken und Formen
der justinianischen Orthodoxie sich bewegten, in sich eine starke
Nötigung empfinden, den Hellenismus, dem sie ihr Wissen
und ihre Bildung verdankten, nicht brutal niederzuschlagen.
Manche Anzeichen weisen darauf hin, daß in der christlichen
höhern Gesellschaft vereinzelt eine wohlwollende Gesinnung
nach dem Heidentume hin vorhanden war, die sich allgemein
auf religiöse Toleranz oder auf eine zwischen Christentum
und Heidentum unbestimmbar liegende unklare religiöse An=
schauung, wie wir sie z. B. bei Prokopius von Cäsarea und
Agathias vorfinden, gründete. Der damalige Präfekt selbst
kann als Repräsentant dieser Richtung angeführt werden.
Nur dadurch war die Möglichkeit gegeben, daß unter den
Gebildeten in der Stadt Anhänger der alten Religion in
vorsichtigem Benehmen sich behaupten konnten. Doch darf
in dem vorliegenden Falle auch die Vermutung gehört werden,
daß persönliche Beziehungen, Rücksichten auf den hohen Stand
des Anatolius und anderer Angeklagter, vielleicht auch Be=
stechung, wie das Volk mutmaßte, von Einwirkung ge=
wesen sind.

Auf gebildete Kreise weist auch die Nachricht, daß bald
nach der Thronbesteigung des Kaisers Mauricius (seit 582)
„einige Hellenen" bei einer Mahlzeit sich zu gottesläster=
lichen Äußerungen über die Gottesgebärerin hinreißen ließen,
wofür göttliche und irdische Strafe sie ereilte.[1] Doch bleibt
unentschieden, ob diese Männer der Kirche gegenüber die alte

---

[1] Cedren. I p. 692.

Religion oder nur die antike Philosophie vertraten und von
jener oder von dieser aus ihre Angriffe erhoben. In jedem
Falle ist anzunehmen, daß die antike Welt= und Lebensan=
schauung ihren Bestand länger in der Philosophie als in
der Religion hatte.

Die Umgebung von Konstantinopel, wo die Landgüter
der Vornehmen lagen, ist durch die Entwickelung in der
Stadt religiös bestimmt worden. Ganz abgesehen davon,
daß daselbst Mönchsansiedelungen entstanden, wurden am
Ende des vierten Jahrhunderts durch den Bischof Johannes
sehr energische Versuche gemacht, die Bauernschaft kirchlich
zu organisieren und, wo sie der neuen Religion noch fern
stand, sie in dieselbe hineinzuziehen. Da das Ziel jedes
Christen sein muß, so äußerte er sich einmal in einer Predigt,[1]
daß alle Menschen Christen werden, so mache er es zum Ge=
setz, daß niemand sein Landgut ohne Kirche belasse. Der
Besitzer hat eine Missionsverpflichtung. Die Ausrede, daß
eine Kirche in der Nähe sei, sei hinfällig, vielmehr: kein
Landgut ohne Kirche. Eine Kirche bauen, heißt ein Kastell
gegen den Teufel bauen. Ein solches Landgut ist wie ein
Paradies Gottes. Die Bauernschaft wird dadurch tüchtiger,
besser, so daß der Besitzer geistlichen und materiellen Gewinn
davonträgt.

Die Bestimmtheit und Energie dieser Ermahnung weist
auf das Vorhandensein heidnischer Landleute in nicht ge=
ringer Zahl. Über den Erfolg ist nichts bekannt. So wie
die Agrarverhältnisse lagen, mußte es der Kirche nicht schwer
fallen, gewinnreich einzusetzen.

---

[1] Chrysost. In acta Apost. hom. XVIII, 4. 5.

XI

Kleinasien.

Die Geschichte der alten Kirche ist fast in ihrem ganzen Umfange Geschichte der östlichen Christenheit, und hier wiederum steht Kleinasien im Vordergrunde. Von der syrischen Haupt= stadt Antiochia aus erfolgten die ersten kräftigen Einwirkungen der neuen Religion auf die kleinasiatische Landschaftengruppe, welche seit uralter Zeit die Brücke bildete, über welche der Orient den Occident beschritt. Die älteste christliche Literatur hatte hier ihren Ausgang oder ihre Adresse. Die Mehrzahl der christlichen Schriftsteller der ersten drei Jahrhunderte gehörte diesem Gebiete an, dessen religiöses und theologisches Interesse sowohl hierdurch wie durch lebhafte Bewegungen bezeugt wird. Die großen Fragen, welche im Zeitalter der Konstantiner die Kirche in Unruhe nnd Zwiespalt führten, fanden vielleicht nirgends eine erregtere Beteiligung als in Kleinasien. Die erste Nachricht über kirchliche Synoden weist nach Kleinasien.[1]) Dahin entfällt auch die Mehrzahl der sog. ökumenischen Conzilien, darunter die beiden be= deutungsvollsten zu Nicäa und Chalcedon. In einer Zeit, als im Abendlande nicht nur die theologische Bildung, sondern

---

[1]) Euseb. H. E. V, 16, 10.

erst noch das Christentum selbst mühsam durch die Massen
und Verhältnisse sich hindurcharbeiteten, gewährt die klein=
asiatische Halbinsel den Eindruck einer mit allen Subtilitäten
vertrauten Theologie und einer fertigen Kirche. Die religiöse
Eroberung des Landes vollzog sich mit einer überraschenden
Leichtigkeit, ähnlich wie in Antiochia festgestellt werden konnte
Und doch befanden sich diese Provinzen mehr als irgend=
welche andere im Reiche im Besitz von Heiligtümern, denen
Religion und Kunst einen berühmten Namen gaben. In den
Provinzialstädten waltete ein lebhaftes geistiges Interesse;
Handel und Wandel bewegten sich von den Küstenplätzen auf
zahlreichen Straßen nach dem Inneren. Ohne daß wir die
Wege zu erkennen vermögen, sind bereits gegen den Ausgang
des dritten Jahrhunderts diese Landschaften mit christlichen
Gemeinden dicht durchsetzt. Als dann durch Konstantin der
Schwerpunkt des Reiches nach Osten verlegt wurde und
Byzanz zu einer einflußreichen kirchlichen Stadt sich empor=
hob, gewann das Christentum daselbst in seinem Verhältnis
zum Heidentume eine noch günstigere Position. Die heiden=
feindliche Politik der Nachfolger Theodosius' d. Gr. im Osten
mußte gerade die der Regierung benachbarten Länder erfolg=
reich treffen. Doch fehlen gewaltthätige Vorgänge, wie sie
Syrien bietet, fast gänzlich. Die Religiosität der Klein=
asiaten entbehrte im allgemeinen des fanatischen Eifers, der
dem Semitentum eigen war. Humanität und Aufklärung
im Bunde mit dem Volkscharakter gaben ihr ein leichteres
Gepräge und eine nachgiebige Weichheit. Jedenfals gilt das
von den Kulturstädten. Es bestand aber auch auf Seiten
des Christentums eine größere Aufgeschlossenheit und Beweg=
lichkeit als anderswo. Ein gemeinsames Band vaterländischer
Gesinnung und künstlerischen Empfindens hat nicht gefehlt.

Für jene bietet bereits das zweite Jahrhundert ein wert=
volles Beispiel. Der gegen Ende dieses Jahrhunderts ge=
storbene Bischof Aberkios von Hieropolis in Phrygien läßt
seine von ihm selbst entworfene Grabschrift nicht etwa mit
einem christlichen Bekenntnisse beginnen, sondern mit rühmender
Erwähnung seines irdischen Bürgertums:

$$\mathrm{Ἐκλεκτῆς\; πόλεως\; ὁ\; πολείτης\; τοῦτ'\; ἐποίησα.}$$

Und nochmals in den letzten Zeilen heißt es: wer einen
andern Toten an dieser Stätte beisetzt, „der muß dem
römischen Fiskus zweitausend und meiner trefflichen Vater=
stadt Hieropolis eintausend Goldstücke als Strafe bezahlen."[1]
Es ist ein Bischof, der so redet und zwar in einer Land=
schaft, die als der klassische Boden eines enthusiastischen
Christentums gilt. Man darf daraus einen Schluß auf das
Ganze ziehen. Deutlichere Auskunft freilich gewinnen wir
über das Verhalten der kleinasiatischen Christenheit zu den
antiken Kunstwerken. Die Probe ist an den Tempeln zu
machen, weil in ihnen bei aller Kunstvollendung eine Auf=
reizung des religiösen Fanatismus lag. Dieser Fanatismus
ist allerdings in einzelnen Fällen nachzuweisen. So ist in
Beziehung auf den berühmten Dianatempel in Ephesus, den
i. J. 262 die Goten zerstörten und an welchen sich für die
Christen unliebsame Erinnerungen knüpften (Apostelgesch. c. 19),
die Vermutung ausgesprochen worden, daß nach der Ver=
wüstung christlicher Eifer das Seine dazu gethan, die letzten
Spuren des gefeierten Artemision zu vernichten.[2] Auch die
Trümmer des Bacchustempels von Teos in Carien und des

---

[1] Die Inschrift neuestens bei de Rossi, Inscript. christ. urbis
Romae II Procem. p. XII ff.

[2] Wood, Discoveries at Ephesus, Lond. 1877 S. 12.

Heiligtums der Athene Polias in Priene erwecken den Eindruck erlittener gewaltsamer Zerstörung.[1]) Über Laodicea
in Phrygien berichtet Hamilton:[2]) „Der ganze Flächen-
raum der alten Stadt ist mit verfallenen Gebäuden bedeckt, und ich konnte die Stellen von mehrern Tempeln
deutlich erkennen, deren Säulenfüße noch standen." Dieselbe
Beobachtung ist häufig in Kleinasien gemacht worden, doch
läßt sich daraus für unsere Frage nichts erschließen. Denn
diese Verwüstungen können in den Wechselfällen der politischen
Geschichte vorgekommen oder durch Naturereignisse hervorgerufen sein. Häufig hat auch der Vandalismus einer spätern
Zeit an den Denkmälern unterschiedslos sich vergriffen. So
ist in byzantinischer Zeit um die Stätte des alten Aphrodisias in Carien ein weiter Mauerring gelegt worden, der
zum Teil aus dem Material der Tempel, Theater und Grabdenkmäler besteht. An die Reste des Venustempels lehnte
sich eine Kirche an.[3]) Die Verödung der Städte auf der
einen und die Not auf der andern Seite haben in Kleinasien nicht selten ein solches Verfahren herbeigeführt. Bei
dieser Sachlage gewinnen diejenigen Tempelbauten, welche
ein positives Zeugnis ergeben, um so mehr an Wert. Es
sind nämlich in nicht geringer Anzahl Tempel auf uns gekommen, deren Zustand trotz größerer oder geringerer
Schädigungen derartig ist, daß daraus auf eine schonende

---

[1]) Altertümer von Jonien, herausg. von d. Gesellsch. d.
Dilettanten zu London I, Taf. 1. — Rayet et Thomas, Milet
et le golfe latomique, Paris 1877 Taf. 6—8.

[2]) Hamilton, Reisen in Kleinasien, Pontus und Armenien,
deutsch mit Anmerkungen von Kiepert. Lpz. 1843 I S. 470.

[3]) Fellows, Ein Ausflug nach Kleinasien, deutsch Lpz. 1853
S. 196.

Erhaltung seitens der Christen geschlossen werden kann. In vielen Fällen allerdings verdanken diese Tempel ihre Erhaltung der Umwandlung in Kirchen, so der berühmte Hekatetempel in Lagina. Indes auch ohne diesen Schutz haben nicht wenige Heiligtümer sich behauptet. Bei Azani in Phrygien steht auf einem Hügel ein wohlerhaltener jonischer Tempel mit langen Inschriften im Innern;[1] einen großartigen Bau sah Hamilton bei Tavium in Galatien.[2] Auch das Heiligtum des bidymäischen Apollo bei Milet und ein Tempel in Labranda in Carien tragen nur Spuren allmählichen Verfalls.[3] Doch am lehrreichsten sind Cyzikus und Anchra, jenes an der Propontis, dieses in Galatien.

Cyzikus, welches Konstantin zur Metropolis der damals eingerichteten Provinz Hellespontus machte, war im Altertum bekannt durch seinen lebhaften Handel und seine schönen Gebäude. Der Rhetor Aristides ferner rühmte in seiner Rede an die Bewohner den Götterreichtum der Stadt. Das auf die Argonauten zurückgeführte uralte Kybeleheiligtum auf dem Dindymus machte Zeno zu einer Kirche der hl. Jungfrau. In einem eigentümlichen pythischen Orakel, welches in diesem Tempel in eherner Schrift eingegraben gewesen sein soll, entdeckten die Christen eine Weissagung dieses Vorganges. Denn dasselbe stellte die Verehrung des dreieinigen Gottes und den Kultus der Maria in Aussicht, welch' letzterer der Bau einst geweiht werden würde.[4]

Man darf vielleicht annehmen, daß diese Verse christlicher

---

[1] Fellows a. a. O. Taf. 8.
[2] Hamilton a. a. O. I S. 363.
[3] Altertümer von Jonien III Taf. 2. — IV Taf. 1.
[4] Cedren. I p. 209 f.

Herkunft von den Christen der Stadt in ähnlicher Weise
verwertet worden sind wie die sibyllinischen Orakel oder die
Orphika, also in der Religionsgeschichte von Cyzikus eine
Rolle gespielt haben. Den Hauptruhm von Cyzikus bildete
der mächtige Hadrianstempel, in welchem die Zeitgenossen
ein Wunderwerk sahen. Der Tempel diente der Verehrung
des Kaisers, dessen Bildsäule mit der Inschrift Θεῖον Ἀδριάνου
darin aufgestellt war. Noch nach der Mitte des sechsten
Jahrhunderts wurde er bewundert.[1] Im Jahre 1063 be=
schädigte ihn ein Erdbeben zum zweitenmale (das erstemal
i. J. 443).[2] Aber ein Reisender, der 1431 und 1444 die
Stätte besuchte, fand noch die ganze Façade und die Hälfte
der Säulen stehend, ja, an der Façade noch den Schmuck
der Götterbilder.[3] Nimmt man dazu, daß im Mittelalter
an dem Bau die Bezeichnung „hellenischer Tempel" dauernd
haftete, so ergiebt sich, daß dieser Tempel nicht einer kirch=
lichen Verwertung seine Erhaltung verdankte, sondern allein
seinem monumentalen Werte. Cyzikus war bekannt durch
sein reges künstlerisches und wissenschaftliches Leben, welches
die Christen als Erbschaft übernahmen. Die arianischen
Wirren zeigen die christliche Bevölkerung vielleicht schon als
überwiegend. Neben Arianern und Orthodoxen beherbergte
Cyzikus auch eine novatianische Gemeinde.[4]

Nur wenig anders verlief das Geschick des Roma= und

---

[1] Malal. XI p. 279.

[2] Cedren. I p. 656; Zonar. XVIII, 9; Joh. Scylitza,
Hist. p. 638 (in d. Venet. Ausg. des Cedrenus).

[3] Cyriacus von Ancona. Seine Worte lauten (Bull. de
corr. hell. XIV 1890 S. 541): Stant et ornatissima in fronte
diversa Deorum simulacra.

[4] Sokrat. II, 38; IV, 7.

Augustustempels in Ancyra. Wahrscheinlich am Anfange der christlichen Ära ließ Augustus in der blühenden Metropolis von Galatien auf der südwestlichen Kuppe des Höhenzuges, auf welcher die Stadt sich erhebt, dieses glänzende Bauwerk errichten als Denkmal der Macht und Majestät des römischen Reiches.[1]) Allmählich erhoben sich rings um den Tempel weitere Monumente verschiedener Zweckbestimmung. Im Pronaos wurde an der Wand der Urtext des „Testamentes des Augustus" angebracht, unter einem Portikus die griechische Übersetzung. Selbstverständlich umschloß der Tempelbau die Statuen der Roma und des Augustus samt den zugehörigen Opferaltären. Als der Kaiser Julian auf seinem Perserzuge die Stadt betrat, war das Heiligtum noch intakt. Hernach ist eine Kirche hineingezwängt worden. Ein Teil des Portikus wurde bei dieser Gelegenheit zerstört, um den Chor herzustellen; die Cella mußte erweitert werden, da der Raum für eine gottesdienstliche Versammlung zu klein war; der vordere Portikus wurde zum Narthex. Eingemeißelte Kreuze verkündeten den christlichen Besitzstand.[2]) Aber diese ziemlich ungeschickten Umbauten haben das Heiligtum mit einer gewissen Schonung behandelt. Die großen Inschriften sogar blieben intakt, obwohl der Redende darin seine Verdienste um Erneuerung und Erbauung von Göttertempeln aufzählt. Die Achtung vor der geschichtlichen Würde dieses

---

[1]) Perrot, Exploration archéol. de la Galatie et de la Bithynie I Paris 1870 pl. 14—31. Dazu Mommsen, Res gestae divi Augusti ex monument. Ancyrano et Apolloniensi, Berol. 1883.

[2]) Im Innern auch eine eigenartige altchristliche Inschrift, deren Inhalt nur zum Teil verständlich ist. Das untere Stück fehlt. C. J. Gr. IV, 8817; vollständiger Perrot a. a. O. S. 263.

Monuments ist stärker gewesen als die Abneigung gegen den Götterglauben.

Wenn vor der Erbauung der Hagia Sophia Justinian den Beamten seines Reiches den Befehl gab, Material zu beschaffen, und diese, dem Befehl entsprechend, „aus Götter= tempeln, Palästen, Bädern und Häusern" das Gewünschte entnahmen,[1] so folgt daraus, daß antike Tempel in größerer Zahl noch vorhanden gewesen sein müssen. Cyzi= kus, Ephesus und Troas werden bei dieser Gelegenheit namentlich genannt.

Das erste ökumenische Conzil fand in Nicäa in Bithy= nien statt (325). Bei der Wahl des Ortes ist seine günstige Verkehrslage ohne Zweifel mitbestimmend gewesen. Drei wichtige Straßen liefen hier zusammen, unter denen die eine die Verbindung mit dem Osten (Nicäa — Doryläum — Anchra) und dem Süden (Nicäa — Doryläum — Apamea) sowie mit dem Südwesten (Nicäa — Doryläum — Laodicea), die andere (Nicäa — Cyzikus) mit dem nördlichen Westen bequem herstellte. Die dritte führte zu der Residenz Niko= medien. Außerdem ermöglichte ihre Lage in der Nähe der Propontis den Zugang zu Schiffe. Auch stellte Konstantin in freigebiger Weise den zu Lande reisenden Bischöfen Wagen und Lasttiere zur Verfügung.[2] Demnach läßt sich annehmen, daß der größte Teil der kleinasiatischen Bischöfe sich zu den Verhandlungen eingestellt hat. Die erhaltenen Listen der Teilnehmer entbehren leider der Vollständigkeit und Genauig= keit: trotzdem darf in ihnen eine im allgemeinen wertvolle

---

[1] Codin. De S. Sophia p. 131 f.
[2] Euseb. V. C. III, 6. 9.

Unterlage des Thatbestandes gefunden werden. Sie bieten folgendes Bild:[1])

Bithynia.

1. Nikomedia.   4. Kios.   7. Prusa am Olympos.
2. Nicäa.   5. Prusa am Hipius.   8. Hadrianopolis.
3. Chalcedon.   6. Apollonias.   9. Cäsarea.

Dazu werden lat. I 2 Chorepiscopi aufgezählt.

Paphlagonia.

1. Pompejopolis.   2. Jonopolis.   3. Amastris.

Pontus.

1. Neocäsarea.   2. Trapezus.   3. Pityus.
4. Amasia.   5. Comana.   6. Zela.

Cappadocia.

1. Cäsarea.   3. Colonia.   5. Comana.
2. Tyana.   4. Cyzistra.

Außerdem 5 Chorepiscopi.

---

[1]) Zu Grunde gelegt sind die lateinischen und die koptische Liste bei Mansi II p. 692 ff. u. Spicil. Solism. I p. 529 ff. Von den verschiedenen Notitiae episcopatuum sehe ich ab, da ihr Verhältnis zu einander, ihre Chronologie und ihr geschichtlicher Wert trotz der scharfsinnigen Untersuchungen, die neuerdings darüber geführt worden sind, noch nicht genügend feststehen. Vieles verdanke ich dem trefflichen Buche von Ramsay, The historical geopraphie of Asia Minor, Lond. 1890.

Galatia.

1. Anchra.   3. Platana (?).[1]   5. Juliopolis.
2. Tabia.   4. Cinna.

Phrygia.

1. Laodicea.   3. Synnada.   5. Dorhläum.
2. Synaus.   4. Azani.   6. Apamea.

       7. Eukarpia.   8. Hierapolis.

Pamphylia (mit Lycia).

1. Perge.   3. Cibyra.[2]   5. Sillyon.[3]
2. Termessus.   4. Aspendus.   6. Maximianopolis.

       7. Magydus.

Isauria.

1. Barata.   5. Isauropolis.   9. Side (?).
2. Coropissus.   6. Panemuteichos (?).   10. Vasada (?).
3. Claudiopolis.   7. Antiochia.   11. Laranda.
4. Seleucia.   8. Syedra.   12. Lystra.

       13. Paralais.

Dazu 4 Chorepiscopi.

Pisidia.

1. Iconium.   5. Neapolis.   9. Amblada.
2. Hadrianopolis.   6. Selge.   10. Metropolis.
3. Zorzila.   7. Limnä.   11. Pappa.
4. Seleucia.   8. Apamea.   12. Baris.

       13. Laodicea.

---

[1] Copt. Tmausont, lat. I Platana, lat. II Daumasia. Ich vermute, daß das in den Notitiae Episcopatuum verzeichnete Mnizos zu Grunde liegt.

[2] Oder Verbe.

[3] In lat. I unrichtig Seleuciensis.

Lydia.

1. Sardes.   3. Philadelphia.   5. Tripolis.
2. Thyatira.   4. Bagis.[1])   6. Anchra.
   7. Standitanus?[2])   8. Aureliopolis.

Aſia.

1. Chzikus.   3. Ilium.   5. Hypepa.
2. Epheſus.   4. Smyrna.   6. Elea.
   7. Antandros.

Caria.

1. Antiochia.   3. Cibhra.
2. Aphrodiſias.   4. Milet.

Cilicia.

1. Tarſus.   4. Caſtabala.   7. Mopſueſtia.
2. Epiphania.   5. Flavias.   8. Alexandria.
3. Neronias.[3])   6. Adana.   9. Ägä.
              10. Irenopolis.

Dazu ein Chorepiscopus.

Dieſe Liſte würde rund ein Drittel der Teilnehmer am Konzil als Kleinaſiaten feſtſtellen. Sie iſt aber jedenfalls unvollſtändig, wenn ſich auch nicht ſagen läßt, in welchem Maaße. Piſidien und Iſaurien ſtehen in erſter Reihe, ob= wohl ſie von Nicäa weit abliegen; dann folgt das noch ent=

---

[1]) So möchte ich aus copt. Baris, lat. II Baris, lat. I Pepera konjizieren. Die Notitiae führen dieſes Bistum auf. Ramſah (S. 134): Perperene.

[2]) Viell. Mostene? Ramſah: Blandos. Der Text iſt korrumpiert.

[3]) Identiſch mit Irenopolis?

ferntere Cilicien. Daß diese drei Landschaften ein Drittel
der Gesamtzahl ausgemacht haben, muß außerhalb jeder
Erwägung bleiben. Asien, Lydien und Carien mit zusammen nur 19 Bischöfen, Pontus mit 6, Paphlagonien mit
3 — auch diese Zahlen verraten sich deutlich als unvoll-
ständige. Ganz beträchtlich dürfte die Summe hinter der
Gesamtzahl der kleinasiatischen Bistümer zurückbleiben. Nicht
nur sind in jener Zeit zahlreich weitere Bistümer bekannt,
sondern der Abstand zwischen dieser Zahl und der Zahl der
in Chalcedon (451) vertretenen kleinasiatischen Bischöfe ist
ein außerordentlich großer, und diese letztere Differenz ist
nur zum geringen Teil aus der geschichtlichen Weiterbe-
wegung entstanden. Der Reichtum Kleinasiens an blühenden
Provinzialstädten, die Leichtigkeit und Lebhaftigkeit des Ver-
kehrs im Lande selbst und durch das Land als Zwischen-
gebiet lassen von vornherein annehmen, daß hier die verhältnismäßig größte Zahl der Bistümer vorhanden war.
Als in der ersten Hälfte des sechsten Jahrhunderts Hierokles
sein statistisches Handbuch des oströmischen Reiches schrieb,
mag die Parallelisierung der kirchlichen und bürgerlichen
Politieen ziemlich abgeschlossen gewesen sein.

Der Wert der aus der Statistik und Topographie der
Bistümer sich ergebenden Folgerungen ist auch hier deutlich.
In dem Grade, als das Land mit einer festen kirchlichen
Organisation sich überzog, erfolgte eine Reduktion des Heidentums. Eine schärfere Aufsicht, eine größere Macht und ein
entschiedenerer Wille traten ihm entgegen. In und neben
den Tempeln erhoben sich Kirchen und Kapellen. Nicht selten
erwuchs um ein Märtyrergrab eine Stadt oder ein bestimmter religiös erfüllter Wille rief eine Ansiedelung hervor. So verdankt Theodorupolis in Paphlagonien seinen

Ursprung dem Grabe des Märtyrers Theodoros. Aus den
Wallfahrten entwickelte sich eine Stadt. Als die Kaiserin
Eudokia i. J. 440 von Jerusalem zurückkehrend dort vorbei=
kam, errichtete sie aus Dankbarkeit für erfahrene Heilung
eine Kirche und gab durch eine Inschrift Kunde davon.[1]
Das unbedeutende Drepana in Bithynien vergrößerte und
besiedelte Helena aus Anhänglichkeit sowohl an ihre Vater=
stadt wie aus religiöser Pietät gegen den Märtyrer Lucianus.
Doch gewann der Ort erst später einige Bedeutung.[2] Wie
auf diese Weise die neue Religion in eigenen Schöpfungen
hervortrat, so äußerte sich ihr Einfluß auch darin, daß be=
stimmte Städtenamen sich verloren in neuer Betrachtung
oder absichtlich verdrängt wurden, weil sie anstößig erschienen.
So wandelte Apollonias in Bithynia seinen Namen im
siebenten Jahrhundert vorübergehend in Theotokia.[3] Die
Stelle von Apollonia in Pisidien nahm — wann, ist un=
bekannt — Sozopolis ($\Sigma\omega\zeta\acute{o}\pi o\lambda\iota\varsigma$) ein, wo ein wunder=
thätiges Marienbild Pilger sammelte.[4] Der verhaßte Name
Dios Hieron (Asia) ging, aber doch nicht durchgängig, über
in Christopolis[5] Aphrodisias in Carien trägt noch in den
Unterschriften von Chalcedon seinen Namen; hernach heißt
es Stauropolis.[6] Wenn ferner Thana gelegentlich Christu=

---

[1] Die interessante Inschrift Bull. de corr. hell. XIII (1889),
S. 294.

[2] Sokrat. I, 17; 18; Philost. II, 12; Acta S. S. ad
7. Jan. p. 362; Prokop. De aedif. V, 2.

[3] Ramsay Taf. S. 196.

[4] Acta S. S. ad 6. April. p. 560. Dazu Ramsay a. a. O.
S. 400 f.

[5] Ramsay S. 114.

[6] Ramsay S. 422 die Tafel.

polis genannt wird,[1]) so ist darin gewiß der Gegensatz gegen
den wunderthätigen Christus des Neuplatonismus zum Aus=
druck gekommen, was um so näher liegt, da sich an einem
See in der Nähe der Stadt ein besuchter Jupitertempel be=
fand.[2]) In dem Verhalten zu den religiösen Städtenamen
gab es selbstverständlich einen Unterschied des Urteils und
der Stimmung. In den meisten Fällen sind die alten Namen
in Gebrauch verblieben; auch scharf heidnische wie Apollonos
Hieron in Lydien, Apollonia in Carien und verschiedentlich
Heraklea. Es läßt sich die Vermutung aussprechen, daß auch
da, wo zwar nicht ein christlicher Name eingetreten, wohl
aber der alte landestümliche wieder zum Vorschein gekommen
ist, um den hellenischen zu verdrängen, eine religiöse Anti=
pathie sich ausgewirkt hat.[3])

Die Frage, wie sich der Übergang vom Hellenismus
zum Christentum vollzogen hat, erhält in den Quellen nur
eine ungenügende Antwort. Nur Einzelheiten lassen sich
auflesen. Im Besondern der Unterschied zwischen der landes=
tümlichen und der griechisch=römischen Religion tritt nicht
hervor. Denn wie sehr auch seit Alexander d. Gr. die
Hellenisierung der kleinasiatischen Landschaften sich ausgedehnt
und gefestigt hat, so ist darin, und nicht nur außerhalb der
Städte, das landestümliche Wesen doch nicht gänzlich unter=
gegangen.

In Nikomedia, der Metropole Bithyniens, nahm die
letzte große Christenverfolgung ihren Anfang; sie stieß hier

---

[1]) Ramsay S. 282.
[2]) Amm. Marcell. XXIII, 6, 19.
[3]) Die Thatsache des Wiederauftretens des ursprünglichen Namens
konstatiert Ramsay S. 25.

auf eine große Gemeinde, deren Verſammlungshaus ſich
weithin ſichtbar erhob. Konſtantin reſidierte öfters in der
durch Reichtum und Kunſt ausgezeichneten Stadt, und ſein
und ſeiner Umgebung Aufenthalt wird dem antifen Kultus
gegenüber nicht ohne Folge geblieben ſein. Zudem hatte
damals Euſebius, ein gewandter und bei dem Kaiſer hoch=
angeſehener Mann, das Bistum inne. Die neue Kirche,
welche Konſtantin als Votivgabe und Gedächtnisbau auf=
führen ließ, war durch Umfang und koſtbare Ausſtattung
ausgezeichnet.[1]) In dem furchtbaren Erdbeben indes, welches
i. J. 354 Nifomedia verwüſtete, gingen Tempel und Kirchen
unter.[2]) Julian, der dort einen Teil ſeiner Jugend verlebt
hatte, gewährte reiche Mittel zum Wiederaufbau,[3]) und es
iſt anzunehmen, daß von ihm auch Tempel projektiert worden
ſeien. Doch ſein Tod trat hindernd dazwiſchen, und die
Stadt erneuerte ſich in chriſtlicher Zeit mit Kirchen, aber
ohne Tempel. Schon frühzeitig tritt Nifomedia auch als
kirchliche Metropole von Bithynien auf, eine Stellung, welche
die Synode zu Chalcedon, durch Einſprüche des Biſchofs von
Nicäa provoziert, ausdrücklich beſtätigte. Derſelben Land=
ſchaft gehören die Bistümer Nicäa und Chalcedon an, welche
in den chriſtologiſchen Kämpfen wichtige Synoden ver=
ſammelten (325. 451). In Nicäa baute Juſtinian Kirchen
und Klöſter für Mönche und Nonnen und hob auch ſonſt
die Stadt.[4]) In Bithynien hatte überhaupt der Hellenismus

---

[1]) Euseb. V. C. III, 50.
[2]) Daß die Stadt damals noch Tempel hatte, mögen ſie auch
dem Kultus entzogen worden ſein, entnehme ich aus Libanius' Μονῳδία
ἐπὶ Νικομηδείᾳ σεισμῷ ἀφανισθείσῃ (Reiske III, 337 ff.).
[3]) Amm. Marcell. XXII, 9, 3 ff.
[4]) Prokop. De aedif. V, 3.

sich tief eingebürgert, „und der derbe thrakische Schlag der
Eingeborenen gab ihm eine gute Grundlage." So waren
die Bedingungen dem Christentume günstig.

In dem benachbarten Paphlagonien, der Heimat Marcions
und des Goëten Alexander von Abonuteichos, fand um die Mitte
des vierten Jahrhunderts in der Metropole Gangra eine Synode
statt, die sich mit der Angelegenheit des Eustathius und seiner
Partei beschäftigte, aber zugleich uns das erste deutlichere
Bild eines Stückes kirchlichen Lebens in jener Provinz auf=
thut. Christen in Besitz von Sklaven, Naturalienlieferungen
an die Kirche, Märtyrerfeste, neben gesundem Christentum
hochmütiges Sektierertum, krankhafte Askese neben verständiger
Betonung des weltlichen Berufes — diese Einzelheiten treten
uns in den Äußerungen und Beschlüssen der Versammlung
entgegen. Nur der zweite Kanon nimmt eine Beziehung auf
das Heidentum, insofern darin die Enthaltung von Götzen=
opferfleisch erwähnt wird.[1]) Es scheint aber nicht zulässig,
hieraus auf die Fortdauer heidnischer Opfer zu schließen, da
die Verwerfung des Genusses von Blut, Götzenopferfleisch
und Ersticktem in der Kirche eine bloße, durch Apostelgesch.
c. 15, 29 angegebene Formel geworden ist, welche die Tra=
dition festhielt. In dem vorliegenden Kanon handelte es
sich außerdem nur um den Genuß von Fleisch überhaupt,
den die eustathianischen Asketen verwarfen.

Im Pontus leistete die Wirksamkeit des Bischofs Gregor
von Neocäsarea, zubenannt der Wunderthäter, dem Christen=
tume ohne Zweifel bedeutenden Vorschub. Wie sehr auch die
Sage das Leben dieses um 270 gestorbenen Mannes aus=

---

[1]) Hefele, C. G.[2] I S. 781 (über diese Synode überhaupt das.
S. 777 ff.).

geschmückt hat, seine hervorragende und erfolgreiche Missions=
thätigkeit bleibt als geschichtlich bestehen. Ein Sohn des
Landes und einer angesehenen Familie entstammend, aus=
gerüstet mit der philosophischen Theologie seines großen
Lehrers Origenes und überhaupt im Besitz einer wissen=
schaftlichen Bildung, war Gregor wohl geeignet, in der
Metropole der Provinz, wo er bei seiner Ankunft siebzehn
Christen gefunden und bei seinem Tode ebensoviele Heiden
zurückgelassen haben soll, der neuen Religion eine große An=
hängerschaft zu gewinnen. Sein schonendes Verhalten zu
den volkstümlichen Festen bezeugt außerdem seine praktische
Klugheit.[1]) Wie sich im vierten und in den folgenden Jahr=
hunderten die Auseinandersetzung zwischen Christentum und
Heidentum im Pontus vollzogen hat, ist nicht bekannt. Nicht
einmal über das Ende des berühmten und berüchtigten Heilig=
tums der Anaitis in Comana, welches 6000 Priester und
Hierodulen aufwies und ein Orakel hatte, ist etwas über=
liefert, obwohl sein Untergang sich nicht geräuschlos hat voll=
ziehen können.

Weit günstiger mußten die Verhältnisse in Kappa=
dozien liegen. Denn drei Männer, in denen Willenskraft,
Eifer, Wissenschaft und Schöngeistigkeit sich vereinten, übten
in der zweiten Hälfte des vierten Jahrhunderts einen ent=
scheidenden Einfluß auf die kirchlichen und religiösen Ver=
hältnisse des Landes: die Brüder Basilius d. Gr. und Gregor
von Nyssa und der ihnen nahe stehende Gregor von Nazianz.[2])

---

[1]) Gregor Nyss. De vita s. Greg. Thaumat.

[2]) Mommsen R. G. V, S. 307: „Die Studierenden aus
Kappadokien hatten auswärts viel zu leiden wegen ihres groben Accents
und ihrer Fehler in Aussprache und Betonung, und wenn sie attisch
reden lernten, fanden die Landsleute ihre Sprache affektiert. Erst in

Ihre vorwiegende Bedeutung liegt auf dogmengeschichtlichem Gebiete, aber ihr theologisches Interesse war zugleich religiöser Eifer, und dieser nahm seine Richtung auch gegen den Hellenismus. Basilius steht hier voran. Wie Gregor der Wunderthäter besaß er die hellenische Bildung, ja, unmittelbarer als jener hatte er sie in Athen von den damals gefeierten Lehrern gewonnen; auch waren beide Söhne angesehener und begüterter Familien des Landes. Doch darin überholte Basilius den Bischof der Nachbarprovinz, daß sein Humanismus und seine Vornehmheit sich gänzlich in den Dienst einer klaren und festen Energie stellten, die ihrerseits ihr Ziel in der Kirche fand. Seine Anweisung an die christlichen Jünglinge, ob und wie sie heidnische Schriftsteller lesen sollen,[1] ist der treueste Ausdruck dieser Eigenart des bedeutenden Mannes. Nur neun Jahre hatte er den Bischofsstuhl des angesehenen Cäsarea inne, aber er verstand es, diese Jahre auszukaufen. Wenn der Freund in einem Gedächtnisspruch von ihm sagte:[2]

$$Β\varrho όντη \ σεῖο \ λόγος, \ ἀστεροπὴ \ δὲ \ βίος$$

so war dies der zuverlässige Eindruck seiner Persönlichkeit. Die vollendete Kunst der Rhetorik, die Gabe, für Gedanken und Thatsachen das schönste Gewand zu wirken, eignete dem empfindsamen, zwischen Welt und Einsamkeit hin- und herfahrenden Gregor von Nazianz. Seinen Haß gegen das Heidentum bezeugen seine gegen Julian geschleuderten In-

---

der christlichen Zeit gaben die Studiengenossen des Kaisers Julian, Gregorios von Nazianzos und Basilios von Käsareia dem kappadokischen Namen einen besseren Klang."

[1] Vgl. Bd. I S. 300 f.

[2] Gregor. Naz. Epitaphia CXIX v. 40.

vektiven, aber, ſo wie ſie vorliegen, ſind ſie doch nur ver=
ſtändlich aus einem reizbaren Gemüte, in welchem Haß oder
Liebe gleich in Flammen ſich offenbaren. Der Dritte, Gregor
von Nyſſa, beſaß das Talent theologiſcher Spekulation. Alle
drei Männer hatten Bistümer inne. Ihre Wirkſamkeit konnte
dem Heidentume nicht ausweichen.

In Kappadozien ſelbſt iſt, ſo vernehmen wir, die Kraft des
Heidentums längſt gebrochen wie ſonſt in der Welt. Die Ver=
ehrung der Götter iſt nur noch da „in Trümmern und in Ver=
minderung." [1] Die Tempel, ausgezeichnet durch Größe und
Schönheit, ſind nicht mehr. [2] Kappadozien insbeſondere rühmt
ſich, eine „heilige und durch ſeine Frömmigkeit allen bekannte"
Provinz zu ſein; Feſtigkeit des Glaubens und einmütiges
Zuſammenhalten zeichnet die Kappadozier aus. [3] Die Metro=
pole erfuhr einſt den Zorn Julians, weil die Chriſten darin
den Göttergläubigen Unbill zugefügt und einen Tychetempel
zerſtört hatten. Der Kaiſer nahm dem blühenden Hauptorte
der Landſchaft die Stadtrechte. [4] Daraus ergiebt ſich, daß
die Mehrzahl der Bewohner damals ſchon chriſtlich geweſen
ſein muß. Heidniſche Tempel ſind gefallen. Gregor von
Nazianz ſelbſt erbaute aus den Ruinen eines ſolchen ein
Gotteshaus, das nun ſprechen mußte: [5]

Ἀρχαία πόλις εἰμὶ δαίμοσι καμοῦσα.
Αὖϑις ἀνηγέρϑην παλάμαις Γρηγορίου.
Ναὸς ἐτύχϑη Χριστοῦ· δαίμονες εἴξατέ μοι.

---

[1] Gregor. Naz. In laudem fratris Basilii.
[2] Oratio XLIII In land. Basilii Magni c. 63.
[3] Or. XXI In laud. Athanasii c. 14. — Or. XLIII In
land. Bas. M. c. 33.
[4] Theophan. I p. 73; Sozom. V, 10.
[5] Greg. Naz. Epigr. XXX.

Andererseits wurden in Comana zwei auf Orestes zurück=
geführte Heiligtümer fast unverändert in gottesdienstlichen
Gebrauch genommen.[1])

Indes das Heidentum ist noch da. An dem Begräbnisse
des Basilius beteiligten sich unter Zeichen tiefer Trauer auch
Heiden.[2]) In seiner großen katechetischen Unterweisung nimmt
Gregor von Nyssa durchgehend auch auf die Hellenen Be=
ziehung. Demnach war die Auseinandersetzung mit ihnen
noch lebendig. Es bestanden auch freundschaftliche Verhält=
nisse, die in Besuchen oder in Korrespondenz zum Ausdruck
kamen.[3]) Spielend redet Gregor von Nazianz von dem
„gastlichen Gotte“ und den „schützenden Genien,“ und als
jemand ihn um Literatur zur Rhetorik bat, bedeutet er den
Bittsteller zwar salbungsvoll, daß er jetzt durch die Gnade
Gottes seine Augen gen Himmel gerichtet halte, und besser
wäre es, jener läse die hl. Schrift, aber endlich schickt er
ihm doch das Gewünschte.[4]) Allerdings derselbe Mann fand
es ganz in der Ordnung, daß seine Mutter Nonna nie heid=
nische Lippen küßte und nie eine heidnische Hand berührte.[5])
In seiner Anschauung bestand die Stufenfolge: barbarisch —
hellenisch — christlich.[6])

---

[1]) Prokop. De bello persico I, 17: (ναοὺς), οὒς δὴ Χριστι-
ανοὶ ἱερὰ σφίσι πεποίηνται, τῆς οἰκοδομίας τὸ παραπὰν
οὐδὲν μεταβαλόντες.

[2]) Or. XLIII In laud. Basil. M. c. 80.

[3]) Die Briefe Gregors von Nazianz.

[4]) Epigr. LXV: πρός τε θεοῦ ξενίου σε λιτάζομαι —
also Ζεὺς ξένιος christianisiert. — Epigr. LXXVI. — Epist.
CCXXXV.

[5]) Epitaphia XCVI.

[6]) Epist. LXII.

Der Hellenismus war im Lande nicht nur als Bildung und Philosophie noch vorhanden, sondern auch als Kultus. Es kam vor, daß Christen entweder überhaupt zur Idolo= latrie abfielen oder von der heidnischen Mantik und den religiösen Sühnungen der alten Religion in einer Weise Gebrauch machten, daß es angebracht erschien, diese Be= ziehungen nach ihren Motiven und ihrem Inhalte klar zu stellen.[1]) Daneben gab es christianisierte heidnisch=religiöse Sitte; in den Schmausereien zu Ehren der Märtyrer lebten die antiken Opfermahlzeiten weiter, aber doch so deutlich, daß gewissenhafte Christen daran Anstoß nahmen.[2]) Indes im allgemeinen findet in den Schriften der drei Kappadozier der Götterglaube nur selten Erwähnung. Daraus läßt sich in jedem Falle die Geringfügigkeit seines Umfanges und seiner Bedeutung in der Öffentlichkeit erschließen. Die Erbauung von Kirchen scheint damals fleißig betrieben zu sein. In Mocissus errichtete später Justinian mehrere Kirchen und Hospitäler.[3]) Die Entwickelung des Städtewesens im Lande unter der römischen Herrschaft kam der Ausbreitung des Christentums günstig entgegen, ja, es ist anzunehmen, daß die Christianisierung im vierten Jahrhundert weit hinter dem vorliegenden Bestande zurückgeblieben wäre, wenn ihr nicht die städtische Entwickelung Hilfe geleistet hätte. Denn Kappadozien besaß in älterer Zeit Städte in staatsrechtlicher Bedeutung nur in ganz geringer Anzahl. Der politischen Gestaltung des Landes gaben nicht Städte mit selbständigen

---

[1]) Gregor. Nyss. Epist. can. c. 2. 3.
[2]) Gregor. Naz. Epigr. XXVI—XXIX.
[3]) Gregor. Naz. Or. funebr. in patrem c. 39; Epigr. XXX; Prokop. De aedif. V, 4.

Beamten und eigener Kurie ihre Physiognomie, sondern
Komplexe von Ortschaften (vici, κῶμαι) unter einem Beamten,
für welche Strabo die Bezeichnung Strategieen hat.[1]) In
dieses Schema hätte die kirchliche Organisation nur schwierig
und langsam eindringen können. Indem dagegen die römische
Regierung in wachsender Zahl Städte in staatsrechtlichem
Sinne herstellte, ebnete sie der Kirche den Weg. Doch erinnert die bischöfliche Organisation in Kappadozien in manchen
Stücken noch an die frühere politische Situation, die auch
durch die Römer nicht gänzlich aufgehoben werden konnte.
Darin wurzelt z. B. die Notwendigkeit, Chorbischöfe in
größerer Anzahl anzustellen. Dem Metropoliten Basilius
unterstanden nicht weniger als fünfzig.

In der Provinz Isauria lag bereits im vierten Jahrhundert die Metropolitengewalt in der Stadt Seleucia, die
wegen eines Tempels des Apollo Sarpedonios einen Namen
hatte. Im September 359 tagte hier eine von etwa 160
Bischöfen besuchte Unionssynode. Altchristliche Gräber in
der Umgebung der Stadt und auch sonst im Lande, deren
älteste in das vierte Jahrhundert zurückreichen, bekunden die
Verbreitung des Christentums.[2]) Doch erst um die Mitte
des fünften Jahrhunderts erhalten wir bestimmte Kunde über
den Hellenismus in der Metropole. Der Bischof Basilius
nämlich, der in den eutychianischen Streitigkeiten eine
schwankende Rolle spielte, rühmt in einer Predigt den
Triumphzug des Christentums: Länder und Inseln hat es

---

[1]) Kuhn, Die städt. u. bürg. Verf. d. röm. Reichs II Lpz. 1865
S. 230 ff.

[2]) Bull. de corr. hell. IV (1880) S. 195 ff.; VII (1883)
S. 230 ff. Genauere Untersuchungen fehlen noch.

gewonnen, Hellas ſich zur Beute gemacht; die Idole ſind
gefallen, die Altäre umgeſtürzt, die Dämonen geflüchtet.[1])
Mit dem apoſtoliſchen Netze ſind die Völker gefangen.[2])
Doch nahm der Prediger andererſeits Veranlaſſung, in heftiger
Weiſe gegen die in der Stadt geſeierten olympiſchen Spiele,
ein Erbe der Antike, ſich zu ergehen. Dieſe Feſtfeier iſt
ihm nichts anderes als „Hellenismus, gehüllt in die
Maske des Chriſtentums.“ Die, welche das Siegel Chriſti
tragen, miſchen ſich in den Feſtesreigen dem Teuſel zuliebe.
„Denn was iſt der olympiſche Wettkampf anders als das
Feſt des Teufels, welcher das Kreuz ſchmäht?“[3]) Die ge=
reizte Sprache erklärt ſich allein aus der Thatſache, daß
irgendwelche religiöſe Riten, wenn auch in abgeblaßter Form,
in dieſer Feier noch fortdauerten, und daß neben den Chriſten
auch Altgläubige in der Stadt noch vorhanden waren, an
welchen dieſe dem Biſchofe anſtößigen Spiele Förderer und
Liebhaber hatten.

In der Nachbarprovinz Lykaonia wies ſchon ein halbes
Jahrhundert vorher der Metropolit Amphilochius von Ico=
nium rühmend auf die Thatſache hin, daß durch die Geburt
Chriſti der Irrtum der Dämonen vernichtet ſei. Dieſe üb=
liche Rede läßt ſich nicht verwerten, wohl aber die Warnung,
die Chriſten möchten den Heiden nicht Anlaß werden, um
ihrer willen Gott zu läſtern, denn ſie ſtellt die Göttergläubigen
als eine Inſtanz hin, mit welcher zu rechnen iſt.[4])

---

[1]) Oratio XXX In illud: venite ad me omnes, qui c. 2
(Migne 85).
[2]) Or. XXXI In illud: venite post me, faciam vos fieri
piscat. hom. c. 2.
[3]) Or. XXVII In Olympia.
[4]) Amphilochius, Oratio in Christi nat. c. 1. 5.

Wie in den westlichen Küstenlandschaften der Niedergang und Untergang der alten Religion sich abgespielt hat, entzieht sich leider unserer Erkenntnis. Die Kirchengeschichte dieser Gebiete im vierten und fünften Jahrhundert war eine bewegte, reich an Leben und Mannigfaltigkeit. In der Aufregung der religiösen und theologischen Kämpfe, welche gerade auf diesem Boden eine unruhvolle Teilnahme fanden, verlieren sich die letzten Geschicke des Hellenismus. Gleichsam unter der Hand scheint Posten für Posten erobert worden zu sein. Die Stelle des längst umgestürzten Athenetempels in Pergamon nahm eine Kirche ein, und rings herum schnitt man in den Felsen Gräber.[1] Das noch berühmtere Ilion ging mit seinen Heiligtümern, die Julian noch sah und die damals ein christlicher Bischof, aber heidnischen Glaubens, vorsichtig hütete, unter, ohne daß man es beachtete. Die spätesten Fundstücke, welche das Terrain geliefert hat, sind Münzen des Konstantius. Das Bistum Ilion dürfte an einer andern Stelle zu suchen sein.[2]

Dieses Stillschweigen bedeutete nicht das, was man leicht aus ihm schließen könnte, nämlich, daß der Götterglaube nur noch in unscheinbaren Überbleibseln vorhanden gewesen sei. Indes auch wenn die Folgerung nicht gezogen wird, überraschen doch die Selbstbekenntnisse eines Mannes justinianischer Zeit über seine Thätigkeit als „Heidenlehrer" und „Zertrümmerer der Götzenbilder." Der monophysitische Bischof Johannes von Ephesus nämlich berichtet in seiner Kirchengeschichte, wie er „in den Tagen des Kaisers Justinian" den Anfang seiner auf Vernichtung des Heidentums gerichteten

---

[1] Altertümer von Pergamon. Berl. 1885 II S. 88 ff.
[2] Bd. I S. 86 f.; Schliemann, Ilios. Lpz. 1881 S. 209.

Wirksamkeit auf dem Gebirge von Tralles „mit Gottes Hilfe" gemacht habe. „Viele Tausende aus dem Gebiete dieser Stadt wurden vom Irrtume des Götzendienstes bekehrt." Errichtet wurden zur Befestigung des gewonnenen Gebietes 24 Kirchen und 4 Klöster. In der hochgelegenen Stadt Dariro (?) zerstörte der Bischof einen „großen und berühmten Götzentempel der Heiden" bis auf die Fundamente und ließ an seiner Stelle ein „gewaltiges" Kloster erstehen, dessen Baukosten der Kaiser Justinian bestritt, wie auch der übrigen Klöster und der Kirchen. Noch weiter griff die Wirksamkeit des Bischofs, der in einem Deuterius einen eifrigen Gehilfen hatte. In Asia, Carien, Phrygien und Lydien erbaute er im Ganzen 99 Kirchen und 12 Klöster und unterwies die Heiden.[1])

Diese wenigen Worte geben überraschende Aufschlüsse. Nach ihnen zählten die Altgläubigen in den genannten Provinzen noch nach Tausenden. Es bedarf ganz besonderer Mittel, sie von ihrem Kultus zu lösen und der Kirche einzugliedern. Über ganze Provinzen erstrecken sich die Anhänger der alten Religion. Doch ist zur richtigen Würdigung dieser Thatsache zu beachten, daß dieses Heidentum nicht in den Städten, sondern auf dem Lande liegt. In Beziehung auf Tralles ist es genau gesagt. In dem mächtigen Mesogis-Bergrücken, der sich als Grenze zwischen Lydien und Carien hinstreckt, haben alte landestümliche Kulte sich behauptet. Auch in Carien, Phrygien und Lydien gab es schwer zugängliche Gebirge und verborgene Schluchten genug, in denen der alte

---

[1]) Johann. v. Ephesus, Kirchengesch. II, 44 (S. 84); III, 36 (S 133); 37 (S. 134 f.).

Glaube vor dem Eifer der Bischöfe und der Gesetzgebung
geschützt war. Daher nennt auch der Bischof, abgesehen von
Dariro, keinen Städtenamen, und um Dariro kam er in
Streit mit dem Bischof von Tralles, der seine Diözesanrechte
dort liegen sah.[1]) Der ephesinische Bischof hat ohne Zweifel,
auf bestimmte Nachrichten hin, Streifzüge in die wenig be=
tretenen, abgelegenen Gebirgsgegenden der genannten Pro=
vinzen unternommen, um dem bäuerlichen Götzendienst beizu=
kommen. Dieser Götterglaube wird als eine Mischung
fremder und landestümlicher Vorstellungen zu denken sein,
die sich auch sonst in Kleinasien findet. Anderwärts haben
solche Unternehmungen nicht stattgefunden, sonst würde das
Ergebnis ein ähnliches gewesen sein. Denn wie überall so
hat auch in Kleinasien außerhalb der Städte das Heidentum
länger sich behauptet.

Wenn Johannes von Ephesus Klostergründungen zur
Sicherung des gewonnenen Gebietes vollzieht, so ist damit
ein Mittel bezeichnet, welches in der Überwindung des Helle=
nismus auch in diesen Provinzen sich bewährt hat. Während
die Bischöfe die Städte eroberten, besetzte das Mönchtum das
innere Land; der Charakter der Abgeschiedenheit machte diesem
eine Gegend erst wertvoll. So konnte es nicht ausbleiben,
daß in steigendem Maaße die alte Religion in die Kenntnis
und unter die Wirkung der Kirche kam.

In den Städten Kleinasiens hat sich das Geschick des
Heidentums im allgemeinen bereits im vierten Jahrhundert
entschieden. Für das Heidentum als Ganzes darf die Re=
gierung Justinians als entscheidend angesehen werden. Die
zahlreichen Kirchenbauten unter dieser Regierung, über welche

---

[1]) A. a. O. III, 37 (S. 134 f.).

Prokopius nur unvollständig berichtet,[1] sind zum größten Teil im Interesse der christlichen Propaganda unternommen worden. Denn oft erheben sie sich da, wo ein altes Heiligtum stand, oder sie verherrlichten einen Märtyrer, der die Rolle eines Schutzgottes an sich genommen hatte, wie die Kirchen an der Pontusküste. Damit geht Hand in Hand die scharfe Richtung der justinianischen Gesetzgebung, die den Eindruck hinterläßt, daß man zu dem letzten Schlage ausholen wollte. So mag damals in Kleinasien der hellenische und der landestümliche Götterglaube in schweren Erschütterungen schwere Verluste erfahren haben, die sich nicht ausgleichen ließen und sein Hinsterben beschleunigten.[2]

---

[1] Prokop. De aedificiis.

[2] Die altchristlichen Denkmäler Kleinasiens, welche in früherer Zeit und namentlich neuestens, besonders durch die Bemühungen französischer Gelehrten, bekannt gegeben sind, habe ich nur in geringem Umfange in der obigen Darstellung verwertet. Denn dieser Denkmälerkomplex, der sich fortwährend vergrößert, ist chronologisch noch nicht geordnet und bietet, sowie er beschrieben wird, dem fern davon Stehenden in den meisten Fällen nicht die Möglichkeit, diese Arbeit unter Verzichtleistung auf die Autopsie zu vollziehen. Es steht mir aber außer allem Zweifel, daß diese Quellen sich als äußerst ergiebig erweisen werden, wenn sie einmal durch eine sachverständige archäologische Forschung hindurchgegangen sind. Wir stehen, glaube ich, in dieser Hinsicht noch vor großen Erfolgen. Was bei den Ausgrabungen in Ephesus Wood, man könnte sagen, zufällig, an altchristlichen Denkmälern gefunden hat, kann ein annäherndes Bild davon geben (Wood, Discoveries at Ephesus, S. 31 f.; 36; 56 ff. (?); 120 ff.; 222 f (?). Bei Ermenek am Kalykadnus in Cilicien ist eine christliche Nekropole mit Kirchen und Inschriften angezeigt worden (Bull. de corr. hell. I (1877) S. 374).

Der allgemeine Verlauf des Gegensatzes.

Nachdem die auf Beseitigung des Heidentums gerichteten Bestrebungen der beiden bestimmenden Mächte, des Staates und der Kirche, und der Rückgang des Hellenismus im öffentlichen Leben der Allgemeinheit und der Provinzen dargestellt worden sind, ist es am Orte, das allgemeine Bild dieser Vorgänge zu zeichnen.

Die staatliche Gesetzgebung, welche auf das Heidentum abzielte, hinterläßt den Eindruck großer Schärfe. In allmählicher Steigerung hat sie an allen Punkten, zuletzt sogar auf wissenschaftlichem Gebiete, die Göttergläubigen rechtlos gemacht. In den Strafandrohungen ist sie bis zur Todesstrafe vorgeschritten. Indes gerade die schärfsten Edikte erwecken den Verdacht, daß ihre erste und wichtigste Tendenz Einschüchterung war. Die Wiederholung derselben Verordnungen Jahrhunderte hindurch und noch deutlicher die Fortdauer des Paganismus in Stadt und Land stellen diese Gesetzgebung in die rechte Beurteilung. Der Wille, den religiösen Gegensatz, der durch das Reich ging, in der Form auszugleichen, daß die eine für den Staat wertlos gewordene Religion verschwinde, bestand. Aber ebenso bestand ein hohes Interesse des Staates, dieses Ziel ohne Beunruhigung und Tumulte zu erreichen. Daher neben bereitwilligem Eingehen auf die Wünsche der Kirche seitens der Regierung ihr häufiges Zögern in der Durchführung ihrer eigenen Bestimmungen.

Noch der letzte große syrische Christenprozeß zeigt diese Zurückhaltung an. Daher die Klagen der Bischöfe und Synoden über die Lässigkeit der Beamten. Bald griff der Staat rücksichtslos durch, bald hielt er vorsichtig an sich. Im allgemeinen ließ er bei Ausführung seiner religionspolitischen Gesetze durch Rücksichten auf das Gemeinwohl sich bestimmen. Wo er mit kräftigen Maaßregeln einsetzte, war eine neue Situation in der Regel nicht erst zu schaffen, sondern ein bereits vollzogener Umschwung nur weiter zu führen. Nur selten ließ die Regierung sich herbei, vorhandene Zustände in eigener und erster Initiative umzustoßen. Dahin scheint die Mission des Cynegius unter Theodosius d. Gr. zu gehören. Die Meinung, daß der Arm des Staates den Hellenismus mit brutaler Gewalt niedergeschlagen habe, entspricht nicht dem Ausweis der Geschichte. Dem Wortlaute seiner Gesetzgebung nach zu urteilen, scheint es allerdings so, doch zwischen Wort und That, zwischen Drohung und Ahndung lagen zumeist weite Abstände oder beide berührten sich überhaupt nicht. So hat sogar ein so heidenfeindlicher Mann wie Konstantius die Todesstrafe, die er als der erste in die Religionspolitik aufnahm, in keinem einzigen Falle thatsächlich verhängt. Dem genialen Vorbilde Konstantins folgend, hat der antike Staat wohl stetig und mannigfaltig dem Ziele zugestrebt, die alte Religion einzuschnüren und die Rechte ihrer Bekenner zu verkürzen, aber brutale Gewalt lag der Gesamtrichtung dieser Politik fern, obschon harte Maaßregeln nicht gefehlt haben.

Ungeduldiger sah die Kirche die Entwickelung der Dinge, da sie ausschließlich durch religiöse Motive geleitet wurde. Die Fortdauer des Götterkultus erschien ihr als fortgesetzte Gotteslästerung und also die Vernichtung dieses Kultus als

eine heilige Pflicht gegen Gott. Das Wie ist verschieden
aufgefaßt worden. Die gemeinsam empfundene Verpflichtung,
die alte Religion zu beseitigen, kam bald in der Form
suchender Mission, bald in dem abstoßenden Bilde gewalt=
samen Vorgehens gegen die Heiligtümer zur Auswirkung.
Letzterer Weg war der mehr betretene. Augustinus und
Chrysostomus haben wohl liebevolle Behandlung der Anders=
gläubigen und ihre innere Gewinnung empfohlen, aber jener
war doch in Nordafrika der Führer einer rücksichtslos heiden=
feindlichen Partei, und dieser hat in Phönizien Mönchs=
schaaren gedungen, die mit roher Gewalt das fremde Gebiet
eroberten. Zwar ist die Belehrung der Heiden immer als
Pflicht festgehalten und mündlich und schriftlich betrieben
worden, doch erschien die zwangsweise Loslösung von dem
antiken Kultus als das erste Erfordernis. Daher warf sich
der kirchliche Übereifer zuerst auf die Tempel. Ihre Zer=
störung oder Schließung galt als die erste Christenpflicht.
Die „Häuser der Dämonen“ und die „Bilder der Dämonen“
gaben das vornehmste Ärgernis, und für ihre Vernichtung ließ
sich die Menge leicht gewinnen. Daraus konnten blutige Kämpfe
entstehen, in denen Christen und Heiden fielen, aber dieselben
zählen doch zu den Ausnahmen und dürfen daher nicht die
Gesamtbeurteilung einseitig bestimmen. Die Kirche hat doch
soweit wenigstens den Gedanken religiöser Duldung fest=
gehalten, daß sie nur den Apparat des alten Kultus zerstörte,
die Anhänger dieses selbst dagegen nicht behelligte. Das ist
wenigstens das Gesamtbild, welches ihr Verhältnis zum Heiden=
tum gewährt.

Eine geschichtliche Wertung dieses bedeutungsvollen
Kampfes muß indes noch ein drittes Moment in Rechnung
ziehen, um der Wahrheit nahe zu kommen, ja, dieses

dritte Moment ist nicht nur an sich wertvoll, sondern erläutert erst deutlich die Haltung des Staates und der Kirche.

Es hat nämlich die Darstellung gewisse Unterschiede des Widerstandswillens und der Widerstandskraft öfters gezeigt, zunächst den Unterschied zwischen Stadt und Land. Fast überall ließ sich die Thatsache feststellen, daß die größern Städte von dem Ringen beider Religionen wenig berührt worden sind Der Übergang von dem alten zum neuen Glauben vollzog sich fast geräuschlos. Rom und Antiochia sind die hervorragendsten Beispiele hierfür. In Antiochia ist die alte Religion verschwunden, wahrscheinlich ohne je ernstlich in Kampfesstellung getreten zu sein. In Rom sind durch die aristokratisch-heidnische Partei wohl einzelne Bewegungen hervorgerufen worden, aber doch nur in kleinem Kreise und mit so geringer Lebenskraft, daß sie der Gegenwirkung sofort erlagen. Die Episoden, die in der Welthauptstadt unter und nach Gratian bis Theodosius d. Gr. sich abspielten, gewähren das anziehende Bild einer patriotisch-romantischen Gläubigkeit, aber erschütternde Vorgänge waren sie nicht. Sie verliefen wesentlich in den höhern Gesellschaftskreisen; das Volk stand als Zuschauer daneben. Eine Volksbewegung mit ihren Leidenschaften und Gefahren hat der Kampf zwischen Heidentum und Christentum in Rom nicht hervorzurufen vermocht. Auch in den nordafrikanischen Provinzen gehören die erregten, ja, blutigen Auseinandersetzungen zwischen der alten und der neuen Religion den kleinen Städten und dem Lande an; die Hauptstadt Karthago hat nur einige unbedeutende Tumulte erlebt. In Kleinasien war es nicht anders. Die namhaften Städte an der Küste und im Innern sind in die neue Situation, so zu sagen,

hineingeglitten. Nikomedien, Smyrna, Ephesus, Milet, Cäsa=
rea, Ancyra, um nur diese zu nennen, haben ohne Zweifel
keine ernsthafteren Vorgänge dieser Art erlebt. Das Schweigen
einer umfangreichen und mannigfaltigen Literatur wäre sonst
nicht denkbar. Dasselbe gilt von Athen. Zwar hat hier der
Götterglaube länger gehaftet, aber von kräftigen Lebensäuße=
rungen und Gegenwirkungen gegen das Christentum ist nichts
zu gewahren. Eine Ausnahme macht Alexandrien. In wilden
Straßenkämpfen, auf einem wirklichen Schlachtfelde haben sich
daselbst die Gegner gemessen. Fanatismus stand gegen Fana=
tismus. Ein Doppeltes hat hier die Entwickelung wesentlich
anders gestaltet: das alexandrinische Judentum und der übel=
berüchtigte Charakter der Alexandriner. Alexandrien besaß
die größte Judenkolonie in der alten Welt. Diese selbstbe=
wußte Judenschaft war, wie überall in der alten Kirche das
Judentum, von leidenschaftlichem Hasse gegen das Christen=
tnm erfüllt und weckte dadurch seinerseits die Feindschaft des
Christentums gegen sich.[1]) Auch wenn die Quellen eine leb=
hafte Mitwirkung der alexandrinischen Juden an den religi=
ösen Kämpfen in der Stadt nicht ausdrücklich erwähnten,
müßte mit derselben von vornherein gerechnet werden. Auch
in Antiochia hat noch in einer Zeit, wo das Christentum

---

[1]) Vgl. die Urteile des judenfeindlichen Patriarchen Cyrill Hom.
Pasch. I, 5: *Ἰουδαῖοι δὲ πάντας ἀνθρώπους ὑπερβαλλό-
μενοι τῇ τῶν ἀσεβημάτων καινότητι. — Πάσης γὰρ, ὡς
ἔπος εἰπεῖν, πονηρίας πεπληρωμένοι καὶ πᾶσαν ἐν ἑαυτοῖς
ἀκαθαρσίαν ὠδίνοντες. — Πάσης γὰρ ὄντως ἀκαθαρσίας
ἡ τῶν Ἰουδαίων γνώμη πεπλήρωται καὶ τῶν φαύλων οὐκ
ἔστιν οὐδὲν ὃ μὴ παρ' ἐκείνοις τετίμηται.* Ähnliche Anße=
rungen zahlreich auch sonst bei Cyrill. Sie können als Meinung der
Christen in Alexandrien gelten.

bereits die Stadt sich erobert hatte, das Judentum der Kirche
sich lästig gemacht und die überaus scharfen Predigten des
Chrysostomus „wider die Juden" hervorgerufen. Das reizbare, unbotmäßige Naturell der Alexandriner bot einer Auf-
stachelung durch das christenfeindliche Judentum den günstig-
sten Boden. „Wenn es in Antiochia in der Regel bei den
Spottreden blieb, so griff der alexandrinische Pöbel bei dem
geringsten Anlaß zum Stein und zum Knittel. Im Kra-
wallieren, sagt ein selbst alexandrinischer Gewährsmann, sind
die Ägyptier allen andern voraus. Der kleinste Funke genügt hier, um einen Tumult zu entfachen."[1]) Dieselbe
Menge, die sich ohne sonderliche Anstrengung der Agitatoren
unter Caligula und unter Nero zu blutigen Judenhetzen
gewinnen ließ, war ebenso bereit, über die Christen herzu-
fallen, wenn sie in richtiger Weise in Bewegung gesetzt wurde.
Die Zusammenstöße selbst zeigten uns übrigens auf der heidnischen Seite neben jüdischen Händen auch göttergläubige
Philosophen als Führer. Die christliche Menge ihrerseits
hatte in den Geistlichen und den Mönchen ihre Leiter. Diese
Kämpfe waren daher im Grunde nur Pöbelexzesse, die zwar
in der religiösen Differenz ihren Ausgang nahmen, aber zu
blutigen Balgereien entarteten.

Langsam dagegen nur vermochte das Christentum in die
Landschaft vorzudringen. Eine raschere Gewinnung ist auf
diesem Boden immer Ausnahme gewesen. Die kirchliche
Organisation erwies sich auf der einen Seite ebenso hinderlich
wie auf der andern die mangelhafte Communikation und die
konservative Religiosität, die hier vorlagen. Denn indem die
bischöfliche Gewalt sich in den Städten festigte, wurde sie

---

[1]) Mommsen R. G. V S. 583.

durch eine eifersüchtige Betonung ihres kultischen und kano-
nischen Rechtes davou zurückgehalten, die Landbezirke vollständig und genügend kirchlich zu organisieren. Die un-
ordentliche und lückenhafte geistliche Versorgung, welche sie
zuließ, erwies sich unfähig zu kräftigem Handeln. Daher
machten sich bischöfliche Streifzüge gegen das Heidentum im
Innern des Landes nötig, wie sie z. B. Marcellus von Apamea und Johannes von Ephesus ausführten, und die gruppen-
weisen Unternehmungen der Mönche unter bischöflicher Auktorität. Daß ihre Erfolge nur äußerliche waren, leuchtet ein.
Die feste, durch moderne Einflüsse gar nicht oder nur un-
wesentlich erweichte Gläubigkeit der Bauern und Hirten
mußte sich von diesen Erschütterungen leicht erholen. Erst
als das Klosterwesen eine weite Ausdehnung gewann unb
Mönchsniederlassungen zahlreich die abgeschiedenen Gegenden
besetzten, und ein besseres Parochialsystem sich entwickelte,
erlag das ländliche Heidentum. Es kommt dazu, daß das
Interesse der Kirche nach dieser Seite hin kein großes war.
Sie trug vorwiegend städtische Physiognomie. In der
Bildungs- und Verkehrswelt hatte sie sich heimisch gemacht
unb fühlte sie sich heimisch. Der Aristokratismus des Städte-
tums gegenüber dem Lande war auch ihr zu eigen geworden.
Indem sie auf diese Weise nicht die Neigung hatte, in diese
Verhältnisse einzugehen, entwöhnte sie sich auch der Fähigkeit, es zu thun. Versuche ein bestimmtes Landgebiet im
ganzen Umfange zu missionieren, haben stattgefunden, aber
doch nur als vereinzelte Ausnahmen, welche der Gesamt-
stimmung der Kirche keineswegs entsprachen. Die Eroberung
der Städte läßt sich dagegen überall als klares, festes Ziel
erkennen; das Weitere blieb dem natürlichen Gange der
Dinge überlassen. Daher steht die Christianisierung des

Landes hinter derjenigen der Stadt in der Regel um Jahr=
zehnte, oft aber auch um Jahrhunderte zurück.

Neben diesem deutlichen Unterschiede drängt sich eine
zweite Beobachtung auf. Da nämlich, wo sich die siegreiche
Kirche mit dem griechisch=römischen Götterglauben auseinander=
setzte, gehören heftige Konflikte zu den Ausnahmeerfahrungen.
In der Regel war der Widerstand ein geringer. Dagegen
erwiesen sich die landestümlichen Religionen stärker und zäher
und zwar desto mehr, je weniger sie von der Kulturreligion
berührt waren. Denn die Durchsetzung mit fremden An=
schauungen ist immer ein Zeichen der abnehmenden Kraft der
rezipierenden Religion. So ist das Keltentum im mittlern
und nördlichen Gallien dem Christentum nur allmählich ge=
wichen, während es in den mehr romanisierten Gebieten mit
der griechisch=römischen Religion, in die es eingegangen war,
rasch erlag. Den ausdauerndsten und leidenschaftlichsten
Widerstand indes fand die christliche Propaganda da, wo
semitische Religion und Religiosität noch fortdauerten. Im
Westen ist nirgends heißer zwischen der alten und der neuen
Religion gestritten worden als in Nordafrika. Mit Gewalt
schlug hier die Kirche unter Aufwendung all ihrer Macht=
mittel das Heidentum nieder. Denn in diesen Landschaften
lebten auch in römischer Zeit selbständig oder in der Hülle
der neuen Kultur phönizische Religion und Sitte fort. Noch
im fünften Jahrhundert gab es bischöfliche Sprengel, deren
Inhaber phönizisch verstehen mußten. Selbst in dem romani=
sierten Hippo wurde noch punisch verstanden. Die Kirche
fand Veranlassung, auf diese sprachlichen Verhältnisse Rück=
sicht zu nehmen.[1]) Bis Tiberius trugen die Münzen punischer

---

[1]) Vgl. August. Epist. 66; 84, 2; 108, 14. Sermo 167, 4:
latine vobis dicam, quia punice non omnes nostis. — Epist.

Städte noch phönizische Inschriften und ihre Duumviri nannten sich Sufeten. Fester wurzelte noch die Religion. Zwar unter den Götternamen, welche die Inschriften übermitteln, finden sich nur wenige punische, doch decken die nicht-punischen ohne Zweifel häufig punische Götter.[1]) So mögen hinter den häufig vorkommenden Namen Saturnus und Herkules phönizische Gottheiten liegen, die sich hier wie anderwärts der Nomenklatur des griechisch-römischen Pantheon angequemt haben.[2]) Es muß auch weiter berücksichtigt werden, daß die Inschriftensitte in später Zeit fast ausschließlich den Römern oder romanisierten Puniern angehört, da im vierten Jahrhundert das Phöniziertum hauptsächlich nur noch in den niedern Volksschichten lebte.[3]) Dahin führen auch die Erfahrungen, welche die das Heidentum erdrückende Kirche in Nordafrika machte. Das Majumafest, diese echt phönizische Feier, war noch damals ein beliebtes Volksfest, welches den Unwillen der Kirche erregte.[4]) Auch die Verehrung von Bäumen und Hainen gehörte zu den Eigentümlichkeiten des punischen Kultus. Den Tempel der Cälestis z. B. in Karthago

---

202 hebt Augustin bei Einsetzung eines Bischofs in Fussala in Numidien besonders hervor, derselbe sei ein solcher, qui et punica lingua esset instructus.

[1]) Das Verzeichnis C. J. L. VIII, 2 p. 1081 ff. Dazu Annali dell' Instituto di corr. archeol. 1860 S. 80 ff.

[2]) Vgl. über diese Identifizierung Movers, Die Phönizier I S. 254 ff.

[3]) Anders lagen die Verhältnisse früher. Von den altpunischen d. h. wahrscheinlich vor der Zerstörung Afrikas entstandenen Inschriften gehören gegen 2500 Karthago an; andere entfallen auf Hadrumetum (9), Cirta (5), Thugga u. s. w. Schon die neupunischen Inschriften zeigen eine Abnahme (Euting bei Mommsen V S. 641 Anm. 1).

[4]) Cod. Theod. XV, 6, 1; XV, 6, 2 (vgl. auch XVI, 10, 17).

umgab ein Hain immergrüner Nadelhölzer. Daher wurde
im fünften Jahrhundert ausdrücklich auch die Beseitigung
der Idololatrie gefordert, die an Haine und Bäume sich
knüpfte.[1]) Nicht selten traf man damals auf Reisen im
Lande solche heilige Gegenstände und Orte an. Auch heilige
Seen und Quellen waren noch da und wurden von den
Gläubigen mit Opfer geehrt.[2]) In der Hauptstadt Karthago
haben selbstverständlich ebenfalls Elemente punischer Religion
sich behauptet, um so mehr, da hier das berühmte Heiligtum
der himmlischen Jungfrau Astarte bis tief in die christliche
Zeit hinein stand. Doch gab nicht punisches, sondern römisches
Wesen im vierten Jahrhundert der Stadt ihr Gepräge; daher
vollzog sich der Übergang zur neuen Religion leichter.
Immerhin ist möglich, daß der Herkules, der zu Augustins
Zeit die Gemüter der Christen erregte, eine phönizische Gott=
heit mit anderm Namen war.[3])

In dieser Fortdauer der punischen Religion, die auch in
ihren verglimmenden Resten noch die Glut der Leidenschaft=
lichkeit trug, liegt die Erklärung dafür, daß der Vernichtungs=
kampf hier durch die Kirche in einer Weise geführt ist wie

---

[1]) Cod. can. eccl. Afr. c. 84: Item placuit ab impera-
toribus gloriosissimis peti, ut reliquiae idolotatriae non solum
in simulacris, sed et in quibuscunque locis vel lucis vel
arboribus omni modo deleantur.

[2]) Lehrreich ist in dieser Hinsicht das Schreiben des Publicola
an Augustinus (Epist. 46). Darin fragt der Schreiber u. A.: De
luco si licet ad aliquem usum suum christianum scientem
ligna tollere? — Si licet de fonte bibere vel de puteo,
ubi de sacrificio aliquid missum est? Si de puteo, qui in
templo est u. s. w. — Si christianus debet in balneis,
quibus in die festo suo pagani loti sunt, lavare u. s. w.

[3]) Angust. Sermo 24, 6.

sonst nicht im Westen. Das heiße Naturell kam bei den
Verfolgern wie bei den Verfolgten dazu. Indes dasselbe
Volkstum, dessen religiöses Empfinden und Handeln ge-
waltsam vernichtet wurden, lieferte der siegenden Kirche
Heilige, deren fremdartige Namen den Spott gebildeter
Heiden hervorriefen,[1]) und unter die Bischofsnamen hat sich
mancher phönizische Name eingereiht.

Das Semitentum, welches auf diesem Boden in redu-
zierter Kraft mühsam fremden Einflüssen gegenüber seine
Existenz behauptete, war noch eine ganz andere Macht in
Syrien und hat sich als solche vor dem Andrängen des
Christentums in einzigartiger Weise bewährt. Zwar hatte
die Hellenisierung dieses Volkstum erfolgreich erfaßt, doch
lebten Sprache, Religion und Sitte des Landes noch kräftig
fort. Die Religion insbesondere behauptete auch in den
hellenisierten Städten ihre Geltung; die Konzessionen, wo
sie stattfanden, waren nur nominelle. „Die Syrer von
Beröa bringen ihre Weihgeschenke mit griechischer Aufschrift
dem Zeus Malbachos, die von Apameia dem Zeus Belos,
die von Berytos als römische Bürger dem Jupiter Balmar-
codes, alles Gottheiten, an denen weder Zeus noch Jupiter
wirklichen Teil hatten."[2]) Ja, von diesen Gebieten aus hat
das römische Reich selbst Gottheiten erhalten, den Baal
(Jupiter) von Heliopolis, den Jupiter Dolichenus, den jugend-
lichen Lieblingsgott der Legionen, den palmyrenischen Malak-
belus, den Gott von Emesa und mehrere Göttinnen. In

---

[1] August. Epist. 16, 2. Urteil des Grammatikers Maximus von Madaura: diis hominibusque odiosa nomina. Die ernste
und geschickte Abwehr Augustins Epist. 17, 2.

[2] Mommsen V S. 452.

prunkenden, enthuſiaſtiſchen, zum Teil ausſchweifenden Kulten
lebte dieſe Religion fort. In ihr fand das Volkstum ſeine
Vergangenheit und ſich ſelbſt wieder. Anſehnliche Städte
an der Küſte und im Innern, heilige Wallfahrtsorte, ehr=
würdige Tempel und Götterbilder ſtützten dieſen Glauben.
Die chriſtliche Propaganda traf hier auf einen Widerſtand,
in welchem Zähigkeit und Fanatismus ſich vereinigten. Haupt=
ſächlich mit Gewalt iſt daher dieſes Land erobert worden.
In größerer Anzahl, als unſere Quellen ahnen laſſen, muß
es auf beiden Seiten Erſchlagene gegeben haben. Den Biſchof
Marcellus von Apamea verbrannte das altgläubige Landvolk
lebendig, als er ihnen ein Heiligtum niederreißen ließ.[1]
Andererſeits klagte in Beziehung auf die Tempelzerſtörer
Libanius: „Den Prieſtern bleibt nur die Wahl zwiſchen
Schweigen und Tod.“[2] Es iſt früher gezeigt worden, wie
Militärmacht und Mönchsbanden aufgeboten werden mußten,
um der Kirche zu einem unrühmlichen Siege zu verhelfen.
In Paläſtina waren die Konflikte ſeltener, aber doch nur,
weil die Bevölkerung durch den letzten großen Sieg aufge=
rieben war. In Cypern dagegen, dem uralten Sitze phöni=
ziſcher Kultur und Religion, ſchien nur Gewaltthätigkeit zum
Ziele führen zu können. Warum Antiochia in dieſer Ge=
ſchichte eine Ausnahmeſtellung einnimmt, iſt oben geſagt
worden. Auch ſonſt iſt die Entwickelung in ruhigern Bahnen
verlaufen, aber im allgemeinen vollzog ſie ſich in Gewalt=
akten und heftigen Erſchütterungen.

Syriſche oder wenigſtens ſemitiſche Kulte ſind ſchon in
ſehr alter Zeit auch in Kleinaſien nachzuweiſen. Der in

---

[1] Bd. I S. 268 ff.
[2] Liban. Pro templis c. 3.

Lycien, Cilicien und sonst verehrte Apollo Sarpedonios und die Diana Sarpedonia weisen dahin, wie auch Kybele und Tanais=Astarte; vorzüglich liegt in dem lydischen Kult eine große Übereinstimmung mit dem phönizischen.[1]) Aus diesen Beziehungen erklärt sich vielleicht, daß im sechsten Jahr= hundert der Bischof Johannes hier noch Tausende von Heiden vorfand; es hätte also auch in diesem Falle die semitische Religion auf fremder Erde ihre Zähigkeit bewährt.

Eine objektive Beurteilung des Verfahrens der Kirche in Syrien darf nicht außer Rücksicht lassen, daß die be= kämpfte Religion in ihrer praktischen Erscheinung der Moral des Christentums das schwerste Ärgernis bot. Es trat der Kirche darin nicht nur ein falscher Glaube entgegen, sondern ein schamloses Handeln unter dem Deckmantel und der Auktorität der Religion. Die massenhafte Unzuchtsübung an den Wallfahrtsorten und an andern berühmten Heilig= tümern, das Kastratentum, die ganze sinnlich=wollüstige Art der religiösen Gepflogenheit mußte den äußersten Abscheu hervorrufen und die Duldung dieser Dinge als eine große Versündigung ansehen lassen.[2]) Gleich unter den ersten Schlägen, mit welchen Konstantin die Heiligtümer traf, ging einer nach Phönizien. Der Tempel zu Aphaka am Libanon wurde dem Erdboden gleich gemacht und zwar weil hier „zu Ehren der schändlichen Göttin Aphrodite" die lasterhaftesten

---

[1]) Movers I S. 15 ff. Über das Vordringen semitischer Ele= mente und Einflüsse in Vorderasien s. auch Kiepert, Lehrb. d. ant. Geogr. Berl. 1878 §. §. 90. 114.

[2]) Preller, Röm. Mythologie. 2. Aufl. S. 742: „Nirgends war das Heidentum so götzendienerisch und grausam, lüstern und sinnlich ausschweifend als in diesem nationalen Kreise." Einzelheiten bei Mo= vers Bd. I; bes. S. 676 ff.

Ausschweifungen sich sammelten und die schlimmsten Dinge sich vollzogen, „als gäbe es im Lande kein Gesetz und keinen Fürsten."[1]) Gerade in diesem Kreise konnten alttestamentliche Anordnungen über Götzendienst und Unzucht unmittelbar zur Anwendung gebracht werden, und das Beispiel des Elias, der die Baalspfaffen schlachtete, sanktionierte jede Gewaltthat gegen den syrisch-phönizischen Baalsdienst. Die Meinung, daß die Vernichtung des Heidentums durch die Kirche in äußerlichen Herrschaftsgelüsten und blindem Fanatismus ihren Ausgang habe, trägt ein großes Unrecht in sich. Beide Motive haben sich allerdings geltend gemacht, aber die Polemik gegen den Götterglauben stellt als den ausschlaggebenden Grund fest den „Götzendienst," das heißt die religiöse Gegensätzlichkeit und diese zugleich als eine ethische. Die Erkenntnis, daß diese Religion den göttlichen Geboten nach ihrer religiösen wie sittlichen Seite zuwiderlaufe, und die daraus erwachsene Verpflichtung, diese Dissonanz aufzulösen, waren die treibenden Ursachen, die bei aller Trübung durch Rohheit und Fanatismus immer wieder hervortreten. Der empfindlichste Mangel ist, daß der Begriff der Gewissensfreiheit gar nicht und der Gedanke friedlicher Missionsarbeit nur sporadisch da ist. Die Geltung des alten Testaments hat hier ohne Zweifel einen verderblichen Einfluß geübt. Der erste klassische Theoretiker gewaltthätiger Intoleranz, Firmicus Maternus schuf sich aus diesem Material die Basis für seine Deduktionen. Seine Weise hat hernach überall da Nachahmung gefunden, wo es zur Vernichtung anzufeuern oder die vollzogene zu rechtfertigen galt. Nur so läßt sich ver-

---

[1]) Euseb. V. C. III, 55. Hierselbst auch weitere Details.

stehen, daß dieselbe Kirche, welche drei Jahrhunderte hin=
durch Religionsfreiheit zu fordern nicht müde geworden war,
selbst in der Praxis das Gegenteil übte, nachdem sie zu
Macht gekommen war. So sehr fehlte die Empfindnng dieses
Widerspruchs, daß in den theologischen Kämpfen des sechsten
Jahrhunderts Christen, die von der Gegenpartei Unbill zu
erleiden hatten, ihre Verfolger „Heiden" schalten;[1]) sie
wußten nicht, daß Religionsverfolgung damals längst nicht
mehr die Heiden ausschließlich charakterisierte.

Die große Mannigfaltigkeit, welche die provinziale
Geschichte bietet, sollte in jedem Falle eine Warnung sein,
Einzelheiten zu verallgemeinern. Die blutigen Religions=
kämpfe in Alexandrien charakterisieren ebensowenig das Ver=
halten der Kirche wie die Schonung des Hadrianstempels in
Cyzikus. Wenn sie dort niederschlug und hier schonte, so
wurde sie durch lokale Verhältnisse, seien es Ereignisse, seien
es Parteien oder Stimmungen, so geführt. Das erweist sich
deutlich als der allgemeine Wille, das Heidentum im ganzen
Umfange und so schnell als möglich auszulöschen, und dieser
Wille trägt zugleich die Entschlossenheit in sich, die irgend=
wie erreichbaren Machtmittel dazu aufzubieten. Nachsicht auf
der einen und Brutalität auf der andern Seite sind nur
Mißbildungen innerhalb dieses Gesamtwollens und Gesamt=
handelns, und es ist die Aufgabe der geschichtlichen Forschung,
ihre Entstehung zu suchen.

Was die zeitliche Seite des Unterganges der alten
Religion anbetrifft, so hat die frühere Darstellung gezeigt,

---

[1]) Johann. v. Ephesus II, 39. Der Ausspruch einer Christin:
„Heiden seid ihr, aber keine Christen, denn Christen verfolgen Christen
nicht" (S. 80). — II, 42 (S. 83); II, 14 (S. 58) u. sonst.

daß die Entscheidung am Ende des vierten Jahrhunderts sich bereits vollzogen hatte. Die großen Städte des Ostens und des Westens, Antiochia, Konstantinopel, Alexandrien, Rom, Karthago waren christlich. Dasselbe gilt von der Mehrzahl der kleinern Städte. Was noch zurückstand, mußte kurz oder lang nachfolgen; ein Stillstand oder gar eine Umkehr war nicht mehr denkbar. In den Städten bieten die untern und mittlern Schichten der Bevölkerung die breite und feste Basis der neuen Religion, während die höhern Gesellschaftskreise und die philosophisch Gebildeten zurückhielten. Rom und Alexandrien zeigen dies am deutlichsten Nach dieser Seite hin ist auch viel Rücksicht geübt worden. In Heliopolis z. B. gab erst die fortwährende lästige Bedrückung der Christen durch die Primaten Anlaß zu staatlichem Ein= schreiten. Die prinzipielle Feindschaft beider Religionen hat ein friedliches Zusammenleben, ja, sogar freundschaftliche Ver= hältnisse nicht gehindert. Ein Heidenfeind wie Gregor von Nazianz und ein Christenfeind wie Libanius können dafür angeführt werden. Es hieße auch Unmögliches als möglich setzen, wenn man sich die Anhänger beider Religionen, welche durch tausend Bande gleichen Empfindens, gemein= samer Verpflichtung und derselben Bildung zusammengehalten wurden, in haßerfülltem Ringen denken wollte. Nicht einmal die Katholisierung Frankreichs nach der Aufhebung des Edikts von Nantes gewährt die entsprechende geschichtliche Parallele; diese hat sich weit schärfer und rücksichtsloser vollzogen als die Unterdrückung des Götterglaubens. Doch bietet sonst die Gegenreformation des siebzehnten Jahrhunderts Vorgänge, die zu einem Vergleiche einladen.

Dritte Abteilung.

Religiöse Ausgleichungen.

Die Ermattung und der Verfall des geistigen und materiellen Lebens der Antike im dritten Jahrhundert begleitete eine Wandelung des religiösen Empfindens und Handelns. Das Zerfließen und Ineinanderfließen der Kulte zeigt diese Lage ebenso deutlich an wie die Sublimierung des Götterglaubens durch die Philosophie. Das Jahrhundert war ein religiöses, das religiöse Interesse ein großes. In der volkstümlichen Religiosität läßt sich im Vergleich zu der ältern Zeit nicht nur kein Nachlassen der Intensivität entdecken, sondern vielleicht sogar eine Steigerung. Die authentischen und unmittelbaren Zeugen, die Inschriften, schließen uns eine religiöse Welt mit reichem Inhalte auf.[1]) Die Beziehungen zu den Göttern sind lebendige, persönliche. Gemeinden und

---

[1]) In Beziehung auf römische Verhältnisse hat dieses Zeugnis der Inschriften zuerst in größerm Umfang Friedländer („Darstellungen aus der Sittengeschichte Roms" III, 4) verwertet. Daher ist im Folgenden vorwiegend auf die griechischen Länder Rücksicht genommen. Im allgemeinen ist die Erforschung der volkstümlichen Religiosität des 3. Jahrh. noch sehr im Rückstande. Auch das manches Wertvolle enthaltende Buch von Jean Réville: La religion à Rome sous les Sévères (deutsch Lpz. 1888) bietet hierfür wenig.

Einzelne eifern in Manifestation ihres religiösen Sinnes. Weltliche Korporationen stellen sich unter das besondere Patronat eines Gottes und ehren ihn mit regelmäßigen Opfern und Festfeiern.[1]) Die Errichtung von Altären und Statuen, die Erbauung von Tempeln, die Niederschrift des Dankes zu öffentlichem Gedächtnis gehen weithin durch die alte Welt. In mittelbarer oder unmittelbarer Offenbarung tritt der göttliche Wille an den Einzelnen heran, um diese oder jene Leistung hervorzurufen[2]), oder das Dankgefühl über diese oder jene Wohlthat regt dazu an. Die Standlager der Armeen waren ein großes Pantheon; die Gefahr vor dem Feinde wies den Soldaten um so ernster an die waltenden Mächte. An den Wallfahrtsorten drängten sich die Gläubigen zusammen, um für sich oder ihre Angehörigen oder sonstige Personen Gebet und Opfer darzubringen, denn diese Religion kannte den Begriff der Fürbitte. „Ich bin gewallfahrtet zur Herrin Isis und habe die Anbetung vollzogen für mich und für andere", so lautete das Grundschema, welches die aus Nah und Fern kommenden Pilger im Tempel zu Philä persönlich gestalteten.[3]) Die Bittgänge machte eine große Beteiligung zu eindrucksvollen Akten. In den Prädikaten, mit welchen die Gottheit erfaßt wird, spricht sich das Vorhandensein eines persönlichen Verhältnisses zu ihr

---

[1]) Liebenam a. a. O. S. 285 ff.

[2]) Die beliebten Formeln sind ex praecepto, ex jussu, monitu, imperio, κατὰ κέλευσιν, κατὰ πρόσταγμα.

[3]) C. J. Gr. III, 4897 ff., darunter: ἥκω πρὸς τὴν κυρίαν Ἴσιν καὶ προσκεκύνηκα (4907). — ἥκω καὶ προσκυνήσας τὴν κυρίαν Ἴσιν (4914). — ἥκομεν καὶ τὸ προσκύνημα αὐτῶν καὶ τῶν παρ'αὐτῶν πάντων πεποήκαμεν (4916). — ἥκω ... μνείαν ἐπ'ἀγαθῷ τῶν γονέων ποιούμενος (4936). —

aus. „Allmächtig" — „König" — „Herr" — „heiliger
Gott" — „Heiland" — „Freund" — „Vater" — „menschen=
freundlich", sind einige bezeichnende Äußerungen dieser
Art.[1]) Es liegt kein Recht vor, sie als Phrasen zu
beurteilen. „Großer Zeus im Himmel, sei gnädig mir, dem
Demetrius", schreibt ein frommer Grieche auf einen Stein,
und ein Anderer trägt sein Gebet vor die „erhörende Hera".[2])
Ein Phrygier, der in Gefahr des Ertrinkens Rettung fand,
bringt seinen Dank zum Ausdruck an Zeus, Poseidon,
Athene und an „alle Götter" und dann noch an den Fluß=
gott, der ihm das Leben erhalten.[3]) In Delos giebt ein
Schiffsherr samt seinen Gefährten einen Teil der Beute, viel=
leicht Strandgut, an Apollo ab, und demselben Gotte weihten
ansässige Kaufleute und zufahrende Schiffer aus allen Städten
und Nationen Gaben und Denkmäler.[4]) Städtische und
Staatsedikte leiteten den Text mit der Überschrift Θεοί ein,
auch wenn der Inhalt sich nicht auf Religiöses bezog.

Es ist nicht möglich, die reiche Fülle der Beziehungen,
welche der Gläubige zur Götterwelt hatte und pflegte, auch
nur annähernd zu entfalten. Neben der dem Volksglauben
entfremdeten Philosophie gab es Verächter und Spötter der
Religion, aber ein glaubensloses Volkstum ist weder im

---

[1]) Vgl. z. B. C. J. L. VIII, 8807. 2634. 6353. 9649; III,
1422. 1090 (Jupiter summus exsuperantissimus divinarum
humanarumque rerum rector fatorumque arbiter); C. J. G. 2342.
6280. 157. 246. 3993. 5940. 1052[b]. 1063. 6813. 8120. 2385. 4474.

[2]) Bull. de corr. hell. VII (1883) S. 322; 336 (Ἥρᾳ ἐπη-
κόῳ εὐχὴν Διομήδης); vgl. auch W a d d i n g t o n, Inscript. grecques de la Syrie n. 2627; C. J. G. n. 2566 (Ἀρτέμιδι εὐακόῳ).

[3]) Bull. de corr. hell. III (1879) S. 479.

[4]) Ebendas. S. 471. 373.

dritten noch im zweiten Jahrhundert vorhanden gewesen, ja, nicht einmal ein religiös indifferentes. Gerade diejenigen Schichten der antiken Gesellschaft, in welchen die besten Kräfte des Staates ruhten, werden inschriftlich als Träger dieser lebendigen Religiosität bezeugt.

Auch der kultische Austausch, welchen Orient und Occident und weiterhin hier wie dort Landschaften vollzogen, beweist nur ein gesteigertes religiöses Bedürfnis. Der Osten war schon längst in diese Mischung eingegangen, als Rom, durch seine politische Geschichte dazu geführt, die Gottheiten und Kulte der unterworfenen Völker legitimierte und teilweise durch einen offiziellen Akt in seine Staatsreligion aufnahm. Indem nun dieser religiöse Kosmopolitismus den Zugang zu den fremden Kulten aufthat, warf sich das unbefriedigte religiöse Bedürfnis in das entstandene Chaos und suchte in neuen Formen und Vorstellungen zu gewinnen, was ihm Genüge geben könnte. Dieses kultische Durcheinander ist daher im letzten Grunde nur das Produkt eines mächtigen religiösen Dranges, der suchend in die verschiedensten Wege auseinanderging. Eine religiös gleichgültige Generation hätte diesen wunderbaren Synkretismus nicht hervorgebracht. Ähnliche Stimmungen und Zustände charakterisieren das vorreformatorische Jahrhundert, das gleichfalls als ein lebhaft religiöses beurteilt werden will. Die schweren, selbstverleugnenden Leistungen, welche ein Teil dieser Kulte den Gläubigen auferlegte, wie die Taurobolia und die Criobolia, und die oft drückenden materiellen Opfer bekräftigen diesen Gesamteindruck. Weder die vornehme Aburteilung dieser Frömmigkeit durch die philosophische Aufklärung noch ihre Verhöhnung durch ungebundene Literaten noch endlich einzelne skandalöse Vorgänge, welche durch Nichtswürdige in

diesen Kulten herbeigeführt wurden, wie die Nachgiebigkeit
der Jsispriester in Rom gegen die Gelüste eines römischen
Ritters zur Zeit des Tiberius,[1]) waren im stande, dieser
religiösen Empfänglichkeit und der Art ihrer Lebensäußerungen
Abbruch zu thun.

Diese Vervielfältigung der Kulte setzt, wie gesagt, eine
intensive Religiosität voraus; darin wurzelt sie, aber es ver=
band sich damit ein starker Individualismus. Das Interesse
suchte nicht mehr das große Ganze der vaterländischen Reli=
gion, sondern das Einzelne, der persönlichen Neigung Zu=
sagende in ihr. Die religiöse Sitte ging zwar immer dahin,
in bestimmten Lebenslagen, in besondern Verhältnissen des
Einzelnen oder eines Gemeinwesens einzelne Götter als
Patrone und Nothelfer aus der größern Gruppe auszu=
sondern, indes bestand daneben und darüber die vater=
ländische Religion als das Gemeinsame. Diese Individuali=
sierung geht weiter. Sie schafft zahllose Kultgemeinden, die
sich nach außen abschließen. Es entsteht ein religiöser Par=
tikularismus, der auch wohl die Formen des Antagonismus
angenommen hat. Gerade durch diesen Individualismus hat
der Synkretismus des zweiten und dritten Jahrhunderts die
alte Religion geschädigt. Aus einer Religion der Über=
lieferung mit festen Formen wurde sie zu Religionen der
persönlichen Neigung, des Geschmackes. Sie zersplitterte in
tausend Einzelheiten. Der Gewinn, den die Staatsreligion
aus dem lebhaften religiösen Interesse der Kaiserzeit hätte
nehmen können, wurde ihr durch die maßlose Dezentrali=
sation nicht nur nicht vorenthalten, sondern sie selbst erlitt
dabei schwere Verluste, da die Entfernung zwischen diesen

---

[1]) Joseph. Ant. XVIII, 3, 4.

Kulten und ihrem, durch den Staat garantierten und in Thätigkeit erhaltenen Apparate immer größer wurde. In der Staatsreligion lag die alte heilige Form ohne religiösen Inhalt, in den Kulten die Religiosität in neuen Formen.

Diese Religiosität bildete den Besitz des eigentlichen Volkes. Es gab Landschaften, welche besondere Verhältnisse von der Kultur und damit von der Teilnahme an dieser Wandelung abschlossen, aber das allgemeine religiöse Gepräge der Völkergruppen, welche das römische Reich zusammenfaßte, war der individualistische Synkretismus.

Dahin ging auch die Neigung der römischen Aristokratie des vierten Jahrhunderts. Die Inhaber staatlicher Priestertümer reihten der Erwähnung dieser Würden gern die Aufzählung ihrer Ämter in ausländischen Kulten, besonders im Kulte des Mithras, an,[1] und nicht zum mindesten empfingen sie von der Zugehörigkeit zu fremdländischen Religionen eine tiefere religiöse Empfindung. Ein bezeichnendes Beispiel dafür bietet der städtische und prätorianische Präfekt Vettius Agorius Prätextatus, dessen früher bereits Erwähnung geschah, eines der Häupter in der christenfeindlichen römischen Aristokratie. Die Gattin rühmt in einer Inschrift seine mannigfaltige Gottesverehrung.[2] Sein religiöses Interesse zog auch die Gattin in den Kreis der Kulte, in welchem er sich bewegte.[3] Auch sonst hat die höhere Bildung das Eingehen in diesen religiösen Prozeß nicht verschmäht, zuweilen

---

[1] Vgl. S. 180 Anm. 2; 181 f.

[2] C. J. L. VI, 1 n. 1779 (p. 398): divumque numen multiplex doctus colis. Das Urteil des Hieronymus Epist. 61 ad Pammach.: . . . hominem sacrilegum et idolorum cultorem.

[3] Vgl. die Inschrift S. 180 f.

allerdings wohl mit einigen Reserven. In dem Ganzen dieser neuen Bildungen gab es eben zahllose Kombinationen, die aber als gemeinsame Grundlage den Individualismus haben.

Das Gepräge der Mannigfaltigkeit trägt auch die Auf=klärung. Sie befindet sich bald in kürzerer, bald in weiterer Distanz von dem Götterglauben, oder sie hat ihn in sich hineingezogen, idealisiert. Im Neuplatonismus gewann die volkstümliche Religion ihre schönste Verklärung. Dennoch muß gerade der Neuplatonismus als ein Geständnis der Unzulänglichkeit des alten Glaubens für die Weltanschauung und das religiöse Bedürfnis der Denkenden angesehen werden. Wenn die neuplatonischen Philosophen trotzdem für den Götter=glauben auch in seiner üblichen Ausbildung eintraten, so waren der Konservatismus dieser Philosophie und die Rück=sicht auf den gemeinsamen Gegner dabei hauptsächlich maaß=gebend.

Die Kirche hatte es zunächst und hauptsächlich mit der volkstümlichen Religion und Religiosität zu thun. Beide waren für sie Gegenstand ununterbrochener literarischer und praktischer Bestreitung. Die Thorheit des Götterglaubens bildete den Inhalt ebensosehr der gelehrten Polemik wie der kateche=tischen Unterweisung. Das Urteil ist ausnahmslos scharf, die Abwehr eine entschiedene. Ein Zweifel über die Irrtüm=lichkeit und Sündhaftigkeit der Idololatrie ist nirgends auf=gekommen. Die erregten Invektiven eines Gregor von Nazianz gegen Julian begegnen sich darin durchaus mit dem Ernst des Augustinischen „Gottesstaates". Lüge und Schande sind die beiden Größen, auf welche im Götter=glauben alles sich zurückführen läßt. In schmählicher Knecht=schaft hielten die Dämonen die Menschheit gefangen, bis

Christus kam. Von dieser Überzeugung aus gewannen die Vorstöße gegen das Heidentum ihre Kraft und Dauerhaftig= keit. Einen Unterschied der einzelnen Kulte gab es in dieser Beurteilung und Verurteilung nicht. Diese klare Stellung konnte indes nicht hindern, daß, wie öfters erwähnt wurde, die antike Superstition in den Gemeinden fortlebte. Doch ist sie stets als Gegensätzlichkeit empfunden und bekämpft und unter Strafe gestellt worden. Daneben aber hat eine ganz andersartige Fortdauer der antiken Religion in Christen= tum und Kirche stattgefunden, nämlich in der Weise, daß die Religiosität des heidnischen Volkstums Gedanken und Formen an die neue Religion abgab, welche zwar dem Wesen der= selben zuwiderliefen, aber in ihr durch die Macht der That= sachen öffentliche Anerkennung gewannen.

Der hohe Wert dieser Assimilation für die geschichtliche Erkenntnis des Unterganges des griechisch=römischen Heiden= tums leuchtet ein. Leider läßt sie sich nicht in ihrem ganzen Umfange, aber doch in bezeichnenden, ja, den wichtigsten Stücken feststellen. Eine Kombination heidnischer und christ= licher Gedanken und Sitten vollzog sich zum erstenmal im Gnosticismus. Doch haben auch außerhalb dieses Kreises derartige Mischungen stattgefunden, wobei bald die eine, bald die andere Religion der vorwiegend bestimmende Faktor war. Eine synkretistisch gerichtete Zeit mußte in wech= selnder Form auch mit dem Christentum, das bereits eine Macht bedeutete, sich auseinandersetzen. Unser Wissen darüber ist freilich Stückwerk. Aber eine an S. Pretestato vor Rom angeschlossene Grabkammer mit Malereien und Inschriften kann von diesen Vorgängen eine Vorstellung geben. Wenn es vorläufig auch ausgeschlossen scheint, den Kultus, welcher die Unterlage bildet, scharf zu bestimmen, so läßt sich die hier

bezeugte Thatsächlichkeit eines christlich=heidnischen Synkretis=
mus nicht verkennen.[1])

Es ist eine untrügliche Beobachtung, daß der Heiligen=
kultus in demselben Maße an Inhalt und Umfang gewinnt,
als der Kampf der Kirche gegen das Heidentum sich weiter
entfaltet. Als die Kirche, durch den Arm des Staates ge=
stützt, die großen Massen an sich zu ziehen begann, blüht
die Verehrung heiliger Personen in ihr auf, und so schnell
gewinnt der neue Kultus dann auf dem alten und dem
neuen Boden Bestand und Ausdehnung, daß der Zusammen=
hang desselben mit der großen geschichtlichen Auseinander=
setzung zwischen den beiden Religionen dadurch unfraglich
wird Beide Religionen sind sich hier in einer wichtigen
Konzession begegnet, doch so, daß die christliche Anschauung
sich die einschneidendsten Abzüge gefallen lassen mußte; sie
erlag der Gegenwirkung des antiken Manenkultus und des
Polytheismus. Das erste Moment war der Manenkultus;
zu ihm ist das andere erst hernach hinzugetreten.

Auf sepulkralem Gebiete nämlich hat die christliche Volks=
vorstellung sich ganz besonders durch die antike schon früh=
zeitig bestimmen lassen. Die hohe Wertschätzung des Begräb=
nisses, so daß wohl die Möglichkeit der Auferstehung von der
ungestörten Grabesruhe abhängig gemacht werden konnte,[2])
die Strafandrohungen und Verfluchungen des Grabver=

---

[1]) Die genauere Beschreibung und Literatur in meinen Katal.
S. 42 ff.

[2]) C. J. L. V, 2 n. 5415 (Como): . . . adjuro vos omnes
Christiani u. s. w., ut hunc sepulcrum nunquam ullo tempore
violetur, sed conservetur usque ad finem mundi, ut possim
sine impedimento in vita redire, cum venerit, qui judicaturus
est vivos et mortuos.

störers,[1]) die Bezeichnung des Grabes als „ewiges Haus",[2]) die sepulkralen Mahle, die Verwendung von antiken sepulkralen Symbolen in der bildenden Kunst, die sich an den Grabstätten bethätigte, die Sprache der Inschriften und manches Andere verraten hier feste Zusammenhänge. Die Sigla D· M· (Dis Manibus) Θ· Κ· (Θεοῖς καταχθονίοις) auf altchristlichen Epitaphien führen auf ein neues Moment innerhalb dieses Kreises. Zwar darüber besteht kein Zweifel, daß die Anwendung dieser Sigla nicht in bewußter Erkenntnis ihres Inhaltes ihre Ursache hat, sondern in einer gedankenlosen Nachahmung. Dennoch hat die Vorstellung der Toten als Manes in einer bestimmten Form fortbestanden. Das Altertum nämlich dachte sich die Toten als vergöttlichte Wesen (dii manes) fortlebend. Daher die Pflicht des Opfers über dem Grabe und das Gebet an die Toten.[3]) Es besteht die Möglichkeit eines momentanen persönlichen Eintretens derselben in die Diesseitigkeit; Mitleid oder Rache führt sie in die irdische Welt zurück. Diese durch und

---

[1]) **Gregor. Naz.** Epitaphia XL, XLI, XLV ff. u. sonst; C. J. G. IV n. 9802; 9303; Beispiele aus dem Westen in mein. Kat. S. 15.

[2]) Domus aeterna, aeternalis, perpetua sedes, οἶκος αἰώνιος öfters auf Inschriften. Vgl. Cod. Just. IX, 19, 4.

[3]) **Orelli-Henzen** 7346: Dis Manibus Thetidis u. s. w. Fecit pater ex viso... Tu qui legis et dubitas Manes esse, sponsione facta, invoca nos et intelleges (Inschrift im Museo Capitolino). — 7382 (Worte des verwitweten Gatten): ... nam nunc queror aput Manes ejus et flagito u. s. w. (Rom). — 6206 (Anrede an die Manes): parce matrem tuam et patrem et sororem tuam Marinam, ut possint tibi facere post me sollemnia. — 4707: ne tangito, o mortalis, reverere Manes Deos. — 4828: ... perque quos colis Manes. — 4775: ... peto vos Manes sanctissimae, commendatam habeatis meam conjugem.

durch volkstümliche Anschauung hat sich in den christlichen Gemeinden erhalten, und zwar, wie es scheint, mit nur geringen Abzügen. Denn nur darin kann die Sitte ihren Ausgang haben, den Toten die geweihten Elemente in den Mund zu geben[1]), und die an gewöhnliche Tote gerichtete Bitte um Fürbitte, die hernach begreiflicherweise verschwunden ist.[2]) Vorzüglich aber wird diese Beziehung klar an den Festlichkeiten zu Ehren der Märtyrer. Die Mahlzeiten an den Gräbern der Märtyrer, die nicht selten zu wüsten Gelagen ausarteten, sind nichts anderes als die Fortsetzung der an den heidnischen Parentalia üblichen Opfermahlzeiten.[3]). Ja, noch mehr, es haben sich darin Handlungen erhalten, die von den im antiken Totenkult vollzogenen Speis- und Trankopfer sich nicht unterschieden.[4]) „Die Schatten der Abge=

---

[1]) Concil. Carth. III c. 6: placuit, ut corporibus defunctorum eucharistia non detur. Dictum est enim a Domino: accipite et bibite. Cadavera autem nec bibere possunt nec edere. — Trullan. c. 83 u. sonst.

[2]) Z. B. Anatolius filio benemerenti fecit, qui vixit annis VII u. s. w. — Ispiritus tuus bene requiescat in Deo. Petas pro sorore tua (Rom, Lateran. 5. Jahrh.). — Ebend. in einem Epitaph: pete pro parentes tuos. — Εὔχου ὑπὲρ ἡμῶν, ἐρῶτα ὑπὲρ ἡμῶν (C. J. Gr. IV, 9545; 9673; vgl. auch 9574).

[3]) Vgl. Gregor. Naz. Epigr. XXVI—XXIX; XXVIII das Urteil: πρὸς τοὺς δαιμονιακοὺς αὐτομολεῖτε τύπους. Pseudo-Cyprian. De duplici martyrio (Cypr. opp. ed. Vind. III p. 236): Annon videmus ad martyrum memorias christianum a christiano cogi ad ebrietatem? An hoc levius crimen esse quam hircum immolare Baccho? Mihi videtur multo gravius, si rem recta ratione volumus expendere. Auch sonst wird dies bezeugt.

[4]) August. De morib. eccl. cath. c. 34: Novi multos, qui luxuriosissime super mortuos bibant et epulas cadaveribus exhibentes super sepultos se ipsos sepeliant.

schiedenen versöhnt ihr mit Wein und Opfermahlen", warf ein Gegner der Großkirche den Katholiken vor,[1]) und eine gallische Synode untersagte, daß am Feste der Stuhlfeier Petri den Toten Speisen geopfert würden.[2]) Die Mutter Augustins selbst trug zu den Memorien der Märtyrer, „wie in Afrika Sitte war", Opferbrei, Brot und ungemischten Wein hinzu.[3])

Der Unterschied zwischen gewöhnlichen Toten und Märtyrern wird anfangs nicht innegehalten; erst allmählich wurden jene ausgeschieden und die hierher gehörigen Handlungen auf die Märtyrer und Heiligen ausschließlich bezogen.

Demnach hat sich die in der antiken Sitte und Vorstellung den Toten geltende religiöse Verehrung in der Kirche fortgesetzt. Der Totenkultus verengerte sich zum Märtyrerkultus. Wenn schon in konstantinischer Zeit hochklingende Ausdrücke über die Köstlichkeit der Märtyrerleiber und die Verehrung der Märtyrer begegnen, so ist darin allerdings auch die natürliche Pietät zu Worte gekommen, aber wahrscheinlich noch mehr die Nachwirkung des Manenkultus.

Dazu trat hauptsächlich seit dem vierten Jahrhundert der Einfluß des Polytheismus, um jene Vorstellungswelt mannigfaltiger und größer zu gestalten. Wenn im Manenkultus die Wurzeln der Heiligenverehrung liegen, so in der Götterverehrung ihr wichtigster Inhalt. Das Verhältnis, in welchem der Altgläubige zu seinen Göttern stand, ist auf-

---

[1]) August. Contra Faust. XX, 4: defunctorum umbras vino placatis et dapibus.

[2]) Concil. Turon. II c. 22: sunt etiam, qui in festivitate cathedrae domni Petri apostoli cibos mortuis offerunt.

[3]) August. Conf. VI, 2. Daselbst auch das Urteil: quia illa quasi parentalia superstitioni gentilium essent simillima.

genommen in den Heiligenkultus. Die zahllosen Legenden des vierten und fünften Jahrhunderts sind nur die christliche Variation der Erzählungen und Erfahrungen der antiken Frömmigkeit.

In den Legenden nehmen die Heilungswunder einen großen Raum ein. Seelische und leibliche Gebrechen finden bei den Heiligen Heilung. In einem öffentlichen Monumente in Theodorupolis in Paphlagonien rühmt die Kaiserin Eudokia:[1]

Σωτὴρ φανεὶς Στέφανε, ἀλγεινῶν πόνων
Λαιοῦ γόνατος καὶ ποδὸς οἰκτρᾶς φίλης,
Θεῖον ναὸν δωροῦμαι κλεινῇ τῇ πόλει
Τοῦ Θεοδώρου, κράντορος παλαιφάτου,
Δωρουμένη ληφθέντα δῶρον σὸν πόδα
Αὐτῷ μένειν, σύσσημον ἀλήστου μνείας.

In Syrien errichtete ein militärischer Beamter ein Bauwerk, um damit seinen Dank gegen Gott den Herrn „und den heiligen Julianus" für sein und seiner Kinder Wohlergehen zum Ausdruck zu bringen.[2] Die Literatur bietet weit zahlreichere Beispiele.[3] Es wird damit der Glaube

---

[1] Bull. de corr. hell. XIII (1889) S. 294. Zu beachten ist die Bezeichnung σωτὴρ φανείς für Stephanus.

[2] Waddington n. 2562ᶜ.: ... εὐχαριστῶν τὸν δεσπό-
την Θεὸν καὶ τὸν ἅγιον Ἰουλιανὸν ὑπὲρ σωτηρίας αὐτοῦ
καὶ ἐνδοξοτάτων αὐτοῦ τέκνων u. s. w. Die Formel ὑπὲρ
σωτηρίας gehört der Antike an.

[3] Z. B. August. De civit. XXII, 8, wo die Berichte wegen des Erzählers einen besondern Wert haben; Paul. Nol. Poema XXVI v. 305 ff., XIV v. 25 ff. Die Wundergeschichten der orientalischen Mönche bei Palladius, Rufinus, Theodoret u. A. Das allgemeine Urteil Gregor. Naz. Contra Jul. I, 69.

bestätigt, daß der Heilige neben andern Machtvollkommen=
heiten auch die Gabe der Heilungswunder besitze.

Die antiken Inschriften reden, von den literarischen
Quellen ganz zu schweigen, nicht anders. Sie ruhen auf
derselben Voraussetzung.[1] Auch hier wird die gewonnene
Wohlthat als Grund einer bestimmten Leistung, wie Tempel=
bau, Errichtung einer Statue, eines Altars bezeichnet.[2] Aber
auch ohne eine besondere Veranlassung kann der Gott eine
bestimmte Forderung stellen, die er durch die Priester oder
in einer unmittelbaren Offenbarung an den Gläubigen heran=
bringt. „Während des Schlafes gemahnt," erwies sich so

---

[1] Vielleicht die interessanteste Inschrift dieser Art. ist eine an der
Via Ostiensis bei Rom gefundene (C. J. L. VI, 1 n. 68). Darin:
Votum solvit . . . libens animo ob luminibus restitutis,
derelictus a medicis, post menses decem beneficio dominaes
(= domina; gemeint ist die Bona Dea) medicinis sanatus. Per
eam restituta omnia, ministerio Canniae Fortunatae. Diese
letztere hat also die Heilung vermittelt. — Auf eine Befreiung von
Augenleiden bezieht sich auch wohl eine der Bona Dea oclata
errichtete Inschrift (ebend. n. 75). — Eigenartig Orelli-Henzen
1429, geweiht der Minerva memor: restitutione facta sibi capillo-
rum. — 1428: Minervae memori Coelia Juliana indulgentia
medicinarum ejus infirmitate gravi liberata. Alle möglichen
Heilungen werden aufgeführt, und es lassen sich dafür in der christ=
lichen Literatur Parallelen finden, die oft an Ungeheuerlichem das
Äußerste bieten.

[2] Orelli-Henzen 1572 Widmung an Äskulap ob insignem
circa se numinis ejus effectum. — Waddington n. 2573:
Διὶ ὑψίστῳ u. s. w. εὐξάμενοι καὶ ἐπακουσθέντες. Dazu
die christliche Inschrift n. 2510: . . . εὐχαριστῶν ἔκτισε τὸ μαρ-
τύριον. Das Wort εὐχαριστῶν ist gerade in diesem Zusammen=
hang in beiden Inschriftengruppen sehr gebräuchlich; vgl. noch C. J.
L. VI, 1 n. 6: Aesculapio sancto . . . gratias agentes nu-
mini tuo.

ein Frommer dem „mahnenden „Jupiter" folgsam; an einen
andern kam „in Vision" der Befehl des Gottes.[1]) Auch in
der christlichen Frömmigkeit des vierten, noch mehr des
fünften Jahrhunderts spielen die Mahnungen der toten
Heiligen eine Rolle. Jener Johannes in Abra in Syrien,
der früher genannt wurde, sah den Märtyrer Georg, der
ihn zum Kirchenbau aufforderte, sogar mit wachen Augen,
nicht im Schlafe.[2])

In der Macht der Götter ist auch die Strafgewalt ein=
geschlossen. Ebendieselbe besitzen die Heiligen. Im Orient
wie im Occident waren zahlreiche Erzählungen darüber im
Umlauf. Unglaube, Verstocktheit, Raub heiliger Sachen,
Spott riefen das strafende Eingreifen der Heiligen hervor.
Ihre selbständige Machtvollkommenheit wird darin ganz be=
sonders deutlich.[3])

Es läßt sich mit Bestimmtheit annehmen, daß in dieser
Übereinstimmung auch die Lokalisierung und Klassifizierung
der hilfreichen Mächte eingeschlossen lag. Das frühe Mittel=

---

[1]) Orelli-Henzen 1248 (somno monitus); 1914: Soli
invicto Mithrae, sicut ipse se in visu jussit refici u. f. w. —
C. J. L. VI, 1 n. 8: ... ex viso Asclepio aram consecravit.
Über Erscheinungen des Äskulap z. vgl. Origenes, C. Cels. III,
24. Die Beispiele lassen sich leicht mehren.

[2]) Vgl. S. 253. Die Worte lauten: ... $\tau o \tilde{v}$ $\varphi \alpha \nu \acute{\epsilon} \nu \tau o \varsigma$ $\alpha \dot{v} \tau \tilde{\omega}$
... $o \dot{v}$ $\varkappa \alpha \vartheta'$ $\ddot{v} \pi \nu o \nu$, $\dot{\alpha} \lambda \lambda \dot{\alpha}$ $\varphi \alpha \nu \epsilon \varrho \tilde{\omega} \varsigma$. Es ist dabei zu erinnern
an die gerade in Carien häufigen (Bull. de corr. hell. XII S. 451 ff.),
aber auch sonst anzutreffenden Prädikate $\dot{\epsilon} \pi \iota \varphi \alpha \nu \acute{\epsilon} \sigma \tau \alpha \tau o \varsigma$ und $\dot{\epsilon} \pi \iota$-
$\varphi \alpha \nu \epsilon \sigma \tau \acute{\alpha} \tau \eta$ für Götter und Göttinnen. Über Erscheinungen von
Heiligen vgl. ferner Gregor Naz. Contra Jul. I, 69. Auch die
Eudokia=Inschrift oben S. 352 Z. 1.

[3]) Ich begnüge mich, auf Gregor. Turon. De gloria
martyr. und De miraculis S. Juliani zu verweisen.

alter rechnet mit den Patronatsgeschäften der einzelnen
Heiligen als etwas Festem nnd Selbstverständlichem; die an=
tike Religiosität lebte in derselben Meinung und Praxis. So
dürfen auch hier geschichtliche Zusammenhänge angenommen
werden, obwohl die dafür entscheidenden Thatsachen noch
nicht genügend festgestellt worden sind.[1]) Man darf z. B.
glauben, daß die heiligen Ärzte Cosmas und Damianus die
besondern Verrichtungen Äskulaps und der Hygieia auf sich
zogen, aber doch nicht durchgängig. Wie im Altertum die
Gebietsverteilung unter die Götter keine scharf begrenzte war,
so daß körperliche Heilungen auch von Jupiter und Apollo
erlangt wurden — daher die Bezeichnung σωτήρ für beide —
so sind auch auf christlichem Boden diese Vorstellungen da=
mals noch flüssige gewesen.[2]) Am deutlichsten treten die
antiken Züge in Maria hervor, oder vielmehr sie bot sich als
das willkommenste Äquivalent in einer Religiosität, in welcher
weibliche Gottheiten wie Astarte, Isis, Kybele eine ganz be=
sondere Bedeutung gewonnen hatten. Die Darbringung von
Opferkuchen in Phallusform, welche im peträischen Arabien
christliche Frauen übten, ist nur die Übertragung eines Stückes
des Astartekultus in das Christentum.[3]) Auch in den Dar=

---

[1]) Sicher weisen dahin Paul. Nol. Poema XIII (de S. Felice
carm. II) v. 26: O felix Felice tuo tibi praesule Nola | Inclita
cive sacro, caelesti firmo patrono. — Gregor. Magu. In
Evangelia lib. II hom. 32, 8: ... hos ergo ... patronos fa-
cite; hos in die tanti terroris illius defensores adhibite.

[2]) Nur genaue Lokalforschungen können weiterführen. Was bis
jetzt davon vorliegt, ist lückenhaft oder unzuverlässig (vgl. das S. 217
Bemerkte).

[3]) Epiph. Haer. LXXVIII, 23; LXXIX, 1. Rösch
„Astarte=Maria" (in d. „Theol. Stud. u. Krit." 1888 S. 265—299)

stellungen der Huldigung der Magier vor dem Christuskinde
verbargen sich Reminiscenzen an antike Opferakte, obgleich
die hinzugetragenen Gaben dem Jesusknaben galten.[1] Die
unbefangene Auffassung der Marienbilder in der ältesten
christlichen Kunst wandelt sich im vierten Jahrhundert und
später noch mehr in einen hieratischen, göttergleichen Typus;
ein junonischer Zug drängt sich ein.[2] Die Möglichkeit, daß
die schwarzen Marienbilder, deren erstes Aufkommen leider
sich nicht erkennen läßt, an die schwarzen Artemis= und Isis=
bilder geschichtlich sich anreihen, liegt vor, doch ist auch
deutbar, daß das Hohelied diese Bildungen hervorgerufen
hat.[3] Der mächtige Aufschwung des Marienkultus im
fünften Jahrhundert hängt mit der christologischen Entwicke=
lung und besonders mit den Festsetzungen des Konzils zu
Ephesus, welches das Prädikat „Gottesgebärerin“ legitimierte,
zusammen, aber er wäre doch nicht möglich gewesen ohne
die starke Unterlage einer religiösen Stimmung, welche bereit
war, auf Maria zu übertragen, was Göttinnen bis dahin
besaßen. Dieser Schritt wurde dadurch erleichtert, daß stereo=
type Prädikate der Göttinnen, wie „Königin,“ „Mutter,“

S. 279 bestimmt die Form der bei diesem Opfer gebrauchten Brode
(κολλύριον, κολλούριον) richtig so; im übrigen ist der Aufsatz voll
vager Schlüsse.

[1] Vgl. die Abbildungen in dem sonst wertlosen Buche von Liell,
Die Darstellungen d. allersel. Jungfrau . . . Maria (Freib. 1887)
S. 240 ff.; weniger gut und vollständig sind die Tafeln bei Lehner,
Die Marienverehrung in d. ersten Jahrhunderten, 1. Aufl. Stuttg. 1881.

[2] Meine Archäol. Studien S. 177 ff.: „Die Marienbilder der
altchristlichen Kunst.“

[3] Hohel. 1, 5; 6. Die Wahrscheinlichkeit ist übrigens sehr
gering.

„Herrin", „heilig", himmlisch", Jungfrau „willfährig", sich leicht herübernehmen ließen und herübergenommen sind.[1])

Indem auf diese Weise Maria und die Heiligen aus der menschlichen Sphäre herausgehoben wurden, konnte nicht ausbleiben, daß sie auch diejenige Auszeichnung gewannen, welche die Antike den göttlichen Wesen gewährte, um sie als solche zu kennzeichnen, den um das Haupt gelegten Lichtkreis, Nimbus. Das Christusbild eröffnete die Reihe gegen Ausgang des dritten Jahrhunderts, die Engel- und Heiligenbilder folgten im vierten und fünften Jahrhundert nach.

So fand der Heibe in der fremden Religion die Vielheit überirdischer, hilfreicher Mächte wieder, die in seiner eigenen Religion die Kirche als verabscheuungswürdig bekämpfte. Die Tempel, die Gebete, die Gelübde, die den Göttern dargebracht wurden, brauchten nur in eine andere Richtung gestellt zu werden, und, was mehr bedeutete, derselbe Wille und dieselbe Macht des Wohlthuns waren da.

---

[1]) Aus dem C. J. seien beispielsweise angeführt: Mater deum, $\mu\eta\tau\grave{\eta}\varrho\ \vartheta\varepsilon\tilde{\omega}\nu$ (Maria: $\mu\eta\tau\acute{\eta}\varrho\ \vartheta\varepsilon o\tilde{v}$), aber auch $\mu\eta\tau\acute{\eta}\varrho$ allein (ebenso bei Maria), Isis regina, Juno regina ${}^{\varsigma}H\varrho\alpha\ \beta\alpha\sigma\acute{\iota}\lambda\varepsilon\iota\alpha$, virgo Diana, sancta Diana, Mater deum sanctissima, ${}^{\varsigma}P\acute{\varepsilon}\alpha\ \acute{\alpha}\gamma\nu\acute{\eta}$, caelestis Diana, ${}^{\varsigma}H\varrho\alpha\ o\mathring{v}\varrho\acute{\alpha}\nu\iota\alpha$, Hera domina, Diana domina, ${}^{\varsigma}I\sigma\iota\varsigma\ \delta\acute{\varepsilon}\sigma\pi o\iota\nu\alpha$, $\varkappa v\varrho\acute{\iota}\alpha$. Die Bezeichnung dominus, domina ist in der hagiologischen Sprache der anfängliche Ausdruck für das, was später sanctus, sancta besagte. Wie leicht auch ohne besondere Nötigung Formeln übernommen wurden, zeigen eine antike und eine christliche Inschrift in Khatoura in Syrien (Waddington n. 2702. 2704). Jene lautet: $X\acute{\alpha}\varrho\alpha,\ Z\varepsilon\grave{v}\varsigma,\ {}^{\varsigma}Y\gamma\acute{\iota}\alpha\ |\ \acute{o}\sigma\alpha\ \lambda\acute{\varepsilon}\gamma\varepsilon\iota\varsigma,\ \varphi\acute{\iota}\lambda\varepsilon\ \varkappa\alpha\acute{\iota}\ \sigma o\iota\ \delta\iota\pi\lambda\tilde{\alpha}$. Die christliche: $\ {}^{\prime}I\eta\sigma o\tilde{v}\ X\varrho\iota\sigma\tau\grave{\varepsilon}\ \beta o\acute{\eta}\vartheta\varepsilon\iota\ |\ E\tilde{\iota}\varsigma\ \vartheta\varepsilon\grave{o}\varsigma\ \mu\acute{o}\nu o\varsigma\ |$ u. f. w. ${}^{\varsigma}O\sigma\alpha\ \lambda\acute{\varepsilon}\gamma\iota\varsigma,\ \varphi\acute{\iota}\lambda\varepsilon,\ \varkappa\acute{\varepsilon}\ \sigma o\iota\ \tau\grave{\alpha}\ \delta\iota\pi\lambda\tilde{\alpha}$ u. f. w. (Die Abkürzungen aufgelöst.)

Die alten Heiligtümer fielen, aber neue erhoben sich, und
wie jene diesem oder jenem Gotte dienten, so trugen diese
den Namen der vergöttlichten Personen, welche dem Gläubigen
dasselbe sein wollten, ja, noch mehr waren. Denn sie ge-
währten selbst nicht nur den begehrten Schutz, sondern übernahmen auch die Fürsprache bei Christus und dem höchsten
Gotte. In der Literatur ist öfters die Rede davon, unmittelbarer zeugen davon die Bildwerke, am bezeichnendsten
vielleicht ein Sarkophagrelief in S. Vitale in Ravenna. Auf
einem niedrigen, aber schroffen Felsen steht hier Christus,
die Rechte redend erhebend, mit der Linken dem Petrus eine
Rolle überreichend. Zur Rechten Christi erblickt man Paulus,
aber beide Apostel haben ihren Stand auf niedrigerem Niveau. In einiger Entfernung schließt zu beiden Seiten ein
Palmbaum diese mittlere Scene ab. Neben den Palmen
stehen in adorierender Haltung ein Mann und eine Frau;
ängstlich blicken sie auf den Heiland hin und prägen den
Eindruck aus, daß allein die Gegenwart der Heiligen sie er-
mutigt, in der Ferne respektvoll zu stehen. Auch das bekannte Mosaik in der Kirche der heiligen Cosmas und
Damianus in Rom bringt diese Empfindung stark zum
Ausdruck.[1]) Die Monumente geben zahlreiche Belege.

Eine seltsame Entwickelung. Jahrhunderte hindurch ver-
werteten die christlichen Apologeten und Polemiker in der
Bestreitung des Götterglaubens gern die Entdeckung, daß
die Götter nichts als vergöttlichte Menschen seien; jetzt übte
das religiöse Gemeinwesen, für welches sie eintraten, mit
Eifer auch seinerseits den Kult vergöttlichter Menschen. Ja,
derselbe Mann, der jenes Argument im fünften Jahrhundert

---

[1]) De Rossi, Musaici crist. di Roma, fasc. 5.

noch verwertete, fand keinen Widerspruch darin, auszusprechen, daß die Heiligen zwar nicht „Götter", aber doch „göttliche Menschen" seien.[1] Die Entrüstungsfrage eines Hieronymus über eine richtige Beobachtung des Vigilantius: „Wo hat je ein Mensch die Märtyrer angebetet? Wer hat einen Menschen für einen Gott angesehen?"[2] befand sich keineswegs in Einklang mit der volkstümlichen Vorstellung und Gewohnheit. Sein größerer Zeitgenosse Augustin hat offen ausgesprochen, viele Anbeter von Toten und Bildern zu kennen.[3]

Es läßt sich ermessen, von welcher Tragweite diese Wandlung in der Auseinandersetzung beider Religionen war. Sie schlug über den trennenden Graben eine bequeme Brücke. Was hinüberzog, fand sich leicht zurecht und heimisch, besonders da, wo die Heiligtümer, an denen eine uralte Verehrung haftete, intakt blieben und nur den Besitzer wechselten, oder auch, wo an einem altheiligen Orte der Tempel des Kultus sich erhob, den die mächtige Kirche forderte. Auch die Feste der Heiligen gaben sich nicht als Fremdes. Sie waren Volksfeste wie die Götterfeste; als Ersatz dieser faßte auch die Kirche sie auf.[4] „Statt der Götter hat der Herr seine Toten in eure Tempel eingeführt",[5] in diesem Ausspruche lag mehr, als der Urheber meinte. Indem nun der Polytheismus proscribiert und zertreten wurde und der Strom der die

---

[1] Theodoret. Graec. affect. cur. Sermo VIII de Martyr.: θεῖοι ἄνθρωποι.

[2] Hieron. Adv. Vigil. c. 5: quis enim, o insanum caput, aliquando martyres adoravit? Quis hominem putavit Deum?

[3] August. De mor. eccl. cath. c. 34: Novi multos esse sepulcrorum et picturarum adoratores.

[4] Theodor. a. a. O.

[5] Theodor. a. a. O.

Taufe empfangenden Heiden immer größer wurde, mußte die Heiligenverehrung an Intensivität gewinnen. Sie entbehrte an sich freilich des Materiellen, welches den antiken Kultus auszeichnet; sie war anfangs wenigstens ohne Statuen, auch ohne Opfer und forderte eine gewisse Abstraktion von dem Gläubigen. Dieser Mangel glich sich dadurch bald aus, daß die Reliquie und das Bild, also etwas durchaus Sinnenfälliges, in den Kultus sich einschoben. Das überraschende Anwachsen der Reliquien- und Bilderverehrung im fünften Jahrhundert läßt sich nur aus der Befriedigung des der paganistischen Menschheit innewohnenden mächtigen Dranges nach einem augenscheinlichen, sinnenfältigen Kultus erklären. Die Reliquienverehrung als religiöses Thun gedacht ist der Antike unbekannt,[1]) dennoch konnte sie schon im vierten Jahrhundert die abstruseste Ausbildung gewinnen. Nur eine Stimme darüber sei gehört. Gregor von Nyssa äußert in seinem Panegyricus auf den hl. Theodorus, daß es schon als ein Großes gelte, den Reliquienschrein zu berühren. Eine höhere Befriedigung aber gewährt, von dem Staube, der in der Nähe der Ruhestätte sich gelagert hat, Andenken mitzunehmen. Die höchsten Wünsche aber erfüllt es, die Überreste selbst zu berühren. „Das wissen diejenigen, welche es erlebt und ihre Sehnsucht gestillt haben."

---

[1]) Die antike Anschauung giebt gut wieder Gregor. Nyss. De S. Theodoro (init.): τὰ μὲν γὰρ ἄλλα τῶν λειψάνων καὶ βδελυκτὰ τοῖς πολλοῖς ἐστι καὶ οὐδεὶς ἡδέως παρέρχεται τάφον ἢ καὶ ἀνεῳγότι τυχὼν ἐκ τοῦ παραδόξου, ἐπιβαλὼν δὲ τὴν ὄψιν τῇ ἀμορφίᾳ τῶν ἐγκειμένων, πάσης ἀηδίας πληρωθεὶς καὶ βαρέα καταστενάξας τῆς ἀνθρωπότητος παρατρέχει.

Doch das war nicht einmal das Wunderlichste.

Wenn im Reliquienkultus der Paganismus einen neuen Weg sich bahnte, so trug er den Bilderdienst andererseits als längst Gewohntes mit sich in die Kirche. Drei Jahrhunderte hatte diese hierin widerstanden; noch am Anfange des vierten Jahrhunderts verbot eine ansehnliche spanische Synode in übergroßer Ängstlichkeit Bilder im gottesdienstlichen Hause[1]), und die Scheu, Statuen zu bilden, weil in diesen die Götterwelt am augenfälligsten in die Erscheinung trat, hat die altchristliche Kunst überhaupt nie überwunden. Dennoch zog der Heiligenkultus den Bilderdienst nach sich und mußte es, denn diese Konzession lag in der Konsequenz jener ersten größern. Aber die Empfindung, daß die Verehrung des Bildes im Grunde idololatrisch sei trotz aller seinen Dinstinktionen der Theologen, war doch noch kräftig genug, den vollen Paganismus von diesem Gebiete so lange wenigstens zurückzuhalten, als es ein Heidentum gab. Erst im siebenten Jahrhundert wucherte diese Anschauung und Praxis üppig empor. Dagegen scheint die antike Sitte der Votiva, insbesondere die Gewohnheit, eine Nachbildung der geheilten Glieder an der Heilstätte niederzulegen, unbeanstandet Eingang gefunden zu haben. Sie galten als die sinnenfälligen Beweise der Macht des Märtyrers.[2]) Auch die Translationen der Heiligen-

---

[1]) Conc. Illib. c. 36: placuit picturas in ecclesia non esse debere, ne quod colitur et adoratur in parietibus depingatur. Der Kanon hat in jedem Falle eine bilderfeindliche Tendenz, wenn auch die lokalen Verhältnisse, die ihn hervorgerufen, nicht erkennbar sind.

[2]) Theodor. a. a. O. nennt Augen, Füße, Hände, also dieselben Gegenstände, die z. B. als pompejanische Funde in der Terracottasammlung des Museo Nazionale in Neapel sich befinden.

leiber, die zu großen Festlichkeiten sich entwickelten, waren nur die fortgesetzte Übung eines antiken Brauches. So über=führte Cimon die Gebeine des Theseus von Skyros nach Athen; die Triere, welche sie trug, wurde von den Athenern mit festlichen Aufzügen und Opfern empfangen. In derselben Weise waren die Überführung etwa der Reliquien des Pro=pheten Samuel nach Konstantinopel und die Einholung der Gebeine des Stephanus ebendahin unter Theodosius II leb=hafte Volksfeste.

Wenn im vorhergehenden die Götterwelt im allgemeinen als an der Schöpfung des Heiligenkultus beteiligt ins Auge gefaßt wurde, so darf nicht unerwähnt bleiben, daß innerhalb dieser allgemeinen Wirkung insbesondere der Heroenkult von großem Einflusse gewesen ist. Wenn Lucian den Heros definiert als ein Wesen, welches weder ausschließlich Gott noch ausschließlich Mensch, sondern beides sei,[1] so steht da=mit die angeführte Definition der Heiligen bei Theodoret in voller Übereinstimmung. Die Heroen sind vergöttlichte Menschen und erfreuen sich eines Kultus, der nach Inhalt und Umfang den Manenkultus überholt, obwohl er der Sphäre desselben angehört. Ursprünglich auf verstorbene Menschen der Vorzeit bezüglich, erstreckte die Heroisierung sich später auch auf jüngst Verstorbene. Jeder Tote konnte zur Würde eines Heros erhoben werden, wenn der Wille und die Mittel dazu vorhanden waren. Auch dieses hat im Heiligenkult deutliche Analogieen. Dieselben treten weiter darin hervor, daß der Heros die Gewalt des Wohlthuns — daher die häufigen Prädikate σωτήρ, εὐεργέτης — wie des Schädigens besitzt; man kann seine Gunst und Ungunst

---

[1] Lucian. Dialogi mort. III, 2.

erfahren. Wie die eigentlichen Götter haben die Heroen die Fähigkeit, den Sterblichen sich sichtbar zu machen. Ferner kann noch darauf hingewiesen werden, daß der Heroenkultus genau wie der Heiligenkultus lokale Ausgänge hat und dieselben in der Regel mit Legenden umwoben sind. Wie diesen Heroen zu Ehren Hymnen gedichtet und bei feierlichen Gelegenheiten gesungen wurden, so hatte auch die christliche Poesie ihre Märtyrerhymnen. Das Heroon, der über dem Heroengrabe errichtete kapellenartige Bau, entspricht dem Martyrion über dem Märtyrergrabe und unterscheidet sich von dem Tempel ebenso wie dieses von der Kirche. In diesen Heroa ruhten die Reliquien wie in den Martyria, waren aber dort nicht Gegenstände religiöser Verehrung, sondern nur Erinnerungen. Kurzum, neben und in den Beziehungen zum Manenkult und zur Götterverehrung bestehen noch ganz bestimmte Zusammenhänge mit dem Heroenkult.[1])

Die Kirche hatte gegen diese Assimilation nichts einzuwenden; sie verfügte über Theologen genug, die ihr die Formeln lieferten, diesen Rückschritt zum Heidentum zu verschleiern. Mit Macht drängte sich das Neue aus den Massen ihr entgegen. Warnende Stimmen verhallten. Daß sie da waren und wie sie sich äußerten, giebt obigen Ausführungen eine Bestätigung. Von einem manichäischen Gegner mußte Augustinus den Vorwurf hören: „Die Idole habt ihr zu Märtyrern gewandelt." [2]) Der gallische Presbyter Vigilantius bezeichnete die Märtyrerverehrer als Götzenanbeter und fand

---

[1]) Über den Heroenkultus ist zu vergleichen der treffliche Artikel „Heros" von Deneken in Roscher's Lex. d. griech. und röm. Mythologie.

[2]) **August.** Contra Faust. XX, 4.

in diesem ganzen Kultus nichts anderes als „unter dem Vor=
wande der Religion" in die Kirche eingeführtes Heidentum.[1])

Doch noch zwei andere Kreise schneiden sich hier, wenn=
gleich sie nicht in derselben Deutlichkeit hervortreten, wie die
eben gezeichnete Situation. Zu den populärsten Stücken der
römischen Frömmigkeit gehörte der Genienglaube, der in der
Kaiserzeit eine reiche Ausbildung und weite Verbreitung ge=
wann. Ursprünglich nichts anderes als das vergöttlichte Ich,
wurde der Genius in der Vorstellung allmählich zu einer
schützenden Macht neben den Lares und den Penaten und
zwar so, daß dieser Schutz Personen wie Institutionen und
Örtlichkeiten zu teil wurde. So gab es einen Genius des
Kaisers, des römischen Volkes, aber z. B. auch einen genius
thermarum. Das Wichtigste in diesem Glauben ist, daß
jeder Mensch sich in der Tutela eines Genius befindet. Dieser
begleitet ihn von der Wiege bis zum Tode als ein Wächter,
schützt ihn vor Unglück und regt ihn zum Guten an. Daher
die Sitte, dem Genius für das glücklich verlaufene Jahr zu
danken und ihm Wünsche für die Zukunft vorzutragen. Vor=
züglich war der Geburtstag, als der Tag des Empfangens
des Schutzgeistes, ein Fest des Genius, der mit feierlichen
Opfern geehrt wurde.[2])

Die christliche Engellehre trug bei aller Eigentümlichkeit
manches dieser Vorstellung Verwandte in sich, und gerade
dadurch kam sie in die Gefahr, nach dieser Richtung hin
Zugeständnisse zu machen, und sie hat sie gemacht. Das,
was im Genienglauben für die volkstümliche Anschauung das

---

[1]) Hieron. Adv. Vigil. c. 4. 5. 7. 8.
[2]) Artikel „Genius" von Birt in Roscher's Lex. d. griech. u.
röm. Myth.

Wichtigste und Positivste war, die Tutel des Genius, be=
herrscht auch die Engellehre des christlichen Altertums. Ein
jeder hat demnach einen Engel als Schutzgeist, der nicht von
seiner Seite weicht.[1]) Der ägyptische Asket Anuph erzählte
den ihn Besuchenden, daß ihm stets ein Engel gegenwärtig
sei, durch welchen er vollkommene Einsicht in die Dinge er=
halte. Hieronymus richtete einen Hymnus an seinen Schutz=
engel, worin er diesen, den „guten Arzt" bittet, ihn zu hegen
und zu leiten.[2]) Das ist überhaupt der von Gott den Engeln
gegebene Auftrag, die Menschen in Obhut zu nehmen. „Für
uns mühen sie sich ab, um unseretwillen laufen sie umher,
uns, so kann man sagen, bedienen sie. Das ist kurz gesagt
ihr Dienst: um unseretwillen überall hin sich abordnen zu
lassen." So äußerte sich gelegentlich Chrysostomus über den
Beruf der Engel.[3]) Das hindert nicht, daß die Hilfe der
Engel bei besondern Anlässen erbeten wird. So betete Gregor
von Nazianz vor Antritt einer Reise zu Christus um einen
guten Engel als „Geleiter, Bewahrer, Helfer," der ihn vor

[1]) Von den ältern Schriftstellern nicht zu reden, u. A. Hieron.
In Jes. lib. XVIII c. 66: quod autem unusquisque nostrum
habeat Angelos, multae scripturae docent. — In Ecclest. c. 5:
. . . a praesenti angelo qui unicuique adhaeret comes. Der
Doppelgenius, welchen Hermas (Mand. VI, 2: δύο εἰσὶν ἄγγελοι
μετὰ τοῦ ἀνθρώπου, εἷς τῆς δικαιοσύνης καὶ εἷς τῆς
πονηρίας) setzt und worin er den Beifall späterer Theologen gefunden
hat, ist nur aus antiker Anschauung erklärlich (vgl. Birt a. a. O.
S. 1616 f.).

[2]) Rufin. Hist. mon. c. 10. — Hieron. In Ezech.
hom. I.

[3]) Chrysost. In Epist. ad Hebr. cap. I hom. III, 2. —
Lactant. Div. Inst. II, 15: die Bestimmung der Engel ist ad
tutelam cultumque gentium. — Hieron. In Micham lib. II
c. 6· . . . quibus rerum humanarum est procuratio.

allen Gefahren nachts und tags beschützen und ihn glücklich
wieder heimgeleiten könne.[1]) Denn das Bewußtsein in der
Tutel eines Engels zu stehen, schließt in der christlichen An=
schauung die Verpflichtung nicht aus, sich diese Tutel aus=
drücklich von dem Herrn der Engel zu erbitten. Noch weiter
führt in das andere Gebiet die Meinung, daß das All mit
Engeln erfüllt ist;[2]) nicht nur den einzelnen Völkern stehen
Engel vor, sondern auch Städte und Dörfer, Berghöhen und
Schluchten werden in Beziehung zu Engeln gedacht.[3]) So
wußte auch das Altertum vom genius vici, genius montis,
genius valli,[4]) was alles sich zusammenfaßte in den Begriff
des genius loci. Unter diesen Begriff entfällt auch der
Glaube, daß ein Engel das Grab hüte.[5]) Wie in der christ=
lichen Anschauung sich die Vorsehung der Engel mit der
höhern Vorsehung Gottes vertragen mußte, so beziehen sich
auch antike Dedikationen auf die Gottheit und den Genius

---

[1]) Gregor. Naz. Carm. lib. I, 36 v. 20 f. (Migne 37
p. 519); dazu in Ἐνόδια Κωνσταντινουπόλεως p. 1019) v. 5 f.:
— — — Ἀλλά μοί τιν' ἀγγέλων
Πέμποις ὁδηγόν, δεξιὸν παραστάτην.

[2]) Hieron. In Ezech. hom. I: omnia Angelis plena sunt.

[3]) Clem. Alex. Strom. VI, 17: κατά τε γὰρ τὰ ἔθνη
καὶ πόλεις νενέμηνται τῶν ἀγγέλων αἱ προστασίαι (und
sonst). — Theodor. Graec. aff. cur. sermo III de angelis. Hier
werden als Domänen der Engel genannt πόλεις καὶ κῶμοι καὶ
τῶν ὀρῶν ἀκρωνυχίαι καὶ φάραγγες.

[4]) C. J. L. VIII, 2604; 9180 (genio montis . . . vim tem-
pestatum a patria arcenti); VII, 886 (vgl. auch VIII, 2597: genio
domi suae; 2601: genio scholae).

[5]) C. J. G. IV n. 9882: Ἐνορκίζω ὑμᾶς τὸν ὧδε ἐφεσ-
τῶτα ἄγγελον u. s. w. Ist auch der cunarum Domini custos
(Hieron. Ep. 147 ad Sabin.) ein genius loci?

zugleich.[1]) So sind auch in diesem Kreise die beiden Reli=
gionen sich entgegengekommen, und ist dadurch der einen der
Zugang zur andern erleichtert worden. Dagegen hat die
Kirche die Anbetung und göttliche Verehrung der Engel, die
gelegentlich und zwar, wie man annehmen darf, unter der
Wirkung des Genienkultus hervortrat, verworfen mit der
Begründung, daß dies Idololatrie sei.[2]) Doch gab es im
fünften Jahrhundert bei Konstantinopel eine dem Erzengel
Michael geweihte Kirche, in welcher Kranken durch Vision
erfolgreiche Heilmittel durch den Erzengel zur Kenntnis ge=
bracht wurden;[3]) hier berührte sich demnach der Engelkult
mit dem Götterkult. Nicht überall freilich ist die Überein=
stimmung als das Ergebnis unmittelbarer Einwirkung an=
tiker Gedanken anzusehen, gerade das Alte Testament bot
Anhaltspunkte genug, von denen die Genien=Engellehre aus=
gehen konnte, um sich im Verlaufe ihrer Entwickelung nach
antiken Normen zu gestalten. Es wird unmöglich sein, beide
Gebiete genau zu scheiden. Lactantius legte sich die Sache
so zurecht, daß er die Genien und Dämonen als einen Zweig
der Engel, nämlich als die gefallenen Engel bezeichnete.[4]) In
jedem Falle mußte der Geniengläubige in der Engelwelt leicht
heimisch werden.

---

[1]) Z. B. C. J. L. III, 3231: Jovi optimo maximo et genio
hujus loci; III, 4032: Jovi . . . Junoni reginae et genio loci.
J. R. N. 1387 u. sonst.

[2]) Concil. Laodic. 35: . . . εἴ τις οὖν εὑρεθῇ ταύτῃ
τῇ κεκρυμμένῃ εἰδωλολατρείᾳ σχολάζων, ἔστω ἀνά-
θεμα. Aus dieser Charakteristik darf man vielleicht auf die Herkunft
zurückschließen.

[3]) Sozom. H. E. II, 3.

[4]) Lactant. Div. Inst. II, 5.

Die Darstellungen der Engel in der altchristlichen Kunst
zeigen eine verschiedene Auffassungsweise, die durch die Antike
bestimmt ist. Der spätere Typus nämlich, welcher schließlich
der herrschende wurde, bildete sich in Abhängigkeit von den
geflügelten Gestalten, welche die antike Kunst als beliebte
Dekorationsfiguren hatte. Der jugendliche, beflügelte Engel
hat seine Formation dorther erhalten. Die ältere Kunst
dagegen stellt die Engel als bärtige Männer und unbeflügelt
vor. So erscheinen sie auf dem bekannten Sarkophage von
S. Paolo im Lateranmuseum in der Umgebung des schaffenden
Gottes,[1]) und sonst in der Speisung des in den Löwenzwinger
gesenkten Daniel. Den Übergang von der einen Auffassung
zur andern haben wir in den bartlosen Jünglingsgestalten
ohne Flügel, wie wir sie z. B. im Mosaik der Apsis von
S. Vitale in Ravenna sehen. Hier treten sie zugleich als
solche auf, die den Zugang zu Christus vermitteln, also in
Ausübung ihrer Tutel. Ob in dem ältesten Typus eine
Anknüpfung an antike Geniusdarstellungen vorliegt, läßt sich
nicht entscheiden. Thatsächlich hat in der antiken Kunst der
Genius auch die Gestalt eines bärtigen Mannes.

Trafen auf dem beschriebenen Gebiete antike und christ=
liche Vorstellungen zusammen, so vermochte die Kirche des
vierten Jahrhunderts auch eine bestimmt ausgeprägte religiöse
Praxis zu bieten, in welcher ein antikes Ideal sich verwirk=
lichte, das asketische, mönchische Leben.

Die alte Philosophie kannte und vertrat in wechselnder
Form und in verschiedenem Umfange die Askese, am ausge=
prägtesten der Neuplatonismus und der Neupythagoräismus.

---

[1]) Meine Archäol. Studien Fig. 22; dazu S. 150 ff.

Bei Apollonius von Thana tritt dieselbe charakteristisch hervor.
In die Volkskreise trugen die fremden Kulte orientalischen Ur=
sprunges die Forderung der Reinheit und den Respekt vor
der Askese als dem Wege dazu. „Die Enthaltsamkeit der
Isispriester, die ängstliche Sorgfalt, mit der sie jede Ver=
unreinigung vermieden, so sehr, daß sie nur leinene Gewänder
tragen mochten, um nicht mit tierischen Stoffen in Berührung
zu kommen, die Keuschheit, welche die ägyptische Göttin von
ihren Adepten forderte, die blutigen Verstümmelungen der
Priester der Kybele und der syrischen Göttin, die Wunden,
welche sich die Getreuen der großen Mutter oder der Bellona
zur Sühne ihrer Sünden beibrachten, die neubelebende Taufe
im Blute eines Stieres oder Widders, der sich die Anbeter
des Attis und des Mithras unterzogen, die Abwaschungen
und Reinigungen, Bußübungen aller Art, welche die ver=
schiedenen Priesterschaften den Einzuweihenden auferlegten
und die von denjenigen, welche die Leichtgläubigkeit der
Menge ausbeuteten, auf ihren Zügen durch das Land und
die Vorstädte zur Schau gestellt wurden, alle diese Bräuche
ergriffen die Einbildungskraft des Volkes und bewegten die
religiös gesinnten Gemüter auf das mächtigste." [1] Diese
Stimmung der Askese machte sich auch im Christentume heimisch,
unter andern Bedingungen, aber gewiß nicht unbeeinflußt
durch das Heiligkeitsbedürfnis der antiken Welt im zweiten
Jahrhundert. Mag man daher in den mönchischen Insti=
tutionen christliche Bildungen sehen wollen oder nicht, so
ruht doch das Mönchtum selbst auf einem nichtchristlichen
ethischen Dualismus. Es muß daher für die asketisch

---

[1] Réville a. a. O. S. 151.

geſtimmte Frömmigkeit des Heidentums eine gewiſſe An=
ziehungskraft gehabt und die Empfindung der Verwandtſchaft
geweckt haben. In einzelnen Stücken offenbarte ſich eine faſt
vollſtändige Identität dieſer Askeſe mit der heidniſchen. Die
Abſtinenz von gewiſſen Speiſen überhaupt oder vorüber=
gehendes Faſten, die Rauheit und Ärmlichkeit der Kleidung,
die Abſperrung (reclusi, κάτοχοι) gehören hierher. Es beſteht
keine Nötigung, dieſe Stücke aus einem Einfluſſe der heid=
niſchen Askeſe abzuleiten; vielmehr haben ſich dieſelben auf
einem gleichartigen Boden ſelbſtändig gebildet. Anders verhält
es ſich meines Erachtens mit der Tonſur, deren Urſprung bisher
in keiner Weiſe genügend erklärt worden iſt. Denn daß das
Haarſcheeren „als ein Zeichen der Buße, wohl auch der Ab=
hängigkeit und Dienſtbarkeit gegen Gott, zu der die Kloſter=
gelübde verpflichteten,“ anzuſehen ſei, iſt nur ein Schluß
aus der Thatſache, daß Büßende und Kloſterleute zuerſt
dasſelbe übten. Vielmehr muß hierin eine Fortſetzung der
im Altertume ſehr verbreiteten Sitte des Haaropfers geſehen
werden.[1]) Es gab freilich mancherlei Veranlaſſungen dieſes
Opfers — Austritt aus dem Kindesalter, Eintritt in die
Ehe u. ſ. w. —, doch liegt der mönchiſchen Anſchauung am
nächſten die religiöſe Gepflogenheit, einem Gotte das Haar
als verdienſtliches Opfer darzubringen. Neuentdeckte In=
ſchriften im Zeustempel zu Panamara geben darüber nähere
Auskunft. Entweder Einzelne oder Mehrere, mochten es nun
Familienangehörige oder Freunde ſein, brachten dieſes Opfer
dar; es iſt auch wiederholt worden.[2]) In einem Asklepios=

---

[1]) Vgl. Statius, Thebais II, 254; Plutarch. Theseus
c. 5; Pausan. I, 43, 4; VIII, 41, 3; C. J. G. n. 2391.
[2]) Die Inſchriften zuſammengeſtellt Bull. de corr. hell. 1888
S. 487 ff. Die gebräuchlichſte Formel lautet: Διὶ Πανημέρῳ ἐπὶ

tempel in Sicyonia sah Pausanias eine Statue der Hygieia, welche in der Menge abgeschnittener Haare fast verschwand.[1]) Genau so wollte die Tonsur der Mönche und das Scheeren der Nonnen als eine Leistung an Gott unter andern aske= tischen Werken angesehen werden. Diese Gleichheit der Mo= tive verlangt in dem vorliegenden Falle eine unmittelbare Abhängigkeit. Die heidnische Herkunft der Tonsur ist aber auch in der Kirche nicht ganz verborgen geblieben, wenn auch der genauere Ort nicht erkannt wurde.[2]) Am deutlichsten dagegen trat der Parallelismus antiker und christlicher As= kese in dem Institut der Vestalinnen auf der einen und dem weiblichen Mönchtum auf der andern Seite hervor. Das Keuschheitsgelübde der Vestalinnen, die feierliche Einkleidung, das Abscheeren des Haares, das jungfräuliche Leben in der Klausur hatten ihre Analogieen im christlichen Cönobitentum. Die Vestalinnen=Inschriften sind zum Teil ihrem Inhalte nach derartig, daß sie mit wenigen Modifikationen auch auf christliche Nonnen bezogen werden könnten; die bezeichnendsten Prädikate lassen sich ohne weiteres übertragen.[3]) Eine An=

───────

ἱερέως (folgt der Name des Priesters) κόμαι (Name des Opfernden) εὐτυχῶς.

[1]) Pausan. II, 11, 6.

[2]) Hieron. In Ezech. lib. XIII c. 44 v. 17 ff.: Quod autem sequitur: caput autem suum non radent u. s. w. per- spicue demonstratur, nec rasis capitibus sicut sacerdotes cultoresque Isidis atque Serapidis nos esse debere.

[3]) C. J. L. VI, 1 n. 2131: sanctissima, benignissima; 2133: ... cujus egregiam sanctimoniam et venerabilem morum disciplinam in Deos; 2134: ... sanctissimae et piissimae ac super omnes retro religiosissimae, pu- rissimae castissimaeque, cujus religiosam curam sacro- rum et morum praedicabilem disciplinam. Dazu die Bezeichnung Virgo.

lehnung des Nonnentums in seiner Ausbildung an das In=
stitut der Vestalinnen hat keinesfalls stattgefunden; aber es
kommt hier darauf an, festzustellen, daß die Kirche eine ähn=
liche Einrichtung besaß.

Das gottesdienstliche Leben der Christen bot nicht minder
Elemente, die nach ihrer äußern Erscheinung oder nach ihrem
Inhalte oder nach beiden dem Heiden vertraut erscheinen
mußten. Zwar der Tempel als Gotteshaus, als Wohnstätte des
Gottes gedacht, diese Idee war im Christentume dahingefallen;
diese neue Religion hatte nur religiöse Versammlungshäuser,
in denen die Gemeinden zusammenkamen, um die Anbetung
Gottes im Geiste zu vollziehen. Dennoch fand der Alt=
gläubige den alten Namen templum, ναός wieder, den
heiligen Tempelbezirk (περίβολος), das Allerheiligste (ἄδυτον)
und den Opferaltar (θυσιαστήριον, ara). Denn die Tisch=
form des christlichen Altars schwand seit dem vierten Jahr=
hundert allmählich, und der steinerne Altar trat hervor, der
um so mehr an den antiken Altar erinnern konnte, da die
liturgische Sprache von „Opfer" und „Darbringung" (θυσία,
προσφορά, sacrificium) redete, und wirklich auch eine Opfer=
handlung sich ausbildete. Auch in den Namen ἱερεύς, sacerdos
für den christlichen Priester kehrten antike Worte zurück. In
dem Kultus selbst fehlte der Gebrauch des Weihrauchs nicht,
den zwar in diesem Falle der alttestamentliche Ritus hervor=
gerufen hatte, der aber doch mit antiker gottesdienstlicher Ge=
pflogenheit zusammentraf. Von diesen und andern Einzel=
heiten abgesehen, trat der christliche Kultus indes als etwas
durchaus Neues vor das Auge des Heiden. Seine Voraus=
setzungen und seine Ziele waren ganz andere als die öffent=
liche Götterverehrung der Griechen und Römer. Dagegen
bot die öffentliche Entfaltung des religiösen Lebens der

Christen zwei zu festen Besitzstücken gewordene Gewohnheiten, die eine um so willkommenere Überleitung abgaben, die Prozessionen und die Wallfahrten.

Feierliche Umzüge zum Zwecke der Entsühnung, Bittgänge zur Erlangung des göttlichen Segens, Prozessionen zu öffentlicher Dankbezeugung sind in irgend einer Form Bestandteile aller Religionen. Wenn daher im vierten Jahrhundert diese Litaneien in der Kirche hervortreten, so besteht an sich kein Grund, sie als entlehnte Gebräuche abzuschätzen. Es war natürlich, daß feierliche Akte, wie die Einholung von Reliquien, die Thronbesteigung eines Bischofs, die Einweihung einer Kirche, oder Landesplagen, wie Dürre, Senche, Kriegsnot, oder die Dankempfindung nach Errettung aus Gefahren solche Manifestationen der Gemeinde hervorriefen. Doch erhebt sich die Frage, ob nicht in den feststehenden Rogationen der Kirche ein Anschluß an antike religiöse Sitte zu entdecken sei. Daß in einzelnen Fällen die Kirche griechisch=römische Feste und Riten dadurch absorbierte, daß sie dieselben mit christlichem Inhalte erfüllte oder wenigstens das spezifisch Religiöse darin aussonderte, ist eine Thatsache, die keiner Bestreitung unterliegt, obwohl zuzugeben ist, daß gerade hier vielfach phantastisches Meinen das Wort führt. Die bekannte Anweisung Gregors d. Gr. über das Verhalten seiner Missionare in England zu heidnischen Festen und Heiligtümern wird mit Recht in diesem Zusammenhange als ein gewichtiges Zeugnis angeführt. Thatsächliche Belege für diese Praxis konnten im Verlaufe unserer Darstellung öfters gegeben werden. Nur steht die Forschung hier erst noch in den Anfängen. In Beziehung auf die Rogationen ist jedenfalls in zwei Fällen durch eine umsichtige Untersuchung gezeigt worden, daß die Kirche eine antike Sitte an sich gezogen und in

christliche Formen gekleidet hat.[1]) Nämlich das bewegliche
Fest der sog. kleinen Litanei (litania minor) im Frühling
ist doch wohl nur der Ersatz der Ambarvalia, des segnenden
Flurganges, dessen dreitägige Feier in den Mai fiel. Dasselbe ist von der großen Litanei am 25. April anzunehmen.
„An demselben Tage (VII Kal. Mai.) wurden in Rom seit
Alters die Robigalia gefeiert, ein Opfergang durch die Saaten,
um den Brand vom Getreide abzuwehren; die Prozession ging
auf der Via Flaminia bis zum fünften Meilenstein, d. h.
an den Pons Mulvius, wo dem (Mars) Robigus durch den
Flamen (Martialis?) ein Hund und ein Schaf geopfert
wurden. Aber für die städtische Bevölkerung war der ernste
Inhalt dieses Opfergangs frühzeitig zurückgetreten vor den
Wettläufen der Jugend, die an dem Tage stattfanden und
ihn zu einem heiteren Feste gestalteten; die Sorgen des Land-
manns lagen dem bunt zusammengewürfelten Volk der Welthauptstadt fern genug. Die römische Kirche hatte hier Gelegenheit, dem Heidentum zu zeigen, daß sie die wahren
Bedürfnisse des Volks besser verstehe und zu befriedigen wisse
als die Vertreter eines in äußeres Gepränge ausgearteten
Kultus, und hat sie genutzt. Sie hat den alten Bittgang
für die Saaten einfach wiederhergestellt, genau an demselben
Tage, auf demselben Wege, ja, bis zu derselben Haltestelle
am Ponte molle.“[2]) Für die Fortsetzung dagegen des
städtischen Sühnganges Amburbale in der Lichtmeßprozession
läßt sich nur eine gewisse Wahrscheinlichkeit herstellen.[3])

---

[1]) Usener, Alte Bittgänge. Ein religionsgeschichtlicher Beitrag
(in „Philosophische Aufsätze. Eduard Zeller zu seinem fünfzigjährigen
Doktor-Jubiläum gewidmet.“ Leipz. 1887 S. 277—302).

[2]) Usener a. a. O. S. 284 f.

[3]) Zuversichtlicher Usener S. 286 ff.

Wie die Prozessionen, so sind auch die Wallfahrten der christlichen und der antiken Frömmigkeit gemeinsam. Berühmte Orakelstätten und angesehene Heiligtümer, wie Delphi, Epidaurus, Delos, Philä, erfreuten sich zahlreicher Besucher, die meistens ein bestimmtes Anliegen vor den Gott zu bringen hatten. Die Voraussetzung eines Gradunterschiedes der heiligen Orte und Tempel bildet die theoretische Basis dazu. Die christlichen Wallfahrten dagegen sind anfangs hauptsächlich durch religiöse Pietät motiviert gewesen. Die Stätten zu sehen und an ihnen zu beten, welche durch die Offenbarungsgeschichte des alten und neuen Bundes geweiht waren, die Gräber der Männer zu besuchen, die in der Urgeschichte des Christentums einen hohen Namen hatten, und Orte zu schauen, die durch irgend eine religiöse Singularität ausgezeichnet waren, dieser Drang herrschte vor. Daher die Wallfahrten nach dem heiligen Lande, aber auch zu den Gräbern Pauli und Petri in Rom und zu den Mönchsheroen in Ägypten. Daneben drängte sich ein anderes Interesse echt antiker Art, also auch wohl antiken Ursprunges, durch, nämlich die Hoffnung, an bestimmten heiligen Orten leichter die Erfüllung gewisser Wünsche zu gewinnen. Der Märtyrerkultus schob sich in das Wallfahrtswesen ein. Die echt heidnische Lokalisierung der göttlichen Hilfe greift weiter um sich. Die Kranken, die sich in der Basilika des hl. Felix in Nola einfanden, beherrschte dieselbe religiöse Vorstellung wie die Hellenen, welche den Heilgott in Epidaurus aufsuchten. Die mahnenden Stimmen einzelner Theologen, daß anderswo ebenso Gott zu finden sei als in Jerusalem,[1)]

[1)] Gregor. Nyss. *Περὶ τῶν ἀπιόντων εἰς Ἱεροσόλυμα*. Ebenso Hieronymus und Augustinus.

streifen nur die Außenseite dieser Anschauung, die im Volke fest= gewurzelt war und als Unterlage einen uralten Glauben hatte.[1]

Betreten wir das Gebiet des individuellen privaten Lebens, so kommen auch hier die alte Glaubenswelt und ihre Äußerungen an zahlreichen Punkten zum Vorschein. Zwar die Hauptmasse der in der Christenheit fortlebenden Super= stition bildete fortwährend den Gegenstand theoretischer Be= streitung und praktischer Maaßregeln der Kirche, aber Einiges behauptete doch seine Existenz, allerdings in der Regel nur in der Weise, daß es einer Christianisierung sich unterzog. Es war indes ein Prozeß, der nur die Schale berührte; der Kern blieb. Das Sortilegium und das Amulett bieten sich als die bezeichnendsten Belege.

Der antike Mensch empfand ein starkes Bedürfnis, Ent= scheidungen seines Lebens von Gewicht auf eine Aussage der waltenden Mächte zu stellen. Neben den namhaften Orakelstätten gab es tausend Mittel, diesen Drang zu be= friedigen; ja, in dem Maaße, als jene verwaisten, mehrten sich diese. Die häufige Anathematisierung der Orakelsitte durch Synoden und Theologen beweist, wie sehr hier die Christen= heit die Neigung der Zeit teilte. Die Theologie verwies auf die biblischen Weissagungen als die wahren Orakel; ein Zuge= ständnis war nicht zu erlangen. Doch suchte das Orakelbe= dürfnis eine Deckung dadurch zu gewinnen, daß es sich christlich kleidete. So entstand der Gebrauch der Sortes sanctorum (scl. bibliorum), ein Verfahren, welches die orakelhafte Verwertung homerischer oder virgilischer Verse auf die heiligen Bücher

---

[1] Die Frage, wo und in welcher Weise christliche Feste auf heid= nische gelegt worden sind, lasse ich unerörtert. Niemand scheint angen= blicklich kompetent, dieselbe genügend zu beantworten, obwohl gerade hier rasche Urteile beliebt sind.

der Christen übertrug. Es wurde die Bibel oder auch die Schrift eines Kirchenlehrers auf geradewohl aufgeschlagen und der Vers oder Satz, auf welchen das Auge zuerst fiel, als Orakel benutzt. Trotzdem und obwohl Kleriker diese Technik übten, hat die Kirche sie verworfen.[1]) Dennoch scheint sie weite Verbreitung gefunden zu haben.[2])

Dagegen erwarb sich das Amulett kirchliche Duldung. Sein Gebrauch in der christlichen Frömmigkeit ruht auf denselben Motiven wie sein Dasein in der antiken Superstition: die Welt ist mit bösen Mächten erfüllt oder bestimmten Menschen ist die Gewalt eigen, eine seelische oder materielle Schädigung Anderer auf übernatürliche Weise herbeizuführen. Ja, man darf annehmen, daß dieser Glaube unter den Christen noch reichlichere Nahrung fand, weil sie zu den heidnischen Erbstücken noch die Dämonenfurcht mit sich trugen; denn die antiken Götter waren in ihrer Anschauung zu dem Werte böser Dämonen herabgesunken.[3]) Was die Technik des antiken Aberglaubens als Schutzmittel geschaffen hatte: deutliche oder geheimnisvolle Schrift, Gegenstände von bestimmter Form, z. B. die lunula, der durch seinen Inhalt wirkende Zauber, sind auch in der Christenheit nachweisbar. Die Herkunft verrät sich deutlich. Nämlich bald darin, daß

---

[1]) Z. B. Synode zu Vannes (a. 465) c. 16; Syn. zu Agde (a. 506) c. 42 u. a.

[2]) In dieses Gebiet entfällt auch die Tagewählerei, von der bei verschiedener Gelegenheit die Rede gewesen ist. Ich verweise noch auf eine Inschrift v. J. 364 im Lateranmuseum (De Rossi, Inscript. I n. 172), worin der dies Saturni, also ein Unglückstag als Todestag des Knaben Simplicius genannt wird.

[3]) Über den Gebrauch der Amulette ist z. vergl. u. A. Bd. I S. 307. 309.

antike Amulette ohne weiteres übernommen sind, wie die Lunula und die Medaillen mit dem Bildnisse Alexanders d. Gr., oder dadurch, daß Antikes und Christliches sich zusammenschließen.

Die Inschrift eines in Neapel gefundenen magischen Nagels macht die Beschwörung wirksam mit dem „Zeichen" Gottes, Salomos und der „Herrin Artemis."[1] Die Medaillen mit dem Kopfe Alexanders auf der einen und mit christlichen Darstellungen auf der andern Seite verraten denselben Ursprung.[2] Die Kirche hat das heidnische Amulett bekämpft, aber den Amulettgebrauch an sich schließlich zugelassen, indem sie ihm eine Wendung auf Christus und christliche Mächte gab. Im Namen „des Herrn, des lebendigen Gottes" wird in dieser Intention auf einem in der Nähe von Beirut gefundenen Goldblättchen die Beschwörung vollzogen;[3] oder die Kreuzesform zeigt die christliche Sphäre an.[4] Statt der Kapsel (bulla) mit darin verschlossenem Zauber, die im Heidentum üblich war, trugen die Christen Enkolpien mit einem Stückchen des heiligen Kreuzes oder einer andern Reliquie. Wenn ein von der klassischen Bildung hergekommener Bischof in dieser Art von Amulett ein Schutzmittel für das irdische und für das ewige Heil fand,[5] so kann man sich eine Vorstellung davon machen,

---

[1] Die Inschrift u. A. bei Wilmanns, Exempla Inscript. latt. n. 2751. Der Schluß: ter dico, ter incanto in signu dei et signu Salomonis et signu de domna Artmix.

[2] Kraus, Das Spottkruzifix vom Palatin. Freib. 1872 S. 23 Taf. n. 3. In dem einen Falle lautet die christliche Legende (aufgelöst): Dominus noster Jesus Christus Dei filius.

[3] Cahier et Martin, Mélanges d'archéol. III S. 150 f.

[4] Meine Kat. S. 220.

[5] Paulinus von Nola; s. meine Katal. S. 223.

wie die Menge diese Dinge beurteilte. So wird auch begreiflich, daß ein altchristlicher Künstler die Eva mit einer Bulla abbildete.

Wertvoll ist die Beachtung dieser Vorstellungen und Praktiken, die aus dem Ineinandergehen von Altem und Neuem sich entwickelt haben, zur Erkenntnis der Religionsgeschichte in nachkonstantinischer Zeit. Doch in diesem Ganzen liegt noch ein Moment, durch welches alle Teile erst ihre Kraft und Dauer erhielten, der Unsterblichkeitsglaube.

Dieser Glaube ist ein festes Besitzstück der alten Religion. Die Hellenen und die Römer haben ihn. Doch erst im dritten Jahrhundert drängt er mit einer Gewalt hervor, daß in ihm das gesamte religiöse Interesse sich zu sammeln scheint. Die Gründe sind uns verschlossen, denn die jammervolle Zeitlage und das Umsichgreifen der orientalischen Kulte waren nur mitwirkende Faktoren, die keine ausreichende Erklärung geben können.[1]) Wir stehen hier vor demselben Rätsel, wie wenn wir das auffallende Hervortreten des Auferstehungsglaubens in der altchristlichen Vorstellung deuten sollen.

Der Zudrang zu den Mysterien findet seine Erklärung in der Hoffnung, über das Jenseits nicht nur Aufklärung zu gewinnen, sondern auch der Fortdauer in demselben durch Weihungen und Sühnungen gewiß zu werben. Die Sprache der Inschriften und der Sarkophagskulpturen ist keine andere. Mars, der sich der Rhea Silvia naht, Endymion, welchen

---

[1]) Burckhardt, Die Zeit Constantins d. Gr. 2. Aufl. Lpz. 1880 S. 186: „Aus unerforschlichen Tiefen pflegt solchen neuen Richtungen ihre wesentliche Kraft zu kommen; durch bloße Folgerungen aus vorhergegangenen Zuständen sind sie nicht zu deduzieren." Ich verweise überhaupt auf den trefflichen sechsten Abschnitt: „Die Unsterblichkeit und ihre Mysterien. Die Dämonisierung des Heidentums."

Selene aufsucht, Ganymed, der aus dem Diesseits entrückt
wird, und vor allem das liebliche Märchen von Eros und
Psyche, diese und andere Darstellungen sprechen den Glauben
an ein Erhobenwerden aus dem Tode zu heiterer Götter=
freude aus.   Die beliebten bacchischen Szenen deuten in dem=
selben Sinne, mit Anknüpfung an die Idee des Dionysos
Zagreus, des Repräsentanten der im Jahreswechsel sterbenden
und erstehenden Natur, auf das Erwachen neuen Lebens
aus dem Tode hin.[1]   Diese Denkmäler gehören den höheren
Klassen an, wie auch die Mehrzahl der Inschriften desselben
Inhaltes, aber man darf annehmen, daß die untern Schichten
noch fester ihre Vorstellungen an das Jenseits gebunden
hatten.   Deutlicher erkennen wir die allgemeine Verbreitung
des Unsterblichkeitsglaubens in der Christenheit.   Theologische
Traktate auf der einen und die Grabmonumente auf der
andern Seite geben ein ausreichendes Zeugnis.   Die sepul=
kralen Bildwerke werden von dem Gedanken der Auferstehung
beherrscht.   Darnach sind die zur Darstellung gekommenen
Szenen und Figuren der heiligen Schriften ausgewählt.
Jene Juliana, welche an Stelle Noahs sich in der Arche
abbilden ließ, wollte damit nur ihre Überzeugung ausdrücken,
daß, wie der Patriarch vor den Wassertiefen gerettet wurde,
so auch sie die Todestiefen nicht halten würden.   Ja, sogar
der beliebten Vorstellung von Christus als dem Guten Hirten
wurde der neutestamentliche Inhalt genommen und eine Be=
ziehung auf das Jenseits gegeben.   Der Tod ist ein Schlaf.
Die Gestorbenen werden bestattet „zum Schlafen;" sie leben

---

[1] Stephani, Der ausruhende Herakles, Petersb. 1854; Perva=
noglu, Das Familienmahl auf altgriech. Grabsteinen, Lpz. 1872;
meine Archäol. Studien S. 8 ff.

in Gott, werden mit Christo auferstehen, in diesen und
zahlreichen andern Wendungen kommt der unwandelbare
Glaube an das Fortleben im Jenseits zum Ausdruck.
Demnach fand das Heidentum bezüglich dieses festen Stückes
seiner religiösen Überzeugung keinen Mangel in der neuen
Religion. Daß die Unsterblichkeit hier anders gefaßt wurde
als in der eigenen Religion, mochte nichts austragen, denn
das Wichtigste stand in beiden Kreisen fest, die persönliche
Fortdauer. Der Heiligenkultus erinnerte fortwährend daran
und bot in den Machtwirkungen der Heiligen unerschöpfliche
Garantieen. Aber es fehlen auch nicht ausdrückliche Be-
zeugungen, wie der eine Glaube in den andern sich hineinzog.

Die sepultrale Kunst nämlich der Christen hat mehrere
echt antike symbolische Darstellungen festgehalten und sie neben
ihre eigenen symbolischen Schöpfungen geordnet. Auf einem
gallischen Sarkophage treten die Dioskuren auf, die Repräsentanten von Tag und Nacht, von Leben und Tod; die
Sirenen, die „Totensängerinnen," Eros und Psyche, das
Medusenhaupt wurden ebenfalls in den neuen Kreis hineingezogen. Im Deckengemälde der untern Vorhalle der Katakombe von S. Gennaro in Neapel sind Stücke des bacchischen
und des Nereidencyklus verstreut. Die Bildersprache der
Inschriften bestätigt weiter diesen Zusammenhang. Von
Tartarus, Styx und Elysium ist darin die Rede. Daraus
ist zu ersehen, wie sich der Übergang von der einen Vorstellungswelt zu der andern vollzog. Es konnte um so
leichter eine gewisse Konfusion hier sich bilden, da über
Einzelheiten der Eschatologie die Theologie keine einheitliche
Antwort gab.

Es gilt indes von dieser Vorstellung wie von den sonst
bisher erwähnten religiösen Ausgleichungen, daß die That-

sächlichkeit der Vorgänge und Verhältnisse zwar in fester
Gewißheit liegt, aber ein genaues und vollständiges Bild des
Wie nicht zu gewinnen ist. Niemand vermag zu sagen, wie
die religiöse Welt des christlichen Volkstums des fünften
Jahrhunderts beschaffen war. Die üblichen Rückschlüsse aus
der Dogmengeschichte führen fast in allen Fällen in die
Irre. Die wertvollsten Mittel geben die monumentalen
Quellen und die Einsicht in die antike Religiosität des dritten
und vierten Jahrhunderts an die Hand. Diese Unzulänglichkeit, die vielleicht im Laufe der Zeit, nämlich in dem
Maaße, als jene Mittel reicher werden, sich verringern wird,
kann freilich den Satz nicht aufheben, daß in der geschichtlichen Überwindung des Heidentums die religiöse Assimilation
eine wichtige Aufgabe vollzogen hat. Die Religionsgeschichte
kennt überhaupt nur Übergänge. Wenn schon die bürgerliche
Sitte und das bürgerliche Meinen eines Volkes unter kräftiger
fremder Einwirkung nur stufenweise sich überwinden läßt, so
verfügt der religiöse Glaube über eine ganz andere Macht.
Er ist kaum weniger als die Persönlichkeit selbst. Noch nie
hat ein Volk seine Religion in einem Augenblicke wegge-
worfen, um in demselben Augenblicke sich einer neuen Religion hinzugeben. Vielmehr, wenn der Entschluß fertig war,
kam die schwierigere, nur in allmählichem Fortschreiten zu
leistende Aufgabe, die Bande der Vergangenheit eines nach
dem andern zu lösen. Not und Gewalt können den Prozeß
beschleunigen, aber sie erhalten ihn nicht in Bewegung. Dies
vermag nur die neue Religion, welche an die Stelle der alten
getreten ist, und zwar entweder durch die in ihr liegende
überwältigende Kraft oder durch Zugeständnisse oder durch
Beides. Letztern Weg hat die Kirche beschritten.

Die Vorgänge auf dem Gebiete der religiösen Assimilation

mußten von verschiedenem Werte sein, der im einzelnen nach lokalen und individuellen Verhältnissen, nämlich nach der zufälligen Richtung und Bestimmtheit der Frömmigkeit sich gestaltete. Wo die Heroenverehrung im Vordergrunde stand, vollzog sich die Ausgleichung anders als da, wo ein Mysterienkultus einen Kreis beherrschte, und wiederum anders, wo die Religion zu ordinärer Superstition entartet war. Auch die Verschiedenheit der nationalen Kulte mußte zur Wirkung kommen. Der Ägypter fand andere Zugänge zu der neuen Religion als der Semite. Vor der Betrachtung entfaltet sich ein buntes Bild mit reichem Inhalte.

Der Heiligenkultus ist das bedeutsamste und wirkungsvollste Zugeständnis, welches die Kirche gemacht hat. In den christologischen Konstruktionen der ältern und spätern Zeit lagen wohl die Ansätze zu dem Begriffe eines vergöttlichten Menschentums; doch verhielt sich die Kirche in der Anwendung desselben auf Christus durchaus ablehnend. Dagegen ging sie hernach um so bereitwilliger auf den Gedanken „göttlicher Menschen" als Mittler zwischen der diesseitigen und der jenseitigen Welt ein. Es braucht nicht gesagt zu werden, welche Revolution der religiösen Anschauung und Praxis darin eingeschlossen lag. Eine neue Welt des Glaubens und der Anbetung baute sich auf. Der Heide erkannte darin sein Eigenes, und der offizielle Vorbehalt der Kirche hinsichtlich des Heiligendienstes im Unterschiede vom Polytheismus blieb für die Massen ein geschriebener Buchstabe. Das ist ein festes Ergebnis geschichtlicher Untersuchung. Diese Konzession war keine freiwillige der Kirche, vielmehr hat der Druck des Paganismus sie auf diesen Mittelweg gestoßen. Denn im Christentume besteht nicht nur keine Nötigung zu solcher Weiterbildung, sondern es sind feste Schranken dagegen gezogen.

Noch andere Stücke, wie erwähnt worden ist, bezeugen in Theorie und Praxis der Kirche dieses Ineinandergehen. Zugleich mit dem Untergange der alten Religion und in der Wirkung desselben hat sich das Christentum des vierten und fünften Jahrhunderts nach Inhalt und Form alteriert, doch nur in peripherischen Stücken. Der Paganismus hat damals in Christentum und Kirche sich Terrain erobert und dieses auch dauernd zu behaupten gewußt, aber jene beiden haben zu keiner Zeit ihre übermächtige Stellung ihm gegenüber verloren. Das Zugeständnis, daß in der Geschichte des sich auflösenden Heidentums die religiöse Assimilation eine folgenschwere Rolle gespielt hat, kann nicht umgangen werden, noch weniger aber die Anerkennung der Thatsache, daß die neue Religion ihre Weltstellung im letzten Grunde durch sich selbst, das heißt, durch die in ihr liegenden Kräfte gewonnen hat. Die religiösen Ausgleichungen zwischen dem alten und dem neuen Glauben, die feste und kluge Organisation der Kirche, die Weise ihrer Liebesthätigkeit, die Mitwirkung des Staates sind wohl erfolgreiche Hilfsmittel gewesen, welche die Entwickelung beschleunigten, aber die zentrale Gewalt, welche das Heidentum überwand, stellten sie nicht dar. Sie leisteten nur Dienste. Vielmehr dieselbe religiöse Kraft, welche schon in vorkonstantinischer Zeit ihre Superiorität über die Kulte des Heidentums durch ihr siegreiches Vordringen erwies und in der letzten und größten Verfolgung die Ohnmacht auch des antiken Staates ans Licht stellte, hat im vierten Jahrhundert unter überaus günstigen Umständen vollendet, was sie vorher in schwieriger Lage glücklich eingeleitet hatte. Es mag sein, daß die christliche Religion in nachkonstantinischer Zeit das religiöse Ideal des Christentums nicht mehr in ganzem Umfange und in voller Reinheit besaß; immerhin lagen die

Kulte des Heidentums tief unter ihr, ja sie stand ihnen, trotz der vorhandenen Berührungen, als etwas durchaus Neues entgegen. Eine religiös gerichtete Menschheit kounte sich dem Eindrucke und der Erkenntnis, in ihr etwas Höheres, ja das Höchste zu haben, auf die Dauer nicht entziehen. Der Sieg des Christentums mußte ein vollendeter werden, sobald die mittlern Gesellschaftsklassen, in denen die antike Frömmigkeit als innerlicher Besitz hauptsächlich ruhte, gewonnen waren. Die urteilslosen Massen, denen die Religion mechanische Gewohnheit war, folgten von selbst nach.

Nicht anders ist auch diejenige Macht erlegen, in welcher die tiefsten religiösen Bedürfnisse des Hellenismus im Gewande der Philosophie am Ende der alten Welt sich zusammenfaßten, der Neuplatonismus. Er war der letzte Feind, den die siegreiche Kirche und Theologie zu überwinden hatten. Gemeinsames hat in dieser Gegnerschaft von vornherein nicht gefehlt, und der Umfang desselben ist im vierten und fünften Jahrhundert dadurch gewachsen, daß die christliche Theologie aus dem Neuplatonismus sich ergänzte. Damit wurde der Weg von der einen Seite zu der andern ein bequemer, und er ist ohne Zweifel häufiger, als die Quellen sagen, beschritten worden. Das Beispiel des Bischofs Synesius von Cyrene, der keinen Widerspruch darin fand, dieser heidnischen Philosophie und der kirchlichen Dogmatik zugleich zu dienen,[1]) und der von Niemandem hierin behindert

---

[1]) Die bezeichnenden Worte in dem Schreiben an Euoptius sind: „Es ist schwierig, wo nicht geradezu unmöglich, die der Seele mittelst wissenschaftlicher Beweisführung zu Teil gewordene Überzeugung zu erschüttern. Du weißt aber, daß die Philosophie mancherlei aufstellt, was den als gültig anerkannten Dogmen widerstreitet (folgen einige

wurde, mag lehren, wie leicht die eine Welt in der andern
sich einrichten ließ. Vorzüglich aus der Voraussetzung dieser
Verwandtschaft erklärt sich die Schonung, welcher die neu=
platonischen Lehrstühle und die Neuplatoniker sich zu erfreuen
hatten in einer Zeit, wo das Heidentum unter dem äußersten
Drucke stand. Einzelne Gewaltthätigkeiten sind vorgekommen,
wie die Mißhandlung des Hierokles in Konstantinopel, die
Ermordung der Hypatia und die Aufhebung der neuplato=
nischen Akademie in Athen, doch sind sie entweder aus per=
sönlichen Anlässen hervorgewachsen oder waren Ausnahmen.
Unter der Bedingung des Verzichts auf die Polemik gegen
das Christentum genoß noch im Jahrhundert Justinians der
Neuplatonismus stillschweigende Duldung.

Doch wäre diese Duldung schwerlich geübt worden, wenn
in dieser religiösen Philosophie eine Gefahr oder auch nur
eine ernsthafte Hemmung für das Christentum erkannt worden
wäre. Der Neuplatonismus, der seiner ganzen Art nach nicht
gemeindebildend sein konnte, muß in der That seit Julian
auf eine geringe Anhängerzahl, die hauptsächlich dem ge=
lehrten Stande angehörte, herabgesunken sein. Der Beifall,

Beispiele). Nun erweist allerdings der philosophische Geist, der zum
Schauen der Wahrheit gelangt ist, für den praktischen Gebrauch dem
Irrtume gewisse Zugeständnisse. Denn analog wie das Licht zum
Auge, verhält sich die Wahrheit zum Volke. Wie nämlich das Auge
nur zu seinem Nachteile der vollen Einwirkung des Lichtes ausgesetzt
wird, und wie für Leute mit kranken Augen die Dunkelheit nützlicher
ist, so glaube ich auch, daß der Irrtum für das Volk von Nutzen ist
und daß die Wahrheit für diejenigen, welche nicht die Kraft haben,
den Blick auf die volle Klarheit des Seienden zu richten, schädlich ist."
Als seinen Grundsatz proklamiert er: für sich Philosoph zu bleiben,
nach außen aber die Mythen zu vertreten (Volkmann, Synesius von
Cyrene. Berl. 1869 S. 212).

den einzelne Lehrer fanden, der Zulauf, deſſen ſie ſich rühmen konnten, können nicht für das Gegenteil angeführt werden, da ſie in der rhetoriſchen Liebhaberei der Zeit ihren Ausgang haben.

Dennoch konnte der Kirche die Fortdauer dieſer Partei nicht gleichgiltig ſein. Ihre Theologen waren ſich des prinzipiellen Widerſpruchs zwiſchen Chriſtentum und Neu= platonismus wohl bewußt, und dieſer letztere faßte ſeine Aufgabe einer religiöſen Erneuerung in unverkennbarem Gegenſatz zum Chriſtentum. Die Streitſchrift des Por= phyrius, des „grimmigſten Chriſtenfeindes“,[1]) war im fünften Jahrhundert ebenſowenig vergeſſen wie die chriſtenfeindliche Religionspolitik Julians. Doch iſt ſchließlich der Neuplato= nismus von ſelbſt abgeſtorben, ohne daß die kirchliche Pole= mik ſein Ende beſchleunigte. Seine Bedeutung für die Geſchichte des untergehenden Heidentums iſt geringer, als angenommen wird und von weitem ſcheint. Denn er hat wohl kleinere Kreiſe beherrſcht, aber die Volksreligion nicht beeinflußt. Sein Verhältnis zu ihr war nur ein äußerliches. Daher treten nirgends dauernde Zuſammenhänge hervor. Das Wichtigſte iſt, daß auch in der Berührung dieſer beiden Mächte religiöſe Ausgleichungen zur Wirkung gekommen ſind.

Neben dem Neuplatonismus und der volkstümlichen Gläubigkeit lagen in dieſen beiden Jahrhunderten in reicher Zahl religiöſe und irreligiöſe Stimmungen, mit denen ſich auseinanderzuſetzen die Kirche in die Lage kam. Dieſe Stimmungen widerſtreben faſt ausnahmslos der genauern

---

[1]) August. De civ. dei XIX, 22: ... doctissimus philo-sophorum, quamvis Christianorum acerrimus inimicus ... Porphyrius.

Feſtſtellung, hauptſächlich darum, weil ihre Träger in den
ſeltenſten Fällen Syſtematiker waren. Ein Ammianus
Marcellinus iſt von dieſem Geſichtspunkte aus im Grunde
ebenſo rätſelhaft wie Prokopius von Cäſarea. Das feſteſte
Stück in dieſen unbeſtimmbaren Anſchauungen iſt ein abge=
blaßter Deismus. Dieſer gewährte auch einen guten Schutz
in der Heidenverfolgung, da er als Zuſtimmung zu dem
chriſtlichen Monotheismus beurteilt wurde.

Als Paulinus von Nola am Ende des vierteu Jahr=
hunderts ſeine Bekehrung vollzog, bekannte er: alle Schulen
habe er geprüft, viel geforſcht und manchen Weg beſchritten.
„Aber nirgends habe ich Beſſeres gefunden als an Chriſtus
glauben.“[1]) Die Erfahrung, welche dieſes Geſtändnis vor=
ausſetzt, mögen in den Kreiſen der Gebildeten Viele gemacht
haben. Eine Zeit, die in demſelben Maaße religiös in=
tereſſiert wie religiös zerfahren iſt, ruft naturgemäß ſolche
Vorgänge hervor. Doch ſehen wir davou nur das Äußere;
das Innere entzieht ſich dem Auge. Dennoch darf auch in
Beziehung auf den Neuplatonismus und jede Art religiös=
philoſophiſcher Bildungen in ihrem geſchichtlichen Verhältniſſe
zum Chriſtentum geſagt werden, daß ſie, indem ſie erlagen,
nicht ausſchließlich, aber doch weſentlich der innern religiöſen
Superiorität des Chriſtentums erlagen.

Die ſiegreiche Eroberung der antiken Kulturwelt durch
das Chriſtentum hat den Untergang dieſer nicht aufgehalten.
Ja, gerade als dieſer Sieg ſich vollendete, ging das weſtliche
Reich in jenes Chaos auseinander, welches Jahrhunderte
lang der Geſchichte des Abendlandes ihre Phyſiognomie giebt.

---

[1]) Sog. Poema ultimum v. 1 ff. (Ausg. v. Burſian in d.
Sitzungsber. d. K. bayr. Akad. d. W. 1880 S. 3 ff.).

Der Often hielt sich in festern Formen, doch auf Kosten
lebendiger Entwickelung und ohne die Erfahrung einer Ver=
jüngung durch die neue Religion. Dennoch redet die Ge=
schichte der nachkonstantinischen Jahrhunderte auf allen
Blättern davon, daß die letzten Lebenskräfte der gealterten
Menschheit durch die Berührung mit dem Christentum eine
mächtige Anregung und einen höhern Inhalt empfingen.
Was in der Klassizität wert war, nicht zu vergehen, ist in
der christlichen Periode aufbehalten worden, um feinen un=
vergänglichen Wert in den kommenden Zeiten an der Menſch=
heit immer wieder zu bewähren.

Zusätze und Berichtigungen.

Bd. I*) S. 3 A. 2 Z. 4 einzufügen vor Ep. 73 noch Ep. 71; ebend. Z. 3 in der Parenthese vor dem Citat de unico baptismo c. XIII, wo die Zahl steht.

S. 4 A. 1 Z. 7 f. ist die durch eine Verschiebung der Zahlen entstandene Verwirrung so herzustellen: „Not. dign. II (S. 615 ff.) 454" (nach dem besseren Text im C. Script. latt. VII Vict. Vit. p. 117 ff. 455). St. „Cyrenaica" selbstverständlich „Syrtica".

S. 38 A. 3. Otto Seeck hat „Zeitschr. f. wissensch. Theol." 1890 S. 63 ff. daran erinnert, daß diese oratio funebris bereits von Wesseling (vgl. Frotscher im Programm von Freiberg i/S. 1855) als byzantinisch erwiesen worden sei. Die Tötung der Fausta sei Thatsache und psychologisch zu rechtfertigen. Vgl. meinen Aufsatz: „Die Verwandtenmorde Konstantins d. Gr." im „Theol. Lit. Bl." 1890 Ep. 17. Vgl. auch Hettner in d. „Westdeutschen Zeitschrift" 1888 S. 131.

S. 44 A. 2 ist der Wortlaut des Zosimus nach der neuesten Ausgabe von Mendelssohn (Lpz. 1887) so herzustellen: τῆς δὲ πατρίου καταλαβούσης ἑορτῆς, καϑ'ἣν ἀνάγκη τὸ στρατόπεδον ἦν εἰς τὸ Καπιτώλιον ἀνιέναι καὶ τὰ νενομισμένα πληροῦν, δεδιὼς τοὺς στρατιώτας ὁ Κωστάντινος ἐκοίνησε τῆς ἑορτῆς. Ἐπιπέμψαντος δὲ αὐτῷ φάσμα τοῦ Αἰγυπτίου τὴν εἰς τὸ Καπιτώλιον ἄνοδον ὀνειδίζον ἀνέδην, τῆς ἱερᾶς ἁγιστείας ἀποστατήσας u. s. w.

---

*) Den größten Teil der Berichtigungen zu Bd. I verdanke ich Herrn Adolf Jülicher, der sich um Eruierung derselben in der „Theol. Lit. Ztg." besonders bemüht hat. Im übrigen wird es, denke ich, auch in Zukunft dabei bleiben, daß die durch diesen Gegenstand gestellte wissenschaftliche Aufgabe nicht durch dogmengeschichtliche und andere Phrasen, und seien sie auch noch so anspruchsvoll, sondern allein durch ernste, wenn auch nicht irrtumsfreie Arbeit zu lösen ist.

S. 53 A. 5 st. H. E. IV, 48 l. V. C. III, 48. — S. 57 A. 3
Z. 6 st. H. E. l. V. C. — S. 64 Z. 5 v. n. l. „22. Mai, dem
ersten Pfingsttage". — S. 67 Z. 7 ist der allgemeine Ausdruck darnach zu limitieren, daß zwischen dem Tode Konstantins und des
Konstantius nur 24 Jahre liegen. — Zur Geschichte Konstantins sei
bei dieser Gelegenheit noch verwiesen auf Otto Seeck, Die Bekehrung Konstantins d. Gr. (Deutsche Rundschau 1891 April S.
73—84). Der Verf. sucht die entscheidende Wendung Konstantins
zum Christentum psychologisch aus den Erlebnissen des Kriegsunter-
nehmens gegen Maxentius zu erklären. In dem glücklichen Aus-
gange des Feldzuges erprobte sich ihm der neue Gott. „Die Schlacht
an der Milvischen Brücke hatte den Kaiser bekehrt; der Kaiser ließ
es sich angelegen sein, auch sein Reich zu bekehren; und daß dies
vollständig gelang, war jetzt nur noch eine Frage der Zeit." Der
Aufsatz ist beachtenswert. — Amedeo Crivellucci, Della
fede storica di Eusebio nella vita di Constantio, Livorno
1888, worüber z. vgl. mein Referat im „Theol. Lit. Blat" 1889
S. 81. 89.

S. 69 Z. 5 ist Konstantius versehentlich als der jüngste Konstantins-
sohn bezeichnet; er war der mittlere unter den drei genannten. —
S. 87 Z. 15; S. 94 Z. 11; S. 153 Z. 2 st. Neffe l. Vetter, wie
auch sonst vorausgesetzt ist. — S. 77 Z. 5 f. v. n. ist richtig zu
stellen nach S. 100 A. 1. Der Irrtum ist durch die hernach aufgegebene Adoptierung der Datierung von Cod. Theod. XVI, 10, 4
bei Gothofredus hervorgerufen. — S. 127 A. 2 st. XII l.
XXII. — S. 140 A. 3 st. XL l. XLIX. — S. 182 A. 1 st. 363
l. 364. — S. 232 Z. 3 ist die ältere Datierung des Todestages auf
387 (z. B. bei Pauli) zu berichtigen in 384 od. 385, wie Band II
S. 180 auch angenommen ist. — S. 255 Z. 15 st. inferias l. iter;
ebenso A. Z. 1. — S. 301 Z. 4 st. Orpheus l. Odysseus. — S. 353
A. 1 st. I, 9, 16 l. I, 10, 16; st. II, 38 l. I, 38. — S. 346 Z. 4
st. Suffecta l. Sufes n. darnach A. 1 Z. 2 Sufetanae (vgl. Bd. II
S. 159). — S. 355 Z. 13 st. März l. Februar. — S. 364 Z. 3
u. im Folg. st. Olympos l. Olympios. — S. 420 A 2 st. 28
l. I, 54.

Bd. II S. 175. Zu dem Vestakult ist noch zu verweisen auf O. Ma-
rucchi, Nuova descrizione della casa delle Vestali, Roma
1887. Hier ist auch zuerst (S. 79 ff.) die S. 176 angeführte Vermutung über den Übertritt einer Vestalin ausgesprochen.

S. 277. Waddington teilt in s. Inscript. de la Syrie n. 2046 folgende Inschrift mit: Ἐκ προνοίας καὶ σπουδῆς Οὐάλεντος Ἀζίζου καὶ Σοβέου Ἀουίτου καὶ Μάγνου Ἀβγάρου καὶ Μάνου Θιέμου πιστῶν ἐκτίσθη τὸ Θεονδρίτιον ἔτ(ει) σπϑ. Darnach hätten die Genannten noch i. J. 391 dem Gotte Theandrites (denn Θεονδρίτιον = Θεανδρίτιον) ein Heiligtum errichtet. Ist die Datierung richtig, so würde jene Inschrift etwas Einzigartiges bezeugen. Oder sollte der Ausdruck Θεονδρίτιον christlichen Inhaltes und an ϑέανδρος = ϑεάνϑρωπος anzulehnen sein? Ich weiß mich nicht zu entscheiden.

S. 310 Z. 2 st. Neuplatonismus l. Neupythagoräismus.

Druck von G. Pätz, Naumburg a. S.

Lightning Source UK Ltd.
Milton Keynes UK
UKHW020605201218
334296UK00006B/623/P